四堡遗珍

清代刻书名坊 客家文化精华——四堡书坊刻书研究

谢江飞 著

厦门大学出版社
国家一级出版社
全国百佳图书出版单位

作者简介

　　谢江飞，男，1956年8月生，福建省武平县人，本科学历，厦门大学哲学系、福建省委党校培训班党政专业毕业，现供职于厦门经济管理学院。在全国各类报刊杂志发表论文和文章100余篇，并多次获奖。兴趣广泛，能诗词，喜收藏，善书法。书法以"二王"为宗，兼学各体，真、行、草诸体皆擅，尤以草书为最，作品亦多次获奖。

折桂多豪杰，如翁实罕俦。虚公能服物，严正不随流。真意待人笃，才情应务优。承先善继述，裕后克贻谋。家塾开闳肆，书香绍乐丘。

邹圣脉诗，寿澹庵公六十加一，癸巳年夏，江飞。

序

杨国桢

  我国传统文化源远流长，博大精深。印刷术包括雕版印刷、活字印刷，是我国古代的四大发明之一，长期处于世界领先的位置。宋代以降，福建文化昌盛，有"海滨邹鲁"、"图书之府"的美誉，从事雕版印刷的匠户遍布全省。其中，闽北建阳书林、麻沙是闻名全国的刻书中心，从北宋至明末长达数百年持续不断，所刻之书号为"建本"或"麻沙本"。闽西汀州府从宋代起也有刻书的传统，所刻之书形成了浓郁的地方特色，前人称之为"汀版"。清代的"汀版"，又称为四堡刻本，是汀州府连城县四堡书坊生产的书籍产品。从清代初年起至民国末年，四堡乡邹、马二姓人皆以刻书为业，家有藏版，经营书坊持续时间长达三百余年，形成了具有相当规模的书坊集群，所刻书籍林林总总，行销海内，名噪一时。然而，由于所刻之书大多为满足民间社会庶民生活需求的通俗文学、幼学童蒙、科举应试、应世便书、医书药方、居家日用、堪舆命理之类，为上层社会饱学之士所鄙视，鲜为收藏，以至大量散佚，今人对"汀版"即四堡刻本还十分生疏。

  三十年前，即1983年，先师傅衣凌教授主持明清福建社会经济史研究，被批准列为"六五"、"七五"国家哲学社会科学研究重点项目，我协助傅先生组织课题组成员和研究生，开始到福建各地社会调查，访寻地方文献、民间文书，了解乡村社会的遗俗遗制。1985年初，我和陈支平、郑振满、魏洪沼一行，从龙岩到上杭、长汀，沿路访查，再之连城，第一次来到四堡，参观书坊遗址、遗存的刻版，查阅邹氏、马氏族谱，收获良多。唯独未睹四堡刻本图书，不能利用做社会生活史研究，深以为憾。

  毫无疑义，"汀版"是我国古代雕版印刷的又一主要版别，对四堡刻本的搜集和研究，在版本学、印刷史、社会史等学科领域都有重要的意义。令我感奋的是，厦大校友谢江飞先生用了15年时间，费尽心机，搜罗各类版本，得63个书坊所刻103种500多册，虽仅是四堡刻书总目的十分之一，却是当今海内外公私家庋藏之冠，令人佩服。谢先生又结合其他文献和雕版实物，对它们进行一一梳理与研究，写成《四堡遗珍》一书，对历史上久负盛名而今人知之甚少的"汀版"的研究有所突破，填补了福建刻书研究的某些空白。

谢君此书，堪称我国首部研究清代"汀版"源流与版别的学术性专著。作者从两个方面对"汀版"刻书状况进行了研究与整理，一方面较为系统地介绍四堡书坊崛起的历史渊源和人文背景，充分论证了四堡书坊是继明代建阳之后的又一全国性刻书中心之论断。作者以翔实的史料，揭示了四堡刻本即"汀版"的特征与价值，明确了四堡刻本概念的内涵与外延，进而对四堡刻本分门别类，比较详尽地叙述了版本的形态、作者、内容、评价与版本流传等，提出了许多有价值的新观点。另一方面，作者提供了大量四堡刻本实物的图片资料，这些古籍实物是作者经十多年穷搜博采得到的。这种第一手的资料，为文中论点平添了可信度，同时也为读者展示了书坊刻书直观的情景。对"汀版"进行系统研究，这是一件很不容易的事情。开风气之先，走创新之路，这大概是本书的价值所在。

总之，观之全书，其论点新颖，论据可靠，叙述有序，文字流畅，具有较高的学术价值。相信此书的出版，会推动学界对"汀版"的关注，进而发掘流散海外的四堡刻本，是可以期待的。

2013年夏于厦门会展南二里寓所

（本文作者系著名历史学家，厦门大学历史系教授、博士生导师，国家级有突出贡献专家，第四届、第五届国务院学位委员会学科评议组成员，第七届至第十届全国政协委员。）

自 序

　　书籍是人类文明承传与传播的主要载体，而书坊生产又是书籍雕版印刷的基本途径。坊刻与官刻、家刻，通常被视为雕版印刷的三大门类。17世纪中叶，在闽西客家的一个小山村，由一群乡民自发地创办生产书籍的书坊，并以家族为纽带自主经营，代代相传，他们"以书籍为业，家有藏版，岁一刷印，贩行远近"（杨澜《临汀汇考》），最终形成拥有数十百计堂号的书坊集群，这就是清代刻书名坊——四堡书坊。

　　四堡书坊，是继明代建阳刻书业衰落之后的又一全国性的刻书中心，其坊号之多、印量之大，位列清代书坊刻书前茅。所刻之书，时人称为"汀版"，成为清代刻书的一大版别。本世纪初，尘封多年的四堡书坊又被重新提起，引发越来越多的人关注。国家文物部门授予其遗址"国家重点文物保护单位"，其雕版工艺亦被福建省人民政府列为首批非物质文化遗产代表名录。对这一濒危的人类文化遗产，人们应当尊重它、珍惜它、研究它。

　　四堡书坊的创立与发展，是清代刻书业的一大奇迹，的确是值得众人重视的历史文化现象。它古老的书坊建筑、刻本书籍和刻版以及其他元素，构成了丰富的四堡书坊文化。然而，近年来人们对四堡书坊文化的研究，往往把注意力放在遗址建筑、族商经济、文化贸易等方面，而对它的产品即四堡刻本的研究与发掘，几乎无人问津。笔者以为，这些刻书元素是缺一不可、密不可分的，其中刻本书籍是最基本的，忽略对刻本的研究，犹如人类的生产中不管婴儿而只管产妇，必然失去其研究意义。

　　笔者对四堡刻本的发掘与研究，发端于20世纪末在龙岩工作时途经连城县的道听途说。这些带有神奇色彩的故事，引起了我的极大兴趣，心想尚能将四堡书坊刻印书籍挖掘整理而展现读者面前，犹如将被人遗忘在一片荒芜中的孩子抢救出来，可谓为传统文化的弘扬做了一件有意义的事情。然而，愿望与现实的距离毕竟很远，实现目标彼岸的困难，主要来自书坊刻本经过数百年自然和人为的消耗，已经十分稀少。为寻觅这些刻本，笔者备尝艰辛，曾多次自费到实地参观考察，访问农户、出入闾巷，从购买第一本四堡刻本算起，久而久之，已达63个堂号103个品种500多册书籍。笔者在工作之余，断断续续地对所有藏品进行了整理与研究。经过15年不懈努力，最终完成拥有20多万字、300多幅插图的拙作——《四堡遗珍》。

本书冠名为"四堡遗珍"，旨在通过对四堡书坊源流、各类版本内容与特征的介绍，揭示书坊文化的内涵和四堡刻本的价值，从而展现清代刻书名坊、客家文化精华——四堡书坊的风姿。笔者从版本学的视角，对四堡书坊及刻本进行了研究，其研究方法可归纳为：合—分—合，即先概要地介绍书坊与版本一般形态，然后将版本分为诗文书画、通俗文学、蒙学科举、居家日用及套红、活字本等诸类叙述。全书辟为十二章，分为四个部分，即书坊概况与刻本价值描述、版本介绍、书坊人物、刻本图录。而对章节的叙述大体亦如此，先描述某类书籍的概貌，然后依次介绍数种书籍的详情。版本介绍以四堡乡当地或周边文人的作品为主，着重叙述其版本形态、作者、内容、评价与版本流传等。

笔者不揣浅陋，对四堡书坊与刻本并未停留在一般性介绍或说明上，就某些问题作了比较深入的研究，提出了一些个人见解。诸如，比较系统地论述了四堡书坊的缘起，论证了四堡书坊的历史地位；以翔实史料阐述四堡刻本概念的内涵、外延，进而揭示四堡刻本的文献性、历史性与民俗性价值。同时，对书中涉及的某些学术问题大胆地提出个人意见，为之进一步探讨或商榷，如：四堡雾阁人邹圣脉参订的《三国演义》五十一卷本，是否毛评本的第一个版本；《红楼梦》后四十回的作者是高鹗还是曹雪芹本人；毕昇发明的是泥活字印刷，它不等于发明了活字印刷术，木活字的发明应在泥活字发明之前；铜活字究竟是铸造还是雕刻，学界长期争论不休，铜活字实物表明它是铸造的。还须说明，本书所辑版本绝大部分是作者拥有的第一手资料，多数是首次披露的。

笔者生来愚钝，年近花甲，学无所获。限于学识，书中难免存在许多不足之处，欢迎读者批评指正。

2013年6月写于鹭岛寓所思书轩

目 录

序 / 杨国桢
自　序

第一章　四堡书坊概论 / 1
　　一、四堡书坊缘起……1
　　二、四堡书业之形成……8
　　三、四堡书坊的历史地位……16

第二章　四堡刻本价值与特征 / 30
　　一、四堡刻本概念的提出……30
　　二、四堡刻本的认识误区……39
　　三、四堡刻本价值评判 ……46

第三章　诗文书画集 / 54
　　一、诗文书画集综述……54
　　二、诗文集……59
　　三、书画集……78

第四章　通俗文学（上）/ 86
　　一、通俗文学刻本概述……86
　　二、通俗小说 ……93

第五章　通俗文学（下）/ 107
　　三、戏剧 ……107
　　四、评书　宝卷……112

第六章　启蒙教育 / 121
　　一、私塾与启蒙教育……121
　　二、蒙学读物……123
　　三、客家杂字……133

第七章　科举教育　/ **151**

一、科举制与四堡刻书业……151

二、科举读物……157

第八章　居家日用（上）　/ **171**

一、居家日用读本概述……171

二、酬世类刻本……175

三、生活小百科……185

四、字典、韵书……193

第九章　居家日用（下）　/ **199**

五、医书……199

六、术数类读物……209

第十章　套印、活字印刷与版画　/ **224**

一、套红、袖珍本……224

二、活字本……230

三、版画艺术……237

第十一章　书林掇英　/ **255**

邹学圣……255

邹葆初……255

邹圣脉家族……256

邹廷忠……257

邹尚忠家族……258

邹秉均……259

邹子仁家族……259

邹翼顺家族……262

马驯……263

马维翰……263

马氏三兄弟……264

马定邦家族……265

马权文父子……269

马松存家族……270

马源锡家族……271

第十二章　蒙学大家邹圣脉考论　/ **274**

一、布衣出身　一代硕儒……274

二、博古通今　勤于著述……277

三、传世作品　影响深远……280

四、简短的结论……285

附件一：四堡刻本总目录　/ 287

附件二：思书轩藏四堡刻本目录　/ 293

后　　记　/ 297

第一章 四堡书坊概论

一、四堡书坊缘起

四堡书坊是指清代以"四堡"地名冠名的民间雕版印书的手工业作坊。"四堡"地处闽西连城、长汀、清流、宁化四县结合部,昔时有"四县共靠"之意,故得名"四堡"。其行政区划原属福建汀州府长汀县,1951 年划归连城县管辖,现为行政镇建制。这里的"书坊",不是特指某家单个书坊,而是泛指地处四堡区域的上百家堂号构成的书坊集群,主要集中于雾阁邹氏与马屋马氏两姓。清朝至民国,这里的书坊群雕版书籍遐迩闻名,久而久之,人们习惯称其为"四堡书坊"。

书坊,又称书肆、书林、书棚、书铺,是旧时民间印刷或出售书籍的机构。书坊的兴起与雕版印刷技术的发明有直接的关联。雕版印刷术发明的年代尚未确知,学术界一般认为始于唐代早期。在公元 7 世纪间,民间就有在木板块上雕刻文字然后用纸张刷印的读物。据考古发现,上世纪 40 年代出土的《陀罗尼经咒》,刻印于约 704—751 年之间,为目前已知的最早的雕版印刷品。现收藏于英国伦敦博物馆的唐咸通九年(868 年)王玠为二亲敬造普施的《金刚经》,是现存最早的标有年代的雕版印刷品。随着私家印刷书籍的增多,专门从事印刷和出售书籍的机构即书坊随之而生。

纵观 1000 多年的书坊发展史,书坊大致可分为生长期(唐、五代)、兴盛期(宋、元)、成熟期(明)、转

四堡书坊展览馆

作者与乡民

四堡书坊群（四堡乡吴德祥先生提供）

马屋小巷（四堡乡吴德祥先生提供）

型期（清）四个历史时期。北宋之前，书坊雕版印刷已较为普遍。如五代时期，不仅民间盛行刻书，官府也刻印儒家书籍。两宋至元代，刻书业大为兴盛，以刻书为世业者不乏其人，蜀、浙、闽三地尤为著名。南宋朱熹《答胡季随书》："误本之传，不但书坊而已，黄州印本亦多有。"[1]可以印证南宋书坊刻书之盛况。明代书坊林立，北京、南京、苏州、扬州、杭州、徽州、常熟、建阳等地刻书业名噪一时。清代书坊更是遍布全国各地，各州、府、县几乎皆有书坊刻书记录，所刻书籍遍及经、史、子、集四部。清末随着近代印刷技术的兴起，传统书坊日渐式微，最终被新兴的石印、铅印技术所替代。

四堡书坊是清朝、民国图书的主要生产地之一。四堡雾阁、马屋阡陌相连，鸡犬之声相闻，邹、马两姓村民世代通婚，从清朝初期起至民国末年止，皆以刻书为业，经营书业长达三百余年，可考的书坊达123家、书籍1223种。清杨澜在《临汀汇考》中说："长汀四堡乡皆以书籍为业，家有藏版，岁一刷印，贩行远近，虽未必及建安之盛行，而经生应用典籍，以及课艺应试之文，一一皆备。城市有店，乡以肩担，不但便于艺林，抑且家为恒产，富将多藏，食旧德服先畴莫大乎！是胜牵车服贾多矣。"[2]杨澜，字蓉江，长汀人，乾隆己酉（1789年）举人。《长汀县志·物产志》（民国版）称："邑四堡乡昔多以书版为业。刻印制订发行颇广。"[3]余国琛嘉庆二十五年《邹氏族谱序》说："予又闻其乡耕读常业之外，储古籍雕版，装为缃帙，以应士大夫觅购者，不可胜计，此实有俾于文教。"余国琛（生卒年不详），清拔贡廷试第一，历任兵部武库七品京官、石门县知县等。《范阳邹氏族谱（五修）》说："乡多书肆，雕梨刻枣，古籍几于汗牛，不胫而走四方。"（1947年，家训四条）

国家文物局局长、著名学者郑振铎（1898—1958）在20世纪50年代厦门大学的一次学术会上提出，四堡书坊是我国清代四大雕版印刷中心之一，与北京、武汉、浒湾齐名。厦门大学副校长、著名历史学家傅衣凌（1911—1988）也提出，四堡书坊在清代雕版印书史上具有一定的地位，其刻书规模之大和时间之长可与明代建阳刻书相媲美。他还从我国经济史的视角提出，四堡刻书形成的独特族商文化有其研究价值，并促成他的研究生介入这一课题。[4]

2001年7月，四堡书坊古建筑群被国家文物部门列为"国家重点文物保护单位"，其雕版工艺亦被福建省人民政府列为"第一批非物质文化遗产代表名录"。20世纪50年代后，随着四堡人世代相传的印刷业的停业，原来的印书房全部改为家居房，再加上书坊地处偏僻山区，交通闭塞，书坊遗址很少遭到人为毁灭性的破坏，原生态的遗址得到比较好的保存，成为我国唯一幸存的古代坊刻遗址，也成为再现四堡书坊往昔辉煌刻书历史的实物证据。

书坊遗址

任何事物都有其开端，揭开事物的起源对事物本体的研究有其不寻常的意义。四堡书坊究竟源于何时？创始人是谁？历来有几种不同的观点，大致有南宋说、明万历说、明成化说和清初说，其中明万历说、清初说比较流行。

南宋说 认为四堡书坊起源于南宋，依据是，国家图书馆保存数种署有"汀郡"字样的南宋刻本，如《古灵先生集》、《嵩山集》等署"临汀郡斋","汀郡"即长汀四堡乡。其实，汀郡乃长汀的古代称谓，非仅指四堡乡。据《唐史》载，长汀于西晋太康三年（282年）置县，唐开元二十二年（734年）设汀州，天宝元年（742年）改汀州为临汀郡，入宋后仍称临汀郡。而四堡是宋代以后汀郡的一个乡，它们之间在行政区划上是一种隶属关系。四堡乡民的始祖于南宋末年才从各地陆续迁入，此时不太可能出现刻书之情景。况且，临汀郡斋刻本据其版式特征可能是官刻本，而四堡刻本则是坊刻本，这是两种不同类型的刻本，不能混为一谈。

明成化说 明成化年间，都察院右都御史、湖广巡抚马驯告老还乡，将汉口的印刷术引入家乡。马驯（1421—1496），字德良，长汀四堡马屋人，进士出身，累官至户部主事、郎中、四川布政使、都察院右都御史、湖广巡抚，封政议大夫。马氏于明成化二十三年（1487年）告老返乡回到长汀，定居城郊十里铺逾10年，但马氏还乡时有否带回印刷术，方志和谱牒均无记载，它仅是马屋一带的传说。

明万历说 相传明万历年间，时任杭州仓大使的邹学圣辞官归里，其妻（杭州人）因孩子教育问题不愿随夫回乡，遂将苏杭元宵灯艺和印刷术（含雕版）带回，以换得她乐意成行。对于此说，笔者始终不以为然，因为这一传说明显带有人为编造的痕迹，留有破绽。道理很简单，读书与刻书是两码事，读书需要多种教材，而刻一两种教材几乎无法满足小孩的需要。殊不知，刻书是一件极为费工、费力的事。当时的科举教育已相当发达，即使是地处山区的四堡乡村购买一些教材应该不成问题，邹氏完全没有必要为小孩的读书带回雕版自己去印书。

清初说 认为四堡书坊最早创办于清初康熙年间，创始人为四堡雾阁村人邹葆初。《范阳邹氏族谱》（民国版）称：十五世邹葆初"壮年贸易广东兴宁县，颇获利，遂娶妻育子，因居其地刊刻经书出售，至康熙二十年辛酉（1681年），方搬回本里，置宅买田，并抚养诸侄，仍卖书治生。闽汀四堡书坊，实公所开创也。"又称颂其"丰功伟绩，全在刊经，公刻书以来，多人学步，通里文明，实公宣布"。此说获不少人赞同，但也有人怀有疑问。

以上四说中"明万历说"影响颇为广泛，20世纪90年代《长汀县志》、《连城县志》、《龙岩地区志》等均有记载，也被众多学者所引用。但此说至今未发现有任何史料依据，而没有史料支持的任何说法仅仅是一种"假设"或"猜测"，是不能作为科学论题的。此说之所以盛行，可能与传统的官本位观念有关。历史上有不少人往往借助官位、官声显赫自己的家族史。此说很明显受到"官本位"思想的影响，在某些人看来，似乎

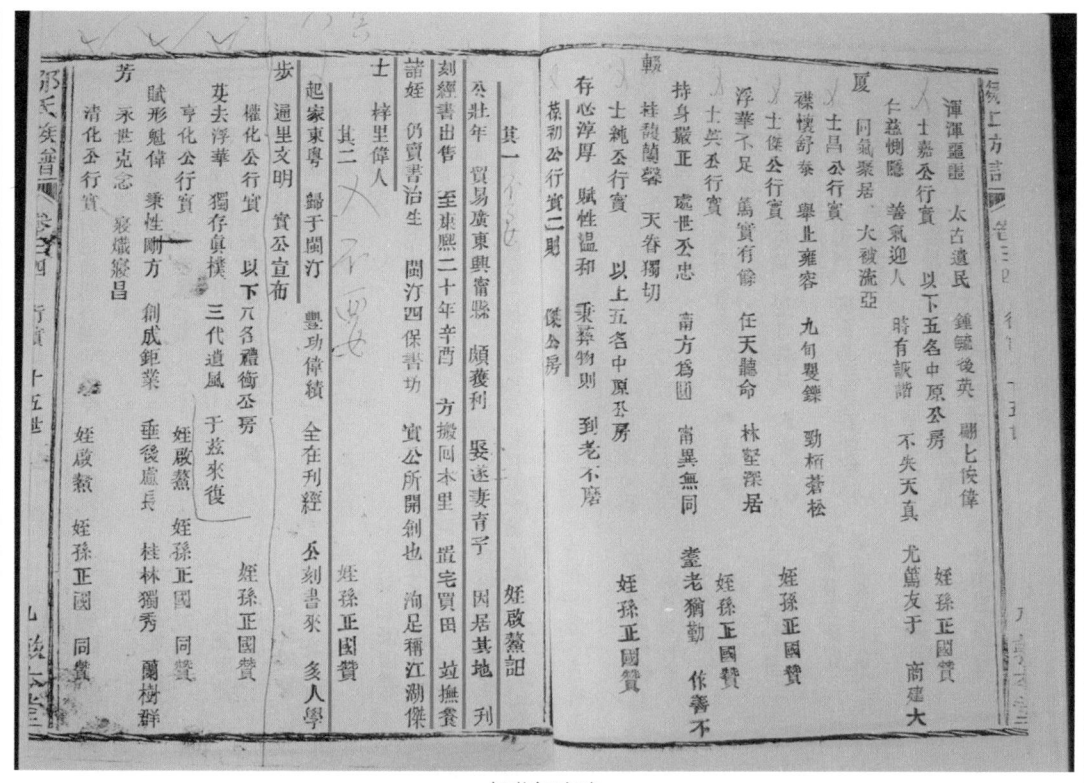

邹葆初事迹

邹学圣任过"杭州仓大使",四堡书坊起之于官家与起之于平民大不相同。笔者认为,四堡书坊初创于官家或平民并不重要,许多历史都是草根百姓创造的。其实,"仓大使"是明代掌管仓库的未入流小吏。《中国历代官制词典》载:明代仓大使从属于布政使及州县。"明承宣布政使司属官有仓大使一人,从九品,掌仓库储藏之事。下有副使一人。州县皆置,为未入流小吏。"[5] 倘若邹学圣未创办书坊,而以其曾任职仓大使硬把创始者的名义加在他头上,借以显赫书坊的历史,这是相当滑稽的,也是大可不必的。

笔者倾向于四堡书坊始创的"清初说",认为清初邹葆初最早创办书坊是有事实依据的,是可以成立的,其理由有三。

首先,《邹氏族谱》明确指出清初邹葆初是四堡书坊的创始人,"闽汀四堡书坊,实公所开创也"。"清初说"是以上"四说"中唯一有书面文字记载的,其他"三说",有的是口头传说,有的为时人臆造,故事编得太过牵强,不足为凭。诚然,族谱不是信史,但其基本内容也要有一定的事实依据,尤其是像刻书一类的大事件绝不可以随意胡编滥造。清朝四堡地区姓氏多达十几个,如果书坊不是邹姓人邹葆初所创,邹氏族谱所云很可能会引起外姓人的不满甚至反对,族谱编修者不可能也没有必要伪造自己家族的刻书历史。

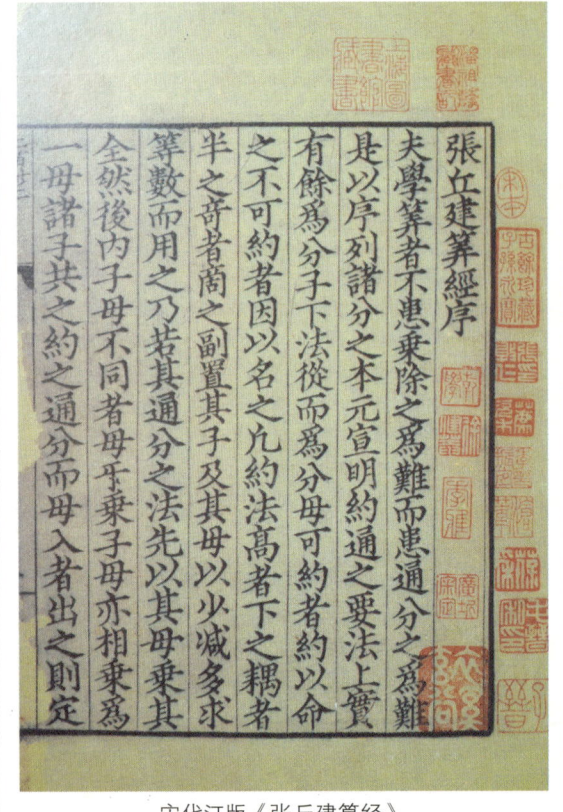

宋代汀版《张丘建算经》

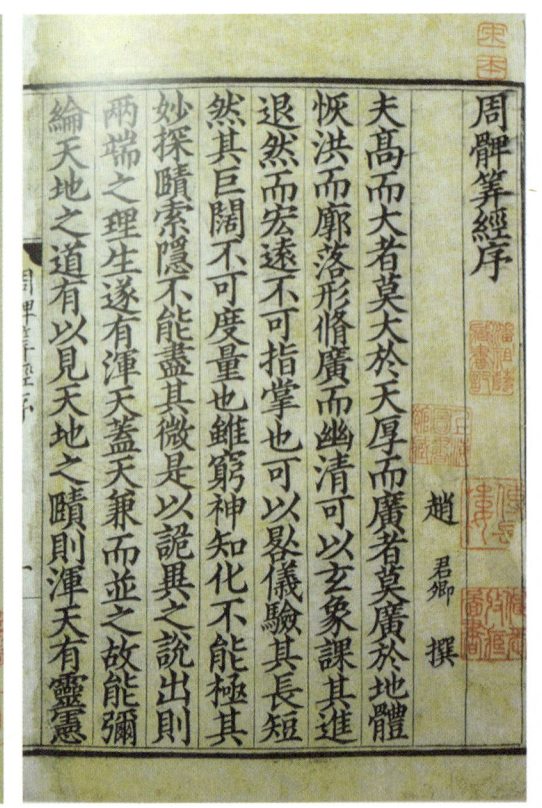

宋代汀版《周髀算经》

其次，邹氏具备了创办书坊的必要条件。笔者认为，书坊是手工业中的特殊行业，开设书坊必须具备三个条件：一是要有一定的文化程度；二是要有资本的原始积累；三是基本掌握雕版印书的应用技术。《邹氏族谱》的记录说明，邹葆初基本具备了文化、资金与技术等三个必要条件。在资金方面，邹氏早年外出售书或从事其他贸易，"颇获利"；在技术方面，邹氏在"兴宁县刊刻经书出售"，他了解或掌握雕版印刷的基本技术；在文化方面，邹氏尚能"卖书治生"与"刊刻经书"，他应是读过私塾，初通文墨之人。

第三，《邹氏族谱》记载了邹葆初创办书坊的过程和意义。邹谱有关邹葆初刻书的文字纪录不多，但对以上这段文字细加推敲，在它的字里行间不难发现，族谱对其创办书坊的叙述是比较完整的，有具体的缘由、时间、地点和过程，并对其创办书坊的意义和影响作了进一步的描述。邹氏早年在广东兴宁"刊刻经书出售"，这是他创办书坊的直接起因；"康熙二十年（1681年）迁回故里"，交代了具体的时间和地点；"闽汀四堡书坊，实公所开创也"，指出了他是四堡书坊的首创者；"丰功伟绩，全在刊经"，是指他开创书坊以及刊刻经书的意义；"公刻书以来，多人学步，通里文明，实公宣布"，表明了他创办书坊的广泛影响。

至于有人提出邹谱所载邹氏生卒年月与生平事迹有矛盾的问题,即邹谱说邹氏卒于康熙十一年(1672年),而同谱又说他于康熙二十年辛酉(1681年)"方搬回本里",即出现死后十年仍在"卖书治生"的问题。笔者认为,这很可能族谱将甲子纪年弄混,并将"二"刻为"二十"之误。邹氏应是康熙二年癸卯(1663年)"方搬回本里",康熙十一年壬子(1672年)病故。抑或,康熙十一年(1672年)搬回本里,二十年(1681年)去世。农村修撰族谱几乎无文字资料作为依据,大多为凭乡人记忆,在某些细节上出现误差也是常有的事。

根据以上的分析,四堡书坊创办于清初康熙早年,创始人为四堡雾阁人邹葆初,应该是可信的。

四堡书坊始创于清初,但它的历史渊源还可以追溯到宋朝。长汀是历史悠久的文化名城,早在宋代经济文化就较为发达,曾刊刻过不少的经史子集书籍,有些善本至今仍存。福建省新闻出版局吴世灯先生有过统计,闽汀宋代刊印的书籍有《九章算经》、《周髀算经》、《孙子算经》、《五曹算经》、《张丘建算经》、《夏侯阳算经》、《缉古算经》、《群经音辨》、《临汀志》、《方氏编类家藏集要方》,以及名人著述的《孙公谈圃》、《钱塘韦先生集》、《古灵先生集》、《神宗皇帝即位使辽语录》、《嵩山集》和《绀珠集》等近二十种。[6]

可以说,四堡书坊的创立不是偶

书坊建筑

印书坊一角

堂号牌匾

雕版

然的，有其深刻的历史渊源，它是汀州社会经济、文化长期发展的产物。

二、四堡书业之形成

（一）四堡书业一般描述

四堡书坊从清初邹葆初创办首家书坊起至民国末年止，历经300余年而持续不断。在这一历史过程中，它从无到有，从少到多，走过了"首家书坊—几家书坊—书坊集

雕版印刷流程图（局部）

群"的发展道路，逐渐形成了有自己特色的雕版印刷产业，成为清朝、民国民间书籍的一个主要的生产地和集散地。

四堡书坊从数家书坊到四堡书业的转变，经过了几代人的长期奋斗。完成这一转变的重要标志是图书实行产业化生产。四堡书业形成的大致时间为清乾隆至道光年间。当地的方志、谱牒对书业的场景略有描述，概括起来，它有如下几个特点。

1. 生产规模化

主要体现在书坊数量多，刻书品种多，参与刻书者多，经营持续时间长等几个方面。先看书坊数量和刻书品种，四堡邹氏和马氏两姓以家族为纽带修筑坊院，自立堂号，先后创建有堂号的书坊共计123家，其中范阳邹氏32家，龙足乡邹氏世系42家，四堡里马氏世系38家，不时业主11家。各家书坊既独立经营，又相互合作，形成了产、供、销一体化的产业链。笔者据清末四堡人的抄本《古今书目》等资料统计，刻书品种达1223种，其中经典史籍类201种，诗文书画类208种，通俗文学类165种，蒙学、科举类265种，居家日用类384种。再看参与者的普遍性，四堡乡人皆以刻书为业，形成家家有藏版、人人会刻书的规模化生产。《连城风物志》称，邹、马二姓从事书业的男女老少不下1200人，约占总人口数的60%。也就是说，专门从事刻印书籍的人口比例超过从事农业生产的人口。大量村民从传统的农耕中分离出来，成为新型的手工业工人，刻印书籍已成为他们的生活来源，并成为世代相传的主业。当然，这些所谓手工业工人

书箱

印刷工具

装订工具

与城市工人仍有差别，他们尚未从世代所依附的土地中完全剥离出来，还保留了农民的某些成分，仍有相当部分的人亦工亦农，农忙时从事农业生产，农闲时从事雕版印刷。

2. 技术专业化

书籍是一种特殊的商品，书籍生产是一项精细的工作，具有很强的知识性和技术性。根据四堡地区一些老人的回忆，出版一本雕版书籍，一般要经过编、校、雕、印、装等环节和20多道工序才能完成，其中核心部分是雕版和印刷，雕版环节包括设计、写样、上版、刻版、打空、拉线、修版等工序，印刷环节包括固版、刷墨、覆纸、刷印等工序，每道工序都要有一定的技术要求，尤其是写样、刻工的要求更高。书籍生产常见的有两种形式：一是初刻，即据作者编著的清稿首次刻印，首次刻印的图书称为初刻本；二是翻刻，即依据印刷底本再刻印，翻刻的图书称为翻刻本。无论是翻刻还是初刻，都必须走雕版印刷的工序，进行规范化的操作，稍有不慎就有前功尽弃的危险。

3. 产品大众化

书坊生产以盈利为最终目的，其市场定位是面向广大中下层民众的文化消费，它走的是一条大众化的道路。坊主们为得到民众的青睐，在版本选择、版式设计、封面装帧上曾用过一番心思。书坊选用的版本，大多是大众喜欢的畅销书；它刻印的图书，多数是开本比较小的巾箱本，目的是为便于携带和节省成本；许多图书选用红丹纸、黄丹纸做封面，可能是出于美观、防蛀的考虑；一些版本的版式采用插图式和上图下文式，是为了增加大众阅读的兴趣；有些医书两书合一，分为上下两层，上层为病理，下层为药方，可能是便于读者对照阅读。

四堡刻本

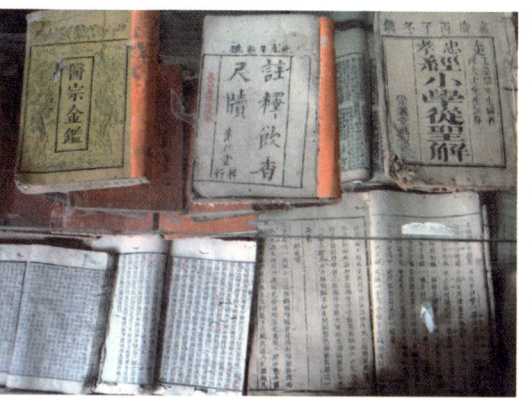

四堡刻本

4. 销售市场化

书坊生产的图书全部用于销售，完全实行市场化。由于书坊刻印的图书物美价廉，畅销无阻，以至"致富者累相望"。它的销售方式主要有三种：一是建立销售网络，在周边地区和大中城市设立固定书肆专卖，据统计，书肆遍及全国50多个地区和城市；二是肩担手拎，走街串巷，上门服务，流动出售；三是设立书市。四堡墟市，原在雾阁南桥街，随着印书业的兴盛，引发当地经济进一步繁荣，导致四方商贾云集，爆满难容。据谱牒载，清乾隆四十年（1775年），定居当地的华侨邹秉均，与父老共商另辟新墟于村口天后宫前，并为首捐地捐款筹建固定商棚，以利五、九墟市为外地行商提供交流贸易场所。南桥街仅为镇内各大商号、书坊日常贸易中心和乡民早市之地。[7]笔者虽未获得更多的证据，证明这个墟市就是图书交易的市场，但可以按常规推测，这个墟市的主打商品肯定是书坊刻印的各类书籍。

（二）四堡书业的历史分期

四堡书业作为一个完整的过程，大体经历了初创、兴盛、衰亡三个时期。

1. 初创期

清康熙至雍正。自邹葆初于清初创办书坊后，雾阁、马屋二村相继出现几家、十几家书坊，这些书坊大多冠以堂号而名之。据谱牒载，清雍正朝之前书坊已达十余家，如：崇德堂、尊经堂、会文堂、聚经堂、文华堂、墨香堂、兰馨堂、福兴堂、明德堂、怀经堂、碧清堂、益德堂、继溪堂、百薮堂、万竹楼、经纶堂、文萃楼等。这一阶段的特点：书坊处于零星分散状态，规模小，产量低，尚未形成雕版印书的产业，我们可以把它看成四堡书业的雏形。

2. 兴盛期

清乾隆至道光。四堡书坊经过康熙早年的草创后，在康熙后期、雍正朝迅速生长，到了乾隆、嘉庆和道光朝得到进一步的发展，并进入全盛时期。《范阳邹氏族谱》载："吾乡在乾嘉时，书业甚盛，致富者累相望"，他们"开坊募梓，集书版充栋，致赀倍饶若素封者然"，各书坊"广镌古今遗编，布诸海内，锱铢所积，饶若素封"。据笔者初步估算，乾嘉时期雾阁、马屋大小书坊已逾60家，刻印的书籍多达600种。已发现有堂号的书坊：诚明堂、佐圣堂、观澜堂、应文堂、锄经堂、集贤堂、惠文堂、文海楼、文香阁、达文堂、祖述堂、天宝楼、务本堂、翰宝楼、进益楼、弘经堂、德新堂、翼经堂、新益堂、大经堂、五经堂、聚贤堂、纶经堂、皆山堂、文光堂、萃华堂、文兰堂、文林堂、文经堂、本立堂、萃芸堂、湘山堂、藏经阁、怡山堂、林兰堂等。这一时期的主要特点是，大小书坊大量涌现，形成书坊集群，从事刻书人员急剧增多，刻书印书已实现产业化、规模化，成为替代传统农业的一种新兴的手工业产业。

3. 衰亡期

清咸丰至宣统、至民国末年。清咸丰以后，随着现代石印、铅印技术的兴起，四堡刻书业的技术、设备和管理，已不能适应新兴的印刷工艺技术发展的需要，开始逐渐走向衰落。《范阳邹氏族谱》称："咸同以后，乃不振，间有起家者，多以节啬积赢，然亦不及前人也。"此时期新开设的书坊主要有：万卷楼、翰香堂、玉兰堂、崇文楼、诒经堂、文苑堂、素位堂、种梅山房、在公堂、文汇楼、耕萃堂、德文堂、西园堂等。到了清末民初，科举制已经废除，新文化运动兴起，四堡书坊的主打产品"四书五经"和蒙学读物皆无人问津。这一时期的特点是，新书坊大为减少，老书坊逐渐衰落。其间个别坊主虽刻印一些实用读物，如农家历、新春联之类，但终因品种单调，销量有限，到了20世纪40年代悄然退出雕版印刷的历史舞台。

（三）四堡书业形成和发展的原因

1. 民众需求

任何生产都离不开消费的需求，

名人故居（四堡乡吴德祥先生提供）

马履丰故居（四堡乡吴德祥先生提供）

邹经故居（四堡乡吴德祥先生提供）

同样的，书籍的生产也要有一定的读者需求，读者的需求是书坊生存和发展的基础。有清一朝，随着社会经济的不断发展，全国总人口剧增，有人统计过，南宋到清初，我国人口始终保持在 7000 万左右。清朝人口的增长出现过 3 次高峰期，第一次清初至乾隆，人口达 1.4341 亿，突破了一亿大关；第二次乾隆至道光，仅 100 年，人口激增为 4.1345 亿，突破了 4 亿大关；第三次道光到民国末年达 5.41 亿，突破了 5 亿大关。汀州府所辖 7 县，清初人口 21.03 万，到清末达 125.87 万。连城县清乾隆人口 2.2 万，至光绪达 17.9 万。社会人口的剧增，孕育了庞大的图书潜在市场，社会消费需求大大增加了。四堡书坊在人口剧增的社会背景下，以大众需求为导向，直面广大的中下层读者，刻印了大量的多类别的读物，以满足民众生产、生活和文化方面日益增长的需要。

随着人口大量增加，许多学龄儿童需要就读，他们相继走进了各式学堂，在犹如千军万马走"独木桥"的科举仕途上奋力拼搏。清代教育已相当普及，其办学形式主要有私塾、经馆和书院。据统计，闽西明代书院 12 个，至清代书院达 227 个，增长近 20 倍。私塾包括蒙馆、经馆遍及各乡村，人口多的乡村有十几所，偏僻村落也有一至二所。四堡书坊抓住了科举教育发展的机遇，把蒙学、科举教材作为其生产的首选，翻印了大量的四书五经典籍和其它课艺应试之文。明清时期，通俗文学如小说、戏剧、唱本空前盛行，在民众中具有广阔的市场，而此类读物官刻、家刻一般不予重视，四堡书坊则在利润的驱使下，对通俗文学读物却大印特印，成为书坊生产的主要产品。

2. 人文环境

四堡书坊地处客家族群的中心区域，它们的读者定位首先是面向周边客家广大民众。而客家地区自古以来就有崇尚文明、尊师重教的传统，在他们那里，教师、医生和有文化的人得到普遍尊重，"村有学堂，家有学子"，纵横千里，概莫能外。林宝树《客家杂字》（年初一）的"门前一对桅竿竖，表旌门第是书香。再加中举又中进，出入跟随衙轿扛。状元榜眼探花第，翰林学士近帝王。此是读书为第一，犹如平步上天堂"。客家地区盛传的儿歌"月光光，秀才郎，骑白马，过莲塘"，"蟾蜍罗，咯咯咯，不读书，无老婆"，表达了客家人对知识的追求，也反映了他们对仕途功名的向往。共和国建国前，闽西的土匪罪孽深重远近闻名，尤其武平县武北一带的土匪，其残忍程度绝不亚于乌龙山、湘西的土匪，但他们对读书人却有敬畏之心，有"二不抢"之说，即不抢教书先生，不抢医药先生。究其原因，前者是因为土匪也有孩子需要上学，后者是因为土匪也会生病也要看医生。这说明崇文重教的观念已在客家地区浸透每个人的心灵，即是顽劣之人对读书人也不敢过于放肆。

客家崇文重教的浓厚氛围，一方面培育了大批杰出的社会精英，上古勿论，在近现代历史上，客家名人灿若星河，如有洪秀全、孙中山、廖仲恺、黄遵宪、丘逢甲、朱德、叶剑英、叶挺、胡文虎、郭沫若、陈寅恪、林风眠等等。四堡乡邹、马二姓历史上

也不乏人才，马训（1421—1496），明正统十年进士，累官都察院右都御史、巡抚湖广；邹学圣（1523—1598），明嘉靖二十二年举人，任杭州仓大使；邹圣脉（1691—1762），布衣学者，著名蒙学读物《幼学琼林》作者之一；马襄（1694—1781），清代早期画家，与扬州八怪之一黄慎友善；邹云亭（1733—1802），乾隆三十年武举人，授厦门长泰千总、福宁府守备；马履丰（1740—1818），乾隆三十六年举人，授甘肃玉门县令，阶州、西固州同知；邹经（1742—1804），乾隆三十年武举人，历任台湾平安营水师协镇、台湾水师提督；邹斌才（1778—1839），嘉庆六年武举人，累官宣州知府；邹韬奋（1895—1944），民国时期卓越的新闻记者、政论家、出版家。另一方面，崇文重教的人文环境影响着文化产品即书籍的生产，它要求提供更多的读物以满足民众的需求。在这种社会环境下，四堡乡在一批儒商的推动下，开坊设堂，广置书田，刊刻大量适应民众需要的读物。当然，随着书坊规模的扩大，书坊的书籍发行不局限于客家区域，它还辐射到更加广泛的范围。

3. 族商推动

四堡书业的崛起和兴盛，与四堡邹、马二姓的族商有直接的关联。所谓族商是指以家族血缘关系为纽带连结一起共同从事商业行为的群体。家族的血缘关系包括父母与子女的关系，兄弟姐妹关系，以及由此而衍生的其他亲属关系。四堡书坊大多都是家族式的作坊，他们世代刻书，子承父业，代代相继，比较著名的家族有：邹圣脉家族、邹尚忠家族、邹子仁家族、邹翼顺家族、马定邦家族、马松存家族、马源锡家族等，这些家族以其核心成员经营理念的一致，内部成员之间的相互信任与团结，将刻书事业越做越大。四堡族商第一代人是家族刻书的奠基者，他们矢志于刻书事业，锐意进取，艰苦奋斗，辛苦备至，创立了牢固的家族基业。

四堡族商是一个从事文化产业的群体，这个群体的基本成分是世代以土地为生存依托的农民。按理说，雕版印刷文化产业比较复杂，它一般由文化人来担当，文化产业与普通农民是很难连结在一起的。但在四堡那里，这个从事刻书业的族商群体，恰恰是由世代耕种的农民所构成的。笔者认为，四堡书坊的坊主及从业人员，不是一般意义的农民，他们与其他普通农民有所区别，他们从创立书坊起就已经具备了商人、文化人的某些特质。在邹、马氏族谱中，我们不难发现，这些书坊堂主很多是经过某些教育训练和具有商业经历的人，他们多数幼年读过私塾，有一定的文化知识，早年外出贩书或做其他生意，有较为丰富的从商经验和社会阅历。随着书坊的延续和扩大，有些书坊业主渐渐地脱离了世代相依的土地，成为以印刷业谋生的雕版印刷的职业者。

刻书业历来是历代政府扶植的低税收或免税的行业，再加上雕版印刷专业性、技术性强，非一般人所能为之，高额利润使得四堡族商们悦于投资。邹圣脉《墨香书屋题跋》诗云："数亩书田世守长，富储千卷号书仓。年年不用输王税，留作传家翰墨香。"

此诗反映了书商们投资书坊"不用输王税"从而获得高额利润的主观动机。正是四堡乡拥有一支有文化、会经营、善管理的族商群体,推动了刻书业走向繁荣。如果说,客家崇文重教的环境、民众的广泛需求是四堡书坊兴盛的社会根源,族商群体的形成则是书坊兴盛的直接推动力。

4. 自然资源

古代雕版印刷与现代印刷不同,它需要木材、纸张和油墨等基本原料。闽西地域辽阔,山高林密,素有"林乡"之称,竹木资源十分丰富,自古盛产松木、杂木和毛竹。而松木是生产松烟墨的原料,毛竹可用来造纸,杂木是雕刻书版的基本材料。

杂木中的梓、枣、梨、樟四种木材,纹理细密、硬度适中,历来被视为雕刻书板的上等材料而广泛使用,古人所谓"寿之于梨枣"、"梓行"源于此。笔者经调查发现,四堡书坊常用的雕版,以樟木为多,梨木次之,梓木、枣木少见。这种现象与闽西的木种有关联,闽西樟木随处可见,是主产木材之一,《长汀县志》载,樟木"邑中所在皆有,有大叶、小叶二种,小叶樟纹理细密,其气尤辛烈,为作器雕镂必需之材。"[8]闽西的梨木数量不多,而梓木主产于黄河至长江流域,枣木主产于北方,这两种木材在闽西不易见到。

书坊印书必备的油墨,一般是松烟墨。笔者目前虽无资料证明汀州有制墨历史,但松烟是制造烟墨的主要成分,松木烧出烟灰再加上其它工艺,可炼制成松烟墨。汀州七县盛产松木,松树满山遍野,是松烟墨取之不竭的原料。据此可推知,书坊用墨很可能

造纸

大部分就地取材。此外，有人考证，书坊用墨有些来自于我国的制墨之乡安徽的徽墨。

　　书坊使用的纸张一般取之于当地生产的汀纸。汀州造纸始于唐末宋初，盛于明清，"邑人赁山栽竹，设槽造纸，为汀产之最。"[9]闽西所产的纸张品种繁多，清杨澜在《临汀汇考》云："各邑制造不同，长邑有官边、花笺、麦子、黄独等，色纸则有黄丹、木红。"[10]所谓"官边"、"花笺"，即今天的玉扣纸、毛边纸。玉扣纸用嫩竹制造，具有纤维细长，光滑柔韧，拉力强，张片均匀，色泽洁白，莹润如玉的特点，但该纸用料精、做工细，价格较贵，书坊一般不常使用。书坊用得最多的是毛边纸，此纸用竹浆造制，其特点是，质地绵软，厚实而细腻，吸水性强，颜色为浅黄色，色泽稳定，该纸价廉物美，适合图书印刷，故列为书坊用纸的首选纸。四堡乡及周边地区丰富的竹木资源，为书坊的生产提供了物质条件。

三、四堡书坊的历史地位

　　郑振铎提出的四堡书坊是与北京、武汉、浒湾并列的"清代四大刻书中心"的论点，肯定了四堡书坊在我国坊刻史上重要的历史地位。作为国家文物局局长兼学者的郑氏提出的这一论点，应有可靠的事实根据，可惜他因飞机失事英年早逝，这一结论仅是口述，没有形成文字材料。而近年来尽管官方私家对此言之凿凿，但由于所提供

清代汀版

的资料匮乏而证据不足，无法令人信服。有人认为，在以往有关印刷史的著述中，对四堡书坊的记载仅仅是片言只语，没有严密的系统的论证，各大图书馆皆无四堡刻本的收藏，仅凭于此，把它放在全国的重要位置欠说服力。有鉴于此，一些专家、学者对此心存疑惑，或避而不谈，或语焉未详，有的甚至予以否定，它始终没有得到学术界的普遍认同。例如，张秀民先生是我国版本学研究的老前辈，他近年出版的《中国印刷史》是一部我国印刷史上的鸿篇巨制，在论及清代刻书时说："清代书坊最多者为北京，约有百余家，次为苏州，再次为广州。南京、杭州远不及明代。而广东佛山，江西金溪浒湾，福建长汀四堡乡及各省亦有不少书坊。"[11] 他对四堡书坊蜻蜓点水式一笔带过，从未把它提到应有的地位。戚福康先生的《中国古代书坊研究》是一部研究书坊发展史的专著，他在书中说得更为直截，基本采取否定的态度，他说："北京、苏州、广州成为清代的三大书坊中心，广东佛山、江西金湾、福建长汀四堡乡等地也有一定量的书坊，不过其规模远不如京、苏、穗三地。"[12] 在戚氏看来，四堡书坊虽然在清朝刊刻过一些书籍，但多数都是名不见经传的小书坊，因其规模小，刊刻的书籍质量较差，在清代刻书史上似乎难于摆上很高的位置。

笔者对张秀民、戚福康两位先生关于四堡书坊的评价持不同的看法，认为，衡量和判断一个地区是否全国性的刻书中心，不光从书坊规模或刻书质量方面去考量，应当从该地区的书坊数量、书坊的规模、刻书的种类、刻书持续时间、图书的发行范围等几个方面综合考量。笔者通过各地的书坊数量、规模等方面的比较，同时经过多年对四堡刻本的实物收集和整理，得出一个结论：郑振铎先生关于四堡书坊的论断，尽管某些方面还有待于论证，但其基本观点是正确的。四堡书坊在清代坊刻史上占据着比较高的地位，它是我国清代南方最大的坊刻基地，与同时代的北京、苏州、广州同列为全国性的刻书中心。

（一）清代坊刻与刻书中心

我国的传统印刷业自从唐初民间发明雕版印刷术以来，经过唐（生长期）、宋元（兴盛期）、明（成熟期）上千年的发展，到了清代进入了转型期，即雕版印刷的最后阶段。清入主中原以后，为巩固统治阶级的地位，缓和阶级矛盾和民族矛盾，一方面实施文化镇压，大兴文字狱，据统计，仅康、雍、乾三朝所制造的文字狱就达百起之多，成千上万的人遭受株连、迫害；另一方面又采取怀柔政策，为笼络汉族知识分子，获取汉人的普遍好感，他们尊孔读经，崇尚儒术，提倡理学，开设博学鸿词科，罗致全国名士。清朝推行的这两条文化策略，取得了明显的成效，在相当长的时间里实现了比较牢固的政治、思想和文化统治，同时，在客观上也促进了文化、教育事业的繁荣。清中期之前，雕版印刷业高度发展，官刻、私刻、坊刻相当成熟和活跃，可谓全国上下，大小书坊星罗棋布，印书内容丰富多彩，上自皇帝谕旨，下至民间日用杂品，品类齐全，应有尽有。

清道光以后，随着国运的衰退，雕版印刷业也随之一蹶不振，虽咸、同年间各省书局之"局本"一度兴起，但已成"书林唱晚"，最终被新兴的石印、铅印技术所替代。

清代坊刻与官刻、私刻一样非常活跃，它在明代坊刻的基础上得到了进一步的发展，依然是三大刻书系统中的重要力量。书坊刻书甚为普遍，全国各地皆有刻书记录。随着社会政治、经济和文化的发展，明代的刻书中心即建阳、金陵、杭州、北京，在清代局部地区进行了重新组合与调整。北京是明朝闻名的刻书基地，由于清代的北京仍是中央政府的所在地，全国刻书中心地位仍然继续保持。南方的南京、杭州刻书在明代显赫一时，至明代末年逐渐衰退，刻书数量远不及上代，刻书中心的位置最终被苏州所取代。广州是我国近代新兴的重要城市，书坊刻书十分兴盛，一跃成为清代远近闻名的刻书基地。福建的建阳是宋、元、明刻书的重镇，历史悠久，"建本"风靡全国，但明末建阳书坊已经衰落，全国刻书中心的地位由后来崛起的四堡书坊取而代之。除此之外，杭州、南京、江西的浒湾、广东的佛山也有不少书坊，但刻书规模不如以上四个地区。

北京：书坊所刻之书，统称为"京版"。扉页上往往标注"琉璃厂"、"京都"等牌记。清代北京书坊多集中在琉璃厂、福寺街一带，可考的大小书坊、书铺达百余家，比较有名的，如老二酉堂、酉山堂、聚珍堂、文成堂、文宝堂、荣禄堂、文锦堂、文贵堂、文友堂、翰文斋等。二酉堂、善成堂等刻本印量较大，至今易于见到。

苏州：书坊刻本称为"苏版"，扉页上往往标注"姑苏"牌记，清代可考的书坊达七十余家，其中扫叶山房、书业堂、宝翰楼、聚文堂、四美堂、宝兴堂、绿荫堂、三经堂、文学山房、文林堂、文富堂等比较有名。

广州：书坊所出书籍称为"广版"或"粤版"。扉页上有的注明"羊城"、"广城"、"广州"、"广东"诸牌记。清代可考的书坊、书铺三十多家，它们多设在西湖街及龙藏街一带，比较有名的有：翰文堂、三十三万卷楼、述古堂、拜鸳楼、修本堂、读有用书斋、海山仙馆、耕云别墅、爱庐堂、留香斋、萃文堂、随山馆、富文斋、粤雅堂、筠清馆、翰墨园等。

四堡：书坊所刻图书，称为"汀版"。扉页上有的标注"汀郡"、"闽汀"、"汀城"、"雾阁"等牌记。清代书坊主要集中于四堡乡雾阁、马屋二村，达百余家，影响比较大的书坊是：雾阁邹氏有寄傲山房、素位堂（后分出素位山房）、务本堂、碧清堂、天宝楼、翰宝楼、万卷楼等。马屋有林兰堂、文林堂、经纶堂、同文堂、文萃堂、本立堂、在兹堂等。

以上可见，清代书坊刻书业相当繁荣，明代四大刻书中心之"闽（建阳）、宁、杭、京"，到了清代已变更为"京、苏、穗、汀（四堡）"四个地区。京、苏、穗是清代三大刻书中心，已得到专家学者们的公认，而四堡书坊是否列为四大刻书中心，至今仍有异议，还需要进一步论证。郑振铎先生认为清代四大刻书中心是北京、武汉、四堡、浒湾，据现有资料，武汉、浒湾书坊的刻书记录较少，尚不能构成全国性的刻书中心之地

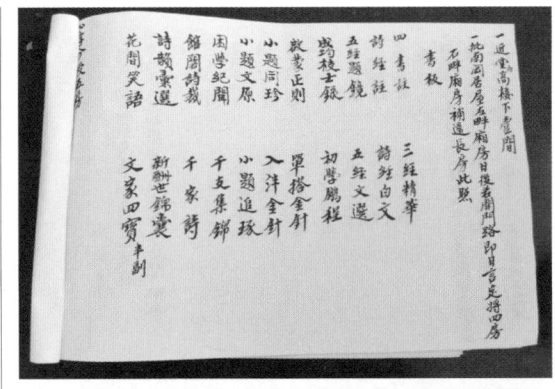

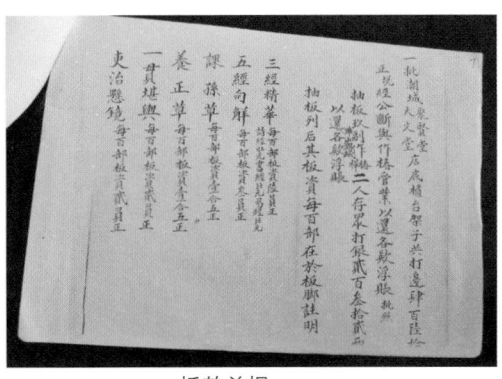

抵款单据

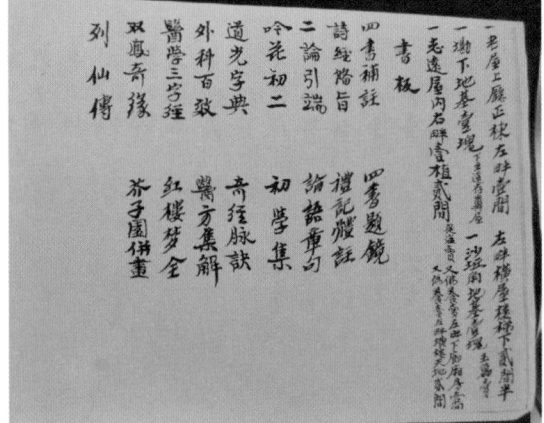

分关字据

位。郑氏作出以上判断，笔者不知其依据出于何处，是郑氏当时的考证有误，还是转述者记忆有误？其详情笔者难于述说。但郑氏提供和揭示了一个基本的事实：四堡书坊是清代著名的刻书中心。这一基本事实，在笔者看来是确凿可靠毋庸置疑的。

（二）四堡书坊是清代南方最大的坊刻基地

大量的事实表明，四堡书坊是清代继建阳麻沙、书林之后的又一大刻书中心，其坊号数量之多、持续时间之长、刻书数量之大、发行范围之广，有清一朝极为罕见，将它称为"清代南方最大的刻书基地"，有如下事实依据。

1. 书坊总数与北京持平，但远胜苏、穗等地

上面谈到，一般认为，清代的刻书中心为北京、苏州、广州。有人还认为江西浒湾和广东佛山也是刻书中心。笔者参照张秀民《中国印刷史》、戚福康《中国古代书坊研究》、《金溪县志》和其它相关资料，将四堡书坊与京、苏、穗、佛山、浒湾书坊列表进行比较，从中发现，四堡书坊的刻书规模，即坊号数量、书籍品种、刻书周期，与

京、苏、穗等地相比毫不逊色，有的甚至远远超出。

清代刻书中心刻书情况一览表

地域	种类			
	书坊数（家）	刻书种数（种）	刻书时间	备注
四堡	123	1223	清康熙至民国末年	在兹堂书版107种、务本堂书版87种
北京	112	不详	二酉堂始于明代	名书坊有五柳居、二酉堂等
苏州	78	151	明至1933年	名书坊有扫叶山房、书业堂等
广州	35	不详	乾隆末年至民国初年	富文堂刻书达30种
佛山	12	不详	不详	
浒湾	60	不详	不详	建成两条书铺街

从以上列表中，可看出四堡书坊与北京书坊的几种参数大体相当，而与苏州、广州、佛山、浒湾书坊参数比较却高出许多。据张秀民先生考证，北京不少书坊自己并不刻书，而是经营销售，有刻书记录的书坊总数大致为三十余家。而四堡书坊一百二十余家中，至今未发现有不刻书仅售书的书坊。据此则可推知，四堡书坊的实际数量和刻书种类超过北京、苏州、广州，与浒湾、佛山相比更不成比例。从以上各地书坊数量的比较中，可看出，所谓四堡书坊刻书规模"远不如京、苏、穗三地"的说法明显与事实不符。

2. 刻书遗址规模恢宏，大书坊数量三十余家

我们根据谱牒和书坊现存遗址的统计分析，四堡书坊规模较大的达三十家，它们是：雾阁邹氏的崇德堂、寄傲山房、云林别墅、碧清堂、培德堂、瑞文堂、永言堂、应文堂、务本堂、祖述堂、翰宝楼、天宝楼、素位堂、素位山房、万卷楼、翰文楼、德新堂、文海楼等。马屋的万竹楼、文汇楼、文萃堂、经纶堂、本立堂、同文堂、在兹堂、念兹堂、文兹堂、文林堂、林兰堂、翼经堂。在这些书坊中有的经营时间长达百年之上，如邹葆初的崇德堂延续八世，长达150年；邹圣脉寄傲山房创办于雍正年间，至同治年仍刻印戏剧《燕子笺》，持续时间延续百年以上；邹尚忠创办碧清堂，子孙相继，前后近200年；邹廷载的培德堂创于乾、嘉间，其后代继续经营，前后近200年；邹圣禄永言堂经营100多年；邹圣耀的瑞文堂，创办于乾隆年间，其后代继续经营至民国初年，有150年；马屋马权亨创办经纶堂，相传六代，长达150多年；马周群的本立堂，创办于乾隆年间，其后代延续经营至民国初年，达150年；马维翰的万竹楼创于顺治年间，其后代继续经营，前后200多年。

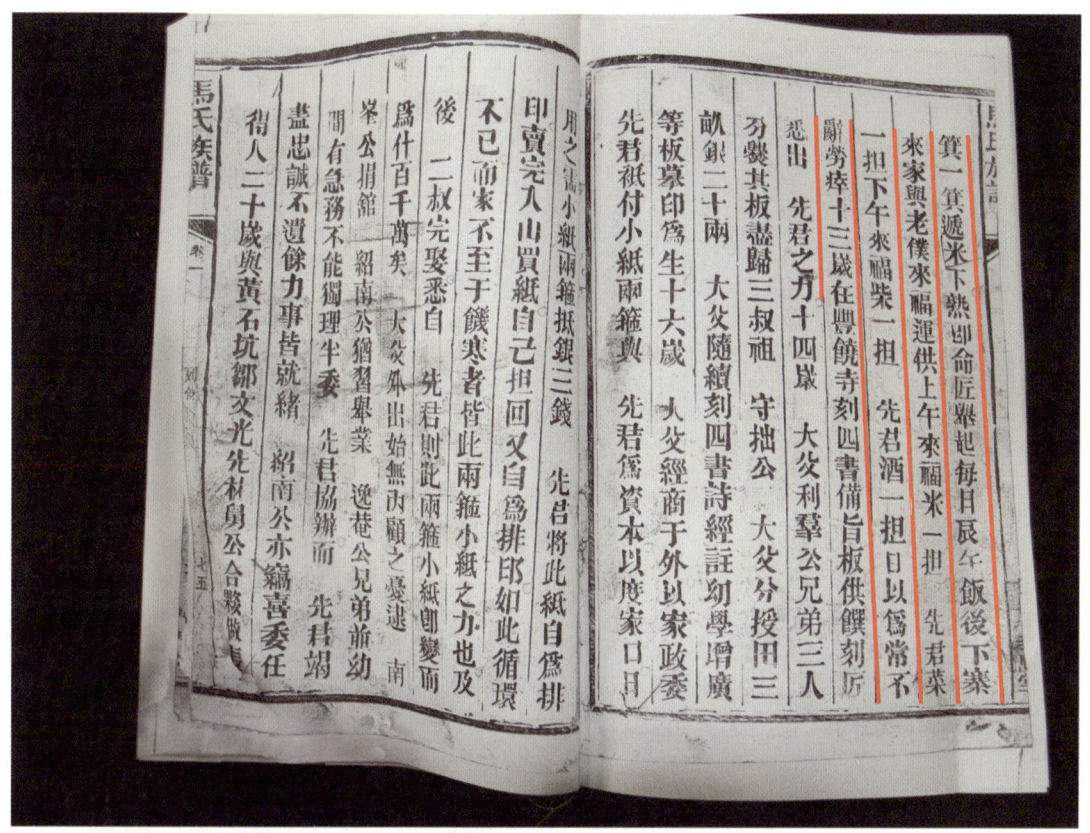

马定邦事迹

现存的邹氏、马氏家族分关文书可以反映当时的刻书规模。务本堂主邹子仁，乾隆三十八年财产分关共分断书版87种，每种逾百片，共约万片，分给六个儿子，每户可得千余片。道光十九年（1839年），在兹堂主马松存析产，其中有书版107种分给六个儿子。光绪二十三年（1897年），邹邦钰将17种书版分给三个儿子。光绪年间，翼经堂主马益保将79种书版分给几个儿子。所谓"分关"文书，实际上就是一种家庭分家的财产契约。从这些契约中可窥见，"分关"之前，一些坊主拥有几十种甚至上百种的书版，也就是说，他们刻印的书籍多达几十种、上百种，可见其当时刻书的规模和盛况。

我们还可以从书坊费用和后勤供应看四堡刻书之规模。《马氏族谱》载，马定邦的刻书作坊，"剞劂数十雕梨枣，朝夕供费浩繁"。马怡庵"在东升寨刻《四书集成》版，供给数十刻匠饭餐。米置甑中，力不能举，先将甑放下锅台，以箕一箕递米下，熟即命匠举起。每日辰午饭后，下寨来家，与老仆来福运供，上午来福米一担，先君菜一担，下午来福柴一担，先君酒一担。日以为常，不辞劳瘁。"值得注意的是，这段文字比较详细地记录了该书坊刻工以及后勤忙碌、日用浩繁的情景，一担米以120市斤计，加之酒菜，大约可供上百人用膳，其中有刻工几十人，可见其规模。

林兰堂

子仁屋

再看现存的书坊遗址，也可以印证书坊刻书的规模。子仁屋是天宝堂、务本堂、翰宝楼的"三堂合一"所在地，占地十余亩，号称有九厅十八井两百多间房屋，青砖绿瓦，翘角飞檐，气派非凡。中田大宅是座多进的大宅院，数条廊巷迂回曲折。始建于清嘉庆十一年（1860年）的林兰堂，占地5600多平方米，双座堂屋、双座大门并列，各有三进厅堂，左右分列厢房、横屋，以走廊贯通。这些原生态的遗址，可见证四堡书坊昔日的规模和辉煌，它的恢宏气势在全国同类书坊中虽不能说绝无仅有，但至少可说是屈指可数的。

戚福康先生在《中国古代书坊研究》中提到，"四堡书坊业最盛时，书坊竟达100多家，但家族制风气浓厚，规模一般都比较小，加之质量欠佳，并没有形成一种全国性

清代抄件四堡刻书书目

的影响。"[13]笔者认为，戚先生的四堡书坊"规模一般都比较小"之说，是没有任何根据的。无需赘言，在四堡的123家书坊中，确有个别规模小且生存时间短，甚至有可能从创建到倒闭关门只有几个月的时间，这在市场的竞逐中是很正常的，但这毕竟是个别现象，我们不能以偏概全，个别代替一般。

3. 刻书种类达1223种

随着时间的流逝,四堡书坊除古建筑犹存外,其刻本、刻版及资料大多丢失。书坊的雕版,民国年间基本散尽而难得一见,"家有藏版"的盛况不复存在,"今石印铅版风行一时,存版放失,坊刻几仅见矣。"[14]据云,"文革"前少数农家仍有不少存版,它在十年"文革"中被浩劫一空。书坊的刻本现今存世稀少,自然消耗是刻本稀少的一大原因。我国南方雨水多,湿气大,物品尤其是纸制品不易保存。民国《长汀县志》主纂丘复说,"盖山林湿气,蚁蛀虫咬,保全不易。周栎圆先生《闽小记》云:'书十年即腐'。此尤前人著述湮灭之大因也。"[15]同时,书坊刻本多为科举、蒙学、日用读物,加上有的刻印不够美观精致,历来不为藏家所重,这也是四堡刻本少见的一个重要原因。

尽管如此,笔者难以置信一个曾经辉煌的版刻基地,从它歇业到今为止,时间过去仅100余年,它刻印的图书会完全蒸发消失,近十几年悉心寻觅收集四堡书坊刻本、书目和其他原始资料,迄今为止,收获颇丰,已收藏500多册,有63个堂号103种的刻本,以及清末抄本《古今书目》和部分雕版实物。此外,还发现四堡雾阁人邹氏家藏清代书目抄本。据云,福建省新闻出版署原办公室副主任吴世灯先生也收藏了一些书坊刻本。现将笔者收藏的部分四堡刻本列表如下。

思书轩藏部分四堡刻本目录

堂 号	坊 主	刻 印 书 籍
碧清堂	邹尚忠 1691—1760	《详注初学指掌》四卷存三卷
寄傲山房	邹圣脉 1691—1763	《幼学故事琼林》四卷、《人家日用》不分卷、《增补鉴略》五卷、《书画同珍》四卷存二卷、《燕子笺》四卷、《诗经体注备旨衍义》存三卷
云林别墅	邹可庭 1715—1803	《五经备旨》三十七卷、《鉴史琼林》十四卷存七卷、《尺牍新裁》四卷、《新增家礼大成》八卷存五卷、《西厢记》七卷
大德堂	邹景扬	《采辑新联》二卷、《酬世锦囊全集》四辑十九卷
同志堂	邹廷忠	《时令诗林尤雅》十二卷存九卷、《酬世精华》四卷、《小仓山房诗集》三十一卷、《四书补注附考备旨》十卷
瑞文堂	邹圣耀 1718—1789	《增补指明算法》上、下卷
佐圣堂	邹本祖 1721—1786	《集虚斋全稿》不分卷
汀郡应文堂	邹应乾 1746—1819	《洋务通鉴论》不分卷、《时务新策》四卷存二卷、《四书正文音义辨讹》存一卷、《较正监韵四书正文》存二卷、《对联全集》四卷存一卷

堂号	坊主	刻印书籍
务本堂	邹子仁 1755—1827	《保赤指南车》十卷、《龙文鞭影》(上、下卷)
锄经园	邹乾栋 1761—1835	《本草经读》四卷存二卷
翰宝楼	邹子肇 1771—1835	《选择求真》存六卷
文光堂	邹传伊 1793—1856	《公余医录》三卷、《书经备旨辑要》六卷
素位堂	邹翼顺 1832—1919	《酬世合璧》四卷、《太上感应篇》不分卷、《医宗金鉴外科》十六卷存二卷
素位山房	邹作就 1859—1909	《鹿洲全集》四十三卷
汀城万卷楼	邹邦彦 1833—1905	《卫济余编》(通天晓)十八卷、《幼学故事汇览》四卷、《新增字学举隅》不分卷
翰香堂	邹邦鼎 1839—1911	《七经精义》二十卷
崇文堂	邹发兰 1846—1874	《酬世精华》四卷、《新增幼学故事琼林》四卷
文汇楼	马宽裕 1670—1754	《古文精言详注合编》十六卷存十三卷、《新刻书经备旨善本辑要》六卷、《增补监略》四卷存二卷、《催福通书》二卷存一卷
本立堂	马周群 1662—1748	《四书左国汇纂》四卷
经纶堂	马权亨 1650—1710	《玉娇梨》四卷二十回、《康熙字典》三十六卷
同文堂	马玉峰	《诗经备旨》八卷、《大观续编》不分卷
文林堂	马玉堂	《新增幼学故事琼林》四卷、《四书白文正体》存一卷
林兰堂	马源锡 1786—1864	《幼学故事琼林》四卷、《诗韵含英》十卷
马林兰书局	马传范	《一年使用杂字》不分卷
桂林堂	马良奇	《周易备旨一见能解》四卷、《书经补注辑要备旨》六卷
翼经堂	马益保	《经义快睹编》不分卷
裕丰堂	马源用	《增补诗经体注衍义合参》十卷
汀郡九思堂		《红楼梦》存四十五回、《目耕斋初集》不分卷、《四子书》不分卷、《字学举隅》不分卷
汀郡九经堂		《玉历钞传警世》不分卷、《三字经训诂》不分卷
闽汀继文堂		《诗韵集成》四卷
汀城文行堂		《四书补注附考备旨》十卷,《较正监韵四书正文》存一卷
闽汀廖壁香楼		《胎产秘书》三卷
长邑归善坛		《空忙惺人传》不分卷

以上合计 33 个堂号、27 个堂主有刻书记录。刻书记录比较多的堂号有：邹应乾应

文堂5种，邹圣脉寄傲山房6种（自编自印），邹可庭云林别墅5种（自编自印），九思堂4种，邹廷忠同志堂4种（自编自印），邹翼顺素位堂3种，邹邦彦万卷楼3种，马宽裕文汇楼4种（自编自印）。随着时间的推移，各书坊的刻书记录肯定还有更多的发现。

4. 发行范围遍及江南数省

我们从发行范围看，四堡刻本覆盖面几乎占据整个江南。《长汀县志》云："长邑四堡乡以书版为产业，刷就发贩几半天下"[16]，此言不虚。据笔者调查统计，清康熙至宣统，书坊的发行区域达10个省、109个县市，销售人员多达606人，其中固定人员（店面）491人，流动人员115人。

清朝康熙至宣统四堡书坊发行区域一览表

省份	县市	销售人员	其中		备注
			固定人员	流动人员	
广东	35	167	128	39	
江西	27	142	135	7	
福建	18	96	96		
广西	11	88	81	7	
湖南	8	51	33	18	
浙江	3	15	10	5	
四川	3	3	3		
江苏	2	2	2		
山东	1	3	2	1	
湖北	1	1	1		
其他		38		38	跨省际
合计	109	606	491	115	

从以上列表中可以看出，书坊图书的销售主要集中广东、江西、福建、广西、湖南等5个省，这些地方的发行销售人员分布约占人员总数的90%。

据邹日升先生考证，四堡刻本的发行主要有三条线路：一是北线。经清流入沙溪下闽江，或由宁化到建宁、泰宁进入江西丰城、临川、南昌、樟树、九江等地，再沿长江向上游进发到武汉、长沙和四川重庆、成都；下游抵安庆、芜湖、南京、镇江、无锡、苏州和杭州。二是西线。至长汀后，分水、陆两路，一路乘舟沿汀江南下入上杭、武平、梅县、潮州、汕头，经海运入珠江，进广州，散入粤西南各地；或沿珠江而上溯至广西梧州、贵县、灵山、横县、南宁、桂林、柳州、百色，直抵贵州、云南各地，入越南北方诸县城；或于潮州陆路转入粤东各地。一路由长汀陆路向西入赣南和湘南诸城镇。三是南线。分东、南两路，东路入永安经沙溪向南平、崇安、浦城、建阳、建瓯各地进发，或沿闽江而下至福州，转海上赴温州及浙东南各县，伸而入杭、嘉、湖，散于全浙。南路经朋口河入韩江至广东，或陆路向龙岩、漳州、厦门、泉州等地伸展。[17]邹氏长期从事地方志研究工作，他的四堡书坊发行"北、西、南三线说"，是在对大量方志、谱牒调查基础上提出的，有史实依据，应是相当可靠的。

以上各地的书坊数比较和例证，足够证明四堡书坊的生产规模之大，在全国同类书坊中名列前茅。毋需讳言，四堡书坊不少刻本质量欠佳，纸、墨、印都存在许多不足，有的甚至存在粗制滥造的现象。有的书坊规模虽大，但与北京、苏州、广州等大城市的一些名书坊相比，在质量、品牌方面存在很大的差距。四堡书坊毕竟是地处山区的书坊，人才的不足，经济、文化的相对落后，这些不利条件决定了他们不可能刻印出众多精美绝伦的善本来。因此，对四堡书坊的质量问题，我们就不应苛求前人了。

一个无法回避的事实是，既然四堡书坊是我国清代南方最大的刻书基地，为何大型图书馆没有四堡刻本的著录？笔者认为，这个问题与历史上忽视四堡刻本的整理和研究有关。国内外的一些大型图书馆不是没有四堡刻本，只是没有人去发掘研究罢了。现藏于巴黎等国外图书馆的经纶堂刻本《燕山外史》、万卷楼《驻春园》、枕松堂《两交婚》以及《五虎平西》、《岭南逸史》等，皆有可能是四堡刻本。国内的情况也是如此，据厦大图书馆李秉乾研究员说，他在50年代在南普陀寺图书室亲眼见过四堡书坊刻印的《三国演义》、《水浒传》。目前已知龙岩市图书馆、漳州市图书馆、漳州师院图书馆皆藏有部分四堡刻本。

（三）国内外对四堡书坊研究的最新成果

20世纪80年代以来，报端有关四堡书坊的宣传报道，引起了我国乃至国外专家、学者的关注，有的学者深入实地，走家串户，收集资料，从不同的侧面对四堡书坊进行研究，学术成果接连不断。如，福建新闻出版局研究室副主任吴世灯《清代四堡刻书业》；美国俄勒冈大学包筠雅博士《四堡邹氏与马氏家庭在中国封建社会晚期的印刷出版研究》；厦门大学教授陈支平、郑振满《清代四堡的族商研究》，刘永华《礼的世界：明清时期福建四堡的礼生、祖先崇拜、乡约与地方寺庙》、《明清时期闽西四堡的乡约》，曾玲《四堡雕版印刷业的兴衰》等论著，先后在国家级的刊物上发表或在国际性的学术年会上交流。福建省图书馆谢水顺、李斑《福建古代刻书》一书，专辟章节介绍四堡书坊及刻书。

对四堡书坊及其刻本的研究和推介，这里应着重提及以下学者：一是四堡乡贤、连城县方志办邹日升先生，他撰写的《中国四大雕版印刷基地之一——四堡》一文，可能是最早推介四堡书坊的文章；二是省新闻出版局吴世灯先生，此君不仅自己撰写有

关四堡书坊的研究文章，同时还以其特殊身份，呼吁有关方面加强对四堡书坊遗址的保护，提出四堡书坊具有申报世界文化遗产资质的见解；三是美国俄勒冈大学包筠雅女士，她曾十几次前往四堡书坊实地考察，十几年前曾发表《四堡邹氏与马氏家庭在中国封建社会晚期的印刷出版研究》，近年又在美国出版专著《文化贸易：清代至民国时期四堡的书籍交易》，她是将四堡书坊及刻本推向世界的第一人。一个外国人对中国的刻书文化如此专注和执着，其精神令人感动。

应该说，经过国内外专家学者20多年的共同努力，四堡书坊的研究工作有所进展，四堡书坊在历史上传承和弘扬传统文化的功能与作用愈来愈清晰，列为清代"四大刻书中心"的地位愈来愈明确。但笔者认为，这些研究成果仅仅是初步的，对四堡书坊的研究、宣传和保护还远远不够，主要表现在：一是学术性的研究不够系统。研究者们往往把注意力放到四堡书坊古建筑遗址、族商经济、文化贸易等方面，而对四堡刻本的研究几乎空缺，对版本的搜集少之又少。据说，近年有些藏家专门收集四堡的版本，这是一个好现象，但笔者不见其收藏与研究成果。二是学者介入这一课题的人数还不多。以往的一些学术成果所提供的资料和证据还不够翔实，它还没有全面、客观地反映四堡书坊长达300多年持续不断的刻书历史，没有拿出更多令人信服的确凿证据证明四堡书坊辉煌的历史。三是对遗址的保护和管理有待加强。前些年，笔者看到中国文联副主席冯骥才在《光明日报》发表《谁救四堡》一文，他深入到四堡书坊考察后，从保护民间文化遗产的角度，谈及自己的所见所闻，吁请各界重视对四堡书坊遗址的保护工作。四是对四堡书坊的宣传不够广泛深入，致使许多人不了解四堡书坊。这些问题与不足应当引起社会有关方面的关注。

综上所述，四堡书坊及刻本是我国不可多得的文化历史遗产。在清代，作为我国南方的最大的坊刻基地，它以规模恢宏的集群化生产，刻印了大量的图书，推动了汉文化的广泛传播。四堡书坊之所以发源于一个偏僻而不起眼的小山村，并不断发展壮大，其中有厚重的社会人文背景，有丰富的自然资源，更取决于四堡人劲毅耿介、悦于进取的客家精神。四堡的先辈们以不凡的业绩，在我国的书坊史上书写了灿烂的一页。

注释

[1]（宋）朱熹：《晦庵先生朱文公集》卷一〇〇，清同治十二年（1873年）六安涂氏求我斋仿嘉靖壬辰本校刊本。

[2]（清）杨澜：《临汀汇考》卷四，清光绪四年（1878年）刻本。

[3]长汀县博物馆、政协长汀县委员会文史编辑室编：《长汀县志》（民国版），1983年修订本。

[4]厦门大学图书馆资深研究员李秉乾先生口述。

[5]徐连达主编:《中国历代官制词典》,广东教育出版社2002年版,第251页。

[6]叶再生主编:《出版史研究》(第五辑),中国书籍出版社1997年版,第163页。

[7]连城县志编纂委员会编:《连城县志》,群众出版社1993年版,第904页。

[8]长汀县博物馆、政协长汀县委员会文史编辑室编:《长汀县志》(民国版),1983年修订本。

[9]长汀县博物馆、政协长汀县委员会文史编辑室编:《长汀县志》(民国版),1983年修订本。

[10](清)杨澜撰:《临汀汇考》卷四,清光绪四年(1878年)刻本。

[11]张秀民:《中国印刷史》,浙江古籍出版社2006年版,第390页。

[12]戚福康:《中国古代书坊研究》,商务印书馆2007年版,第257页。

[13]戚福康:《中国古代书坊研究》,商务印书馆2007年版,第257页。

[14]长汀县博物馆、政协长汀县委员会文史编辑室编:《长汀县志》(民国版),1983年修订本。

[15]长汀县博物馆、政协长汀县委员会文史编辑室编:《长汀县志》(民国版),1983年修订本。

[16]《长汀县志·物产》卷三一,光绪五年(1879年)刻本。

[17]连城县政协文史资料委员会编:《连城文史资料》第四辑,1985年版,第102页。

第二章
四堡刻本价值与特征

一、四堡刻本概念的提出

（一）何谓四堡刻本

四堡刻本是指清代、民国时期四堡书坊生产的图书产品，它包括三个方面的含义：（1）四堡刻本属于民间书坊的刻本；（2）它不是一般的书坊刻本，而是成熟的大规模的书坊集群的刻本，这个书坊集群具有悠久的历史；（3）这个书坊集群位于福建连城县四堡乡，是区域性的书坊刻本。大凡历史上以"××刻本"见称的，通常指某地区书坊规模化生产的图书，或已树立品牌的名书坊生产的图书，前者如宋、元、明时期福建建阳书坊刻印的书籍，统称为"建本"或"麻沙本"；浙江临安刻印的书籍统称为"浙本"；四川成都刻印的书籍统称为"蜀本"。后者如北京的二酉堂书坊刻印的书籍，称"二酉堂刻本"；成都善成堂书坊刻印的书籍，称"善成堂刻本"。四堡刻本应属于前者，是区域性书坊生产的各类图书，它不仅包括四堡乡所有书坊生产的图书，还包括书坊在异地开设的分号生产的图书，因为这些分号与大本营的书坊有着直接的联系，书坊分号刻印的书籍也应列入四堡刻本的范畴。

著名学者陈衍在《福建通志·版本志》中引用杨澜《临汀汇考》关于四堡刻书业的一段话后，加了一条按语，说："宋时闽版推麻沙，四堡刻本近始盛行。阅此知汀版自宋已有。"[1]这是已知的最早明确提出的四堡刻本概念。陈衍（1856—1937）近代诗人，字叔伊，号石遗，福建侯官（今福州市）人，清光绪八年（1882年）举人，曾入台湾巡抚刘铭传幕，通经史训诂之学，特长于诗，为闽派诗的首领人物。一生著述甚丰，主要作品有《福建通志》（主纂）、《石遗室丛书》。陈衍的按语有两层意思，一是四堡刻本是继宋代麻沙本后的又一新的版本，它在清代盛行一时；二是四堡书坊有其历史因缘，早在宋代汀州就有"汀版"传世。陈衍任《福建通志》主纂时间是民国早年，他讲的"四堡刻本，近世盛行"，"近世"即近代，指过去不远之时代。陈氏所处时代的"近世"应指清代，而不是指明代或更早的时间。他将四堡刻本与麻纱本相提并论，可见他对四堡刻本的认定和推崇。

　　清代之前，学界有"汀版"之说，"汀版自宋已有"。"汀"是汀州府的简称，"版"指刻版书籍。"汀版"是指汀州府所在地长汀县城一带的官刻、私刻和坊刻本，但它有否包括四堡书坊的刻本，目前尚无实物提供证明不得而知。清代以后，学界所谓"汀版"，是特指四堡书坊的刻本，因为此时的四堡书坊，它几乎占据了汀州所有的刻书行业，不但在四堡乡一带堂号林立，而且书坊分号遍布汀州各县，乃至省域外其他地区。笔者收集10种刻本署有"汀版"标识的堂号，它们是：汀郡九思堂、汀郡九经堂、闽汀廖壁香楼、闽汀应文堂、闽汀继文堂、闽汀同文堂、汀城邹应文堂、汀城文行堂、汀

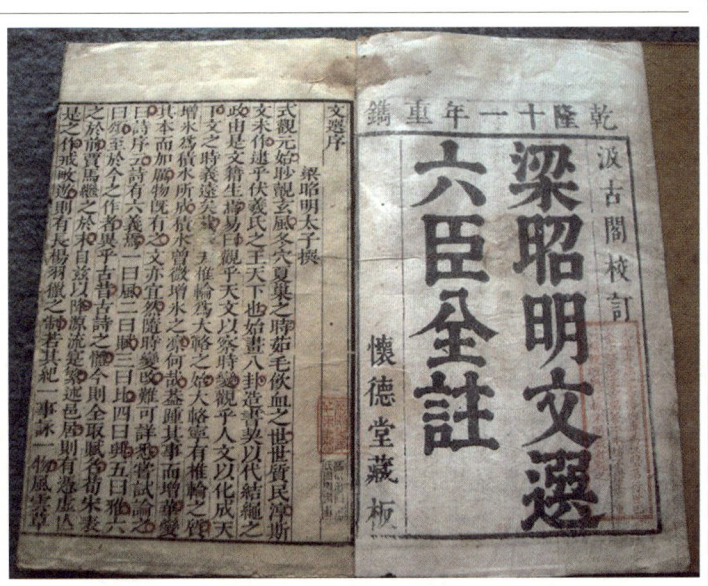

怀德堂《梁昭明文选六臣全注》

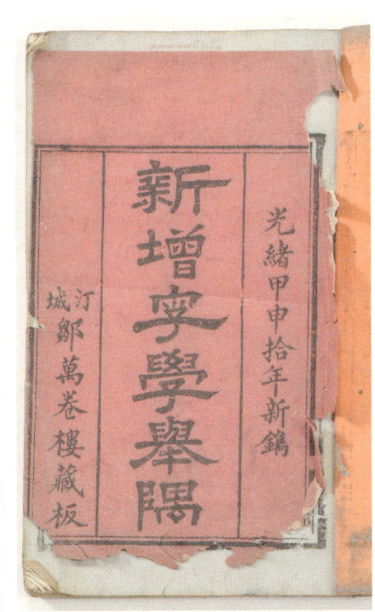

万卷楼《新增字学举隅》

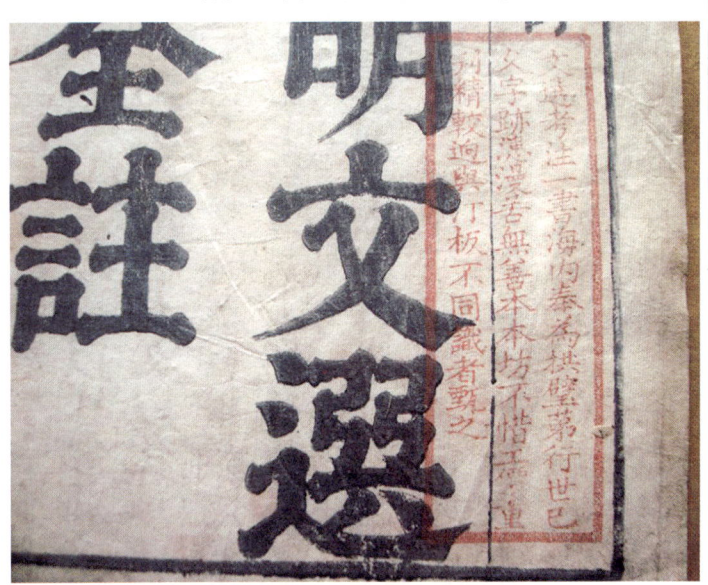

《梁昭明文选六臣全注》牌记

城马林兰堂、汀城邹万卷楼。笔者还注意到去年孔夫子网站拍卖的《梁昭明文选六臣全注》，此书六十卷，乾隆十一年（1746年）重锓，汲古阁校订，怀德堂藏版，牌记上有一段醒目的文字云："文选考注一书，海内奉为拱璧，第行世已文字迹湮漫，苦无善本。本坊不惜工价，重刊精校，迥与汀版不同，识者甄之。"怀德堂应是江浙一带的书坊，这段牌记虽然言之凿凿旨在声明本坊书籍精刊精校，与汀版（四堡刻本）迥然不同，但它从另一个侧面印证了陈衍所说的"四堡刻本近始盛行"之说，即是当时的名书坊，也在与它比拼较劲。

提出四堡刻本概念，揭示其内涵、类别和价值，对于进一步研究四堡雕版印刷乃至我国古代书坊史有着积极的意义。笔者以为，学术界对四堡书坊古建筑遗址、族商经济与文化贸易等方面的研究固然可取，无可非议，但忽略或轻视对其版本的研究，却有舍本求末之感，犹如"捡了芝麻，丢了西瓜"。殊不知，刻本是书坊生产的最终产品，书坊生产的一切行为、手段都是围绕这个最终产品展开的。研究四堡书坊离不开原生态的书坊遗址，更离不开它的终极产品即四堡刻本。

对于四堡刻本的价值问题，历来存在两种意见相左的看法，一种认为，四堡刻本大多是四书五经和农家日常应用之类的大众读物，加上版刻不精，缺乏文献、版本价值；一种认为四堡书坊在清代极盛一时，刻印了大量的书籍，其中不乏有许多有特色、有价值的书籍，即便是通行本也有不少精品、珍品。笔者不赞同前者的所谓"价值缺失论"，认为持这一观点的人，可能受某些传统观念的影响，在思想认识上有所偏颇。笔者经过长期的实地、实物调查认为，四堡刻本不但有价值，而且有较高的价值。否定或低估四堡刻本价值的倾向和行为都是错误的。

笔者还认为，四堡刻本的价值是无可置疑的，应当引起社会各方的关注。当前，应加强对四堡刻本的发掘、整理和研究，"发掘"就是要从浩如烟海的古籍中，据其特征把它辨认挖掘出来；"整理"就是要择优汰劣，去伪存真，加于梳理，形成文字材料；"研究"就是要对其社会性、文献性进行分析、比较和评判。鉴于四堡刻本的多样性、珍稀性，加强对它的发掘、整理和研究，必将有利于我国版本学、目录学的健全和完善，有利于民俗学、客家学资料的进一步补充，亦有利于社会经济史，如文化贸易史、家族商业史研究的深入，一句话，有利于丰富我国的思想宝库和历史文化遗产。

（二）刻本类别

四堡刻本是四堡书坊雕版印刷的各类图书的总称。前章说过，四堡书坊在长达300多年的雕版印刷中，曾刊刻过大量的书籍，目前已知的有1223种，根据其知识内容和使用范围划分，大致可分为五大类。

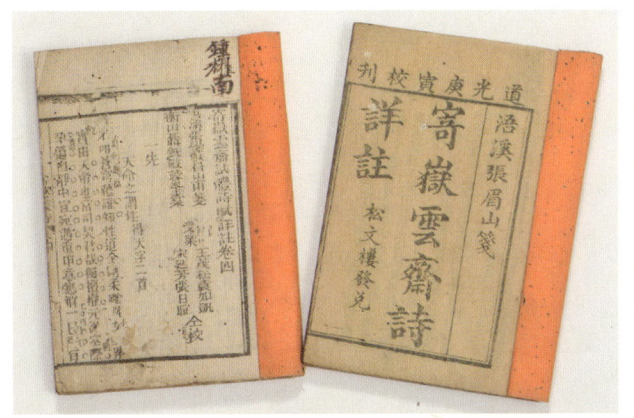

松文楼《寄岳云斋诗详注》

1. 经典史籍类

经典主要指儒家原典及释本，而史籍指二十二史部分正史及编年体通史，合计201种，占四堡刻本总数的16%。其中，经典绝大部分为四书五经及其注释，种目繁多，各体皆备，如《四书朱注》、《四书合讲》、《五经备旨》、《五经句解》。史籍如，《史记》、《汉书》、《后汉书》、《三国志》、《隋书》、《旧唐书》、《宋史》、《元史》、《资治通鉴》。

2. 诗文书画类

包括诗词集、文集及书画集，208种，占刻本总数的17%，其中，诗词集如《全唐诗》、《七家诗》、《李长吉集》、《李太白集》、《寄岳云斋诗》。文集（含辞赋、文选），如《昭明文选》、《唐人赋》、《古文精言》。书画集如《芥子园书谱》、《十竹斋》、《晚笑堂画传》、《书画同珍》。

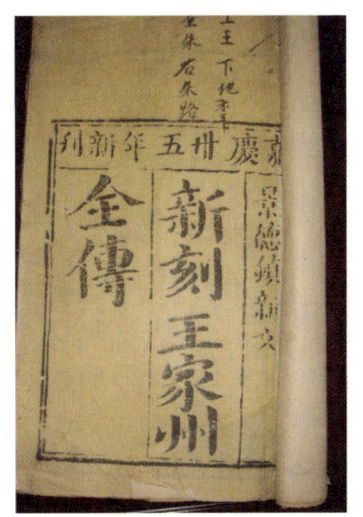

《新刻王家州全传》

3. 通俗文学类

包括通俗小说、戏剧、宝卷、评书，165种，占刻本总数14%。小说多数为才子佳人、历史演义、英雄传奇、侠义公案和鬼怪小说，如《红楼梦》、《金瓶梅》、《西游记》、《三国演义》、《水浒传》、《画图缘》、《王家州全传》。戏剧如《西厢记》、《燕子笺》、《牡丹亭传》、《桃花扇》。评书、宝卷如《花笺记》、《九度文公》、《安邦定国全志》。

本立堂《三字经注解备要》

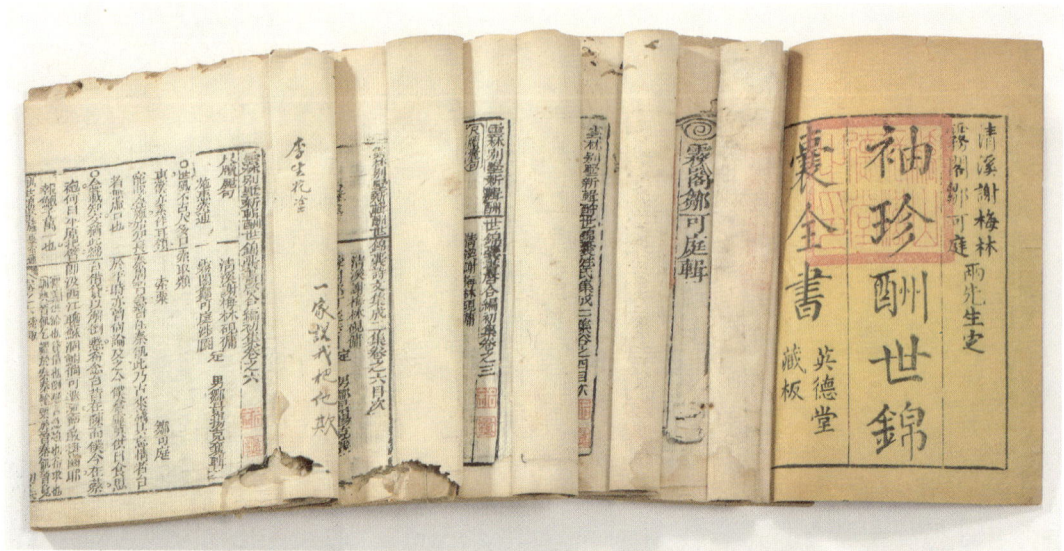

英德堂《酬世锦囊全书》

4. 蒙学科举类

265 种，占刻本总数 22%。蒙学包括传统教材和新编读本两个部分，传统教材有：《三字经》、《百家姓》、《千字文》、《千家诗》、《弟子规》、《龙文鞭影》、《幼学故事琼林》；新编读本为客家杂字，有：《一年使用杂字》(年初一)、《人家日用》、《初开天地》。科举应试包括时文、范文、制艺和考卷，如《小题指南》、《时务新策》、《考卷英华》、《试帖诗》。

5. 居家日用类

指普通家庭经常使用的读物，384 种，占刻本总数 31%。可分为几个小类：一是家礼，如《酬世锦囊》、《家礼大全》、《雪鸿轩尺牍》；二是楹联，如《对联全集》、《类联新编》；三是字书与韵书，如《康熙字典》、《说文解字》、《广韵》、《集韵》、《佩文韵府》；四是医书，涉及本草、病理、药性、

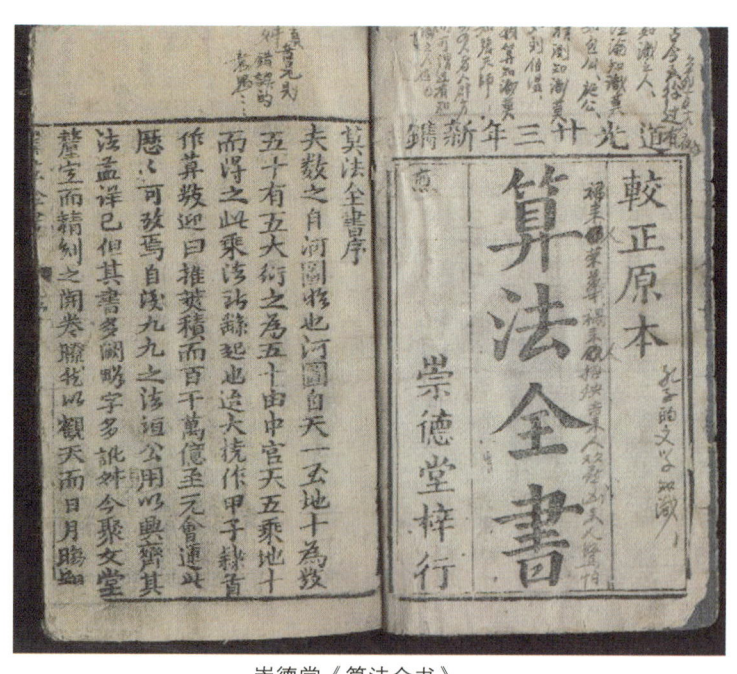

崇德堂《算法全书》

药方等领域和内科、外科、儿科、妇科等科目；五是堪舆命理，有地理、相命、择日、卜卦、通书、释道；六是杂著，如《通天晓》、《鲁班经》、《商贾便览》、《算法全书》。

需要补充说明的是，图书的分类比较复杂，四库全书"经史子集"的分类法虽臻于完善，但依笔者之见，由于坊刻本十分繁杂，"四分法"不完全适用于坊刻本的分类。以上的分类是根据民间书籍的知识性和实用性而划分的，这种划分可能不够严格和规范。例如，四书五经及其注本，由于它是南宋以后科举应试的通用教材，可以归入科举应试类书籍，但它本身又是儒家经典，不光是科举士子的必读书，也是广大民众的必读书，亦可以归入经典史籍类书籍。在以上的分类中，这种交叉重复的情况比较多。笔者不拘泥严格的学术性分类法，笼而统之，"大致"划分而已。这样的划分，诚然不够严密，但更切合坊刻本的实际，更能反映民间用书的全貌。

（三）版刻特征

任何古籍，无论是官刻、家刻和坊刻都有其版刻特征。这些特征往往通过它的纸张、水墨、版式、字体、装帧等方面体现出来。认识古籍的版刻特征，对于辨别刻本的真伪优劣具有一定的意义。四堡刻本的版刻特征，概括起来主要有：

1. 黄丹纸作封面、封底

这是四堡刻本的一大特色。黄丹，中药名，又称铅丹、丹粉、朱粉、铅华，系用铅、硫磺、硝石等合炼而成，性辛、微寒、有毒，外用拔毒生肌，内服杀虫截疟。在纸上用黄丹染色者，名曰黄丹纸。黄丹纸是长汀名产，纸质柔韧，经久

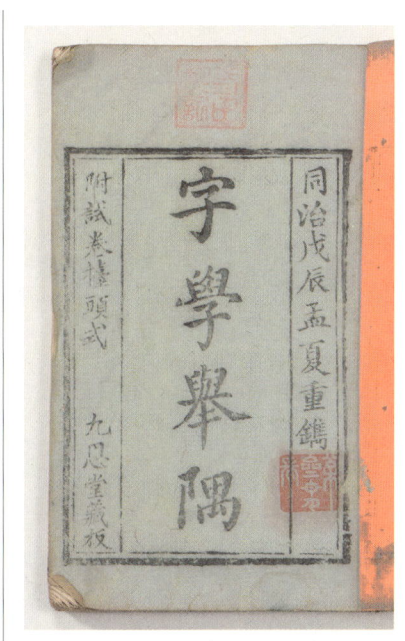

九思堂《字学举隅》

黄丹纸书皮

四堡刻本

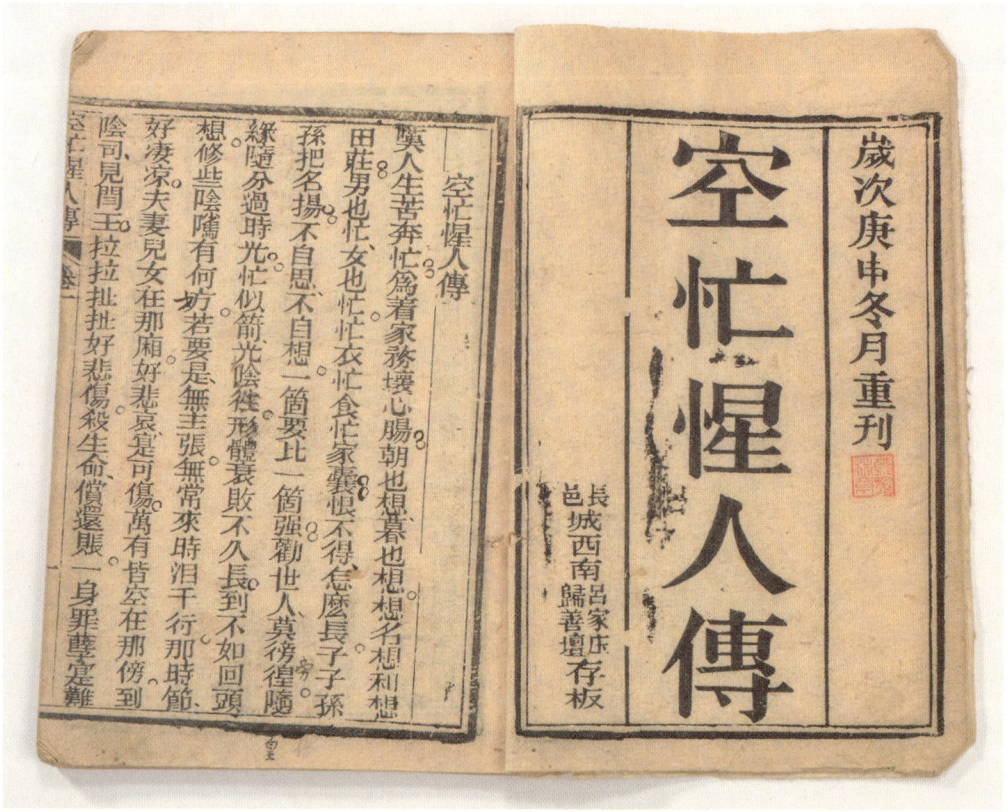

《空忙醒人传》

耐用，用途较广。由于黄丹纸具有一定的毒性，它有杀虫防蛀作用，可保持上百年而不褪色。四堡书坊很多刻本，如医书、日用读物及文学名著，皆用黄丹纸做封面、封底，或在扉页、封底前各插入一张黄丹纸，既可以保护书籍不致虫蛀，同时也起到美观装饰的作用。高贵者还洒有碎金箔，用于楹联、贺联和精装刻本的书皮。

2. 刊有雾阁、雾亭、闽汀、汀州、汀郡、长邑、汀城等款识

"雾阁"、"雾亭"是指四堡乡的雾阁村。"闽汀"、"汀州"、"汀郡"、"长邑"、"汀城"是旧时闽西客属八县的总称，即汀州府，州治设在长汀县城。有闽汀、雾阁等地方性标识的刻本，一般是四堡刻本。

3. 书坊堂号

历史上的文人学士往往喜欢给自己的书房或藏书室起个名字，这个名字叫做室名斋号。坊主们沿用文人学士的习惯做法，将自己的印书楼堂冠上雅致的名称。四堡书坊的堂号多达100多种，一个堂号就是一家书坊，如：雾阁有碧清堂、文海楼、文香阁、翰宝楼、崇文楼、萃芸楼、本立堂、素位堂等；马屋有林兰堂、万竹楼、德文堂等。这

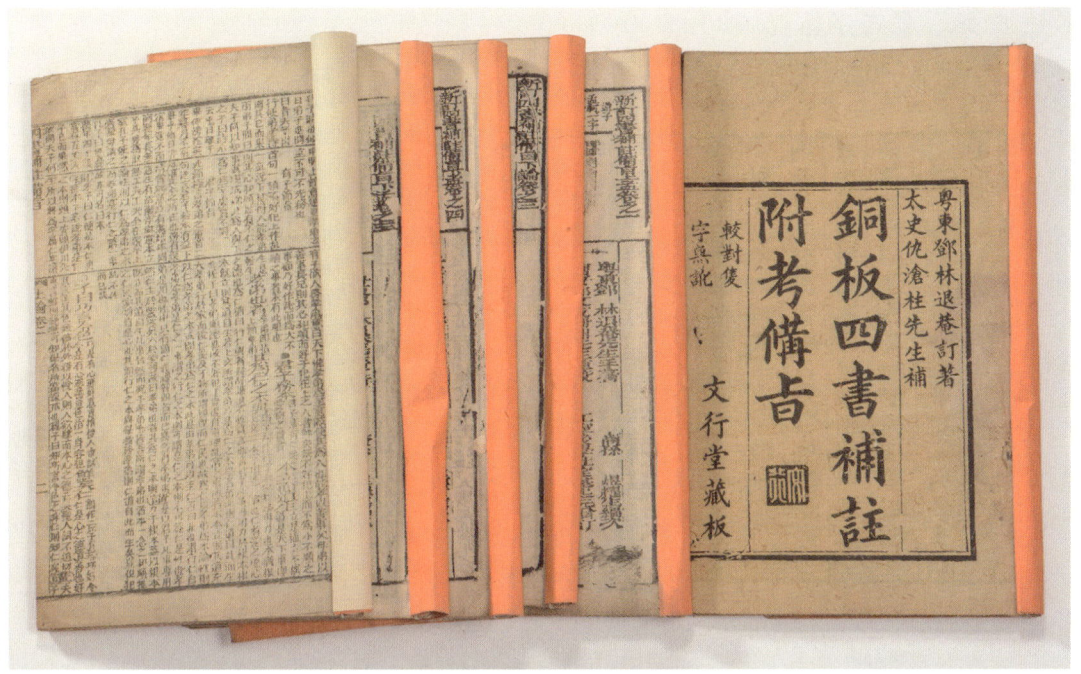

文行堂《四书补注附考备旨》

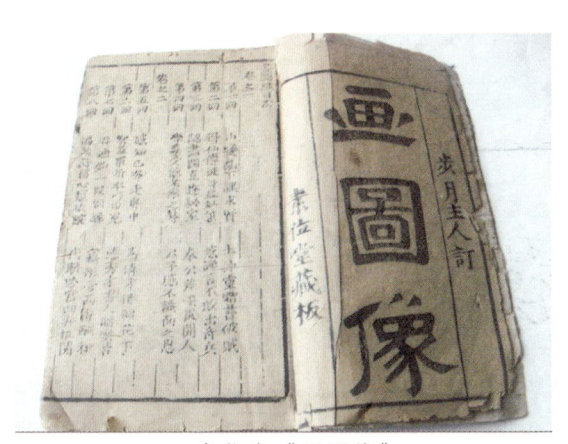

素位堂《画图缘》

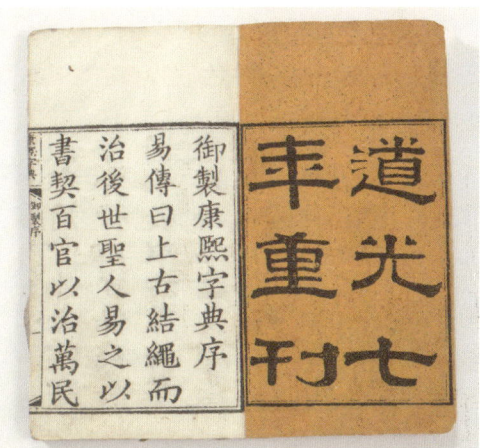

道光版《康熙字典》

些室名斋号是辨别四堡刻本的根据之一。

4. 巾箱本

巾箱即古人放置头巾的小箱子，开本小的图书可置于巾箱之中，此谓之巾箱本。这种图书开本小，易于携带和阅读。四堡书坊刊刻过不少巾箱本，刻得最多的是通俗文学作品和医书。笔者发现，其小说、戏剧、宝卷几乎都是巾箱本，医书大部分亦是巾箱本，这类书籍多用小开本的巾箱本版式，它便于民众携带阅读使然。

5. 纸、墨与字体

四堡书坊出于快捷便利和节约成本的考虑，多数就地取材，选用当地盛产的竹纸、毛边纸印刷书籍，少量的如特别重要的或个别委托印刷的书籍，选用玉扣纸或其它种类的白纸印行，如书画同珍、康熙字典等。用墨多数为松烟墨，质地比较一般，个别出现浓淡不一的情况。而书籍字体，仿宋体居多，写刻体较少。在版式上往往行格拥挤，字小行多，版面疏朗、字大如钱的少见。

以上罗列四堡刻本的五个特征，应是辨认四堡刻本的主要依据。由于种种原因，四堡刻本的牌记、题署和其它外在形态比较复杂，如，有的仅有堂号，没有地方性牌记标识；有的既无牌记，也无堂号，或署"本衙藏版"、"藏版"字样。之所以出现这些情形，是因为清代中后期随着刻书业的繁荣，刻书行业的版权意识有所增强，而四堡书坊刻印的书籍有不少是翻刻本，这些书籍有盗版之倾向，四堡坊主们不署堂号标识，是有意地规避版权之纠纷。然而，这种状况给后来版本的辨认带来了极大困难。为此，鉴别四堡刻本应当据其版刻特征，注意掌握如下几种方法。

首先，依据牌记的地方标识辨别四堡刻本。有清一朝，四堡书坊几乎占据了汀属八县的图书刻印市场，故署有雾阁、雾亭或闽汀、汀郡等字样的，其版本可断定为四堡刻本，如《卫济余编》署"汀城万卷楼藏版"，《时务新策》署"汀郡应文堂"；《新刻千家诗》署"汀城马林兰堂"，这类刻本易于辨认，它们属四堡刻本一目了然，这是甄别四堡刻本最可靠的办法。

其次，依据专有堂号辨别四堡刻本。书坊堂号是此书坊与彼书坊相区别的重要标识，它是辨别四堡刻本的一个重要依据，但不是唯一的依据，因为书坊堂号容易发生重名的现象，如"本立堂"、"务本堂"，四堡地区就有两个名称相同的书坊，全国各地名称相同的可能出现几个甚至十几个。对于仅有堂号而无地方标识的刻本，要看这个堂号的名称是否专有或特别，倘若它除此之外绝无仅有，便可认定它属四堡刻本，如"寄傲山房"、"素位堂"、"林兰堂"，这些堂号的名称文化内涵丰富，全国各地重复的堂号至今未发现，认定它们的刻本为四堡刻本无可置疑。

再次，依据该书的序文或题署辨别四堡刻本。凡古籍版本一般都有序文和文内标题下作者署名，辨别四堡刻本除依据书坊堂号外，还需参照该书的序文和题署。如《四书补注附考备旨》扉页上有"文行堂藏版"字样，光看"文行堂"坊号，很难看出它是四堡刻本。现有四堡书坊的资料没有这个坊号的记录，"文行堂"亦有重名的可能。但深入观阅全书，发现该书序言是邹廷忠于乾隆辛卯年写的，而邹廷忠是四堡乡雾阁村人氏，由此可基本认定"文行堂"是四堡书坊的堂号，文行堂之刻本应属四堡刻本。以此为例，不一而足。

最后，依据版本的综合特征辨别四堡刻本。有的版本扉页与版心所署的堂号不同，

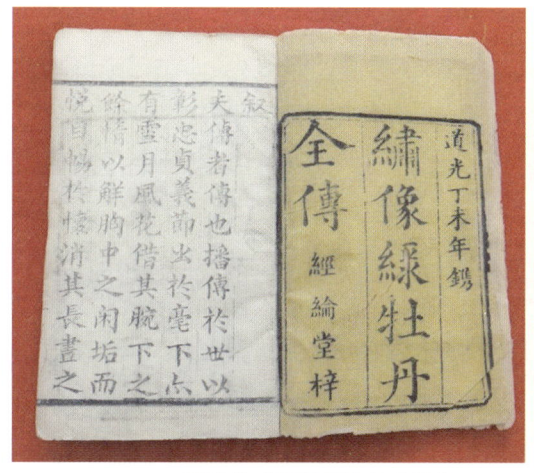
经纶堂《绣像绿牡丹全传》

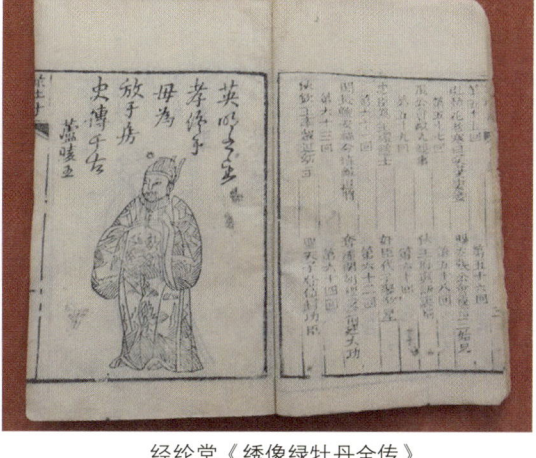
经纶堂《绣像绿牡丹全传》

如,长篇小说《绿牡丹》扉页署"经纶堂",版心署"文光堂",据四堡书坊相关资料,这两个堂号皆是四堡书坊的堂号,该书所署的两个堂号皆出之于四堡乡同一区域,那么,它就有很大机会属于四堡刻本。对于无牌记,无堂号的版本,应当综合四堡刻本几个特征加于考量,如袖珍本《四书味根录》、《增广文料大纯合编》、《试帖连珠诗集》,套红本《协纪辨方书》没有任何标识印记,但综合其版式、纸张、字体及书皮等诸特征,认定它们为四堡刻本似无大错。

二、四堡刻本的认识误区

(一)对坊刻本的再认识

四堡刻本,即汀版,在清代书坊刻本中已独树一帜,成为坊刻本系列的一个重要版别。四堡刻本不但具有坊刻本的一般特点,而且还有自己鲜明的风格和特性。正确认识坊刻本的地位和作用,是研判和评价四堡刻本价值的基本前提。

古籍版本分为三大系统,即官刻本、私刻本和坊刻本。叶德辉说:"书籍自唐时镂版以来,至天水一朝,号为极盛。而其间分三类:曰官刻本,曰私宅本,曰坊行本。"[2] 官刻本是指官府刊印的图书,包括中央政府机构和地方各级政府机构的刻书,官府刻书之目的在于教化;私刻本又称家刻本,是私人出资或主持刊印的图书,私家刻书的目的在于彰名;坊刻本,是民间书坊刻印的图书,坊主以刻印书籍作为自己的谋生手段,他们刻书的目的在于赢利。一般认为,官刻本纸墨精良,版式美观,装订精工;私刻本校勘精审,虽装帧和刻工不及官刻本,但文字内容准确性却往往超过官刻本;而坊刻本为

节约时间和成本,求快求多,往往刻印不精,纸墨粗劣,文字错误较多。

长期以来,坊刻本由于其选本往往低俗,印刷质量差,讹误较多,在历史上却背着不好的名声。自宋代始,藏书家们常诟病为"坊贾射利"。学者叶梦德《石林燕语》论及宋代的版刻情况说:"今天下印书,以杭州为上,蜀本次之,福建最下。"其原因是,"蜀与福建多以柔木刻之,取其易成而速售,故不能工。福建本几遍天下,正以其易成故也"。[3]叶氏对杭州、四川、福建三个地区刻书的质量进行了比较,得出福建刻本即建本(坊刻本)质量最差的结论,并认为其质量差是用了软木做刻版,"取其易成而速售"造成的。宋代周撰《清波杂志》卷八"板本讹舛"条,在指出葛立方《韵语阳秋》把一首苏轼诗误作杜甫诗后,感叹道:"此犹可以意会,若麻沙本之差舛,误后学多矣。"[4]周撰以麻沙本(坊刻本)将苏诗误作杜诗为例,指出这种差错贻误后人。陆游《老学庵笔记》也记载一则趣闻:"三舍法行时,有教官出《易》义题云:'乾为金,坤又为金,何也?'诸生趋前质疑,教官不悟此题有错字,却强为'讲解大概',诸生徐出监本,复请曰:'先生恐是看了麻沙本。若监本,则坤为釜也。'教官大惭。"[5]这些资料历来被一些学者多次引用证明坊刻本的弊端,坊刻本似乎成了"假冒伪劣"的代名词。

从总的来看,坊刻本较之官、私刻本印刷质量差,这是不争的事实。叶梦德、陆游等人对坊刻本的批评也比较公正、客观。但他们的批评只是指出坊刻本在印刷质量上存在的问题,并没有对它的其他价值和作用全盘否定之。坊刻本作为文化承传和传播的主要载体之一,它的价值应是多元的,具有鲜明的社会性、文献性和民俗性。历史上许多先哲和学者清醒地看到了这一点,他们对其价值和作用予以充分肯定,甚至给予很高的评价。朱熹在《建宁府建阳县学藏书记》说:"建阳版书籍行四方者,无远不至。"[6]朱熹还说:"误本之传,不但书坊而已,黄州印本亦多有。"[7]朱熹对坊刻本的评价,如果说前者是从建本的发行范围角度肯定了坊刻本的社会作用,而后段话则几乎为坊刻本的"误本之传"辩护了。嘉靖《建阳县志》称:"书籍出麻沙、崇化两坊,昔号图书之府。"[8]祝穆《方舆胜览》也有类似的说法,清代乾隆皇帝在阅览宋版《米芾墨迹》、《千家注杜诗》、《古列女传》时,见有"勤有堂"的印记,为搞清楚书版源流和勤有堂的始末,曾下旨福建巡抚派员前往刻书所在地的麻沙、书林等地察访。[9]建本自北宋刊行至明末歇业,相沿了几个朝代,直至清中期还引起高端的关注,说明了建本影响之深远。清末叶德辉的《书林清话》是我国最早的版本学专著,该书首次提出古籍版本"三大系统说",并罗列了大量的宋、元、明坊刻本以作例证。近人郑鹤声、郑鹤春在《中国文献学概要》中认为,书坊、书肆是文化传播的中坚力量,"坊肆本者,诸书坊书肆所刻书也。书籍之传播,全赖坊肆之雕刻。"[10]

笔者认为,坊刻本的历史功绩是不可抹杀的,它虽然存在这样那样的缺点,但在汉文化的传播、承传上起着官刻本、私刻本无法替代的作用。坊刻本与官、私刻本比

文光堂《东周列国志》

较，有如下几个特点：

（1）在图书的受众方面，官刻本、私刻本受众范围窄，它的发行范围固定在有限的群体，而坊刻本的受众范围广，它面向广大的中下层民众，可谓是"大众的图书"，对民众的文化普及和提升功不可没。

（2）在书籍的内容方面，官刻本把重点放在儒家经典，私刻本则注重诗文，它们对通俗文学读物如小说、戏剧等几乎从不过问，譬如乾隆时期官方编写的《四库全书》对通俗小说、弹词（鼓词）、宝卷等一概不录。坊刻本的内容则包罗万象，既有儒家经典，又有通俗文学读本；既有蒙学、科举读物，也有生活日用读本。我国的通俗文学主要靠坊刻本保传下来。

（3）在版式的创新方面，官、私刻本往往墨守成规，千人一面，而坊刻本为追求盈利，注重版式的创新。古籍中那些图文互注本、插图本、多节本、巾箱本皆是坊刻的创举。

（4）在刻印的质量方面，官、私刻本讲究形式美，往往不惜工本，此类书籍书品宽大，精刻精印，纸墨精良，校勘缜审，读者阅读赏心悦目。而坊刻本的印刷质量较之官、私刻本逊色，但也有不少精品问世，如北京的二酉堂、五柳居，成都的善成堂，都刻印了不少好书，有的可与官、私刻本相媲美。

宋代以来，人们对坊刻本价值与作用的争论似乎一直没有消停过，直至今日，有些人还对坊刻本怀有偏见，怀疑、抵触乃至排斥，更有甚者对坊刻本不屑一顾，全盘否定之。近年来，一些学者对坊刻本价值、功能和作用进行了重新审视，还其应有的历史地位。笔者读过前几年出版的几部关于坊刻本的专著，一部是由任继愈先生任主编的中国版本丛书、苏州大学教授黄镇伟的《坊刻本》（以下简称黄本），一部是苏州大学副教

授戚福康《中国古代书坊研究》(简称戚本)。此外,还有方维保、汪应泽先生地方性的书坊研究著作《徽州古刻书》(简称方、汪本)。这几部专著各有特点:黄本将坊刻本放入"历史文化视野"中进行考察,阐述了坊刻本产生的历史渊源和总体发展过程,以时间为主线,分别对北宋、南宋、金元、明清的坊刻本进行考察,揭示坊刻本的特征和文化影响。他认为,古代的评判者对印本书籍追求形式美、追求鉴赏因素,常常忽视和低估了坊刻本作为书籍在历史上发挥的知识传播作用。坊刻本刊行具有广泛社会需求的品种,相较于官刻本和家刻本,坊刻本传播广泛,因而在通俗文化传播方面的作用更不容忽视。[11]戚本是在对开封、建安、杭州、成都四地历代比较典型的数十家书坊的生产、销售研究的基础上,对书坊的一些重要论题作了基本的考察。书中首先对书坊和书肆的概念进行界定,然后比较了官刻、私刻和坊刻的不同之处,并对书坊在1300年历程中的兴起、发展和消亡各阶段进行了详尽的阐释。值得注意的是,戚氏在此书中用了较多的篇幅论述书坊与文化的关系,明确地提出书坊是社会刻书之主体的真知灼见。[12]而方、汪本历数古徽州的刻书记录,其中不乏著名的刻书家和可圈可点的好版本。[13]以上著述从不同的视角,以比较翔实可靠的资料论证了坊刻本的价值和作用。

(二)四堡刻本价值的几个认识误区

四堡刻本与其它坊刻本一样,在印刷的质量上确实存在某些粗制滥造的弊端,但瑕不掩瑜,它仍然有其固有的历史和文化价值。它不仅在历史上曾起过官刻、私刻本无法替代的文化广泛传播的作用,而且还将许多优秀文化遗产承传延续下来,使这些文化遗产不仅在当时、而且在以后发挥着启迪民智的作用。一句话,四堡刻本既有文化传播的即时价值,又有文化承传的延时价值。

总的说来,四堡刻本与其它坊刻本相比较,印刷质量和装帧水平大致相当,它体现了清代坊刻本的总体印刷水平。在其存世的部分版本中,我们发现,它的印刷质量基本呈"两头小,中间大"的状态,即优、劣者皆为少数,版本宽大、行距疏朗,精刻精印者少见,开本瘪曲、字体歪斜,印刷粗劣者亦少见。而多数居中间状态,不美不丑,仅可观可览、不伤目力而已。但其间一些粗劣者影响极坏,犹如一粒老鼠屎坏了一锅清汤。即是当年一些明智的坊主也看到了这一点,他们在刻本的扉页上常标注"本堂刻本,校对无误",以示与粗劣者相区别。对那些粗劣者,先人已有严厉的批评,清人黄俊苑说:"目今坊间行售,只取价廉易脱,如汀郡版尤错误不可胜指,若业师稍不加意,坏事非小。"[14]汀郡版即四堡刻本,黄氏指出四堡刻本的错误多到"不可胜指",其后果误人子弟。无须讳言,有些四堡刻本的确存在种种弊端,但问题是,有些人以此为据,或夸大其词,或以偏概全,全盘否定它的价值。在四堡刻本的价值评判上,当前存在几个误区。

误区一：四堡刻本大多是蒙学科举和日常应用读物，文化品位不高。

笔者认为，这一观点有悖于客观事实，有必要加以纠正。对所谓四堡刻本"大多是蒙学科举和日常应用读物"之说，我们不妨对以上列举的四堡刻本类别进行分析，可以看出，蒙学科举及居家日常应用读物，的确占据了四堡刻本的相当部分，蒙学科举类占刻本总数的22%，居家日用类占31%，两者相加占53%。除此以外，其他类别的书籍占47%，其中诗文书画类占18%，经典史籍类占15%，通俗文学类占14%。但对其"文化品位不高"之说，笔者不敢苟同。文化品位是指文化的品质和水平，是某类文化所固有的质的规定性及其层次性。不同类的文化，质的规定性也有所不同，如书法与绘画是两门各自独立的艺术，它们有其自身的内涵和运行规律，不能混为一谈。同样的，蒙学作为独立的学科，与其他学科一样也有它自身固有的知识性和科学性，比如，《三字经》与《李太白全集》，前者是孩童的经典读物，后者是古代诗歌的巅峰之作，它们的知识性复杂程度当然不同。由于它们所面对的读者对象不同，从而其价值取向也有所不同。所以，它们之间根本不存在谁的文化品位高低的问题。

误区二：四堡刻本刻印不精，缺乏文献和版本价值。

对于这个问题，我们应作具体分析。首先有必要澄清刻印不精与文献价值之间的关系问题。所谓"刻印不精"者，有两种情况，一曰刻印的文本内容不精确，讹误多，二曰文本的编排和文字刻印不精美，不中看。笔者认为，前者文本内容讹误多，正如清人黄俊苑所说，其错误不可胜指，坏事非小，它的确是不可原谅的，没有多少文献价值。至于后者即文本的编排和文字刻印不精美、不中看的版本，说它缺乏文献价值似无说服力。我们说的古籍文献价值，是指古籍所记载描述的史料的有用性，这些史料是研究古代社会不可或缺的。文字刻印不精是书籍的外在形态，它与文献价值不构成因果关系，刻印不精者，不一定没有文献价值。这一点我们可以从存世的宋元刻本得到佐证，很多宋元刻本往往不是精刻精印本，但它以所记载内容的罕见及版本流传的久远仍不失为珍本，世

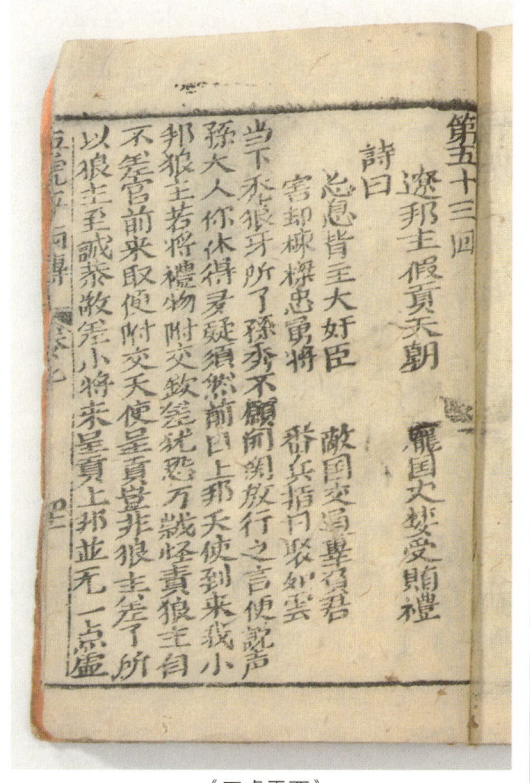

《五虎平西》

人至今珍若拱璧。

再看刻印不精与版本价值的关系，它们之间的关系比较复杂，既有联系又有区别。我们说的版本价值，包含古籍的制作形式、文本内容及其流传过程。一般来说，版本越古老越好，因为版本越古老，意味着距离这本书产生的年代越近，也就可能越接近原书最初的面貌；版本的内容越精确越好，它可以避免阅读错误，不至于误人子弟；版本印刷越精美越好，因为刻印精美的书籍本身就是一件艺术品，它可以给人们带来美的享受。倘若版本不精者是刻印不精美，固然直接影响版本的审美价值，但不会影响文本的内容和它的流传过程。因此，以版本刻印不精为由推断它缺乏版本价值，也带有一定的片面性，同样是缺乏根据的。

价值是哲学的一个重要范畴，它是指事物的有用性，表征主客体的相互作用及其关系。客体的存在和属性满足主体的物质需要或精神需要，即为价值。而价值判断是主体的主观断定，对古籍价值的取向，往往因人而异，研究思想史的学者一般只重视某人著作的思想内容，不太讲究书籍的版本、装帧以及流传过程；而研究版本的学者，往往注重刻本的形式及流传过程，不太讲究其思想内容。例如，过去的通俗小说、戏剧，官刻、私刻几乎从不涉及，它一般由民间书坊印行。由于书坊的印刷技术水平与官刻、家刻差之甚远，这类书籍的装帧、字体及纸张都比较低劣，有的甚至不堪入目。但这些小说、戏剧并没有因为"印刷不精"而影响它的价值，小说版本收藏者至今仍趋之若鹜，它说明有的人看重的不是版本外在形式，而是它的思想艺术内容。

对古籍价值的取向，还往往世殊事异，情随事迁，过去不看重的书籍今天不一定不看重，今天看重的书籍过去不一定看重。再说对通俗小说、戏剧的评判，过去与现在的看法截然相反，"五四"运动推广白话文之前，人们不太重视，认为它粗俗，是下里巴人的东西。随着新文化运动的深入，人们的思想得到进一步的解放，越来越深刻认识到它具有较高的思想和艺术价值。20世纪二三十年代，著名作家鲁迅、胡适、郑振铎等人敏锐的看到了这一点，有的为曾经是下里巴人的通俗小说、戏剧大声疾呼，有的把小说、戏剧编入自己撰写的《中国文学史》，有的为此还专门出版学术专著。最有代表性的是郑振铎先生，他在《中国俗文学史》中说道："'俗文学'就是通俗的文学，就是民间的文学，也就是大众的文学。换句话，所谓俗文学就是不登大雅之堂，不为学士大夫所重视，而流行于民间，成为大众所嗜好，所喜悦的东西。"[15]在他看来，这种东西是大众的、无名的、口传的、新鲜的，它想象力往往很奔放，是勇于引进新的东西。此外，他还在《巴黎国家图书馆中之中国小说与戏曲》一文中，列举了法国图书馆珍藏中国的42种小说、戏剧，他说，外国人"很早的便注意到我们的小说与戏曲乃至弹词唱本了。我们自己呢，却至今还有人在怀疑我们的小说与戏曲的价值，至于弹词唱本则更无人提起了！我们是如何的轻视自己的宝物呢！"[16]郑氏这些话是在1927年说的，事隔几十年后，读后仍觉得余音绕梁，意味深长。

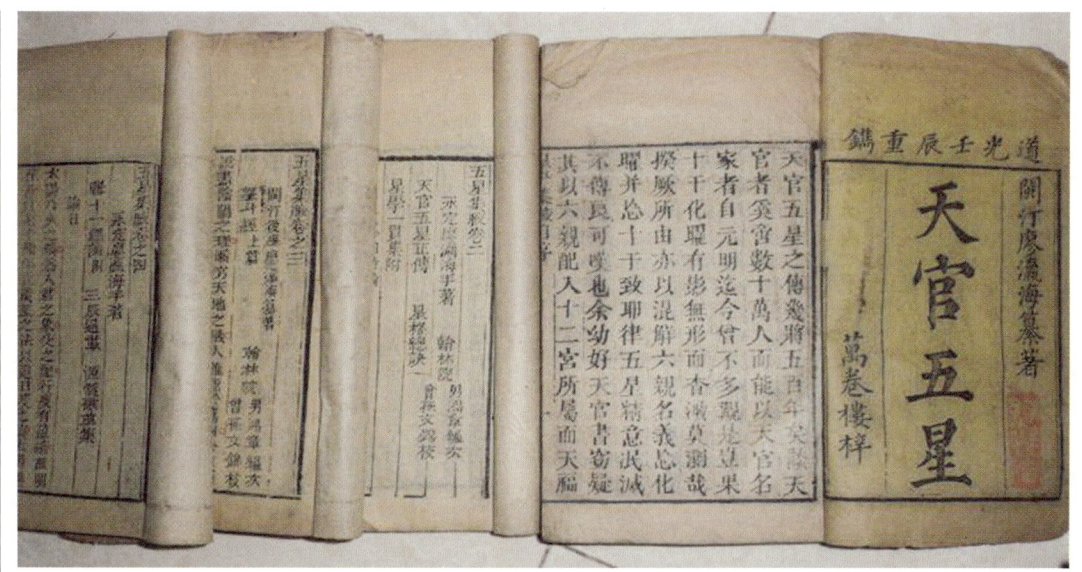

万卷楼《天官五星》

误区三：四堡刻本是清代之物，时间不远，收藏价值不高。

笔者对这一观点也不敢苟同，前面说过，四堡书坊刻印的图书，全部都是清代之物。按照古籍收藏业内人士的说法，清代刻本时间上不算久远，加之数量巨大，不足为贵。依笔者看来，宋元明刻本固然珍贵，但它稀若星辰，价格昂贵，并非一般民众可以消费的物品。清代刻本肯定有一定的收藏价值，因为，清末至今已有100年以上的历史，时间上可谓不短。这些书籍有的经过多年的虫噬鼠咬自然消耗，有的经过历次战争和"文革"的人为毁灭，目前民间存世量不可乐观。叶德辉云："南宋人重北宋本，元明人重宋本，国朝收藏家并重元明本。旧刻愈稀，则近刻愈贵。犹之鉴赏书画，宣和二谱多收六朝唐人，吴氏《消夏记》、陶氏《红豆树馆书画记》兼取近代。后之视今，犹今之视昔，理固然已。"[17]叶氏的这段至理名言，道出了清刻本的收藏价值，目前清朝一些较好的刻本已进入有识之士的视野。我国馆藏的善本标准，一般以清乾隆六十年（1795年）为限。而乾嘉时期正是四堡书坊刻书的高峰期，它留下的版本还是相对比较多的，这一时期的刻本应引起有关方面的重视。乾嘉以后，四堡书坊还刊刻了许多有价值的本子，如道光刊本《天官五星》，是永定县人廖瀛海一部知名的术数类的著作，清光绪年间务本堂《保赤指南车》是我国最早介绍牛痘术的著作之一，光绪六年素位山房覆刻本《鹿洲全集》是研究台湾历史、公案小说及女学的宝贵资料，清末应文堂刊刻的张之洞《时务新策》，是研究近代洋务运动的兴起和发展的早期资料，这些刻本都值得应有的关注和珍惜。

商品的价格是商品价值的货币表现。评判四堡刻本的价值，还可以从目前市场流通的四堡刻本的价格进行分析。近几年，笔者注意到四堡刻本在民间交易、拍卖场和旧书网的成交情况：清光绪《鹿洲全集》(22册)成交价28000元，清同治《燕子笺》(4册)4600元，清末《西厢记》(6册)6200元，《酬世锦囊》(16册)3800元，《託素斋诗集》(4册)7600元，《书画同珍》(2册)3300元，《晚笑堂画传》(2册)19040元，《五经备旨》(24册)5800元，《古文精言》(10册)4600元，以上列举的成交价说明，这些刻本价格不菲，它直接反映了四堡刻本的价值。

三、四堡刻本价值评判

四堡刻本与其他坊刻本一样，随着年代的久远，除了一些粗制滥造或内容低俗者外，都有不可忽视的文献、版本价值。这些刻本按其固有价值的高低，可划分为善本与通行本两大类。善本简单讲就是好的书本，是指那些刻印较早、内容有用、校勘严密和刻印精美的古籍。张之洞提出的善本标准，"善本之义有三：一、足本，二、精本（精校、精注），三、旧本（旧刻、旧抄）"[18]，为学术界所认同。现代出版的《中国善本书总目》，将善本标准和范围规定为"三性九条"。参照古籍善本的标准，四堡刻本有的应属善本之列，如：反映康熙年间治台攻略的《鹿洲全集》之《平台纪略》、《东征集》，我国早期的牛痘术小儿专著《保赤指南车》、乾隆年间美术著作《书画同珍》、乾隆年间散文选集《古文精言》、乾隆年间术数类专著《催福通书》等。所谓通行本，是指一般流行的古籍版本。四堡刻本大多数刻本属于通行本，这类刻本也有一定的价值。

笔者认为，四堡刻本中价值较高的有以下几类：（1）反映重大的历史事件的著作；（2）州、县地方志及族谱等地方文献；（3）当地及周边地区文人的个人著作；（4）较为少见的诗文集、书画集；（5）小说、戏剧、弹词、宝卷等通俗文学；（6）反映客家民俗及其他地方民俗的相关资料；（7）精刻精印、精校精注、无讹文脱字者；（8）印刷较为精致的插图本、套红本、袖珍本。四堡刻本的价值，主要体现其文献性、艺术性、民俗性和珍稀性四个方面。

文献性 四堡刻本的文献性表现在：它的一些刻本的思想内容具有史料价值，且版别传世甚少，有的史无著录，它的发现具有版本学、目录学研究的意义。四堡书坊生产的书

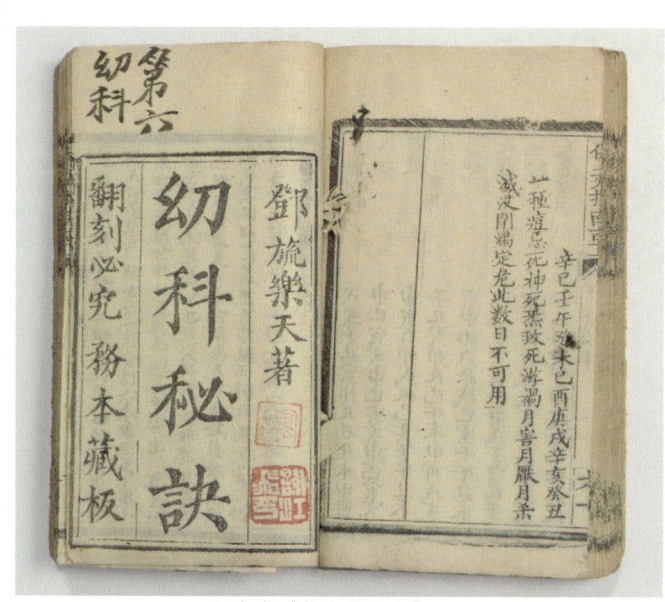

务本堂《保赤指南车》

素位山房《鹿洲全集》

籍，有相当部分是书坊主人自己编写自己刻印的，如邹圣脉（寄傲山房）的《寄傲山房诗集》、《易经备旨》、《书画同珍》、《西厢记》（注本），邹廷忠的《时令诗林尤雅》、《四书补注备旨题窍汇参》、《酬世精华》、《联柬合璧》，邹可庭（云林别墅）的《酬世锦囊》、《诗联藻镜》，马宽裕的《催福通书》、《古文精言》、《增补鉴略》，这些自编自印的版本，保存了许多珍贵的资料。

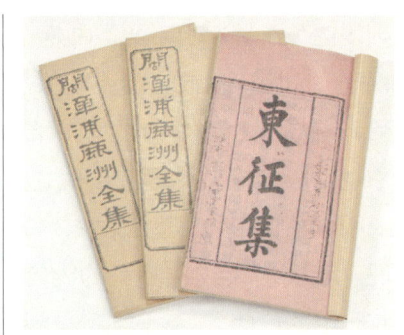

《鹿洲全集》之《东征集》

四堡书坊承印的周边地区的名家专著，也有较高的文献价值。例如，务本堂光绪年间出版的邵武名医邓旒《保赤指南车》，是儿科的重要著作，邓氏医术精湛，擅长儿科，尤精麻痘。此书系统地阐述了小儿麻疹的治疗和预防方法，介绍了当时最先进的牛痘术，且图文并茂，写刻精当，实为难得的医药著作。漳州人蓝鼎元编撰的《鹿洲全集》，内容广猎清代康熙年间政治、军事、经济、文化、教育、商贸、交通、少数民族政策以及文学、史学、地理学和哲学等，《全集》之《平台纪略》、《东征集》，"著书多关台事，其后宦者多取资焉"（连横《台湾通史》），著者被誉为"筹台宗匠"。《鹿洲公案》是著名的公案小说。《女学》是我国少见的专门研究女子的专著。《鹿洲全集》虽然是光绪年间的翻刻本，但清雍正年的初刻本存世稀少，因而光绪年刻本也显得珍贵。此外，李世熊《寒支集》，上官周《晚笑堂

《鹿洲全集》之《平台纪略》

画传》，黎士弘《託素斋诗集》，陈天定《古今小品》，马宽裕《古文精言》等，这些读物也有较高的文献和版本价值。

四堡刻本中的通俗文学读物具有很高的研究价值。这类刻本是当时四堡书坊刊印的重要门类，其种类之多、数量之大在我国书坊印刷史上少见。据笔者统计比较，四堡书坊刊刻的通俗文学作品，其种类远远超过元、明三大刻书基地之一的建阳书坊。孙楷第《中国通俗小说书目》中所收明代建阳书坊刊刻的建阳话本、历史通俗演义和公案小说30多种，[19]而四堡书坊刊印的同类书籍有案可查的则多达165种。由于此类书籍不容易进入藏书家的视野，而民间对此也不注意保存，时至今日存世甚稀，有的成为珍本和孤本。《红楼梦》是一部家喻户晓、脍炙人口的通俗小说，见于著录的有70余个版本，闽汀九思堂版本未列其中。九思堂本的发现，无疑对《红楼梦》的内容和版本更迭的研究有一定的价值。《燕子笺》是明清时期的传奇剧本，流传极广，被推许为才子之笔，是"才调无双"的杰作，但现存的《燕子笺》版本著录中没有寄傲山房的刻本。清同治年云林别墅《西厢记》，此书由四堡的著名文人邹圣脉注释，以李卓吾本为蓝本，参考《西厢记》的其他4种版本和大量相关资料汇集而成，它很可能是《西厢记》所有版本中校注准确、资料齐全的比较优秀的版本之一。

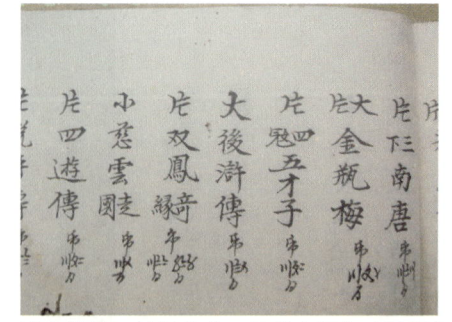

清代抄件四堡刻书书目记载金瓶梅（局部）

《魏氏族谱》

值得一提的是，四堡书坊以其"天高皇帝远"独特的地理位置，还翻刻了许多官方颁布销毁的禁书。所谓"禁书"，即在当局者看来，它有碍于其思想、政治和文化的统治，严禁民间刻印发行的书籍，大致有两类：一类是政治上敏感的图书，一类是在统治者看来是诲淫诲盗的图书。历代统治者为了巩固政治地位，颁布所谓"有碍"书籍的禁令。清同治七年江苏巡抚丁日昌下令严禁"淫词小说"，分二批共计268种。笔者将四堡书坊刻印的小说书目与之对照，发现它刻印的违禁小说数目很大，如《红楼梦》、《续红楼梦》、《后红楼梦》、《复红楼》、《前红楼》、《金瓶梅》、《水浒》、《西厢记》、《龙图公案》、《牡丹亭》、《桃花艳史》、《子不语》、《龙图案》、《今古奇观纂要》、《今奇观》、《艳史》等均榜上有名。明代长篇小说《金瓶梅》，世人称之为天下第一大淫书，历遭查禁，而四堡书坊则置若罔闻，一刻再刻。有人说四堡书坊在兹堂刻本《金瓶梅》现存于国家图书馆，笔者未见实物，不敢妄评，但四堡书坊曾刊刻此书是可以肯定的，有清代人书写的书目清单为证。由于禁书有一定的时效性，清代的禁书已成为今天的文学通行本，所以，这些禁书往往具有较高的收藏价值。

四堡书坊刻印的方志、谱牒，它们分别是研究区域性政治、经济、文化和家族世代更替的宝贵材料。族谱是一种以表谱形式，记载一个以血缘关系为主体的家族世系繁衍和重要人物事迹的特殊图书体裁，是中华民族的三大历史文献（国史、方志、族谱）之一，属珍贵的人文资料。客家地区历来有编修族谱的传统和习惯，客家人对族谱的修订或编撰是相当重视的，一般每隔30年就要重修一次，这或许与客家人在历史上的多次迁徙有关。客家人是古代从中原地区分批迁徙而来，并与当地居民融合而成的汉民族的一个民系，客家话至今仍保存了许多古汉语的成分。笔者曾参观过上杭县谱牒馆，此馆收藏有115个姓氏、1600多部、1万余册的族谱及相关的家族文书契约、祖图等，其中有不少谱牒是四堡书坊刻印的。这些谱牒（包括其他地方印刷的客家谱牒）对于客家学、民俗学、人口学、社会学的深入研究，均是不可或缺的重要资料。

艺术性 四堡刻本的艺术性，是指刻本的外在艺术形式，它通过版式、装帧、字体、纸墨等要素体现版本的美观程度。上述说过，四堡刻本的字体多数为仿宋体，不少刻本字体工整，页面洁净，具有一定的可阅性。而有些刻本则为写刻体，刻工颇佳，或欧、或柳、或颜、或赵，四体皆备，婀娜多姿，给人带来美感。笔者发现，邹圣脉的寄傲山房、邹翼顺的素位堂、邹作就的素位山房、邹子仁的务本堂、邹邦鼎的翰香堂的刻本刻印颇佳，有的可与北京、成都、苏州名书坊的刻本一比高低。如，务本堂《保赤指南车》、

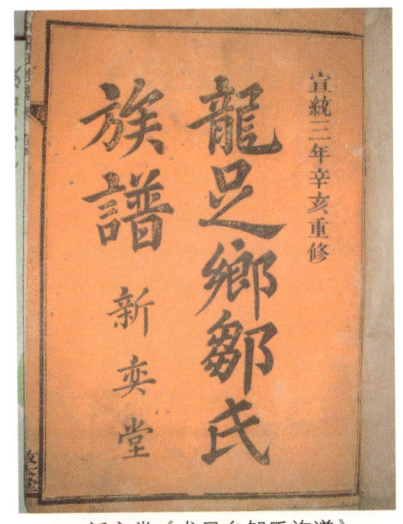

新奕堂《龙足乡邹氏族谱》

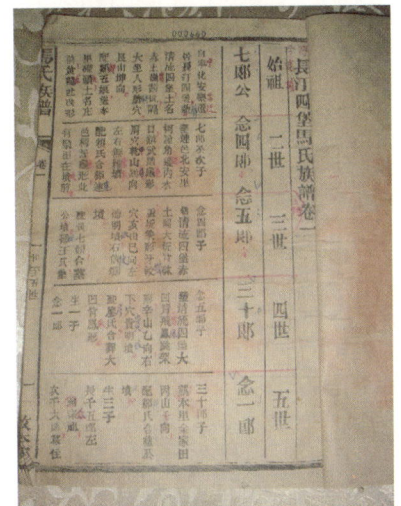

《长汀四堡马氏族谱》

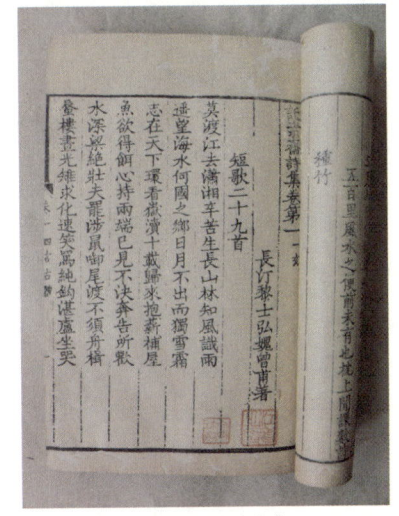

《託素斋诗集》

套印本

袖珍本

翰香堂《七经精义》属巾箱本，字体虽小但清晰可见，版式虽不宽大，但字并不拥挤，它肯定是小字刻本中的精品。《託素斋诗集》字体皆为欧体，劲险刻厉，于平正中见于险绝，且字大行宽，疏朗有致，刀味十足，阅之颇为养眼。素位山房《鹿洲全集》各卷楷体规整，字口清晰，并署有刻工姓名，虽某些页面墨迹弥漫，仍不失为书法的好作品。

纵观历代书坊，它们为了适应民众的需求，更好地推销图书，在版式设计上追求新颖、鲜明和生动，创造了诸如纂图互注重言重意本、袖珍本、套红本、二节版、三节版、竹节栏、博古栏等花样翻新的众多版式，克服了官、私刻本版面凝固僵化的不足。四堡书坊继承了以往书坊的传统，在版式上亦有所创造，有所发明，生产出不少别开生面而艺术性较高的版本。例如，《梁山伯与祝英台》书画各半，上为图画，下为文字，人物构图线条优美、形象逼真；《绘图本草纲目》虽是翻刻本，图画数量达1000余幅，其草药图形粗犷简练、挺拔疏落；《书画同珍》的人物画，画稿皆出于名家之手，画风雍雅细丽、疏密有致；《千家诗》保留了建安版画的艺术风格，上图下文，古拙质朴；《玉历抄传警世》是民间广泛流行的道教读本，有图58幅，民俗风味醇厚，可能是我国最早的连环画式的插图本。以上这些纂图互注插图本、版画集具有一定的艺术价值。再如，笔者家藏的一部医药书，此书为"一书二读"的合刊本，它将《本草备要》与《医方集解》合刊为一书，以墨线分为上、下两栏，上栏刊《本草备要》，下栏刊《医方集解》。这种合刊本似有道理，药方与药性是有直接关联的，熟识医方者须了解本草而掌握药性，二书合为一书便于读者对照阅览。笔者还发现，有一部同类的刻本上半部刊《三国演义》，下半部刊《水浒传》，它将内容毫不相干的两部小说编为一书，这就显得太过牵强，不知编者是何用意？尽管如此，不论编者出于何种动机，"一书二读"的版式在印刷史上是很罕见的。

微型袖珍本历来是收藏界的宠物，一些大型的博物馆、图书馆视之为镇馆之宝。四堡书坊刊印了不少袖珍本，存世的有《文料大纯合编》、《论语》、《四书味根录》、《试帖连珠诗集》等，有的版本可能是孤品。光绪年《试帖连珠诗集》收科举考试试帖诗7000余首，此书开本高8.3厘米，宽8.8厘米，白纸，框内载440字，一本小书字数多达8万余字，可谓纸薄如蝉翼，字小如芝麻，可读可赏。《四书味根录》是科举考试的辅助读物，开本高9.8厘米，宽8.8厘米，框内载624字。是书玲珑小巧、刻印精美，是难得的收藏佳品。

民俗性 四堡书坊刻印的一些日用读物，包括帖式、家礼、楹联、杂字、通书等，反映了清代客家地区的民俗民风和生活习性，是民俗学研究的珍贵资料。四堡雾阁、马屋二村一些文士自编自印了许多酬世日用类读物，如邹可庭《帖式称呼》，邹景扬《酬世锦囊全集》、《新联采集》，陈必元《家礼释要》，邹

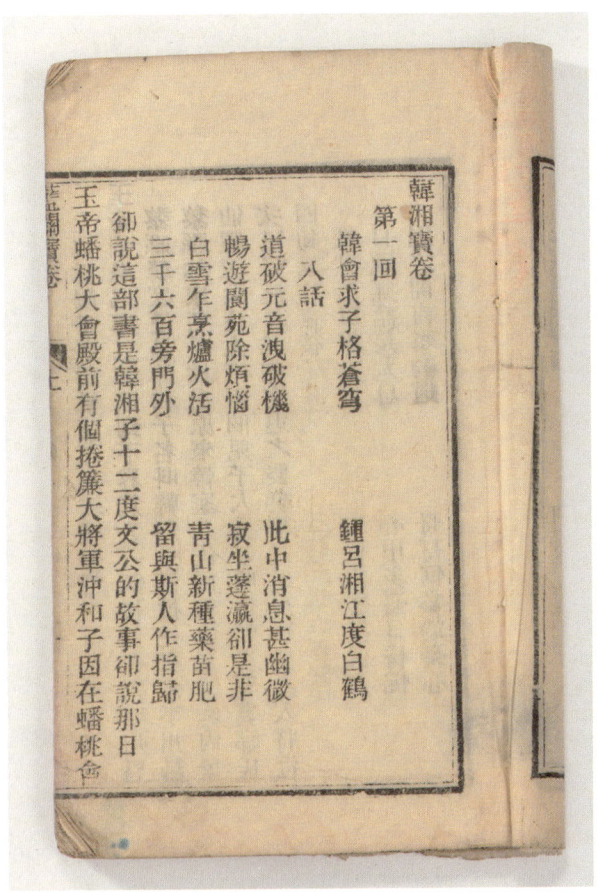

《韩祖宝卷》

廷忠《酬世精华》，素位堂《酬世合璧》，经文堂《汇纂家礼帖式集要》等。这些酬世类读物，内容十分丰富，民俗风情浓郁，从中可以领略清代客家先民的生活习俗和人际交往礼节。马宽裕于乾隆年间编撰的《催福通书》，是择吉术的一部重要的理论著作，它根据《协纪辨方书》的基本理论，结合本地的择日实践，提出"发福由其地脉，催福出于良辰"的重要观点，并对此作了全面阐述和发挥。另外，佛道读本如《敬信录》、《玉历钞传警世》、《太上感应篇》、《韩湘宝卷》等，这些读物印刷精美，也有一定的版本价值。

清代客家文人用客家方言白话编写的日用杂字，如林宝树《一年使用杂字》、邹圣脉《人家日用》、无名氏《初开天地》，以四言、七言的形式反映客家的农耕生活，其内容无所不包，记叙了客家乡民的喜怒哀乐、柴米油盐、生老病死和一年四季的农事农活。作者匠心独运，十分注意常用生字在词句中的使用和安排，熟识这些文字，便可阅读其他一般文书。此外，作者还注意词句的押韵，使杂字"诗词化"，增强它的音乐性和节奏感，读之朗朗上口，易识易记。客家杂字不但具有知识的教化功能，而且还具有很强的识字功能。

以上这些民俗读物，固然带有某些繁文缛节甚至迷信成分，但内容总体上是健康

四堡刻本

的，它无疑是研究客家民俗民风的宝贵资料。

珍稀性 由于种种原因，四堡刻本目前存世的相当稀少，品相好且完整的极少见。按"物稀为贵"的法则，这些刻本应是十分珍贵的。据笔者调查，四堡乡展览馆馆藏书仅29种375册，但没有一部册数齐全的书。美国学者包筠雅女士对四堡书坊情有独钟，她曾10多次前往该地调查，以15年之功力写成《文化贸易：清代至民国时期四堡的书籍交易》一书，她在书中只对92种版本进行分类比较，可见她见到的版本也非常有限。[20] 笔者从2000年起竭力搜集四堡版本，迄今为止，只搜集到103种500多册，册数齐全完整的仅30余种。笔者收藏的四堡刻本除几种家传外，其他的主要来自两个途径，一是直接从当地书贩或农户手中购买，二是从孔夫子旧书网上拍卖购买。笔者还注意到，四堡刻本在闽西范围之外，仍有少量的版本存世，笔者近几年通过网购分别从哈尔滨、北京、上海、成都、南京、杭州、广州、汕头、福州等地购进了一些书籍，如邹景扬大德堂《酬世锦囊全集》12册（北京），素位山房《鹿洲全集》22册（广州），邹廷忠《时令诗林尤雅》（湖南省益阳市），寄傲山房《燕子笺》（南京市），黎士弘《託素斋诗集》（上海市），邹圣脉《新锲鉴史琼林》、《致富奇书》（成都市），《五经备旨》（福州市）、《书画同珍》（湖南省湘潭市）、《幼学琼林》三种（广州、成都、汕头），胡斐才《疏注四书撮言大全》（哈尔滨市），马宽裕《四民催福通书》（广西来宾市），《古文精言》12册（福州市）。从这些版本的购买情况看，一方面验证了四堡刻本当时发行范围的广泛性，另一方面也说明它虽然存世不多但没有全部耗尽，还有进一步挖掘的空间。

总之，有清一朝，作为地方性书坊产品的"汀版"即四堡刻本，它种类繁多，版别丰富，以其独特的内容和版刻形式，成为我国古版本系统中的重要部分。它盛行于清至民国南方的各个地区，发行范围几乎拥有半壁江山。清代至今年代渐远，目前它的存世量稀少，一些版本成为珍品、稀品，具有较高的文献价值、版本价值和艺术价值。由于历史地理的原因，再加上多年来对四堡书坊、四堡刻本宣传不够，如今的人们对它的社会性、文献性、民俗性的价值并不认知，随着四堡刻本宣传力度的加大和学术研究的深入，四堡书坊的历史作用，四堡刻本的文献、版本价值必将得到普遍的认同。

注释

[1] 沈瑜庆、陈衍：《福建通志·版本志》总卷二七，民国版。

[2]（清）叶德辉：《书林清话》，岳麓书社1999年版，第1页。

[3]（宋）叶梦得撰、侯忠义点校：《石林燕语》卷八，中华书局1984年版，第116页。

[4]（宋）周辉撰、刘永翔校：《清波杂志校注》卷八，中华书局1994年版，第334~335页。

[5]（宋）陆游撰，李剑雄、刘德权点校：《老学庵笔记》卷七，中华书局1979年版，第94页。

[6]（宋）朱熹：《晦庵先生朱文公文集》卷七八，《四部丛刊》初编本。

[7]（宋）朱熹：《朱文公文集》卷五三，《答胡季随书》，民国版。

[8]（明）嘉靖：《建阳县志》卷三、卷四。

[9]（清）叶德辉：《书林清话》，岳麓书社1999年版，第36页。

[10] 郑鹤声、郑鹤春：《中国文献学概要》，上海书店1983年版，第3页。

[11] 黄镇伟：《坊刻本》，江苏古籍出版社2002年版，第4页。

[12] 戚福康：《中国古代书坊研究》，商务印书馆2007年版，第304页。

[13] 方维保、汪应泽：《徽州古刻书》，辽宁人民出版社2004年版，第79页。

[14]（清）黄俊苑：《止斋遗书》卷一三，清光绪元年延平道南书院刻本。

[15] 郑振铎：《中国俗文学史》，作家出版社1954年版，第1页。

[16]《郑振铎文集》第五卷，花山文艺出版社1998年版，第210页。

[17]（清）叶德辉：《书林清话》，岳麓书社1999年版，第1页。

[18]（清）张之洞：《书目答问二种》，生活、读书、新知三联书店1998年版，第303页。

[19] 上海新四军历史研究会印刷印钞分会编：《历代刻书概况》（中国印刷史料选辑之三），印刷工业出版社1991年版，第152页。

[20]《历史研究》2008年第4期，第35页。

第三章

诗文书画集

一、诗文书画集综述

（一）诗文书画集的类别及成因

诗文书画集，是诗文集和书画集的合称，它反映了我国几千年社会历史的整体面貌和发展脉络，无论是历代政治、经济重大变革，还是文学、艺术的变迁和发展，都在诗文作品中留下了鲜明的时代印记。按一般的说法，诗文以集为名，最早出现于东汉，《隋书·经籍志序》云："别集之名，盖汉东京之所创也。"[1]《四库全书总目提要》之《别集·艺术类》小叙云："集始于东汉，荀况诸集，后人追题也。""其体例均始于齐梁。盖集之盛，自是始也。"[2] 也就是说，在东汉之前，古人的文章没有称集，诗文称集始于东汉，齐梁以后才逐渐流行。古人诗文集按结集的类型划分，可分为总集与别集。总集是指几个人或多人作品的合集或选集，有通代和断代之分，通代如《昭明文选集》，选录先秦至梁代的诗文；断代如《全唐诗》，仅是唐代的诗歌。别集则是指个人的诗文集，将一人某种文体或多种文体作品汇编成集，如《李太白集》、《孟浩然集》等。总集和别集是构成诗文集的主体，其中别集数量尤多。《四库全书》将诗文集收入"集"部。

诗文集的内容相当繁杂，涉及方方面面，文集诸如国家政治、典章制度、战争、边防、军事、行政、吏制、刑律、命案、宗庙、陵寝、礼仪、科举、户口、田赋、税收、徭役、农田、水利、海运、漕运、仓储、风俗、民情等。与之相对应的文体也多种多样，有：奏疏、谏阻、论说、公牍、书启、序跋、策问、诏令、传记、行状、行述、年谱、箴、铭、笔记、日记、墓志铭、神道碑、哀辞、祭文、赞颂、贺、表、杂著、揭帖、史论、史评、注释、考证、经筵讲章、语录、辞赋等。诗集论体裁，凡五言七言、律诗绝句、古体今体；论题材有山水诗、田园诗、边塞诗、爱情诗、怀人诗、怀古诗、咏物诗、咏史诗、抒情诗、纪事诗、唱和诗等。

诗文集的命名方法大致有以下几种：以人名、表字和别号命名，如《陶渊明集》以其人名命名，李渔《笠翁一家言》以其别号命名；以官职命名，如《王右丞集》，唐朝诗人王维官至尚书右丞,别集便以其官职右丞命名;以谥号、封号命名,如《谢康乐集》,东晋谢灵运袭封康乐公,别集以其封号康乐命名;以斋室轩堂命名,如《玉茗堂全集》,汤显祖斋号玉茗堂,故别集以其斋号命名;以籍贯、居住地命名,如《昌黎先生集》,韩愈自谓郡望昌黎,别集便以其籍贯昌黎命名,王夫之《船山遗书》,明亡之后王氏隐居湖南石船山,后人便以其居住地命名。

书画集包括书法、绘画、书画理论等。书画艺术在我国很长一段时间地位不高,被视为"小道"。孔子《论语·子张》曰:技艺"虽小道,必有可观者焉。"刘宝楠《论语正义》说:"《周官·大司乐》注:'道,多才艺。'此小道亦谓才艺。"到了清代中期,由于乾隆帝喜爱书画,对书画艺术的认识有所改观。《四库全书提要》把书画图书列为子部,云:"古言六书,后明八法,于是字学、书品为二事;左图右史,画亦古义,丹青金碧,渐别为赏鉴一途;衣裳制而纂组巧,饮食造而陆海陈,踵事增华,势有驯致。然均为文史相出入,要为艺事之首也。"[3]大意是说,书法与绘画这两种不同风格的艺术,虽有别于文史,它是鉴赏性的艺术,但它居于艺术门类之首,其它艺术,如"琴"只是"特技","博奕歌舞"是"杂技"而已。查《四库全书总目提要》,古代书画书名多数不称"集",绘画、法书称"谱",如《宣和画谱》、《唐诗画谱》,书画理论称"录"、"史"、"志",如《明书画史》、《续画品录》,但这些所谓"谱"、"录"、"史"、"志",实际上就是"集"的意思。而现代人的书画很多又以"集"为名,如《齐白石画集》、《傅抱石画集》、《启功书法集》,很少出现其它的别名,笔者不知缘于何故。

诗文书画集的编撰与出版,有其复杂的社会历史背景和人文环境,古人素有君子"立德、立功、立言"三不朽之说,著书立说历来被视为功德千秋的崇高事业。古代文人们编撰诗文集,其动机不一,学术成就也参差不齐,有的格物穷理,代圣人立言;有的闲来之笔,戏剧人生;有的则附庸风雅,企求流芳百世。历史上,硕学大儒终身致力于诗文论说而著作等身者有之,朝廷显贵、州县官宦在从政之暇勤于述作者有之,穷儒寒学之辈拼其毕生之力编撰文稿者亦有之。他们编写的诗文集记录了个人的所见所闻、所思所感,为后人研究社会变迁和历史发展提供了不可或缺的参考资料。

(二)四堡刻本诗文书画集

诗文书画集是四堡刻本的一大门类,据统计,有记录的四堡书坊刻印的集子达208种,大致分为诗集、文集、书画集几个小类,兹列表如下:

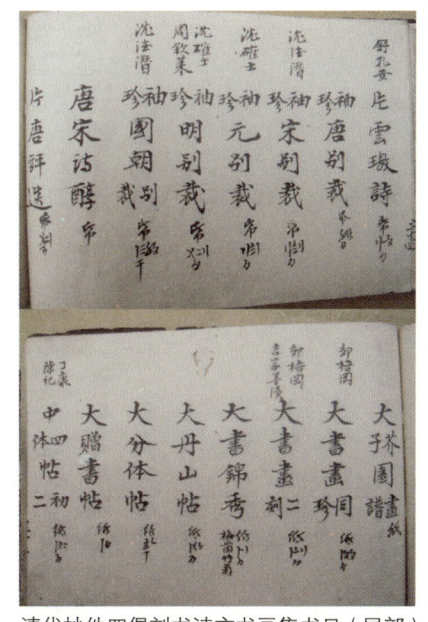

清代抄件四堡刻书诗文书画集书目(局部)

诗文书画集四堡刻本列表

类别	书　名
诗词集	唐诗金针、唐诗合解、唐诗贯珠、唐诗合选、唐诗合选详解、唐诗注疏、唐诗三百首、全唐诗、唐宋诗醇、唐评选、宋诗百一抄、寿注千家诗、图注千家诗、千家诗注解、新刻千家诗、唐别裁、宋别裁、元别裁、明别裁、国朝别裁、李太白集、太白全集、李长吉集、李景词集、李煜词集、李清照词集、昌黎诗、韩昌黎集、杜少陵、东坡集、白氏长庆集、元氏长庆集、余堂集句、鲍参军集、庐升集、王右丞集、孟浩然集、陈子昂集、刘宾客集、陆放翁集、柳永词集、周邦彦词集、辛弃疾词集、彭山诗稿、託素斋诗集、寄傲山房诗集、槐轩名家诗稿、咏物诗、庚辰集、探丽集、子史诗、正味诗、汇海诗、紫云初集、紫云二集、紫云三集、灵通解、纪晓岚、寄岳云初稿、批寄岳云、寄岳诗、清华诗、吟秋诗、悬鹄诗、醉芸窗、花样诗、青云诗、金针诗、琅嬛诗、九家诗、十家诗、七家诗、加注七家诗、套注七家诗、十法诗、恰中诗、养云诗、指南诗、诗精华、随光诗、寓惠集、仙样诗、景物诗、月令诗、分月诗、序时诗、大观诗、云璈诗、分韵诗脥、帖体诗、四书诗题、六经正葩、插花诗、随园诗话、小仓山房诗集、雨村诗话、观海诗赋、时令诗林尤雅、试帖连珠诗集、咀华念七种
文集	王子安集、高常侍集、盈川集、张曲江集、王昌龄集、岑加丹集、刘随山集、钱仲文集、鹿洲集、留青集、有味全集、华阳集、韦苏卅集、孟冬野集、长江集、淮海集、小山集、山房全集、寒支集、寒支二集、杜集说、广事类赋、广广事类赋、事类补遗、续事类赋、唐人赋、锦标赋、韵兰赋、宛虹赋、刘亮赋、青选赋、正味赋、鸣盛赋、凰芝赋、鸡跖赋、赋指南、少岩赋、赋仙丹、凌云赋、丽则赋、历朝赋、赋钞笺略、文选集成、文选六臣、文选集评、文选集脥、昭明文选、子史精华、古文精言、古文分编、古文析义、唐宋古文、古文发砌、古文释义、古文详解、古文集宜、古文嗒凤、古文节解、古文捡玉、古文评注、古文观止、古文快笔、古今小品、古文辞类、汉魏丛书、骈体文抄、天下要书、小仓山房、一家言、西堂全书、艺名言、读乐趣、近思录孔家语、庄子因、日知录、朱批详注管稿、增广文料大纯、时务新策、学政全书、大会典、福惠书、吏悬镜、资治新书、大清律、名法掌、道光新纂条律、刑驳案、致君术、透胆寒、警天雷、两便刀、法家书、洗冤录
书画集	芥子园、芥子园书谱、十竹斋、晚笑堂画传、书画同珍、书画同珍二刻、诗联藻镜、书锦秀、丹山帖、分体帖、赠书帖、四体帖初集、四体帖二集、临池指南、黄自元法帖
备注	诗文书画集合计208种，其中诗词集100种，文集93种，书画集15种

从以上列表中可见，四堡书坊刻印的诗文集有以下几个特点：

1. 版别多

四堡书坊刻印的诗文集，其版别尤为丰富，往往同一部书有几个版别，甚者多达七八个版别。如唐诗有《唐诗金针》、《唐诗合解》、《唐诗贯珠》、《唐诗合选》、《唐诗合选详解》、《唐诗注疏》、《全唐诗》、《唐诗三百首》；千家诗有《寿注千家诗》、《图注千家诗》、《千家诗注解》、《新刻千家诗》；寄岳诗有《寄岳云初稿》、《批寄岳云》、《寄岳诗》；七家诗有《七家诗》、《加注七家诗》、《套注七家诗》；时令诗有《月令诗》、《分月诗》、《序时诗》、《时令诗林尤雅》；诗集选本有《九家诗》、《十家诗》、《七家诗》、《十法诗》等。

2. 珍本多

四堡书坊除了刻印大量的普及读物外，还刻印了一些学术性、专业性强的书籍，有些冷僻书籍当时就难得一见，传至现在更是凤毛麟角。如《庄子因》六卷，是清代研究庄子的一部学术性专著。作者林云铭（1628—1697），字道昭，号西仲，福建闽县林浦（今属福州市仓山区）人，顺治十五年（1658年）进士，官徽州府通判。近人钱穆先生评价云："林云铭有《庄子因》。此书亦就文章家眼光解庄，不免俗冗。而颇能辨真伪，上承欧归，下开惜抱，亦治庄之一途也。"[4]此书是公认的学术专著，它的发行范围极为有限，只有少数学子出于研究的某些需要才予以问及，作为以营利为最终目的的四堡书坊，它不顾成本尚能刻印受众范围窄的书籍，这是十分难得的。《一家言》是明末清初李渔的诗文杂著总集，共十六卷。李渔以《风筝误》、《比目鱼》等十几种戏剧，以及《肉蒲团》、《十二楼》、《连城璧》等小说，成为一代戏剧家和小说家。《一家言》收集了他在小说、戏剧之外的许多诗歌和小品文，它比较全面地反映了李渔的文学创作。《福惠书》，又称《居官福惠全书》，三十二卷，此书是清代一部官箴教科书，作者黄六鸿在清康熙年间历任山东郯城、河北东光县令，辞官回家后，回顾撰写了当时的地方行政、阅历以及为官之经验与体会。书中对州县钱谷、刑名、户口徭役

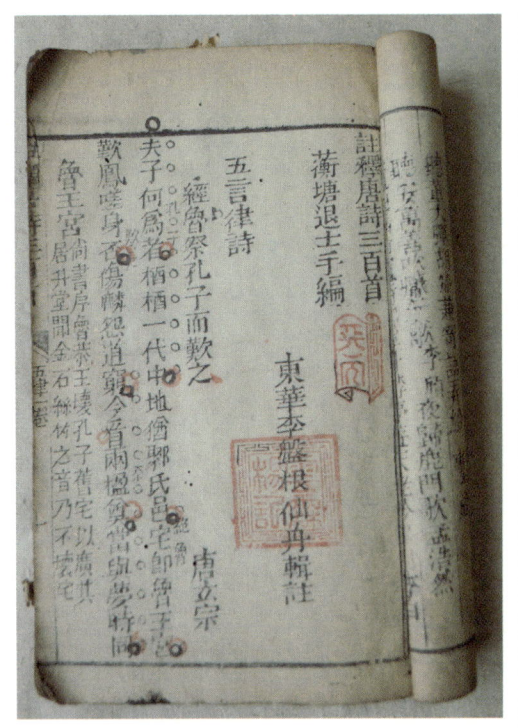

《唐诗三百首》

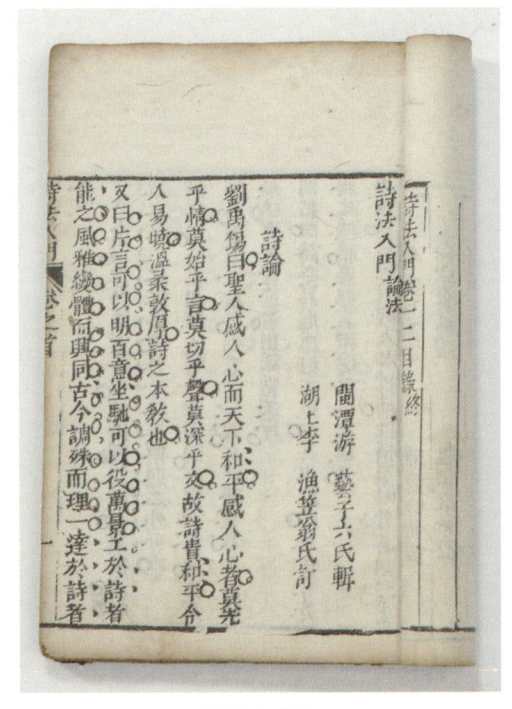

《诗法入门》

编审、土地清丈、保甲、教育、荒政、邮政等言之甚详，对地方弊端内幕亦有所揭露，它是了解清初地方社会以及官场情况的第一手资料。《雨村诗话》二十二卷，为清代乾嘉年间四川学者李调元（1734—1802）所撰。这是一部与当时学者袁枚的《随园诗话》、赵翼的《瓯北诗话》并行的诗学著作，具有一定的学术性。但这部书历来发行甚少，很多学者未能窥见全本，其版本价值可见一斑。《日知录》是明清之际的著名学者、抗清志士顾炎武的代表作，对后世影响巨大。作者积三十余年心力编次而成的，辟为三十二卷，收条目一千零一十九条，内容大体分为三类：经术、治道、博闻，而核心则是"治道"。道光年间，学者黄汝成以遂初堂初版本为底本，参以阎、沈、钱、杨四家校本，并收录道光前九十余家学者对《日知录》的研究成果，遂成《日知录集释》一书。此书无疑是研究顾炎武经世思想的重要资料。

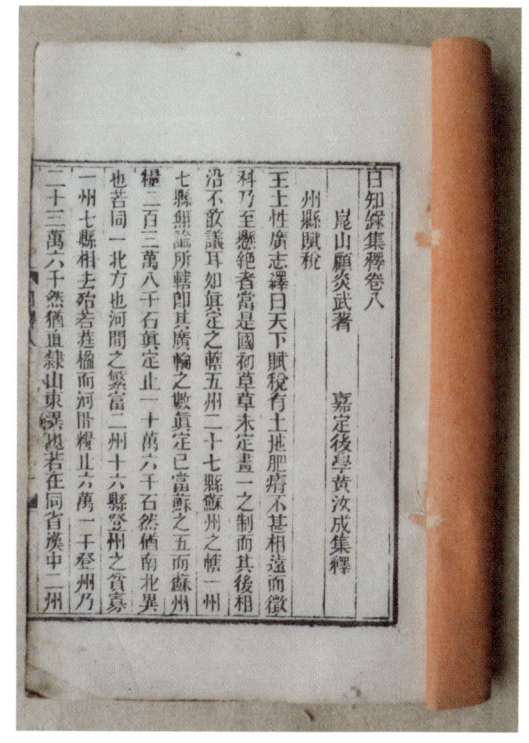

《日知录集释》

3. 禁书多

明末尤侗《西堂全书》六十一卷，乾隆四十五年（1780年）以"诗文词曲，违碍杂出"为由列为禁书；清李世熊《寒支初集》十卷、《寒支二集》六卷，由于其"词句多怨愤，又铲毁数处，似是指斥之词"，乾隆四十二年（1777年）被清廷列为禁书；陈枚《留青集》，因书中语涉触犯，乾隆四十四年（1779年）禁毁；顾炎武《日知录》，因著者本人是明清之际著名的抗清义士，为文著书多有排诋处，故为清廷所深忌，此书被列入外省移咨应毁各种书目内；陈天定《古今小品》，吴楚材、吴调侯编选《古文观止》，文选《古文快笔》，俞长仁《咏物诗选》等，因书中有钱谦益序文若干篇，乾隆年间遭清廷禁毁。[5]

4. 大部头著作多

清曹寅、彭定求等奉敕编纂《全唐诗》，它是清朝初年编修的汇集唐代诗歌的总集，全书共九百卷，共收录唐代诗人2529人的诗作42863首；清沈德潜选辑《国朝诗别裁集》，三十六卷，入选996人，3952首诗，它是从数百种或近千种集子中，按作者的意趣，选出佳作并加注释编辑成书。刻印这些大部头诗集非一般书坊可为之，它要有雄厚的资金和技术支撑。明末胡正言辑印的《十竹斋笺谱》，是拱花木刻彩印的画集，分为四卷，图文并茂，收录版画293幅。清代早期沈心友及王氏三兄弟（王概、王蓍、王臬）编绘的《芥子园画谱》，三集十一卷，囊括树谱、山石谱、人物屋宇谱、梅兰竹菊谱、花卉草虫翎毛谱之精华。这两种画谱在我国绘画史上堪称经典之作，曾孕育了十余代名家。刻印这些画谱也要有很高的技术要求，四堡书坊尚能翻刻画谱，是难能可贵的。但这两部画谱仅见书目，未见实物，其印刷质量无法述评。

5. 地域性诗文集多

大致分为两个部分，一是当地书坊主自编自印的书籍。如，邹圣脉编印《寄傲山房诗文集》、《书画同珍》；邹可庭、谢梅林《诗联藻镜》；邹廷忠编印《时令诗林尤雅》；马宽裕编印《古文精言》。二是四堡书坊代印周边地区文人的集子，已知的有，漳州蓝鼎元《鹿洲全集》，陈天定《古今小品》，长汀黎士弘《託素斋诗集》，上官周《晚笑堂画传》，宁化李世熊《寒支集》、《寒支二集》，等等。笔者认为，这些地域性诗文集涉及许多地方史料，亦有可读性，但它存世量小，有的濒于绝迹，应当引起有关方面的关注。

二、诗文集

四堡书坊刻印的诗文集数量众多，本章选用的是当地及周边文人的作品，大致可分为两类情况：一类为有著录，但传世稀少，如蓝鼎元《鹿洲全集》，黎士弘《託素斋诗集》，李世熊《寒支集》、《寒支二集》，陈天定《古今小品》；二类为无著录，版本几近孤本，鲜为人知，如邹圣脉《寄傲山房诗集》、马宽裕《古文精言》、邹廷忠《时令诗林尤雅》。这些作品有诗集、文集、散文选集和杂著，皆承载相当丰富的历史资料。

（一）邹圣脉《寄傲山房诗集》

《寄傲山房诗集》三卷，雾阁邹圣脉梧冈氏手著，邹可廷、谢梅林编，无堂号及版刻时间。卷前有清乾隆四十八年

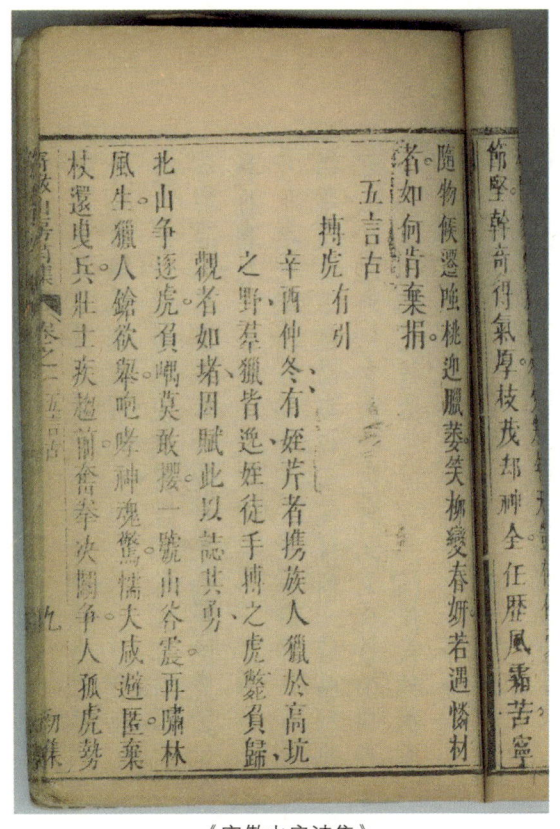

《寄傲山房诗集》

（1783年）马履丰、姻亲谢梅林、女婿马衡序言各一篇，世侄余一轼撰《邹梧冈传文》一篇，邹梧冈《寄傲山房自跋》一篇。

邹圣脉（1691—1763），字宜彦，号梧冈，布衣出身，福建连城县四堡乡雾阁村人（原属长汀县管辖），辑有《幼学故事琼林》（增订）、《寄傲山房诗集》、《鉴史琼林》、《书画同珍》、《五经备旨》、《人家日用》等。

《诗集》共收录邹圣脉各个时期五律、七律及诸体诗293首，其中七律113首、七绝78首、七言古绝4首、五律35首、五言排律3首、五言古绝4首，其内容有游记、观景、咏物、唱和、抒怀、感时等。邹氏的诗歌诸体皆备，格调高雅，清新自然，格律工整，音韵清绝。作者生活在康乾盛世，一生亦耕亦读，从未经历大动荡、大变革的激越年代，也无变幻莫测官场风云的切身感受，但他以不凡的笔触描写平民的生活，谈自己的人生，谈天地的造化，谈身边的人和事，他的诗自然、通达，恬静中有波澜，平淡中见新奇。

《毛诗序》说："诗者，志之所之也。在心为志，发言为诗。情动于中，而形于言。"[6]也许邹氏的少年科举失意，一生为农，虽饱读经史，满腹经纶，却英雄无用武之地，他的抒怀诗大多写得苍凉、哀婉，如：

> 家居梧冈十亩间，身闲不受名利牵。
> 任他五斗腰间折，让我三竿日上眠。
> 宠辱何曾来梦里，风波无自到门前。
> 惟将人世难平事，视等云流水逝川！

这首题名为"山居乐"的诗，反映了一个落第文人的复杂心态。他身处名利场之外，宠辱、是非、风波概不关联，因而"事不关己，高高挂起"，名与利就像过眼烟云让它随风去吧。

> 五十无闻岂自诬，半生岁月又无殂。
> 学书学剑都无就，为马为牛总任呼。
> 事业让人缘手拙，友朋谅我只因愚。
> 颜容揽镜惊非旧，霜雪侵头渐到须。

此诗写他年过半百，"霜雪侵头"，感慨人生苦短，事业无成，一种苍凉感油然而生。

> 生死关头莫看轻，百年如寄共伤心。
> 一抔土是身归处，埋没英雄无古今！

这首诗是他看到族人相继谢世，感慨人生"百年如寄"，古人云："死生亦大矣"，对人的生死切莫看轻，应珍惜光阴。诗句并不一味伤感，在悲伤中含有催人奋进之意。

邹氏的咏物诗，托物言志，初看写物叙事平淡恬静，深究之，却寓意深沉，写出了主人公的精神品格。如，他在《石青陂山庄落成》一诗写道：

> 阶除石砌土为墙，小小柴门浅浅廊。
> 小筑漫嫌居室陋，前山点缀有松篁。

松篁，指松树、竹子，皆是高洁之物。陋室门前放眼看去，前山有几株松竹傲然屹立，以松篁自喻，可见其有一副不趋炎附势、仰人鼻息的傲骨，这种托物言志的写法，绝非俗手可以为之。

再看他的山水田园诗，诗境隽永优美，风格恬静淡雅，语言清丽洗练。抄录两首如下：

（一）
> 村北村南石径斜，茂林修竹碧参差。
> 谷深既许云常住，楼回还容我暂家。
> 爱与老僧谈静果，闲寻田父话桑麻。
> 天寒市远愁沽酒，且拾松枝夜煮茶。

（二）
> 乾坤何处可相容，惟爱石青秀色钟。
> 旧日烟霞无管束，如今丘壑有寻踪。
> 水流洞口偏留韵，花到溪头分外浓。
> 行路不愁苔径滑，杖藜稳策过晴峰。

这两首山水田园诗分明有唐人王维诗歌的韵味，皆用象征手法来表现自己的心曲，描写安逸恬淡的隐居生活。邹氏的诗歌无论是直抒胸臆，还是通过暗喻来表达自己的心声，都做到了寓志于形象之中。

《诗集》还饶有趣味的记载了200多年前邹芹打虎的故事，大意是说：清乾隆辛酉年（1741年）的冬天，他的侄子邹芹与族人一起到高坑打猎，猎人们遇到老虎吓得纷纷而逃，邹芹却面无惧色，疾步扑上前去，空手挥拳将老虎击毙。诗歌为五言古诗《博虎》，前有引言："辛酉仲冬，有侄芹者偕族人猎于高坑之野，群猎皆逸，侄徒手搏之，虎毙负归，观者如堵，因赋此以志其勇。"诗曰：

> 北山争逐虎，负隅莫敢撄。一号山谷震，再啸林风生。
> 猎人枪欲举，咆哮神魂惊。懦夫咸避匿，弃杖还曳兵。
> 壮士疾趋前，奋拳决斗争。人孤虎势雄，张爪露臂迎。
> 头颅愤不顾，一触虎身倾。展开双猿臂，绝吭抉其睛。
> 搏之如犬豕，立毙负归烹。乡人闻共骇，拥视美其英。
> 虎死余威在，尚惧复狰狞。景阳冈上烈，壮士洵可京。
> 为民除凶害，千秋播尔名。

上述叙事诗比较完整地叙述了故事的情节和人物形象，有时间、人物、地点和场景。诗中人物"芹"犹如景阳冈上的武松，面对张牙舞爪的老虎，临危不乱，施展一身绝技，活生生地将猛虎打死。诗歌再现了猛虎"一号山谷震，再啸林风生"的雄风，同时也展现了壮士"展开双猿臂，绝吭抉其睛"的盖世绝技。故事的真实性虽时过 200 多年已无从考证，但笔者以为，此诗描述甚详，可能有事实依据。有记载，客家地区民国以前华南虎常出没山中，人畜遭虎患者不在少数。倘若打虎者不是作者杜撰，主人公"芹"乃是客家之武松，的确是值得"千秋播尔名"的。

据序言称，《诗集》在邹氏生前未刊行，是其仲子邹可庭在邹氏去世二十余年后整理老房旧物时，在一旧箧中寻得若干遗稿，并与其岳父谢梅林汇集而成，由此推算，《诗集》出版时间大致于乾隆四十七年（1782 年）前后，至今未发现其他著录，仅见河南省王先生收藏此书。

（二）蓝鼎元《鹿洲全集》

《鹿洲全集》四十三卷，蓝鼎元著，光绪庚辰年（1880 年）闽漳素位堂刻本，竹纸，写刻体。版心下记：罗文、云龙、麦嵩、冯士、冯秉、冯和等刻工姓名。卷前有：素位堂主人启事，鹿洲图像及自题，光绪六年（1880 年）蓝氏七世孙蓝王佐《重修鹿洲集跋》。

著者蓝鼎元（1680—1733），字玉霖，别字任庵，号鹿洲，福建漳浦县长卿里（今赤岭畲族乡张坑村）人，1703 年拔童子试第一，先后受知于福建学政沈涵、福建巡抚张伯行，尔后乡试屡屡不第。1721 年台湾发生朱一贵事件，乃随族兄南澳镇总兵蓝廷珍平台，任幕僚。1723 年被举为优贡生，参与《大清一统志》编写。1728 年受大学士朱轼的推荐，特授广东普宁知县，兼署潮阳知县。1732 年授为广州府知府，到任月余病逝，享年 54 岁。《清史稿·循吏》传于世。

对蓝鼎元的生平事迹，历史上评价甚高，《清史稿》称："少孤力学，通达治体，尝泛海考求闽、浙形势。""尤善治盗及讼师，多置耳目，劾捕不稍贷，而断狱多所平反，论者以为严而不残。志在经世,而不竟其用"。[7]福建巡抚张伯行在康熙四十八年(1709年)《鹿洲初集》旧序中写道:"蓝生玉霖,八闽翘楚也。少孤,嗜学,长有文名,当道廉其品,咸折节推重,生闭户著书,自豪岸然,不以为意……盖根本深厚,气魄力量无所不达,而谨慎小心,深之以涵养,斯诚经世良才,吾道之羽翼也。"名士汪绅文于康熙六十年(1721年)旧序说:"蓝子玉霖,奇士也。志高识远,超然尘埃之表;议论风采,悉奉古人为师。作为文章,原原本本,可以坐言起行,功深于镕经铸史之中,而气磅礴于语言文字之外,斯人与文而皆奇。"

是书分为八集,内容浩繁,卷帙众多,卷前此书代印者素位堂主人对各集皆有概括性介绍及简评,可谓言简意赅,评之精确。

鹿洲初集 凡二十卷,为书、序、传、记、论、说、考、赋、檄、铭、箴、赞、略、事录、读传、书后、跋、寿文、告文、祭文、哀辞、行状、墓志铭、墓表等。卷前有雍正四年(1726年)、十年(1732年)旷敏本旧序,雍正九年(1731年)蓝鼎元自序,康熙六十年(1721年)汪绅文旧序各一篇。《四库全书总目提要》介绍:"此集为其友旷敏本所编。初定于雍正丙午。越六年壬子,又合其续稿重汰定之,仍为二十卷。故前有《敏本序》、《序》后又有《敏本纪》,各述其始末。鼎元喜讲学,尤喜讲经济,于时事最为留心。集中如论闽、粤、黔诸省形势及征剿台湾事宜,皆言之凿凿,得诸阅历,非纸上空谈。至于所叙忠孝节烈诸事,亦点染生动,足裨风教……然文笔条畅,多切事理,在近人文

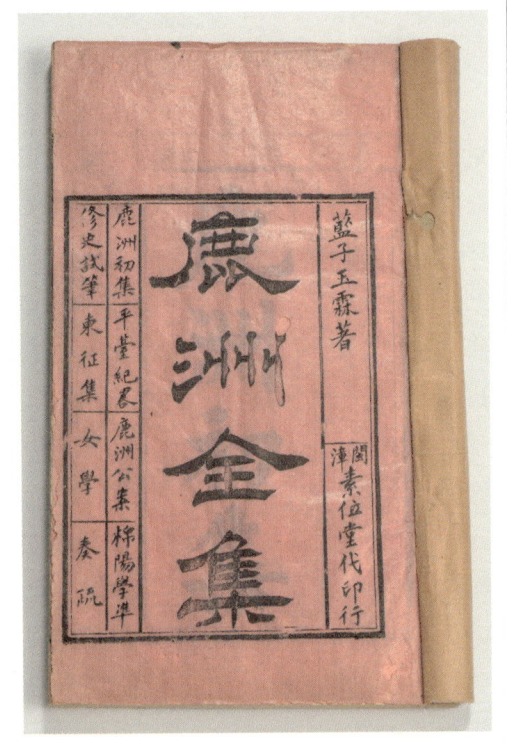

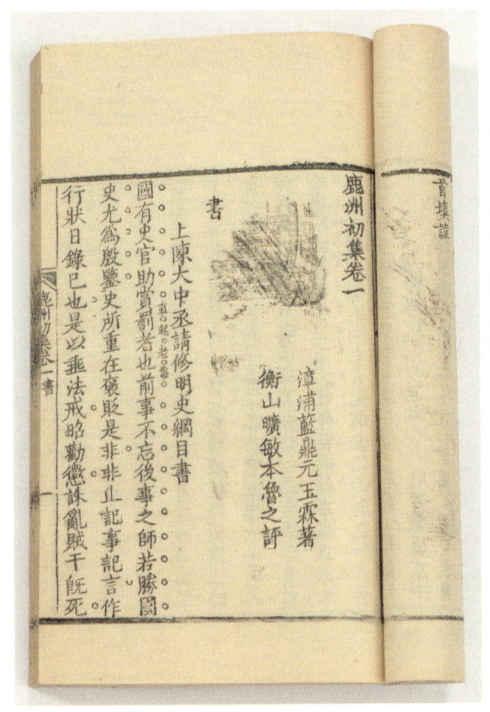

《鹿洲全集》

集之中犹可谓有实际者也。"素位堂主人对此书评曰："就中论说考诸门，尤称经济文章，诚所谓酝酿经所，周览世故，考乎古者无不精，按乎今者无不密也。"

东征集 凡六卷，有书、檄、扎、谕、纪等，卷前清雍正十年（1732年）王者辅、康熙六十一年（1722年）蓝廷珍旧序各一篇。清康熙六十年（1721年），蓝氏随堂兄、南澳镇总兵蓝廷珍入台平朱一贵起事，军机文案出于其手。台湾平定后，著《东征集》《平台纪略》等著作，记述了平台和治理台湾的诸多策略和主张。如他提出"信赏罚、惩讼师、除革窃、治客民、禁恶俗、儆吏胥、革规例、崇节俭、正婚嫁、兴学校、修武备、严守御、教树畜、宽租赋、行垦田、复官庄、恤澎民、抚土番"等18条治台措施。《清史稿》称"后之治台者，多以为法"。时隔数十年后，清乾隆五十二年（1787年）清高宗手谕："朕披阅蓝鼎元所著《东征集》，其言大有可采，着常青、李侍尧购取详阅，于办理善后时，将该处情形细加察核。如其书内所讨论各條，有与见在《事宜》确中利弊者，不妨参酌采择，俾经理海疆，事事悉归尽善。"[8]台湾史家连横也说："鼎元著书多关台事，其后宦台者多取资焉。"[9]素位堂主人评曰："清康熙间台湾朱一贵之役，从军平乱时所作也。诀机料敌往往如神。"

平台纪略 凡一卷，卷前有清雍正元年（1723年）蓝鼎元自序、雍正十年（1732年）王者辅旧序各一篇。是书完整的记述了康熙六十年（1721年）平定朱一贵叛乱之经过始末，他提出的"台湾雄踞海外，直关内地东南半壁。沿海六七省，门户相通。其乱其平，非于国家渺无轻重"，可证明他是较早认识台湾价值的人之一。素位堂主人评曰："纪台乱起灭安定事迹，本末详细，足以补东征集之不及。"

修史试笔 凡上、下二卷。修史试笔者，乃欲修宋史而以此试其笔也，是编凡为《传》三十六篇，起唐房、杜，终五代王朴，各缀以《论》。前有雍正戊申（1728年）衡山旷敏本《序》，谓"鼎元欲修《宋史》而以此试笔。先叙有唐名臣，择其忠节经济之炳著者，列为《传》云"。素位堂主人称：其"词简而淡，义精而严，体醇而厚，古良史笔也。"

鹿洲公案 凡上、下二卷，二十四篇。《鹿洲公案》为作者本人于雍正五年（1727年）出任广东潮州府普宁知县，后又兼署潮阳县的两年间审案选录。据载，蓝氏任普宁知县期间，"听断如神"，"严而不残"。一般官吏判案，全凭刑罚，"三木之下，何求不得"，但蓝氏判案却与其他官吏不同，从不滥用刑罚，而是"唯恐小民不得尽其词。怡色和声，从容辨析，俟其无所逃遁而后定其是非"。公明详慎，使刑者不冤，死者无恨。如《改甲册》《林军师》等篇，写对欺压百姓的不法衙役和讼师的惩治与打击；《古柩作孽》等篇写他破除迷信的措施办法。素位堂主人评曰：是书"谳折疑狱钩致出奇，较之世传龙图公案，乃质乃文骎于手欲驾宝孝肃而上矣。"

棉阳学准 凡今五卷，书目为同人规约、讲学规仪、丁祭礼仪、书田志、闲存录、道学源流、太极要义、西铭要义。前有受业门人陈华国等人序九篇。"棉阳"即潮阳县古地名。雍正戊申（1728年）蓝氏以普宁县知县署理潮阳，因经理其学校，作是编以训士。素位堂主人评曰："得濂洛真传，四子、六经、近思录、小学而后所未见者。"

女学 凡六卷，分女学总要、妇德篇、妇言篇、妇容篇、妇功篇。前有康熙戊戌年（1718年）沈涵，康熙丁酉年（1717年）陈天玑、车鼎晋，康熙壬辰年（1712年）蓝鼎元自序各一篇。蓝氏以周礼天官有九嫔掌妇学之法，谓妇人不可不学。因采经传格言，参摭史传，分为德、言、容、功四篇，章区类别，间缀论断，其体例皆本之朱子《小学》。素位堂主人称，是书"为女学之专著。篡组古训大致与小学相近，而编辑等等较小学更见苦心。所谓扶伦教之倾颓，舍是编而奚属哉"。

鹿洲奏疏 凡一卷，计六条，为履历条奏、经理台湾、台湾水陆兵防、漕粮兼资海运、凤阳民俗土田、黔蜀封疆等，素位堂主人说，各条"均有见地，亦复奇气特达"。

《鹿洲全集》是一部融政治、军事、历史、教育、文学等为一炉的大型丛书，是研究前清政治文化、社会民情尤其是台湾历史的重要资料，其社会价值和学术价值非同一般。他以《平台纪略》、《东征集》两部关于台事的专著，被后人誉为"筹台之宗匠"。他的《女学》依据古训"妇德、妇言、妇容、妇功"并有所发挥，成为专门研究女学独树一帜的著作。他的《鹿洲公案》，是一部纪实性的文学作品，是继《龙图公案》之后的又一部著名的公案小说。

据查考，"闽漳素位堂"是连城四堡素位堂书坊在漳州开设的分号。坊主邹翼顺（1832—1919），字允哲，号致中，约于咸同年间创建素位堂，因经营有方，家资渐丰，印刷业务向外地拓展，分别在漳州、福州、南平、潮州等地设立分号。邹氏在漳州的分号，经营了二十多年后，由他的三儿子邹作就继承并将素位堂老字号更名为素位山房。素位堂刻本存世的除《鹿洲全集》外，还有《监本诗经》、《诗经精华》、《高东溪先生遗集》等。

《鹿洲全集》于清雍正十年（1732年）初版，光绪庚辰年（1880年）年七世孙蓝王佐再补刊，闽漳素位堂代印。素位堂刻本版式依雍正本原样刊行，书品宽阔，字大行疏，刊刻精良，可视为四堡刻本之精品。

（三）黎士弘《託素斋诗集》

黎士弘《託素斋诗集》四卷，无堂号和版刻时间。卷首黎氏康熙己巳年（1689年）自序一篇，周亮工序一篇。是集收黎氏各个时期的诗作720首，其中五言律诗94首，七言律诗327首，四言、五言、七言古体102首，五言、六言、七言绝句197首。其内容涉及时事、军事、为官、唱和、赠与、生死、离合、观赏、游历等。《四库全书总目提要》集部载："《託素斋集》十卷，是集诗四卷，文六卷。诗集凡四刻，文集凡三刻，盖积数年而汇为一册，故每刻各体皆备，士宏没后，其子文远复合而刊之。"[10]

黎士弘（1618—1697）字愧曾，福建长汀县濯田乡陈屋人。少师宁化李世熊，称

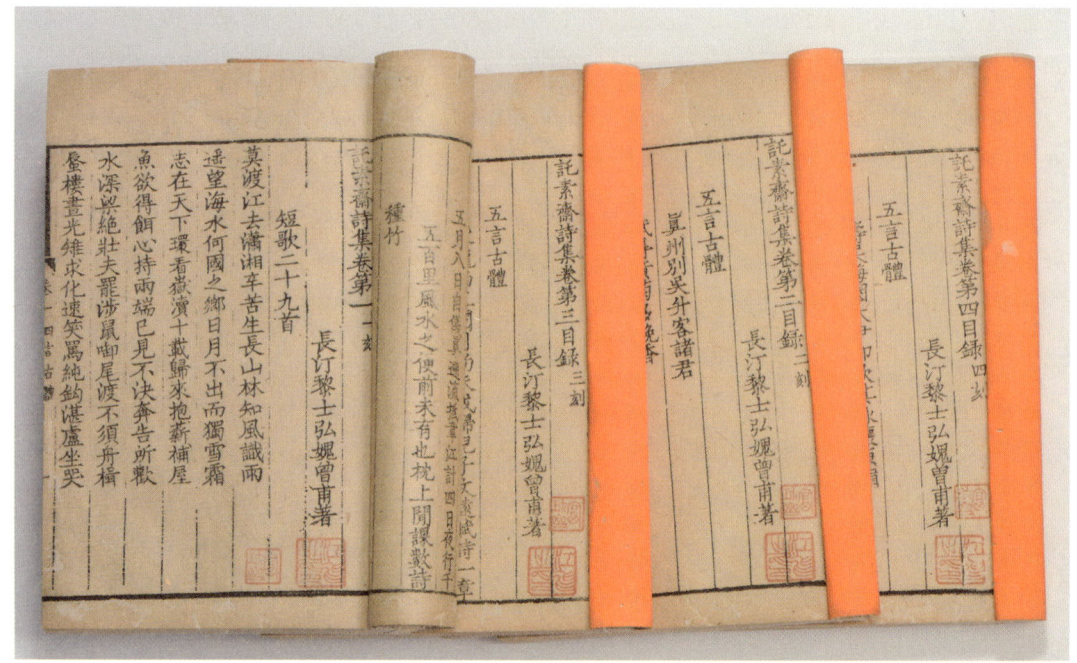

《託素斋诗集》

为入室弟子。清顺治十一年（1654年）举顺天乡试，授江西广信府（今上饶市）推官。二举廉卓，迁至常州（今江苏常州市）知府。康熙十八年（1679年）因平吴三桂叙功，晋布政司参政。士宏少时，诗好李贺，文好王勃。其文章清新俊逸，诗多清真朴老之作。清代名人徐世溥、钱谦益等推为海内名士。著有《託素斋诗文集》十卷，《仁恕斋笔记》三卷等。黎氏服官江西、陕西、山西诸省，政绩甚著，有"黎青天"之誉。《清史稿·列传》云，他任江西广信府推官时，"锄强纠贪，奸宄敛戢。理谳牍，脱无罪数百人，时为语曰：'遇黎则生'"；任玉山县事时，"立学建治，招集流亡，垦田定赋，民复旧业"；改授永新知县时，"政清狱简，与民休息"。[11]

黎氏主张，"诗以情至，非情至则不真；诗以境新，非境新则不动"。他注重诗歌的思想内容，常在作品中发表议论，一些长诗往往议论纵横、反复述说；语言趋于散文化，体裁上多用古体。风格或流畅自然、或清新放逸、或古硬奇峭。他亲身经历了明清之交的大动荡和大变革，其诗歌反映了这一时期的时代特点，如他在《玉山行》中写道：

在昔壬癸间，干戈满天地。
文恬而武嬉，祸乱与时会。
大则堕名城，小则空里肆。
嗟斯弹九邑，何岁共捐弃。
父老白使君，欲语先制泪。

这首诗展现出一幅刀光剑影、血肉横飞的惨烈景象，使人不忍卒读。

黎氏长期担任地方官员，有为官一任、造福一方的胸襟，他在《永新录别将赴任张掖》诗中表白：

> 锋车匆匆更东投，清泪如铅忍自收。
> 未免有怀怜苦县，不知何曲唱甘州。
> 深情欲较桃花水，送别还当苇荻秋。
> 十载江关头白尽，雪泥鸿爪笑淹留。

康熙七年（1668年），黎氏任江西省永新县令，明察暗访，尽除苛政，减征徭，理冤屈，百姓安居乐业，生产得以发展。离任之日，永新父老数百人长途跋涉到抚军门前请愿，恳求挽留。随后，建黎士弘生祠于县衙前。县令张士奇《展黎公祠》诗赞云：

> 冰鉴输人鉴，前贤是后师。
> 昌期凡九令，不朽独公奇。

黎氏的亲民爱民之心可见一斑。黎氏的诗集有一些是应酬之作，没有太多的价值，但有关时政、议军、言理尤其是述志、修身等内容的诗歌，今天读来还是很值得回味的。

黎氏诗集收有七首《闽酒曲》，其浓郁的客家风情见于笔端，照录如下：

（一）
长枪江米接邻香，冬至先教办压房。
灯子才光新月好，传笺珍重唤人尝。

（二）
新泉短水拍香浮，十斛梨香载扁舟。
独让吴儿专价值，编蒲泥印冒苏州。

（三）
谁为狻猊试丹砂，却令红娘字酒家。
怪得女郎新解事，随心乱插两三花。

（四）
板桥官柳拂波流，也勾春朝半月游。
数尽红衫分队队，赍钱齐上谢公楼。

（五）

社前宿雨暗荆门，接手东邻隔短垣。

直待韩婆风力软，一卮阳乌各寒温。

（六）

闲分饮部酒如潮，三合东坡满一蕉。

让却登坛银海子，久安中户注风消。

（七）

曾酌当垆细埔中，高帘短柳逆糟风。

近无人乞双头卖，几户朱牌挂半红。

这里的“闽酒”实际上就是客家米酒，诗中的“红娘”即客家“红酒娘”，因其色如丹砂，俗称红娘过江酒。清杨澜《临汀汇考》载云：“黎愧曾《闽酒曲》，有张王乐府遗意，杭大宗载之《榕城诗话》中。不但诗风韵佳，汀中风土亦略见一二。”

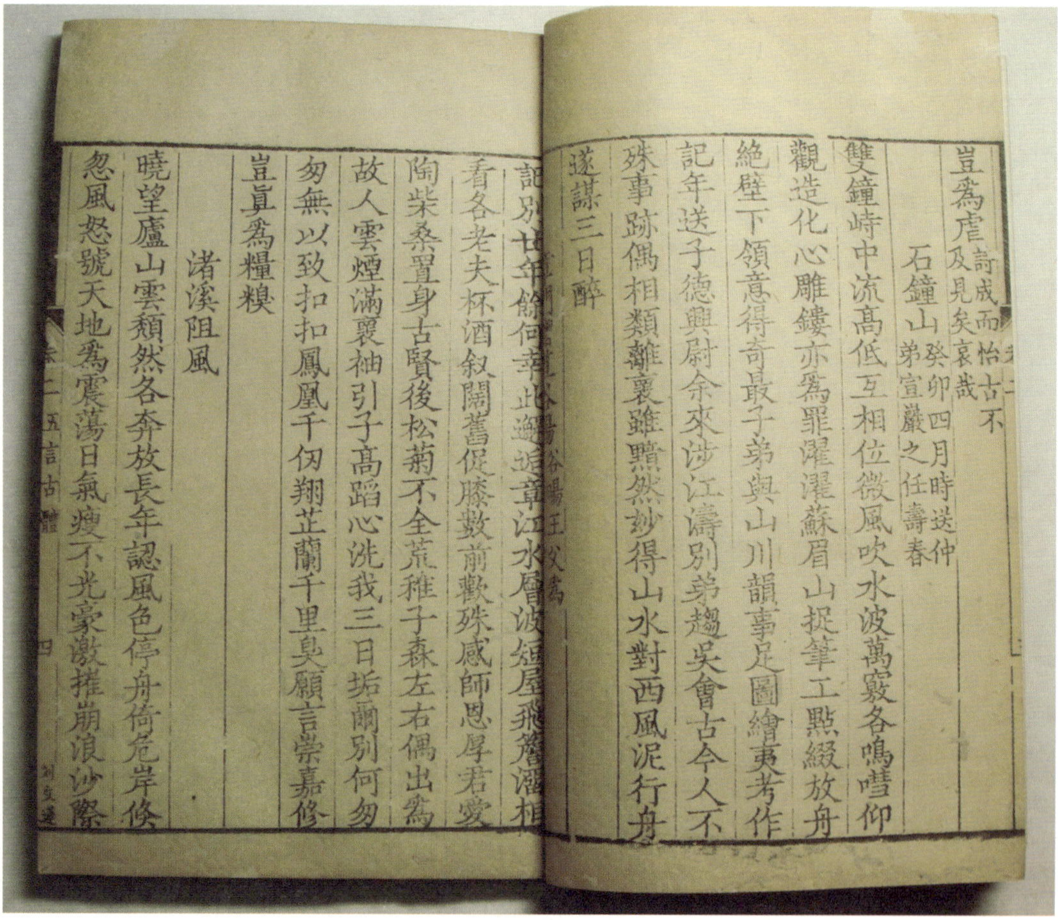

豈爲虐詩成而怡古不及見矣哀哉

石鐘山 癸卯四月時送仲弟宣巖之任壽春

雙鐘峙中流高低互相位微風吹水波萬竅各鳴嘈仰觀造化心雕鏤亦爲罷濯濯蘇眉山捉筆工點綴放舟絕壁下領意得奇最子弟與山川韻事足圖繪吏考作記年送子德興尉余來涉江濤別弟趨吳會古今人不殊事跡偶相類離裏雖黯然抄得山水對西風泥行舟遂謀三日醉

記別廿年餘何幸此邂逅章江水層波短屋飛簷溜相看各老夫杯酒敘闊舊促膝數前歡殊感師恩厚君愛陶柴桑置身古賢後松菊不全荒稚子森左右偶出爲故人雲煙滿襄袖引子高蹈心洗我三日垢爾別何匆匆無以致扣扣鳳凰千仞翔芷蘭千里臭願言崇嘉修豈真爲糧糗

諸溪阻風

曉望廬山雲頹然各奔放長年認風色停舟倚危岸倏忽風怒號天地爲震蕩日氣瘦不光豪激摧崩浪沙際

《託素斋诗集》

黎诗总的说来，重理性，甚至偏于议论化、散文化。"以文为诗"，"以议论为诗"，这正是宋诗的特征。钱钟书先生说，"唐诗多以丰神情韵擅长，宋诗多以筋骨思理见胜"。[12]于是有人认为，黎诗的艺术风格更接近于宋诗。豫章著名诗人陈伯玑评黎诗曰："公诗近乃更喜宋调。"《四库全书总目提要》评曰：黎氏"《自序》称，少时诗好李贺，文好王勃。今观集中诸作，大抵多宋人末派，绝无一篇与子安、长吉相近者。"[13]

是书雍正版本刻印精美，精楷精雕，笔法锋棱毕现，版心下有刻工姓名，被国家图书馆列为善本。版本学家黄裳将其图录收入《清代版刻一隅》一书首页。笔者认为，是书可能是福建连城四堡书坊的刻本，抑或至少与四堡书坊有关联。根据其子致远《书后》云，诗集共有四刻，前三刻皆作者本人自刻，第四刻即雍正间由其后人续刊。从愧曾康熙己巳年（1689年）自序看，前三刻皆是愧曾晚年定居长汀县城时所为。而与县城毗邻的却是闻名的四堡书坊，按常理，黎氏刊刻诗集一般不可能舍近求远。其时的四堡书坊正当鼎盛时期，完全有足够的技术力量支持完成刻印。当然这些仅仅是一种逻辑推理，还需要实物证据支撑。目前最有力的物证，就是该书的书皮（封面）全部都是用红丹纸制成的，这与其他四堡刻本如出一辙，完全符合四堡刻本的版本特征，而更确凿的物证有待今后进一步发现。

（四）陈天定《古今小品》

《古今小品》八卷，陈天定辑，写刻，无版刻堂号及出版时间，卷前有陈天定自序一篇。

编者陈天定（生卒年不详），字祝皇，又字慧生，号欢喜道人，世称慧眼先生。福建漳州龙溪县人。生于明末，天启四年甲子（1624年）中举，次年会试中进士，历任吏部主事、侍郎等职。著有《慧山诗文全集》、《古今小品》、《太极图说参证》、《松石轩读史》等17种，多散佚。据史载，陈天定一生历尽官场险恶，几度沉浮，前期陷入"东林党人"案被迫辞官，后期因与反清斗士黄道周同乡同僚受牵连，最终出家归隐山林。

晚明时期，以任情适性、率真直露为主要特征的小品文盛极一时，涌现了诸如徐渭、汤显祖、"三袁"（即袁宗道、袁宏道、袁中道）、王思任、钟惺、谭元春、张岱等小品文大家，各种选本、文集亦随之出现，文学史称这一时期的文学活动为"晚明小品文"运动。陈氏是晚明小品文文学运动的积极参与者、鼓吹者和推动者。《古今小品》是陈氏为适应明季小品文热潮而编写的文选，成书于崇祯十六年（1643年），收先秦至明朝历代名人200余人小品文583篇。此书的出版，对晚明小品文的兴起和发展起了推波助澜的作用。

《古今小品》是我国最早的小品文选本之一，它的价值在于，在中国文学史上首次阐明了小品文的内涵和特征，初步创立了小品文的体例，并提出了小品文选本的收录标准。

　　对小品文的内涵与特征，陈天定认为小品文是区别于"高文大册"的抒写性灵、形式生动的短小文体。"小品"一词始于晋代，称佛经译本中的简本为"小品"，详本为"大品"。作为文学概念"小品"的提出，则是在明中叶之后，有如田艺衡《煮茶小品》、陈继儒《晚香堂小品》等，但他们对何谓文学"小品"并未详加说明。陈天定在《古今小品》序言中说："作者阅者俱在衫履阡陌之外，高文典册所当别论。"他认为"小品"就是与高文典册相对应的"古今人之短篇"。而这种短篇也不是生硬的一般性的叙述文章，而是格调清新自然、抒写性灵、情趣盎然的文章。他说，论文"贵天巧而浅人巧，间尝于古今人之短篇，求之如蚓空肠，如蝶独拍，如野烧之草灰而根存，如寒江之水落而石出。个中天机正复如春女思而秋士悲。"也就是说要能达到"求之不必得，不求自可得"的境界，这就把小品文的特征活灵活现地展现出来了。

　　陈天定还提出小品文的体例和标准。我国古代散文是一个异常庞杂的范畴，既含有文学，也含有学术和应用散文，它并不等同于现代意义的与小说、戏剧、诗歌并列的文学散文。小品文是散文的一种，同样地对其体例和标准的把握是复杂的，容易失之宽

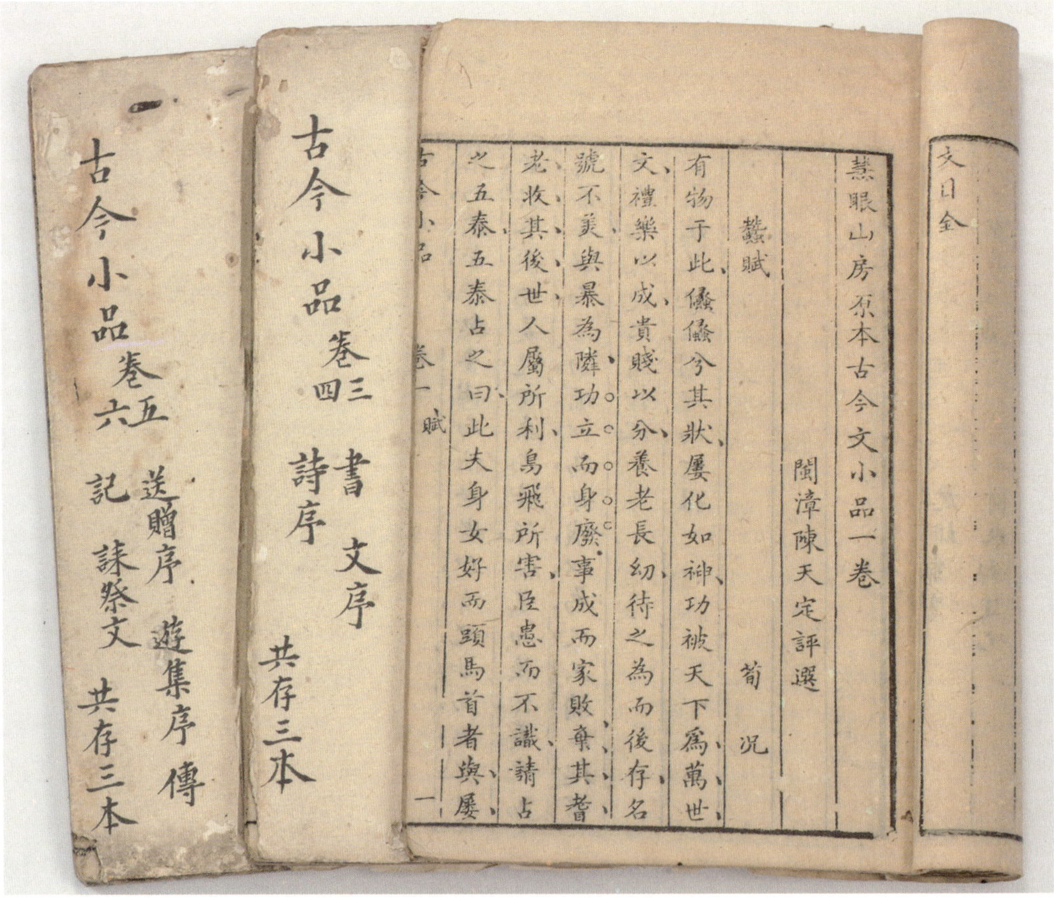

《古今小品》

泛，或失之过苛。陈天定在前人的基础上，对小品文的分类作了初步尝试，他把小品文分为八大类别：一是赋、歌、古乐府、四言；二是诏敕制令教檄、疏表启笺；三是书；四是文序、诗序；五是送赠序、游集序；六是传、记、诔祭文；七是铭、墓铭、赞、题跋、偈、颂；八是杂著、散抄。恕笔者孤陋寡闻，笔者认为，陈天定对小品文的划分，开创了小品文体例研究的先河，他比清人姚鼐提出的散文13个门类早了100多年。与此同时，他还对历代小品文的选用提出了取舍标准，他在序言中说："余稍复增之，旋复汰之。汰之云何？有太庄者，太肉者，意趣太近、耳目太熟者。展转去留，格格碍胸而不能已。"在他看来，古今小品中的"太庄者"、"太肉者"、"意趣太近、耳目太熟者"都不够收录标准，只有那些短小精悍、生动活泼的文章才能收入本书，这实际上谈的是小品文的标准问题。

　　陈天定创立的小品文体例是否太宽或太窄？著名学者朱自清有一段评价，他说："小品散文的体制，旧来的散文学里也尽有；只精神面目，颇不相同罢了……陈天定选的《古今小品》，甚至还将诏令、箴铭列入，那就未免太广泛了。"[14]笔者认为，朱自清对陈天定关于小品文的分类总的是肯定的，至于他认为不能把诏令、箴铭列入小品文，其实是个误会，朱先生谈的是纯文学的现代小品文，而陈天定谈的是包含非文学的古代小品文。陈天定的划分是无可非议的，在他看来，无论诏令、箴铭，还是颂赞、碑志等，只要有文学色彩，都应列入小品文的范围。持这一观点的，前有《文心雕龙》作者刘勰，后有《古文辞类纂》编者姚鼐，他们都没有将诏令、箴铭拒于散文之门外。

　　陈天定依据小品文的标准，对历代小品文分门别类择优厘选。对古人之短篇，他注意收集各个朝代有代表性的作品，同时突出在文学史上有重大影响人物的作品。如宋代的苏轼，是一位散文大家，也是小品文的巨匠。他创作了大量清新俊逸的小品，书画题跋这一体裁更是达到了极致，明人把他推为小品文的正宗。陈天定收入选本的苏轼的小品文达九十篇，约占全书篇幅的六分之一。对今人之短篇，陈天定选用了同时代的徐渭、李贽、陈继儒、汤显祖等名家的小品，既选收以主张"独抒性灵、不拘格套"的"三袁"和江盈科为代表的"公安派"的作品，又兼及主张"深幽孤峭"、"单情幽绪"的钟惺、谭元春的"竟陵派"风格。

　　更加可贵的是，《古今小品》每篇小品文都有编者的点评，使之增色不少。例如，南宋民族英雄和爱国诗人文天祥的《答谢教授》、《与缪知府》，是作者抒怀述志的两篇书信，表现了一个爱国者的高尚情怀，陈天定评说："正气千古，胜情亦千古。二者何以合并，都一尘不染故。"柳宗元《始得西山宴游记》是《永州八记》的第一篇，作者寄情山水，写偶识西山的欣喜，写西山形势的高峻，写宴饮之乐，写与自然的融合，表露自己的傲世情怀。陈天定对此评道："以幽为光，以瘦为润，作游记须让此等笔。"陈天定无疑是位功力深厚的散文大家，他对每篇小品文的点评都十分精到，少则寥寥数字一言中的，多则每每数言便撷其精华。

《古今小品》除以上的文献价值外，还有一定的版本价值。此书已知的在历史上仅刻印两次，初版本为明崇祯癸未年（1643年）万我堂刻本，翻刻本为道光九年（1829年）芸经堂本。笔者以芸经堂刊刻过马宽裕《增补鉴略》为据，基本认定此书为道光年间四堡刻本。据《清代禁毁书目》和《四库禁毁书丛刊》载，入清以后，此书初版本因收有反清学者钱谦益、沈德潜等人文章，乾隆年间将此书列为禁毁书籍，道光年间刻本依例翻刻，再次列为禁毁书籍。

（五）李世熊《寒支集》

《寒支集》十七卷，分初集十卷、二集六卷，《岁纪》一卷，李世熊著，无版刻堂号及出版时间，卷前有彭士望、叶颖等序。

李世熊（1602—1686），字元仲，号寒支，福建宁化县泉上镇人。明末清初著名的古文学家、史学家。主要著作有《寒支集》、《钱神志》、《史感·物感》、《本行录》、《经正录》、《狗马史记》和《宁化县志》等著作，《清史稿》传于世。

李氏少负奇气，志节清高，不畏权势，性格豪宕不羁，品骨卓绝不凡。生平喜读异书，博闻强记，县试、府试均为第一，但乡试不第，终身未仕。晚年自号愧庵，颜其斋曰"但月"，二字拆拼即成"明一人"。与明末名人郑芝龙、黄道周、谢文洊、魏禧等相交甚笃。其"为文，沉深峭刻，奥博离奇，悲愤之音，称其所遇"（《清史稿》）。诗"亦三亚独造，间效长吉，尤与宋遗民谢皋羽为

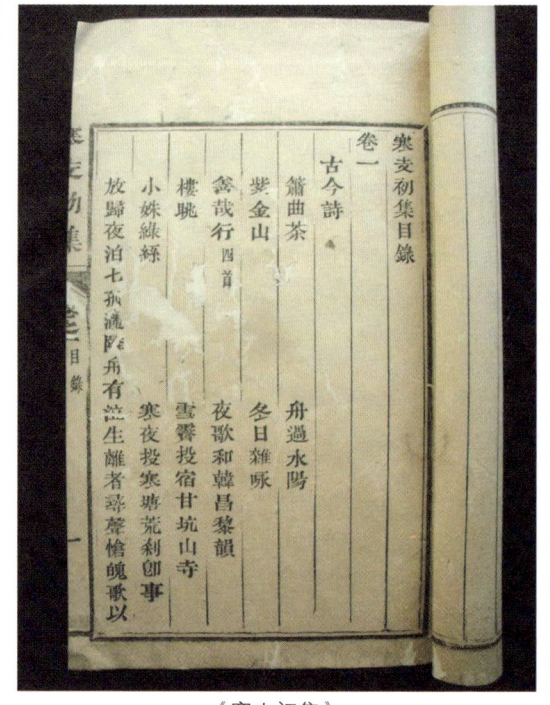

《寒支初集》

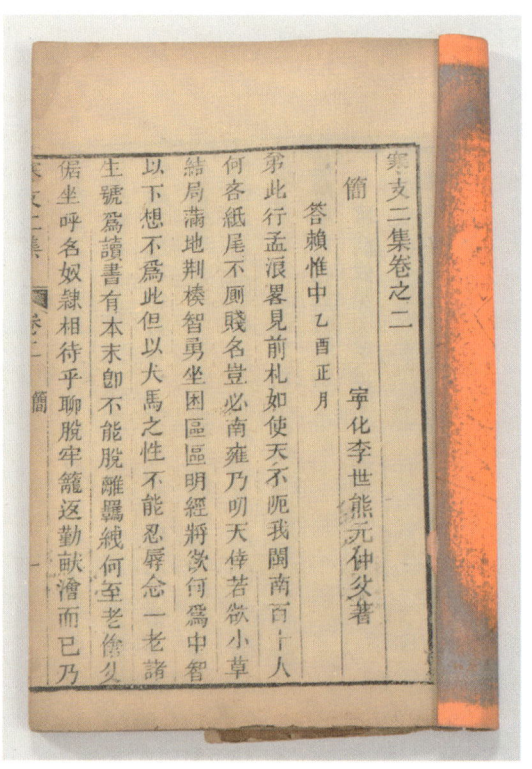

《寒支二集》

近"(《晚晴簃诗汇》)。李氏气节文章为邑人所景仰,民国年间为了纪念这位先贤,曾将他的家乡泉上乡易名为元仲乡。

他在政治上不满于清朝统治,清政府屡征不出,潜心著述。其《狗马史记》把"狗马"和"史记"连在一起,无情讽刺和谴责官场无耻之辈及其丑恶行为。《钱神志》记述历代钱币制作和流传情况,载有自先秦至明末的钱币图录,是古代钱币史的名作。《史感·物感》被誉为我国第一部学习伊索手法的寓言集作品。尤其是他于清康熙甲子年(1744年)83岁时纂辑的《宁化县志》,采用"三宝体"即土地、人民、政事三宝,在编志的体例和内容上都有所突破。最早采用这种体例的是明代唐枢的《湖州府志》和王一龙的《广平县志》。但这些志书在土地、人民、政事大类之下如何划分小类并没有解决,李氏在这三类下,依次分为七卷五十二目,其中不少篇目都属首创。这部县志以其采择严谨,分类精当,被誉为"天下名志"。乾隆四十七年(1782年)长汀知县陈朝羲在《长汀县志》序言中说:"西蜀《武功志》修自康对山。闽之《宁化志》,修自李元仲。海内俱称善。修志必如二公。"[15]

《寒支集》初集,收有诗二卷,文八卷,内容包括序、书、墓志、传、奏疏、尺牍;二集包括书、传、墓志、简、序、记、古今诗。李氏生前未刊刻,他去世十多年后由其后人印行,约成书于康熙年间。是书留下了许多有价值的文史资料,许多篇章是著者自身的生活体验和感受,反映了明清交替社会大动荡时期的政治、经济、文化面貌,记录了清早期的人文景观和风情民俗。如清顺治年间,清军入闽,逼其应征"岁贡",他坚辞说:"天下人无官者,十九岂尽高士! 来书谓'不出山,虑有不测之祸'。夫死生有命,宁遂悬于要津! 且余年四十八矣,诸葛瘁躬之日,仅少一年;文山尽节之辰,已多一岁。何能抑情违性,重取羞辱哉!"他对族谱、方志有许多独到的见解,认为民间的《族谱》记载往往伪托世祖官宦以显其家族之荣耀,未经考证,决不能轻易相信。他认为旧《宁化县志》谬误甚多,比如,曰"宁化旧属闽汀邑。"他说:"此误也。宁自三国,历陈、隋,至唐中叶乃隶汀州耳。晋时之新罗,即今龙岩等处,其属晋安。宁自是绥安地,历属建安也"。他文笔奥博离奇,"积有垒块于胸中,每放浪山水以写其牢骚不平之概"。他对强拼硬凑的所谓"八景",认为标目风景固然是骚雅韵事,然今非景而强名曰景,景无八,而强凑为八就不雅了。尤其对每景都赋些劣诗不屑一顾,他说:"例撰恶诗,务盈其数,到目触唇,便欲眩呕。流传久远,恬不知怪。"[16]

《寒支集》有康熙、道光年活字本,同治年刻本。由于其"词句多怨愤,又铲毁数处,似是指斥之词",清廷列为禁书。根据其书皮黄丹纸及其它版刻特征,加上作者是连城县毗邻的宁化县人氏,是书有可能刻之于四堡书坊。它存世稀少,宁化县档案馆有藏。

(六)马宽裕《古文精言》

《古文精言》十六卷,桂亭马宽裕良容纂辑,杭资能、周聘侯先生评定,文德堂藏版，乾隆癸亥年（1743 年）刊行，卷首童孙韬序言一篇。

马宽裕（1670—1754），字良容，福建连城县四堡乡马屋人，辑有《古文精言》、《催福通书》、《炉传斗首》、《增补鉴略》、《书经备旨辑要》(参订)等。

《古文精言》是一部选编精当的古代散文文选，它上起东周，下逮明末，精选各朝代的散文 167 篇。统观全书，其选文丰富多彩，繁简适中，语言精练，多数是传诵千古的名篇。童孙韬在序言中对此书作了很高的评价："今是集也，堪称善本，名曰古文精言详注者，其所选之文增加倍蓰。释之而甚精，训之而甚详，订讹补阙，音义了然，合诸选之美，成一家之言。"

是书之所以命名为"古文精言"，依笔者看来，一方面它广收博采，务实求精。马氏在《古文精言》凡例中就此书的收录标准作了说明，"斯编选本之文，凡忠孝义烈之大节，关系国家之盛衰，以及经济时务之正大者，汇入选本。一切排偶粉饰之文，概不附录。"也就是说，作者是非常注重古文思想内容的，所选的散文多数是经纶济世之策，立国安邦之谋。另一方面它释之甚精，训之甚详。每篇文章皆有数段序讲与一段评语。"是编之文，先分段落，读完一段，则注释一段，而后序讲一段。"这样一来，其一段之脉络精神，举目便见。而文章章旨、段旨，提纲挈领注列上层，以便读者把握要领

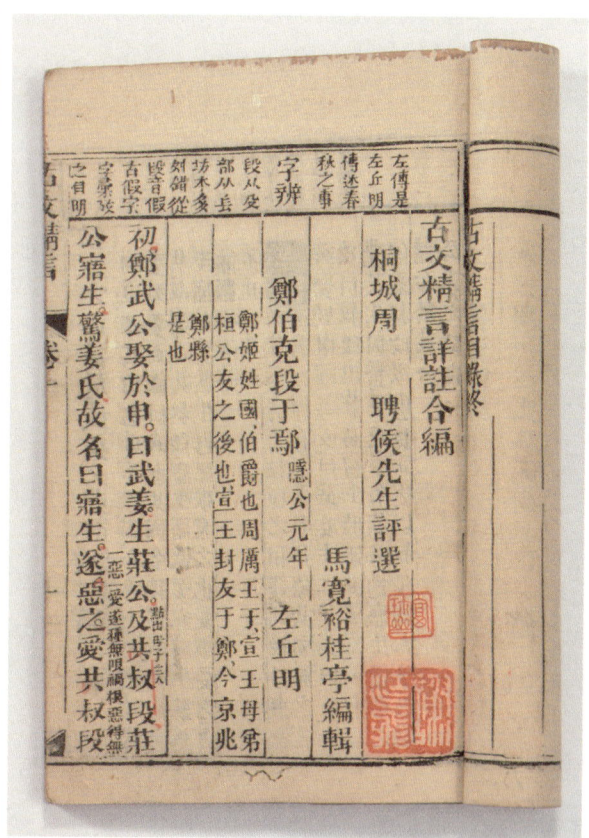

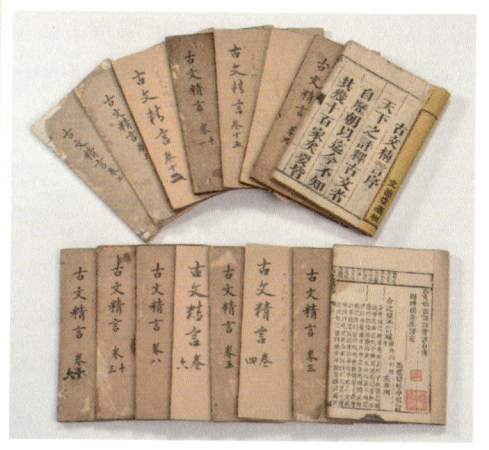

《古文精言》

阅览。此外，一句之中尚有疑难问题，则用旁训的办法解决之。

此书最具特色的是"评曰"。每篇古文都附一篇"评曰"，它相等于现代文的总评或点评，长则上千字，短则一二百字。编选者在这方面的确花了不少功夫，其中分析文章结构和写作技巧的尤为精彩。如王羲之《兰亭序》，马宽裕评曰："此记妙在只写地一段，写天一段。轻轻点过风景观览，便放开笔尖，发泄胸中无穷感慨，无穷妙理。自觉出色惊人，非寻常墨径所到。从可乐处，说到可悲，着眼在死生二字，有深意存焉。右军于胜会之事，忽然以死生之痛，感慨伤怀，长歌当哭，以为兴感……此反衬法也。""其文法疏旷澹宕，渐近自然，如云气空濛，往来纸上。细玩之，想见千古高人本色。"如此精到的点评，此书比比皆是。

笔者认为，《古文精言》选文的精详程度，可与吴楚材、吴调侯《古文观止》相媲美。我们不妨把它与《古文观止》作一番比较，就可看出它的独到精妙之处。《古文观止》康熙年间吴楚材、吴调侯编选，它以选文甚精甚广深得读者欢迎而广为流传。但此书也存在一些缺陷。在选材的内容上，《古文精言》与《古文观止》一样，选用的文章以散文为主，兼收骈文。但《古文观止》收录了相当部分说空话发空论的骈文。而《古文精言》讲求实用性，除了选用少量有实际内容的骈文外，把空洞无物的其他骈文排除在本书之外。正如编者所说"一切排偶粉饰之文，概不附录。"《古文观止》选入后人拟作或伪托的作品，如《李陵答苏武书》，殊嫌失当。而《古文精言》对伪书或涉嫌伪托的作品一概不收。在选材的时间上，《古文观止》选文缺元代的古文，元朝（1271—1368）作为一个朝代它存在98年时间，其中不乏有代表性的古文，如此一个绵长的朝代片文未取不能不说一大遗漏。而《古文精言》选用了元代阎复的《加封孔子制》一文，兼顾了选文的时间性和代表性。在选材的范围上，《古文观止》只取春秋三传，先秦诸子一概不选，有失偏颇。而《古文精言》除春秋三传外，则选入了庄周的《逍遥游》、《养生主》，韩非的《说难》等，应当说考虑更为周全。但《古文精言》也有其不足，它过于侧重于上古的古文，对近代的古文选入太少，如明代只选刘基《阅江楼记》等四篇，而《古文观止》选用明代的古文达十八篇之多。

笔者姑且不论马宽裕生前是否读过《古文观止》，从《古文精言》的选编和注评看，马宽裕无疑具有深厚的国学功底和极高的文学涵养，在驾驭文字方面表现了大手笔，他在经意或不经意间弥补了《古文观止》的许多缺陷，更全面地反映了中国的古代散文发展史的全貌。童孙韬的所谓此书"合诸选之美，成一家之言"的评价名实相符，并非溢美之词。此书虽有这样或那样的不足，但仍不失为一种难得的优秀古代散文选集。

《古文精言》在中国的文学史上有一定的影响，此书最早由连城四堡书坊雕版印刷，流传的版本有：清代文德堂本，民国上海萃英书局本。近年台湾心影出版社再版。

（七）邹廷忠《时令诗林尤雅》

《时令诗林尤雅》十二卷，邹廷忠汝达辑，达道堂梓行。

邹廷忠（生卒年不详），字汝达，福建连城县四堡人。据四堡族谱及其他资料载，邹氏在乾隆年间除自编书籍外，还自立堂号刻书销售，辑有《时令诗林尤雅》、《酬世精华》、《联柬合璧》、《监本四书正文》、《四书补注备旨题窍汇参》等。

《时令诗林尤雅》是一部专门收录唐朝与清朝两个朝代月令诗的选本。作者以春夏秋冬12个月时令为序，收集唐朝律诗及当朝名人应试诸诗300余首，凡涉及时令者，"不拘六韵八韵，择其尤雅者录之"。书按月分卷，卷分两层，下层为诗，一月各有一月之诗；上层为典，一日另有一日之典。例如，

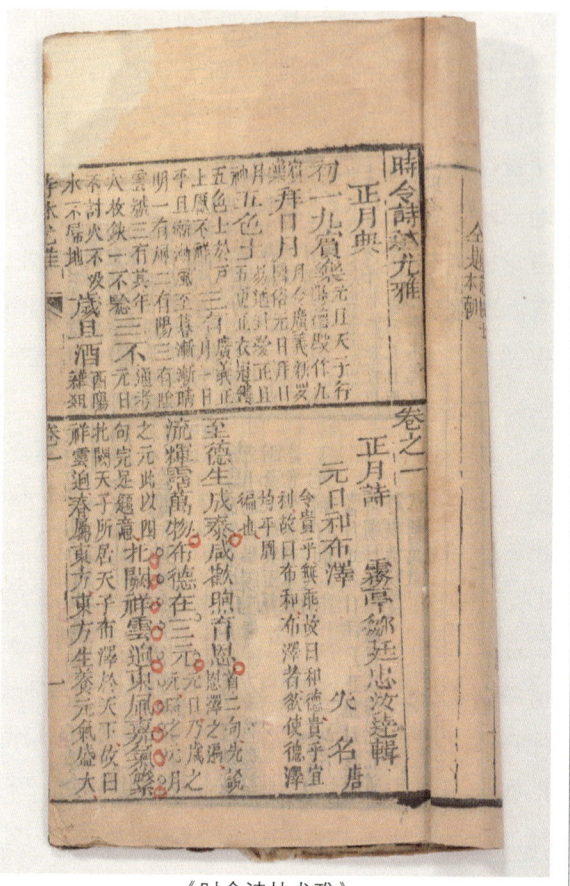

《时令诗林尤雅》

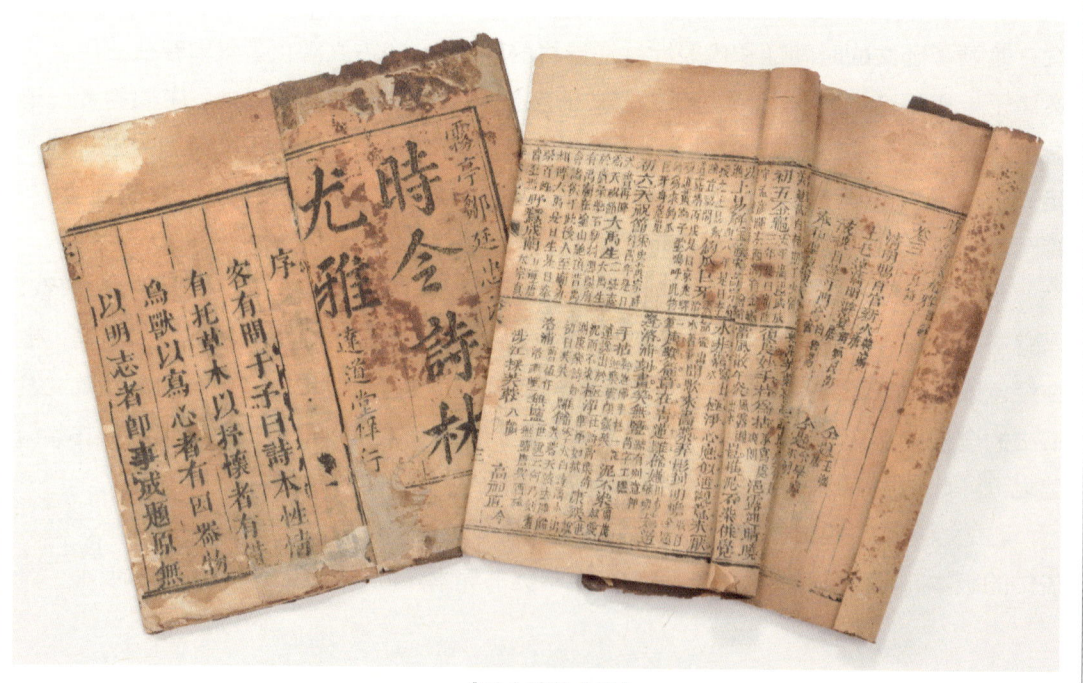

《时令诗林尤雅》

卷一正月诗，编者选录有关正月事物的唐人皇甫冉《冬东郊迎春》、清乾隆吉梦熊《元日早朝》等29人的诗作，每首诗都有简略的解释。正月典部分的初一一天，作者从原典上搜罗了九宾乐、拜日月、五色土、三有、三不、岁旦酒、祭枣、悬羊、画虎头、赤灵符、梅花酒、长生酒、松枝饮、苍木汤、新节衣、书户笔、聪明、人喜等18个典故。可谓遍采书林，琳琅满目。

　　此书在体例和内容编排上别具一格，颇有创意。应该说，编者是位饱学之士，他认为，诗本性情，有托草木以抒怀，有借鸟兽以写心，有因器物以明志，即事成题，原无定式。然而，"天下之道即始可以统终，由本可以该末。盖飞潜动植庶类虽殊，而盛衰隐显莫不因时以为转移也。故举一春夏，凡春夏之景物皆在其中；言一秋冬，尽秋冬之伦理悉藏其内，名虽时令而咏物不外是矣。"这段论述道出了以时令为卷目选编诗集的由来。他还认为，选编月令诗集的直接目的是，朝廷科举考试沿袭唐制加试八韵、六韵律诗取士，且命题多因时物摘取成句，如果学者平时不加体玩，场中不免束手无策，而选编此书可使学者考典左右逢源。总之，编者选编月令诗集费尽心思并有所创新，这种"构思奇妙，不陷俗套"的编辑思想是值得称道的，此书应该会受到科举应试学子的欢迎。

　　《时令诗林尤雅》乾隆三十四年（1769年）初版，有否再版不得而知。是书未见公私藏馆著录。

（八）清代禁书《法家新书》

　　《法家新书》五卷，巾箱本，金陵吴天民、达可奇汇编，书林兴耕堂朱廷祯梓行，本衙藏版，道光五年（1825年）新刊。

　　明代中叶以后，随着工商业的繁荣和人际间交往的增加，民间的诉讼也随之增多。为适应百姓了解法律知识，掌握法律文案和条款的需要，民间书坊出版了一大批法律类通俗书籍，如豫人闲闲子订注《萧曹遗笔》，江湖醉中浪叟辑《法林照天烛》，金陵吴天民、达可奇《法家新书》，竹影轩主人编《刑台秦镜》，佚名《校正惊天雷》，湘间相子《法家透胆寒》等。这些法律类通俗书籍

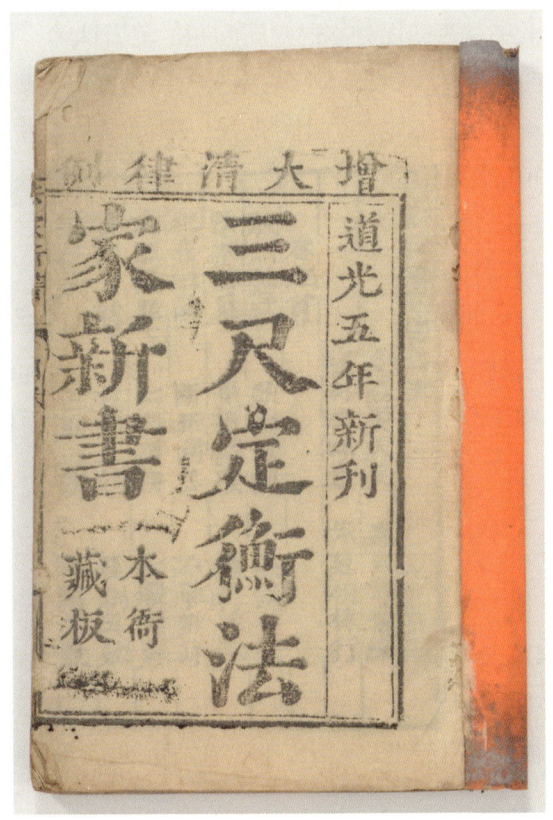

《法家新书》

被人视为讼师秘籍。

而这些民间盛行的所谓"讼师秘籍",却被官方认为"以虚为实,以无为有,颠倒是非,播弄乡愚"的"构讼之书",遭到当局的棒杀和严禁。清代乾隆七年(1742年),四川按察使李如兰上奏禁止书商刊印"讼师秘本",经中央官员讨论、皇帝同意后,李氏奏议的要旨乃成为颁行全国的新修例文:"坊肆所刊讼师秘本,如《惊天雷》、《相角》、《法家新书》、《刑台秦镜》等一切构讼之书,尽行查禁销毁,不许售卖。有仍行撰造刻印者,照淫词小说例,杖一百,流二千里。"[17]应该说这一禁令是相当严厉的,然而出于利益的驱使,事实上官方很难禁止这类书籍的刊印与流传。

此书是乾隆年官方禁书令生效百余年后,即道光五年(1825年)四堡书坊的翻刻本。它汇集诉讼技巧及状词、案例和判词等各种法律文书的写法,卷一编有状词体式和歌诀、要诀,录有吏、户、礼、兵、刑、工六科朱语。卷二至卷四分类叙述,依次为人命类、奸情类、婚姻类、贼盗类、殴斗类、田业类、户役类、欠债类、骗害类、匿名类、继立类、执照类、各呈类、禀帖类、结状类、状式类、禁约类、告示类、判断类、奇状类。各类不同的案例,一般都由"告—诉—审"三段式构成。

值得注意的是,此书的扉页和卷眉上分别署有"本衙藏版"、"书林兴耕堂朱廷祯梓行"的字样,而没有四堡刻本常见的"雾阁"、"闽汀"、"汀郡"等标识。这就产生了此书是否四堡刻本的归属问题。笔者认为,根据其纸张、用墨、字体、款行和装帧,它与四堡刻本的基本特征完全一致,是书属四堡刻本无疑,非建阳书林刻本。而署"本衙藏版"肯定是坊主的伪托,根据以上所述,此书乾隆年间既列为禁书,嗣后官方是不可能翻刻并署"本衙藏版"的。至于"书林兴耕堂朱廷祯梓行"的标识,也是坊主的托词。"书林兴耕堂"是明朝万历年间建阳朱仁斋的堂号,曾刻印过《包龙图判百家公案演义》、《乡谈荔枝记》、《绨袍记》等戏剧。[18]建阳刻书经过宋、元、明的繁荣后,清朝早期却逐渐地走向衰亡。正如福建省图书馆谢水顺先生所说,"从流传至今的清代建阳刻本及有关文献记载分析,建阳坊刻大约结束于乾隆中晚期"。[19]也就是说,建阳书林在道光年间是不可能刻印《法家新书》和其他书籍的。

三、书画集

四堡书坊刻印的当地文人书画集,迄今为止仅发现邹圣脉《书画同珍》、上官周《晚笑堂画传》及邹可庭、谢梅林《诗联藻镜》,这三个集子的作者皆是汀州当地人,其中上官周是前清著名的书画家,具有很高的专业水平,画史有传。邹圣脉、邹可庭、谢梅林并非专业书画家,不以书画所重,他们编辑出版书画专集,可能更多的是出于兴趣

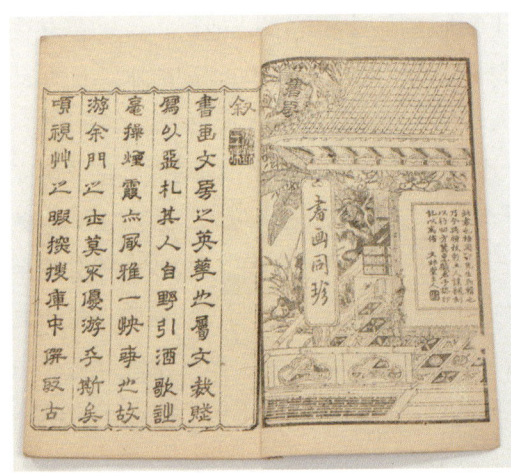 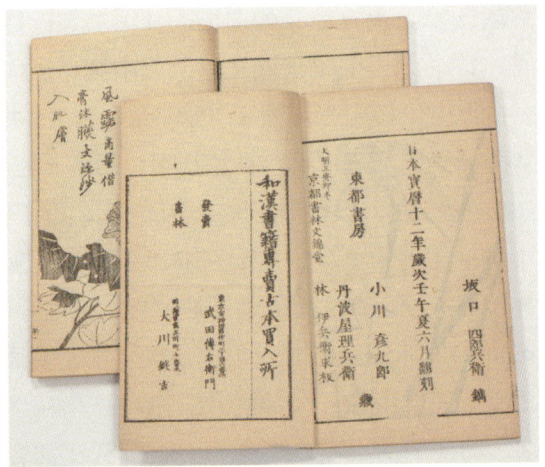

《书画同珍》和刻本

爱好,抑或出于赢利之目的。尽管如此,这些专集颇具特色,既有编辑方面的创意,也保存了古代书画的一些宝贵资料。

(一)邹圣脉《书画同珍》

《书画同珍》二刻,四卷,邹圣脉梧冈氏纂辑,套红,白纸,寄傲山房藏版,乾隆壬戌(1742年)梓行。卷首有邹圣脉写于杭州楼外楼的自序一篇。

全集分春、夏、秋、冬四卷,集古人墨迹、时下名书、抱经书塾、梧冈山房家藏及邹氏本人书法等若干部分。邹氏书法墨迹有行书诗稿10首,游闽旧作16首,草书王勃《滕王阁序》等;抱经书塾家藏有千字文石刻,篆刻梓潼文昌帝君阴骘文,篆刻王阳明先生读书十八则,皆附有邹氏手写的释文;古今人墨迹有米芾法书、百韵草诀歌、唐宋璟梅花赋、兰谱、梅谱、汀州著名画家郑心水人物画、林村陈亮世书法等。

邹氏是位多才多艺的硕儒,不但在经学、蒙学研究方面早有文名,而且在

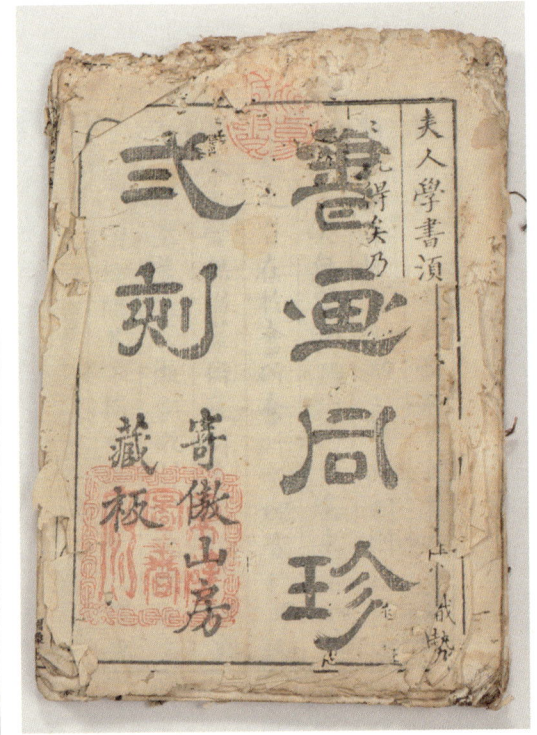

《书画同珍》

书法艺术上也有较深的造诣。从该书邹氏数十幅版刻书法墨迹看，他真、行、草书皆善，行书尤得书圣王羲之笔法之精髓，遒媚劲健，潇洒自如，有如行云流水。他在此书的序言中援引张怀瓘《玉堂禁经》说："夫人学书，须从师授。师授之要，在乎识势。势即得矣，乃可加功。功势既明，则务迟涩。迟涩分矣，无系拘踞。拘踞亡矣，求诸变态。变态之旨，在于奋斫。奋斫之理，资于异状。异状之变，无溺荒僻。荒僻去矣，务于神采。神采之至，几于玄微，玄微则宕逸无方矣。"他认为，神采、玄微是书法的至高境界。学习书法应戒之于速，畏之于迟，进退生疑，臧否莫决，而"欲速造玄微未之有也"。同时，他还认为学书法要"知所变通，当不徒守陈迹"。余一轼《梧冈邹老先生传文》赞其书法："临池仿帖，醉后挥毫，鹅笼蕉叶，钗股漏痕，不可名状。索文求书者，日不暇给，人珍拱璧。"可见邹氏书法名盛一时。

此书的篆刻也极为精美，《梓潼文昌帝君阴骘文》篆刻印章130方、《王阳明先生读书十八则》18方，很有可能出自邹氏之手。印章的文字全部由小篆、大篆组成，其篆法、刀法和章法几乎达到完美的结合，结构严谨，布白匀称，拙中有巧，浑厚圆润，凝重朴茂，自然天真。其形状也大小不一，有圆、椭圆、长方、方形、异形等。特别是其四灵印章和异形印章更具特色。四灵印是指图案与文字相结合的一种印章形式，所谓"四灵"即古代传说中象征东西南北四个方位的祥瑞生灵（青龙、白虎、朱雀、玄武）。而异形印是指印章形似自然物体，有的像蕉叶，有的像竹节，有的像盆景……随形而锲，浑成自然。此书四灵印、异形印达40余枚，林林总总，真可谓"方寸之间，气象万千"。

《书画同珍》版本的流传至少有楼外楼初刻本，寄傲山房、文林堂覆刻本与和刻本[20]诸种。楼外楼本刻于乾隆壬戌年（1742年），据该书序言称，它是邹氏本人前往杭州延聘名工锲刻的，其书品宽大，纸墨皆良，锲刻精致。寄傲山房本（二刻）由邹氏本人的书坊刻印。文林堂本是四堡文林堂书坊据寄傲山房本刊印。和刻本是日本人据文林堂本又覆刻的。笔者近年从孔夫子旧书网以及北京、龙岩藏友处分别购得初刻、覆刻残卷零本两种，和刻本全本一种。

（二）上官周《晚笑堂画传》

《晚笑堂画传》二卷，闽汀上官周纂辑，白纸，无版刻堂号及时间。卷前有瑞金同学弟杨于位序一篇，上官周乾隆癸亥年（1743年）自序一篇。

上官周（1665—1749），原名世显，后改名周，字文佐，号竹庄，福建省长汀县人，善画山水、人物。山水画烟岚弥漫，墨晕可观；所画古今名人，功夫老到，各具神态。主要代表作有《罗浮山图》、《珠江挂帆图》、《台阁风声图》等。著有《晚笑堂竹庄诗集》、《晚笑堂竹庄画谱》。

上官周是公认的"闽派"画风的创始人，"扬州八怪"之一黄慎是他的入室弟子。

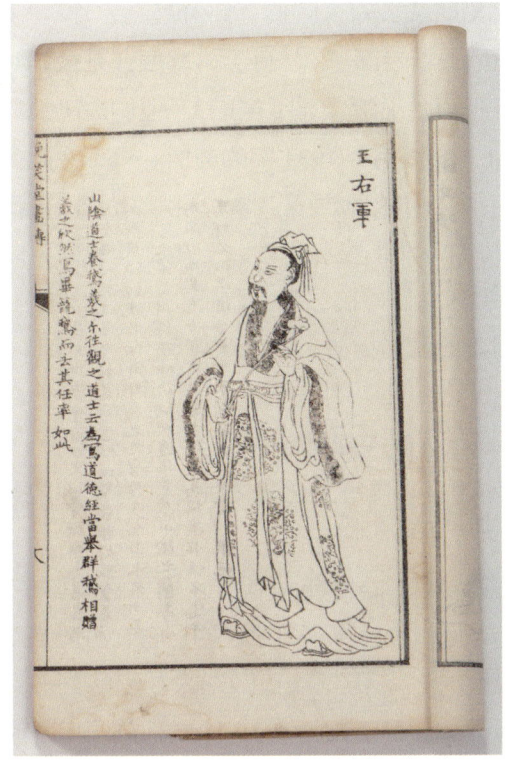 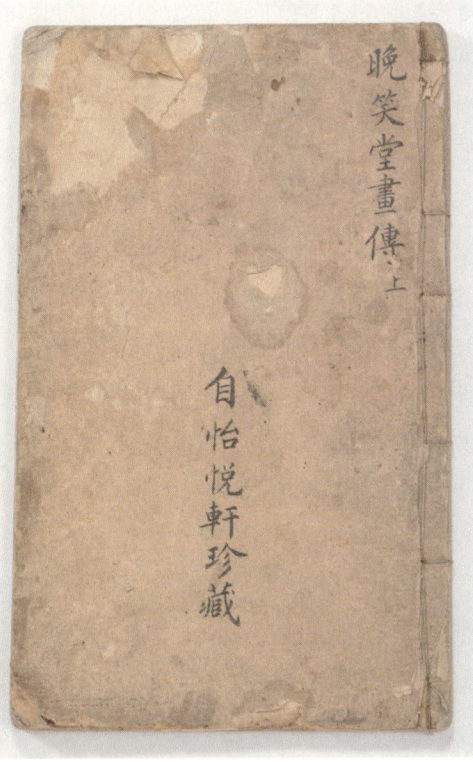

《晚笑堂画传》

清代著名诗人、画家查慎行（1650—1727），对上官周的绘画评价极高，在《题上官竹庄罗浮山图》一诗中称之为"上官山人今虎头"，把上官周和东晋画家顾恺之相提并论。《中国绘画史》载："就清之人物画来说……长汀上官周之工夫老到，临汀华喦之脱去时习……均为清代史诗风俗画较有名者。"[21]

　　作者依据史料，刻画120位历史人物绣像，每幅绣像皆附有像赞文字。作者学识渊博，博古通今，自汉高祖至明骁骑舍人郭德成，时间跨度1800年，凡明君哲后、将相名臣、忠孝节烈、文人学士、山林高隐、闺媛仙释等，"或考求古本而得其神似，或存之意想而挹之丰神"，"有契于心，不禁心慕之，想象之，心慕而手追之"。（作者自序）其技法继承我国传统人物画以形写神、注重神似的创作方法，运用多种线条勾勒人物的形象，精微细致，须眉毕现，栩栩如生，呼之欲出，"宛若聚千百载英雄豪杰于一堂，晤对之下，须眉欢活，为之肃然起敬"。（杨于位序）

　　《画传》是我国古代久负盛名的人物画谱，它以开拓性的非凡艺术成就，赢得了历代书画界同仁和学者的景仰，被视为学习线描的最佳范本之一。清代中后期的许多通俗小说如《三国演义》《绣像英烈传》插图，基本选取或脱胎于《画传》。著名学者郑振铎说，此书"为闽中画家上官周所绘……以木刻的人物画而论，在乾隆一代里，这部

《画传》算是上乘的了。"[22] 日本《支那绘画史研究》对《画传》评价甚高，称："上官周的《晚笑堂画传》出现，在人物画法上开拓一新生面。"[23] 鲁迅、郑振铎是最早致力于中国古代版画的研究者，他们曾合作收集版画并出版《北平笺谱》。他们在研究的过程中，对《画传》产生了极大的兴趣。鲁迅自1912年至1934年的书信、日记中，多次提到求购多种版本的《画传》，或自己临摹，或当作礼物送人。1912年12月21日日记写道："晨微雪即止……又觅得《晚笑堂画传》一部，甚恶，亦以七角银购致之，以供临习。"1934年1月9日记载："微雪。上午寄烈文信并稿二篇。寄墨斯克跋木刻家亚历舍夫等信并书二包，内计木板顾凯之画《列女传》、《梅谱》、《晚笑堂画传》、石印《历代名人画谱》、《耕织图题咏》、《圆明园图咏》各一部，共十七本。"过了几天，他在写给郑振铎的信中又说："前几天，寄了一些原版《晚笑堂画传》之类给俄木刻家。《笺谱》出后，也要寄一部。"可见，鲁迅先生作为中国传统文化的守护者，对《画传》这一绣像版画遗产可谓关爱有加，推崇备至。

《画传》有多种版本传世，初刻本于乾隆八年（1743年）刊行，据上官周自序称，初版由其孙上官惠聘请广东名工雕版。笔者购得的《画传》刻工较差，它有可能是四堡书坊的覆刻本。目前虽无资料证明它就是四堡刻本，但据清代四堡人抄写的刻书目录载，四堡书坊曾刊刻过多卷本的《十竹斋画谱》、《芥子园画谱》，他们刊刻同里画家的《画传》，应有实力，也合乎情理。

（三）邹可庭、谢梅林《诗联藻镜》

《诗联藻镜》不分卷，无版刻堂号及刻印时间，雾阁邹可庭涉园氏、清溪谢梅林砚庸氏辑，鄞江王亲景唐氏书。

邹可庭（1715—1803），字涉园，福建连城县四堡雾阁村人，《幼学琼林》作者之一邹圣脉仲子，辑有《诗联藻镜》、《尺牍新裁》、《新增家礼大成》等。谢梅林（生卒年不详），福建清流县人，邹圣脉的儿女亲家，曾多次参订邹圣脉寄傲山房塾课系列读本。

《诗联藻镜》是一部专门描述楹联书写及匾额制作的读本。藻镜，亦称"藻鉴"，指品评鉴别。卷首前有王紫绅序文一篇，他说："应酬之道，诗联尤多，无论通都大市，即凡僻让荒村，靡不争趋，互相赠答。然求其雅驯，殊可人意者却少。诽文讥画，常即字诮涂鸦，徒然献丑，以博哄堂。"而此书"文固妙句清词，无非锦绣，字亦挥毫拂素，颇有妍姿。俾购是篇者，奉为准绳，而昌俗为雅，不诚应酬之藻镜也耶。"大意是，时下作为应酬通用的诗联，写得好的少之又少，有的丑陋之极犹如涂鸦，人们观之哄堂大笑。鉴此，编者精选了大量的名联名句，以及诗联匾额的制作方法，以供广大读者参照样式临写与制作。王紫绅，字垂恭，长汀县乾隆十年（1745年）乙丑进士。

全书内容可分为几个部分：一是诗联额式、款式。有册页匾额式、手卷匾额式、蕉叶匾额式、秋叶匾额式、此君联式、虚白匾额式、碑文匾额式、诗稿款式、书扇款

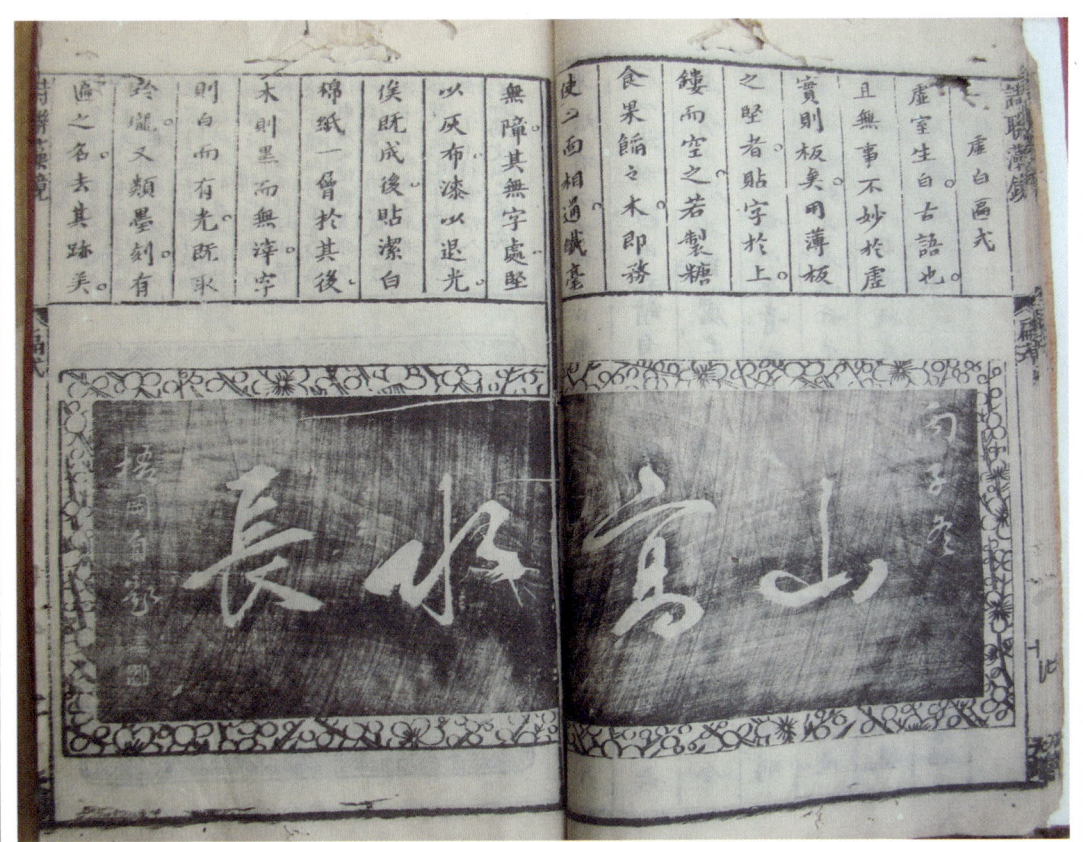

《诗联藻镜》

式等；二是草书字帖与图章。草书帖选用汪由敦《草诀偏旁辨疑》，图章选用《春夜宴桃李园序》；三是楹联类别。分幽居、林下、隐逸、厅事、门窗、书室、射圃、楼台、园亭、山谷、农家、市肆、艺术、医士、相士、堪舆、书坊、茶铺、酒铺、布铺、染坊、药铺、米铺、桥亭、演戏、灯市、禅林、道院、女尼、女冠、齐醮、哀挽、青楼、舟楫等。是书采取上下二节版式，上节为书法匾式、款式文字解释，下节为楹联书写式样及匾式、款式图案。上下对应，相互比照，使读者一目了然。

是书是一种别开生面的书法艺术著作，

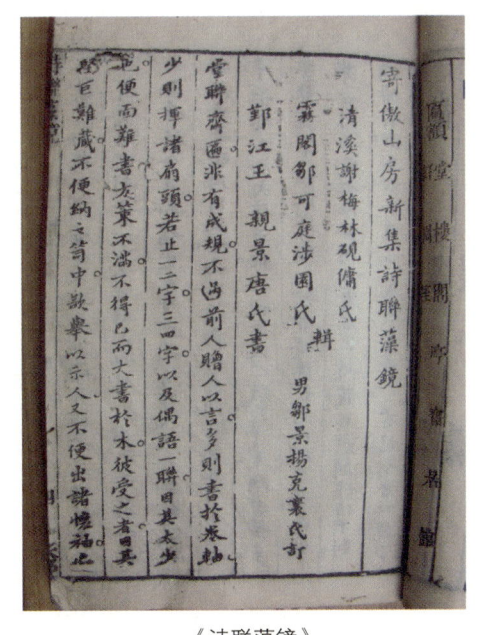

《诗联藻镜》

它较之其他书法艺术专论，更注重实用性、大众性和民俗性，将书法艺术与民俗风情有机结合起来，起到了"昌俗为雅"的作用。

首先，楹联由当地名家缮写。据序言称，书家王景唐是王紫绅的内侄，应为时年汀州一带书法好手。观此书法，宗二王，擅行、草，笔力浑厚雄壮，章法错落有致，"字亦挥毫拂素，颇有妍姿"，虽称不上精妙绝伦，仍有可赏之处，可供读者习作参阅。

其次，对书法匾式、款式进行描述。如虚白匾式："虚室生白，古语也。且无事不妙于虚，实则板矣。用薄板之坚者，贴字于上，镂而空之。若制糖食果馅之木，即务使一面相通，纤毫无障。其无字处，坚以灰布，漆以退光。俟既成后，贴洁白绵纸一层于其后，木则黑而无泽，字则白而有光。既取玲珑，又类墨刻。有匾之名，去其迹美。"寥寥百余字，说明了虚白匾式的出处以及具体的制作方法。又如此君联式："东坡有云，不可一日无此君。盖以竹之为器，甚俭且雅耳。而以为联匾，用之请自予始。截竹一筒，剖而为二，外去其青，内铲其节，磨之极光，务使如镜。然后书以联句，令名手镌之。掺以石青，或石绿，即墨字亦可。"同时，还穿插了一些小故事，如谈完书扇的制作后，穿插了"王羲之题扇"，云："昔王羲之居蕺山，见一老姥，持扇以市人。羲之索其扇以书。姥初愠叹，恐因写就，难以出售。乃谓姥曰：'但言是王右军书，以求百钱。'姥如其言，人竞买之。姥复来请，羲之笑而不言。后世谓购此扇者，乃重右军之名，非重羲之之字。此其人殆有耳而不有目者，宁可与之谈笔法耶？"这些小故事为本书平添了许多趣味。

最后，把书法艺术与民俗风情结合起来。楹联是我国民间喜闻乐见的传统文学艺术形式，它集文学、书法艺术于一身，并通过毛笔书法艺术表现出来。作者用了大量篇幅展现不同类型的楹联，如春联、婚联、丧联、庆典联、庙宇厅堂联、行业专用联，既有文字解释，又有书写式样。这种编辑方法较为独特，它直面广大民众，突现了民俗风情。

《诗联藻镜》一书未署版记和出版时间，根据作者生卒年月推算，它大致刻印于清乾隆年间，应由邹可庭本人的书坊"云林别墅"锲刻。此书极为罕见，目前仅发现四堡乡雾阁村邹姓乡民藏有此书。

注释

［1］（唐）魏征：《隋书》，中华书局1973年版，第1081页。

［2］（清）永瑢、纪昀主编：《四库全书总目提要》，湖南出版社1999年版，第767页。

［3］（清）永瑢、纪昀主编：《四库全书总目提要》，湖南出版社1999年版，第579页。

［4］钱穆：《庄子纂笺》，生活·读书·新知三联书店2010年版，第2页。

［5］王彬：《清代禁书总述》，中国书店出版社1999年版，第174、176、522页。

［6］（清）阮元主持校刻：《十三经注疏》之《毛诗正义》卷一，中华书局1980年影印

版，第266页。

［7］《清史稿·列传》卷二六四《循吏二》，上海古籍出版社1986年版，第1485页。

［8］台湾银行经济研究室编：《台湾文献丛刊》第102种，《钦定平定台湾纪略》卷一九，台湾银行经济研究室1959—1972年版。

［9］连横：《台湾通史》卷三四，列传《蓝鼎元》，华东师范大学出版社2006年版，第536页。

［10］（清）永瑢、纪昀主编：《四库全书总目提要》，海南出版社1999年版，第988页。

［11］《清史稿·列传》卷七二《黎士宏》，上海古籍出版社1986年版，第1137页。

［12］钱锺书：《谈艺录》，中华书局1994年版，第2页。

［13］（清）永瑢、纪昀主编：《四库全书总目提要》，海南出版社1999年版，第988页。

［14］朱自清：《背影》，序言《论现代中国的小品文》，中国三峡出版社2010年版，第1页。

［15］长汀县博物馆、政协长汀县委员会文史编辑室编：《长汀县志》（民国版），1983年修订本。

［16］谌响才：《李元仲与〈宁化县志〉》，载《福建地方志通讯》1985年第6期。

［17］《大清律例》卷三〇，《教唆词讼》，乾隆七年（1742年）定例，清代刻本。

［18］孙崇涛：《中国戏曲刻家述略》，载《戏曲艺术》2005年第2期。

［19］谢水顺、李斑：《福建古代刻书》，福建人民出版社1997年版，第381页。

［20］和刻本是指日本早期翻刻的汉籍。

［21］俞剑华：《中国绘画史》，东南大学出版社2009年版，第356页。

［22］郑振铎：《中国古代木刻画史略》，上海书店出版社2010年版，第175页。

［23］（日）下店静市：《支那绘画史研究》，出版商富山房1943年版，第257页。

第四章

通俗文学（上）

一、通俗文学刻本概述

　　通俗文学，亦称俗文学，是指民间或大众的文学。郑振铎先生说："所谓俗文学就是不登大雅之堂，不为学士大夫所重视，而流行于民间的，成为大众所嗜好、所喜悦的东西。"[1] 按照郑氏的划分，通俗文学有五大类：一是诗歌，包括民歌、民谣、初期的词曲等；二是小说，专指"话本"，包括短篇的说话与长篇的讲史等；三是戏曲，包括初期戏文（传奇）、杂剧、地方戏等；四是"讲唱文学"，包括变文、诸宫调、宝卷、弹词、鼓词等；五是游戏文章。

　　明清时期，资本主义工商业处于萌芽和逐渐发展状态，与传统的单一农业社会不同，民间呈现多方面、多层次的文化需求。那些在士大夫看来不登大雅之堂，却为大众喜闻乐见的通俗文学作品象雨后春笋般大批涌现，如小说、戏剧，鸿篇巨制便有《三国演义》、《水浒传》、《红楼梦》、《西游记》、《金瓶梅》、《西厢记》等，其题材之广、种类之多、成就之高，令人叹为观止。

　　明清通俗文学尤其是话本小说、戏剧作品的传布得益于民间书坊，换句话说，民间书坊是通俗文学的承传者和推动者。在古代所谓正统的观念看来，这些作品"事关风化"而不登大雅之堂，故官刻、私刻几乎皆不涉及，在收藏领域官藏、私藏也鲜有所藏，正如郑氏所说，它"不为学士大夫所重视"。例如，清乾隆时编纂的号称中国古代最大的一部官修丛书《四库全书》，完全将戏剧著作和章回小说排斥在外，这类文体的作品，无一入选。《四库全书》的编纂思想，反映出正统文学观念的根深蒂固。通俗文学虽为那些封建士大夫所鄙视，但却是"大众所嗜好、所喜悦的东西"。作为民间文化机构的书坊，大众的需求便成为它们经营的"风向标"。书坊主们为追求经济效益，对通俗文学作品一刻再刻，有的搜寻奇书异本，有的讲求美观配之插图，有的则在装帧上下功夫，其目的是为了获得读者的青睐。于是，在明清时期，通俗文学刻本不但数量众多，而且形式多样，呈现百花竞妍的局面。

　　毫不例外，四堡书坊在清代刻印了大量的通俗文学作品，粗略统计，至今有案可查的书目多达 165 种，其中，通俗小说最多，戏剧次之，宝卷、弹词再次之。四堡书坊印刷的通俗文学作品列表如下。

通俗文学四堡刻本一览表

类别		书目
通俗小说	历史演义	三国演义、三国演义（五十一卷本）、三国志、三国、三国志异、金批三国、新版三国志、四大奇书、春秋列国、东列国、春秋国、东西汉、东两晋、前七国、隋唐传、隋唐演义、说唐前传、说唐后传、说唐复传、说唐三传、说唐全传、反唐全传、残唐五代、南北两宋、三下南唐、南史五代
	英雄传奇	英雄谱、忠烈传、金批五才子（水浒）、五才子、四冠五才子（可能是平山冷燕与水浒合刊）、水浒、荡寇志、后浒传、传奇六种、十种传奇、说岳传、岳公传、精忠传、万花楼、杨家将、十二寡妇征西、锹青征西、说呼传、五虎平西、五虎平、南征东传、征西传、飞龙传、慈云走国、靖逆记、草木春秋
	志怪小说	聊斋志、加注聊斋志、批点聊斋志、续聊斋志、白朱聊斋、儒林外史、封神传、封神榜、西游记、西游前传、后西游记、上像西游记、大西游、镜花缘、列仙传、搜神记、平妖传、挑灯新录、虞初志、谐铎
	才子佳人	玉楼春、金瓶梅、肉蒲团、艳史、五美缘、两交婚、红楼梦、足本红楼梦、前红楼、后红楼、复红楼、续红楼、西湖小史、金石缘、好逑传、二才子（好逑传）、双凤奇缘、三才子（玉娇梨）、四才子（平山冷燕）、八才子白圭志、九才子（斩鬼记）、三合剑、女才子、铁花仙史、绣鞋记、锦香亭、驻春园、岭南逸史、二度梅、新版二度梅、雷峰塔、水石缘、回文传（回文锦）、英云梦、情梦拆、蜃楼志、贪欢报（欢喜冤家）、欢喜奇观、五凤吟、怡情集、燕山外史、情史、十二楼、西湖佳话、真君铁橱记
	侠义公案	龙图案、绣像龙图公案、包公传、大红袍、海瑞案、今奇观、今古奇观纂要、拍案惊奇、绿牡丹、粉妆楼、警富新书、争春园
	笔记小说	武功纪盛、夜谭随录、岂有此理、解人颐、子不语、挑灯新录、说铃前后

类别	书目
戏剧	金批西厢妥注、绘像妥注西厢记、西厢记、六才子（西厢记）、增注六才子书（西厢记）、燕子笺、牡丹亭传、桃花扇、天花七才子（琵琶记）、掇白裘、大龙
评书宝卷	八才子（花笺记）、车公子、卖糖郎、安邦定国、安邦志、梁山泊、孟姜女、九度文公、洪武传、张果老、湘子传、韩祖成仙宝传、明弹词
其他	笑林广记、博笑珠玑、一夕话、桔中秘、霭楼剩览
备注	以上合计165种，其中通俗小说（含笔记小说）136种，戏剧11种，评书13种，其他5种

从以上表格中可以看到，四堡书坊刊刻的通俗文学作品门类繁多，几乎涵盖了这一文学形式的所有种类，既有历史演义、英雄传奇、侠义公案、才子佳人小说，还有志怪、笔记小说。名著品种众多，有《红楼梦》、《三国演义》、《水浒》、《西游记》、《聊斋志异》、《儒林外史》、《镜花缘》、《封神榜》等；才子佳人小说从一才子到九才子一个不

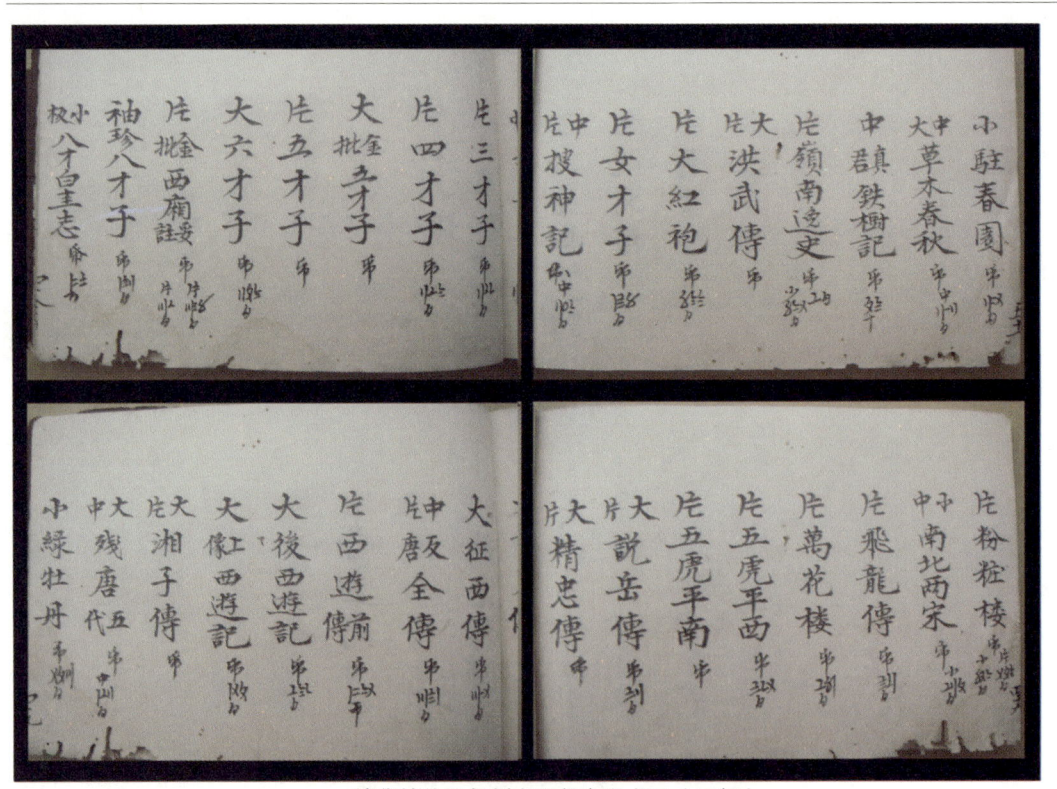

清代抄件四堡刻书通俗文学书目（局部）

文光堂《绣像东周列国志》

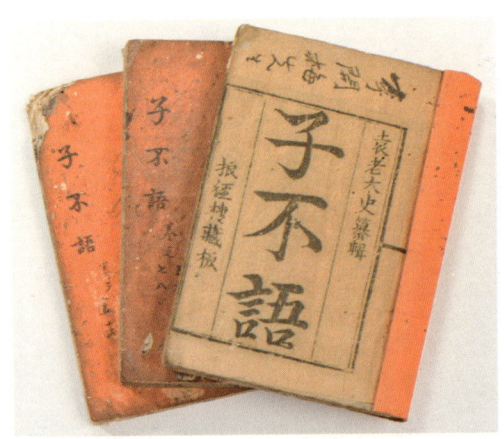
《子不语》

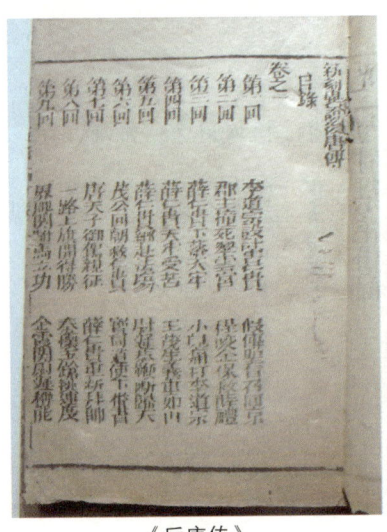
《后唐传》

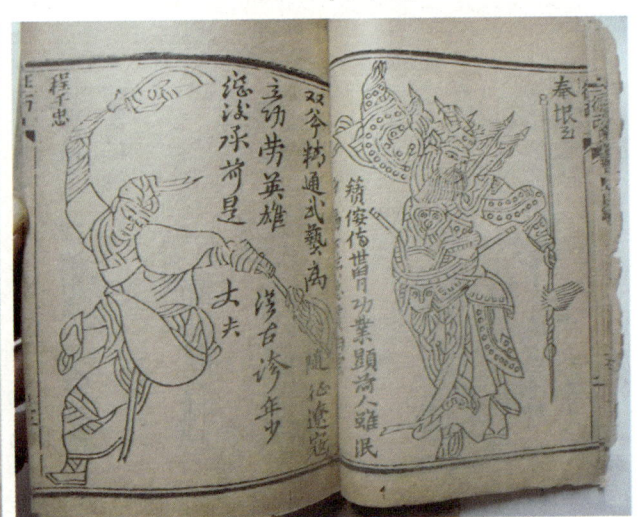
《后唐传》

落，全部齐全；"四大名剧"即《西厢记》、《桃花扇》、《牡丹亭》、《燕子笺》名列其中。书坊主们为了取悦读者，追求利润，版本名目花样不断翻新，一部小说往往推出许多版本，如，《三国演义》有金批、新版、志异；英雄传奇中的《水浒》，有金批、四冠、前水浒、后水浒、英雄谱；志怪小说中的《西游记》，有前传、后传、上像、大西游；《聊斋志异》有加注、批点、白朱及续聊斋志；世情小说中的《红楼梦》，有足本红楼、前红楼、后红楼、复红楼、续红楼；历史演义小说中的《说唐》，有全传、复传、前传、后传、三传；戏剧《西厢记》有金批、六才子、增注、妥注等版本。坊主们可谓费尽心思，倾其所能，在版本名目上大做文章。通俗文学作品数量大、种类多、版别多，是四堡刻本的一大特色。

随着时间的推移，从现在的眼光看，四堡书坊刊刻的通俗文学大多成为珍稀的刻本，其中有的特别罕见与珍贵。郑振铎先生1927年8月15日发表《巴黎国家图书馆中之中国小说与戏曲》一文，列举巴黎国家图书馆馆藏重要的、珍罕的、可注意中国

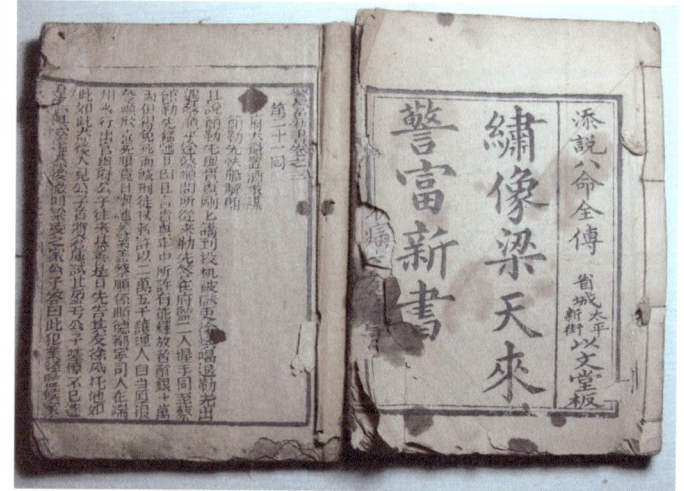

以文堂《警富新书》

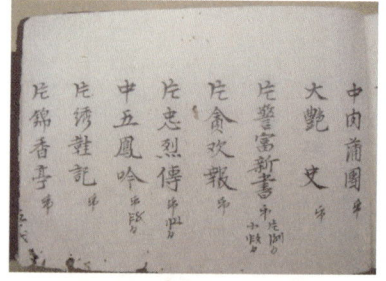

四堡刻书书目记载警富新书

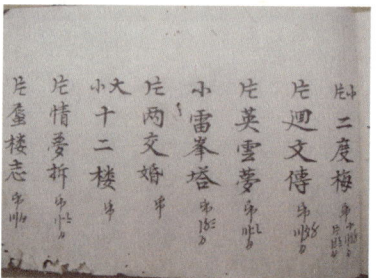

四堡刻书书目记载两交婚

以文堂《警富新书》

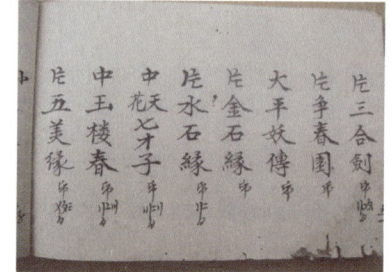

四堡刻书书目记载金石缘

小说与戏曲42种，[2]其中有18种作品四堡书坊刻印过，它们是：《三国志演义》、《水浒传》、《西游记》、《说岳全传》、《五凤吟》、《两交婚》、《呼家后代全传》、《蜃楼志》、《情梦柝》、《忠烈全传》、《警富新书》、《海瑞案传》、《封神演义》、《春秋列国》、《十二楼》、《贪欢报》、《拍案惊奇》、《第八才子花笺记》。笔者推测，法国馆藏的这些小说，有的可能来自于四堡书坊，如公案小说《警富新书》，又名《一捧雪》，凡六卷四十回，清安和撰，清同治壬戌年（1862年）本立堂刻本，本立堂基本可以肯定是四堡书坊之堂号。笔者还发现此书广州以文堂刻本，羊城以文堂可能是四堡书坊的分号。[3]言情小说《绣像两交婚》，凡四卷十八回，道咸间刊本，题页上写着："步月主人著，枕松堂梓"，枕松堂亦是四堡书坊的堂号。近年出版的《中国古代珍稀本小说》收集了明清珍稀小说100余种，其中有12种以上四堡书坊曾刊刻过，如《燕子笺》、《欢喜冤家》、《绣鞋记》、《三下南唐》、《镜花缘》、《玉楼春》、《情梦柝》、《五美缘》、《雷峰塔》、《争春园》、《金石缘》、《水石缘》等。[4]以上统计不能说绝对准确，引用这些数据仅说明四堡书坊小说、戏剧刻本的珍稀性。

应当看到，四堡书坊刻印的一些通俗文学刻本具有浓厚的地方特色，这个特色主要体现在三个方面：一是客家文人直接创作的文学作品，它反映了客家地区的世俗风情及社会生活。如，客家小说《岭南逸史》二十八回，作者黄岩，字耐庵，号花溪居士，嘉应州人（今梅州市）。小说以岭南瑶民反抗清朝统治者的压迫，进行武装斗争为背景，写客家少年才士黄逢玉与四位女中豪杰（其中两位是瑶民）的坎坷际遇，并最终成为眷属的故事，反映当时"官逼民反"的历史事实。又如，《韩祖成仙宝传》依据唐朝的"辟佛"事件及韩愈流放潮阳，叙述民间传说八仙之一韩湘子成仙及几度韩愈的故事，此书穿插了许多客家方言，为故事平添了风土色彩。唱本《车公子传》写的是一对男女的爱情故事，主人公车龙为赡养老母深夜扎花灯，余娇得知卖灯郎是自己幼时订婚的郎君，暗中资助，使他得以完成学业而高中状元。从书中掺杂的客家方言推知，故事的编者可能是客家人，其题材来自于客家人元宵节"闹花灯"的习俗。二是四堡坊主参与了

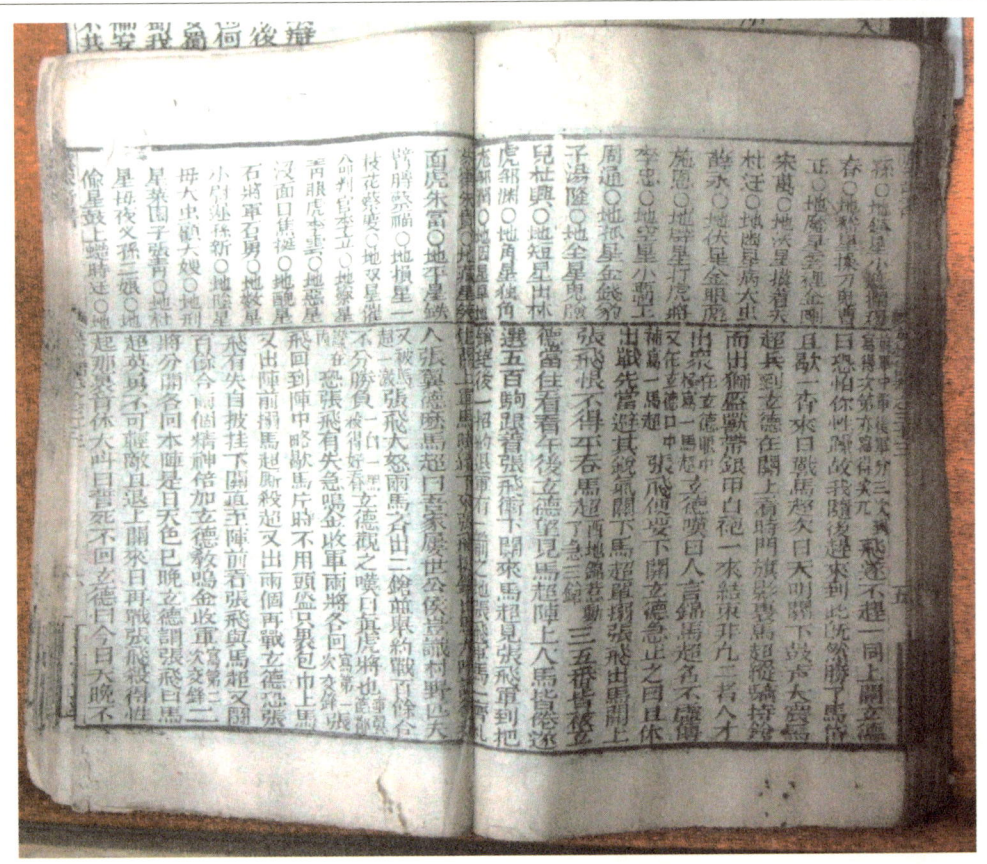

《三国》、《水浒》合刊

通俗文学作品的校订与注释。例如，邹圣脉在雍、乾时期参订《三国演义》，此书版本尘封多年，近年被有关学者发现并引起争鸣。邹氏对《西厢记》的注释和校订，题署称"妥注"，意为适当、合适的注释。他曾搜集不同版本，相互对照，对其讹误脱漏详加订正。同时还选编了不少资料以便读者参考。三是版式独特。四堡刊刻的小说、戏剧，有些刻本版式相当别致，如《三国演义》与《水浒传》是不同题材的小说，书坊主将两部小说合刊为一书，分为上下二层，上层刊《三国演义》，下层刊《水浒传》。这种版式不光见之于文学作品，还见于医书刻本，它或许是四堡坊主的独创。

中国文化历史悠久，但专制统治从来就没有放松过思想禁锢，上起先秦，下迄清末，所禁书目，数以千计。明清时期，许多小说、戏剧列为禁书。有清一朝，四堡书坊以其地域偏僻的"天高皇帝远"，刊刻了许多禁书，笔者参照王彬主编《清代禁书总述》，据初步统计，文学作品的禁书多达37种。这些禁书版本为掩人耳目，有的不署堂号，有的不署地域，甚至有的干脆什么也不署，只署"本衙藏版"。按照官方所谓"有碍"的类型划分，这些禁书大致可分为三大类：一类为"诱人为恶"。如《水浒传》，清乾隆十八年（1753年），圣旨宣称其"诱人为恶"，"愚民之惑于邪教、亲近匪人者，概由看此恶书所致"，必须严禁。一类为"借古讽今"。《龙图公案》在同治七年（1868年）被查禁。当时太平天国兴起，清政府特别敏感，江苏巡抚丁日昌把它列为禁书榜首。还有一类为"有伤风化"。如《金瓶梅》、《红楼梦》等，属言情小说，列入禁书目录。据云，四堡书坊刻本《金瓶梅》，现藏于国家图书馆，笔者未曾目睹，具体详情无从叙述。然而，时过境迁，过去的所谓文学禁书，而今成为千金难求的珍品。

通俗文学四堡刻本禁书一览表

项　目	书　目
清代禁书	龙图公案、艳史、金石缘、五美缘、水浒、西厢、肉蒲团、欢喜冤家、贪欢报、红楼梦、续红楼梦、后红楼梦、复红楼、金瓶梅、前七国、牡丹亭、两交欢、蜃楼志、今古奇观、情史、反唐全传、拍案惊奇、十二楼、双凤奇缘、绿牡丹、一夕话、解人颐、笑林广记、岂有此理、子不语（文言文）、隋唐、五凤吟、二才子、锦香亭、十种传奇、双凤奇缘、说岳传、怡情集
备注	合计37种，以上书目可参见王彬主编《清代禁书总述》（中国书店1999年第1版）

由于四堡书坊刊刻的小说、戏剧等面对的是普通百姓，其阅读频率很高，再加上民间不注意保存等其它原因，大多消耗殆尽，至今存世量极少，古玩市场和艺术品拍卖场难得一见。笔者多年关注此类刻本的拍卖和销售，购得：寄傲山房《燕子笺》，元、亨、利、贞四集全，同治甲戌（1874年）重刊；经纶堂藏版《玉娇梨》四卷二十回，袖珍本；《南宋志传》十卷六十回；云林别墅《绣像妥注六才子书》，七卷全，清同治癸

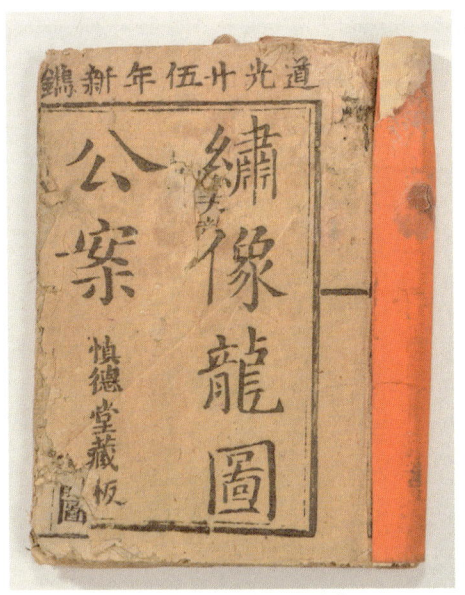 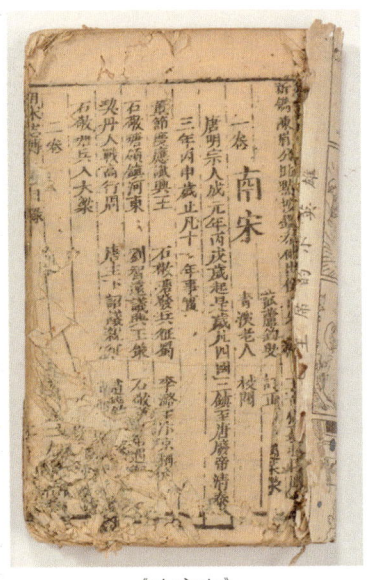

慎德堂《绣像龙图公案》　　　　　　　《南宋志》

丑（1873年）新锲；《新锲韩祖成仙宝传》八卷二十四回；《车公子传》上、下卷，应文堂藏版，汀城周日新堂梓；九思堂《红楼梦》，存四十五回，同治四年（1878年）；自厚堂《增注六才子书》，存八卷，图二幅；攒经楼《子不语》，存十二卷；松竹山房《安邦志》（弹词小说），存十八卷，图十六幅，道光乙酉年（1825年）梓行；《镜花缘》，丁丑年开雕，存七卷。此外，还购得若干其他版本的散本。其中自厚堂、攒经楼、松竹山房等堂号的刻本，基本符合四堡刻本的版本特征，但是否确属四堡刻本，还有待于进一步查考。

二、通俗小说

（一）《三国演义》五十一卷本

《三国演义》五十一卷，卷前扉页署"绣像第一才子书"，随后有：顺治岁次甲申嘉平朔日金人瑞圣叹氏题序言一篇，凡例、图像、读法、目录。各卷起首题四大奇书第一种，圣叹外书，茂苑毛宗岗序始氏评，龙雾邹梧冈参订。正文每半页12行，行28字。无堂号及刻印时间。

此书为国家行政学院教授张志和近年新发现和收藏的《三国演义》毛评本的另一种版本。这个版本内容与一般的毛评本基本相同，每回前有总评，正文有双行小字夹批。而最为不同的地方，是该书所署"龙雾邹梧冈参订"及分卷，它分为五十一卷而不是六十卷，其中第一卷至第四十三卷，每卷二回，第四十四卷以下分卷比较混乱，各卷所包括的回数多寡则不尽相同。而第四十五卷以下的题署也发生了变化，之前均有"圣叹外书，茂苑毛宗岗序始氏评，龙雾邹梧冈参订"，之后各卷删去"龙雾邹梧冈参订"字样。

张先生认为，邹梧冈参订的五十一卷本很可能是各种毛评本《三国演义》的最早刻本，具有"相当重要的价值"。元末明初罗贯中虽将小说分为一百二十回，但未对小说进行分卷。康熙十八年（1679年）醉耕堂"吴门杭永年资能氏定"本，把小说分为六十卷一百二十回，一般认为醉耕堂"杭永年资能氏定"本是毛评本的最早版本。张先生根据五十一卷本的分卷、醉耕堂本毛评本的成书情况及其书内文字的避讳等特征，认为邹梧冈很可能在醉耕堂"杭永年资能氏定"本出版之前，就对该书作了分卷和校订的"参订"工作，只是由于种种原因校订尚未完成就匆匆出版罢了，而吴门杭永年依据这个版本进一步将五十一卷本整理成六十卷本。这样一来，"邹梧冈参订本"取代了醉耕堂"杭永年资能氏定"本，就成为《三国演义》毛评本的第一个刻本。[5]

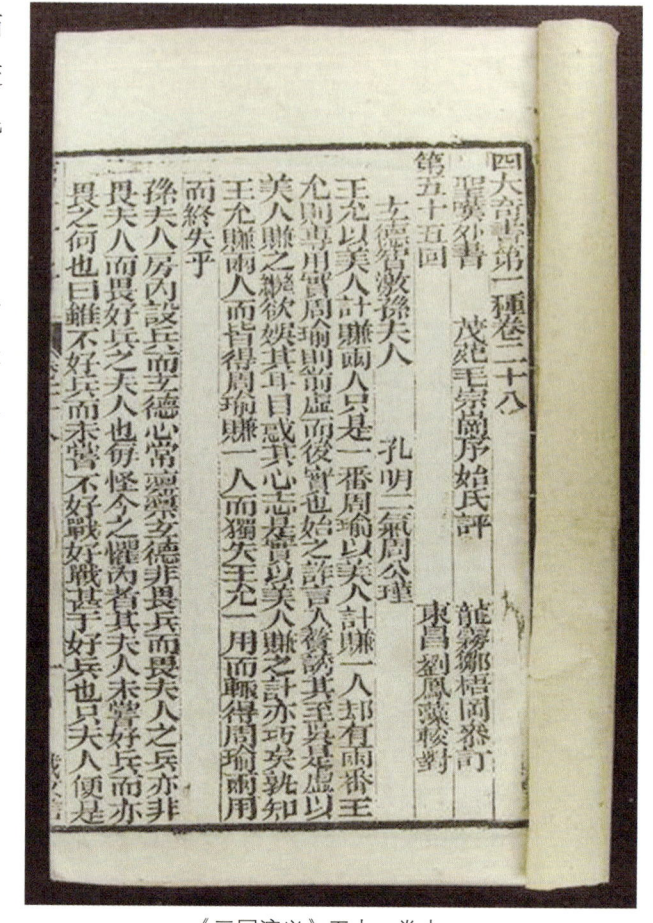

《三国演义》五十一卷本

张先生《透视三国演义三大疑案》一书出版后，引起了诸多争论，其中，对该书"新发现的五十一卷毛评本《三国演义》的版本价值"一文，香港城市大学学者黎必信率先提出质疑。[6]他首先抓住五十一卷本各卷卷端题署的"圣叹外书"四个字，认为毛氏父子评点《三国志演义》虽然一度"刻事中搁"，但其刊刻至少在毛宗岗在生之时，毛宗岗不可能容许卷端"圣叹外书"四字的出现。其次，他根据近年发现的有关参订者邹梧冈的生平资料，从邹梧冈约生于1692—1762年之间，推断五十一卷本之成书不应先于醉耕堂本。再次，对于该书的分卷及避讳问题，黎先生认为，毛氏父子的具体评语确曾将"回"及"卷"两字混同使用，但不能据此否定毛氏父子尝为文本分卷的可能。而避讳字也不一定能准确反映版本的成书时代，尤其小说这类商业性较强的通俗刊物。另外，从该书版刻特征种种迹象看，"五十一卷本"应为后出的粗糙覆刻本，其刊行时间不太可能在毛氏父子活跃的康熙时期，而很大机会在邹梧冈身处的乾隆年间。因此，张先生所谓此书"很可能是各种毛评本《三国演义》的最早刻本"之说难以成立。"五十一卷本"的版本价值不宜过分拔高。黎先生在该文的注解中还谈到，笔者尚怀疑此本并非由邹梧冈所刊刻（参订），而为后人托名，盖其时四堡邹氏亦为有名气之刻书家，盗版者出于商业的考虑或托名于他，此犹明代后期之评点多托名于李卓吾等大家，云云。

以上是张志和、黎必信两位先生对五十一卷《三国演义》毛评本的主要论点。笔者对张先生提出的五十一卷《三国演义》是各种毛评本中的一种版本这一观点是赞同的，但他仅凭五十一卷本卷次混乱及避讳存在问题，断定五十一卷本有可能在康熙年间醉耕堂版本之先就存在，属毛氏父子稿本之说，觉得证据乏力，有牵强之感。张先生的推断之所以不准确，一个很致命的问题在于他拥有的资料不足，对四堡书坊及邹圣脉其人其事一概不知。黎先生以他多年对《三国演义》的悉心研究，抓住了问题的要害，他说的康熙年间毛评本不应有"圣叹外书"字样、"邹圣脉约生于1692—1762年之间"以及"避讳字不一定能准确反映版本的成书时代"，言之在理，并有一定的事实依据，所以他得出的"五十一卷本应为乾隆时期的覆刻本"的结论是比较可信的。

解开五十一卷毛评本的版本之谜，依笔者之见，最关键的是要搞清参订者邹梧冈的生平事迹。笔者研究四堡书坊刻书历时多年，曾在《龙岩学院学报》发表拙作"蒙学大家邹圣脉考论"，对邹梧冈其人其事略知一二。据《连城县志》及《邹氏族谱》记载，邹梧冈，名圣脉，字宜彦，生于清康熙三十年（1691年），卒于乾隆二十八年（1763年），[7]福建省连城县四堡乡雾阁村（原属长汀县管辖）人，布衣，出生于刻书世家，著有《寄傲山房诗集》、《书画同珍》、《五经备旨》、《鉴史琼林》等。邹氏依据程允升《幼学须知》原文，细加考订，厘清讹误，并在此基础上新增360联，并易名为《幼学故事琼林》，于乾隆二十五年（1760年）成书刊行。由此可见，邹氏是历经康、雍、乾三朝之人，他的首部著作《易经备旨详解》四卷，桂林堂版，于雍正十三年（1735年）出版，著者时年仅44岁。此后出版的几部书籍依次为：《书画同珍》上下卷，寄傲山房版，于乾隆七年（1742年）出版；《幼学故事琼林》（增补）四卷，文林堂版，乾隆二十五年（1760年）出版；《诗经备旨》八卷，同文堂版，乾隆癸未年（1763年）出版。这些著作都是邹氏生前出版的，有他撰写的自序为凭。此外，他纂辑的《五经备旨》三十七卷、《鉴史琼林》十四卷、《寄傲山房诗集》三卷，这些刊本成书之时此君已经作古，是他的后人根据文稿整理出版的。以邹氏的生卒年月以及著述活动的时间范围推断，邹氏参订《三国演义》毛评本的时间，不可能在康熙三十年（1691年）即他出生之前，也就是说，他参订的五十一卷本不可能出现在醉耕堂之前成为各种毛评本的第一个版本。

至于邹梧冈有否参订《三国演义》，黎先生在他文章的注解中提出怀疑，认为

五十一卷本并非邹梧冈所参订（刊刻）。他的第一个理由是此书的题款只署其号"邹梧冈参订"，不署其名"邹圣脉梧冈氏"，其名号与其他存世的版本有别。其实，作者名号的题署不可能是固定不变的，由于本人每个时期的习惯不同往往因时因地而改变。通观邹圣脉所有存世的著作，他使用的名号题款前后期各不相同，前期习惯用其号"邹梧冈"，后期习惯用"邹圣脉梧冈氏"。笔者收藏的桂林堂《易经备旨详解》四卷，雍正十三年（1735年）梓行，题署是"邹梧冈先生手辑，同学诸子参订"。因此，很明显，用"邹梧冈"题款不是黎先生说的只限于五十一卷本。据此也可推断，他参订的五十一卷本很可能是他早期的作品，成书大约于雍正后期至乾隆初期。而地名的题署与作者名号的题署大体相同，邹圣脉所在的四堡书坊的坊主们有时喜欢使用"雾阁"、有时使用"汀郡"，有时还使用"岭梅"或"龙雾"，地名的变化也不足于构成此书不是邹氏参订的理由。黎先生还提到五十一卷本的刻印质量问题，它"圈点极少，甚或没有句读"，"版式较诸其他存世之毛本均为狭隘"，以此怀疑此书不是邹梧冈刊刻或参订。回答这个问题，道理很简单，四堡书坊是民间的刻书坊，它的刻印技术不高是不争的事实。此书的刻印质量大体反映了四堡书坊当时的刊刻水平。

　　邹梧冈究竟有否参订《三国演义》毛评本，我们还可以作进一步的探讨。按照"参订"的文字释义，这里的"参"是指参加、参与，"订"是指校订、改正。"参订"就是"参加订正"的意思。《宋书·礼志一》载："其书文清义约，诸所发明，或是《左氏》、《公羊》所不载，亦足有所订正。"宋刘挚《谢馆职启》："小言之则订正国籍文字之异同，大言之则预闻朝廷政事之论议。"可见，所谓"订正"，就是校订、改正文字或计算中的谬误。张先生为了说明五十一卷本是毛评本的母本，对"参订"一词作了一番解释后，说此书与其他版本基本上没有差别，邹梧冈所作的"参订"主要是做分卷工作。笔者对此说法不以为然，张先生参照的版本不一定是邹氏参订所用的版本，倘若邹氏所有的版本错误百出，则完全是有必要订正的，他的订正有可能对本书进行分卷，也有可能纠正其文字、音韵、典故、句读等方面的错误。

　　上文说过，邹氏曾编纂不少经史及蒙学著作，但他有否实力订正、注释象《三国演义》一类的文学经典著作。笔者的回答是肯定的。许多资料表明，邹氏学识渊博，文学功底深厚，笔者发现，除此书外，他还订正、注释过其他的文学名著，如《云林别墅绣像妥注六才子书》，题署为"雾阁邹圣脉梧冈氏妥注"，他在此书的《例言》中说，"取徐文长、王伯良、袁了凡、即空观主人诸先生所辑，妥而注之，附以音义，去其谬误。可解者解之，或从而两存之。不可解者存以俟之"。另外，他还有2部文学专著问世，即《寄傲山房诗抄》，收录他五律、七律及诸体诗293首；《书画同珍》，收集许多名家书画、篆刻作品及本人书法作品。这些可成为邹氏参订《三国演义》毛评本的佐证。

　　综上所述，五十一卷《三国演义》毛评本，是《三国演义》版本系列中的一种，但不是毛评本的最早刻本。邹梧冈（圣脉）曾参订并刊刻此书，应属四堡刻本系列。此书虽不是《三国演义》毛评本的母本，但它的发现，对研究《三国演义》版本的流传也有意义，尤其是对四堡书坊印书史的研究具有很高的史料价值。

（二）《加增批评绣像红楼梦》

《加增批评绣像红楼梦》不分卷，原一百二十回存四十五回，巾箱本，竹纸，仿宋体，同治四年（1865年）重锲，九思堂梓行。此书卷首有三篇序言，序一为东观主人识；序二为小泉程伟元识；序三乾隆辛亥年（1791年）铁岭高鹗叙并书。序后有"石头、宝玉、贾氏宗祠、金陵十二钗"等人物山水图24幅，各图分别配有"楷、篆、行、隶、草"字体各异的诗文。

《红楼梦》原名《石头记》，大约写于乾隆年间，最初以手抄本形式流传，目前所见最早的抄本是"脂砚斋甲戌本"（1754年）。乾隆五十六年（1791年），程伟元、高鹗以梦觉本为底本活字摆印，称为"程甲本"，次年程、高两人又对初刻"程甲本"进行修改，重新活字摆印，称为"程乙本"。这样一来，《红楼梦》构成了两个版本系统：一为抄本系统，已发现的有"甲戌本"、"己卯本"和"庚辰本"等10多个版本。抄本仅有八十回，因抄本有脂砚斋等人的大量批语，统称为脂评本或脂批本，简称为脂本；二为通行本系统，包括程甲本、程乙本、东观阁本等其他印本，全书一百二十回。一般认为，脂批本最接近于原著，而通行本是以脂本为蓝本编印而成的。

《红楼梦》的作者历来存有争议。20世纪初，胡适先生根据程甲本一百二十回前八十回与后四十回的思想与艺术风格不一致，断定《红楼梦》不是一人所作，他认为前八十回的作者为曹雪芹，而后四十回不是曹雪芹所做，它由乾嘉年间的高鹗所续。此说

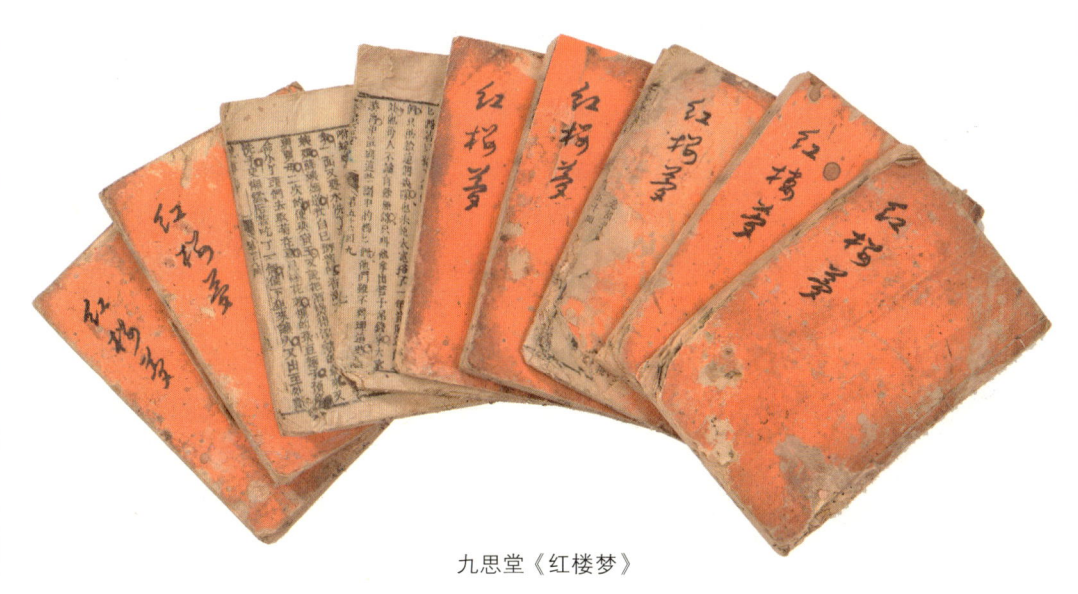

九思堂《红楼梦》

虽存异议，但居于胡氏的学术权威，胡氏之说几乎左右了整个红学界，我国1949年后出版的《红楼梦》署名多为曹雪芹、高鹗。

笔者收藏的《红楼梦》是清同治年九思堂的刻本。九思堂是四堡书坊的堂号，此版本的版刻特征几乎与其他四堡刻本一致。近年笔者还发现四堡书坊的另一刻本《四子书》，它的扉页上亦署"郡汀九思堂藏版"，可推知九思堂是四堡书坊之堂号无疑。这个本子的内容与其他版本基本相同，所不同的除程伟元及高鹗两篇序言外，还有东观主人的序言。由此看来，此书是九思堂书坊据乾嘉年间东观阁本再翻刻的本子，而东观阁本是最早以程甲本为蓝本的翻刻本。笔者细读这三篇序言，参照其他相关的资料，认为胡适先生作出的《红楼梦》后四十回是高鹗续

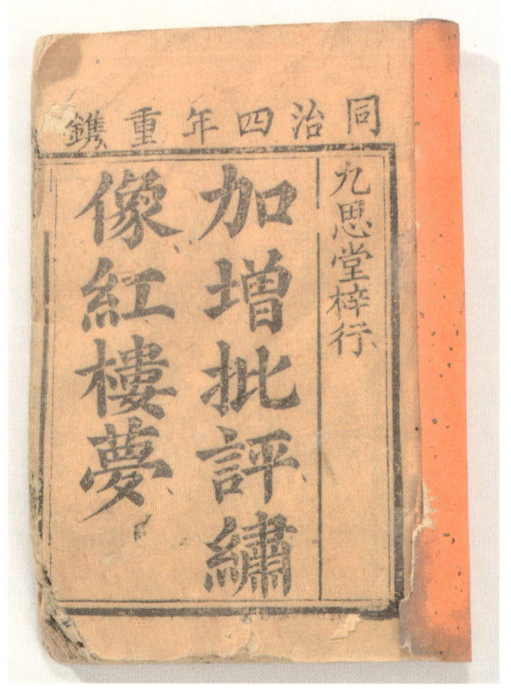

九思堂《红楼梦》

作的结论，事实依据不足，应于推翻。《红楼梦》的真正作者是曹雪芹，校订者是程伟元、高鹗。

其一，清代印本《红楼梦》均不署作者姓名。笔者发现，《红楼梦》作者的署名，清代印本与民国以后的印本有很大的区别，清代印本均不署作者姓名，程甲本、程乙本、东观阁本及以后的翻刻本只有程伟元、高鹗的序言。而程氏序言只偶尔提及"曹雪芹"，说："《红楼梦》小说，本名《石头记》，作者相传不一，究未知出自何人。惟书内记雪芹曹先生，删改数过。"程伟元说的"惟书内记"，可能是指他首次活字摆印前看到的脂砚斋手抄本的批语，其中有些批语提到此书由雪芹曹先生所作。民国后印本的署名受胡适之说的影响，开始署"曹雪芹、高鹗著"，1949年后，几乎所有版本均署这二人的名字，俨然曹雪芹、高鹗拥有《红楼梦》的版权归属。笔者认为，《红楼梦》作者的署名是一件严肃的事，清代印本未署作者姓名，不是清人的一时疏忽，而是他们在署名上持慎重的态度。在他们看来，《红楼梦》的作者是谁一直存在争论，在没有确凿证据之前，不应该过早下结论。

其二，胡适的《红楼梦》后四十回是高鹗续补的推论证据不足。胡适得出《红楼梦》后四十回是高鹗续补的结论，证据有四条，撇开他自己说的第二条证据"不十分可靠"，第四条高鹗的序说得很含糊"使人生疑"外，第一、第三条最为直接。他说，"第一，张问陶的诗及注，此为最明白的证据"；"第三，程序说先得二十余卷，后又在鼓担上得十余卷。此话便是作伪的铁证，因为世间没有这样奇巧的事！"对此，根据最新发

现的资料，稍加分析，不难发现，胡适对《红楼梦》后四十回的考证太过牵强，他列举的所谓"最明白的证据"和"铁证"是靠不住的，有悖于他倡导的"大胆假设，小心求证"之治学方法，似有假设大胆有余，求证不够小心之嫌。

首先，胡适所引用的张问陶的诗及注属于旁证，不能构成后四十回高鹗续作的主要证据。为说明后四十回高鹗所续，胡适找出了清末著名学者俞樾《小浮梅闲话》所引张问陶《船山诗草》中的一首诗，题为：赠高兰墅同年（传奇红楼梦八十回以后俱兰墅所补），诗云：

无花无酒耐深秋，洒扫云房且唱酬。
侠气君能空紫塞，艳情人自说红楼。
逶迟把臂如今雨，得失关心此旧游。
弹指十三年已去，朱衣帘外亦白头。

兰墅者，高鹗的字号。胡适以此诗的题下小注"传奇红楼梦八十回以后俱兰墅所补"为据，断言后四十回就是高鹗续作。笔者以为，"兰墅所补"这句话是含混不清的，"兰墅所补"之"补"是续补还是补订、重订，意思不明，不能由此认定它就是续补或续作。况且，诗中的"侠气君能空紫塞，艳情人自说红楼"，明显是张问陶对高鹗的褒扬之词，"艳情人自说红楼"一句，大意说，自称"红楼外史"的高鹗是一个风流才子，他自说自话《红楼梦》，话多得滔滔不绝呢。从诗句的"自说"看出，张问陶并未读过《红楼梦》，他对《红楼梦》的了解是从高鹗那里得到的，就是说，一个对《红楼梦》并不了解的人，他听说"八十回以后俱兰墅所补"，很明显带有偏听偏信。所以，张问陶的诗及注是间接的证据，这个证据有片面性，是不足为信的。

笔者认为，高鹗不是《红楼梦》的续作者。最直接的证据就是此书的几个序言。程甲本的程序、高序，程乙本的程高合序，以及随后翻刻者东观主人的序言，意思前后一致，程、高两人皆认为，他们参与的是《红楼梦》的校订或重订，而不是续作。程序说，同友人（高鹗）"细加厘剔，截长补短，钞成全部"，程高合序说"补遗定讹"。姑且把胡氏所说的程序是个"伪作"暂搁一边，那不是伪作的高鹗的序言又是如何说的呢？高序说："今年春，友人程子小泉过予，以其所购全书见示，且曰：'此仆数年铢积寸累之苦心，将付剞劂，公同好。子闲且惫矣，盍分任之！'予以是书虽稗官野史之流，然尚不谬于名教，欣然拜诺，正以波斯奴，见宝为幸，遂襄其工。役既峻，并识端末，以告阅者。"高氏的这段序言，已清楚地交代程伟元请他协助校订《红楼梦》全书稿本，"以其所购全书见示"，是说程伟元给他的是一百二十回的稿本；"子闲且惫矣，盍分任之"，意思是你最近太过清闲了，何不承担部分的校订工作；"遂襄其役"，他欣然同意辅助程氏完成了这件事。倘若高氏是《红楼梦》的续作者，就不可能有所谓"全

书见示"，可见，高鹗自己的序，说的并不含糊。事后，高氏还赋诗《重订〈红楼梦〉小说既竣题》，诗曰：

老去风情减昔年，万花丛里日高眠。
昨宵偶抱嫦娥月，悟得光明自在禅。

这首诗表达了高氏重订《红楼梦》小说竣工后的心情，诗题的"重订"表明，高氏不是《红楼梦》的续作者，而是校订者。

其次，胡适提供的程序作伪"铁证"难于成立。按程序的说法，《红楼梦》当时在社会上流传三十余年，但他见到的抄本有一百二十回目，但只有八十回的内容，他经过数年功夫，几经曲折才得到后四十回抄本。这本来是一件并不离奇的民间收藏故事，但它在胡适那里却变得十分离奇了。胡适抓住程序说的"数年以来，仅得廿余卷。一日偶于鼓担上得十余卷，遂重价购之"，认为"此话便是作伪的铁证，因为世间没有这样奇巧的事！"胡适否定《红楼梦》一百二十回目抄本的存在，认为程氏所说后四十回抄本是从故纸推里与鼓担上得到的，是作伪虚构的，这样，他就为他的高鹗"续作说"铺平了道路。

因此，弄清程伟元于乾隆辛亥（1791 年）活字印刷《红楼梦》前有否一百二十回的抄本，是解开程序"作伪"之谜，也是揭穿高鹗"续作说"能否成立的关节点。周春《阅红楼梦笔记》弁首云："乾隆庚戌秋，杨畹耕语余云：雁隅以重价购钞本两部，一为《石头记》，八十回；一为《红楼梦》，一百二十回，微有异同。爱不释手，监临省试，必携带入闱，闱中传为佳话。"周春（1729—1815），乾隆十九年（1754 年）进士。周春的笔记记于乾隆庚戌年（1790 年）之前，即在程甲本出现的前一年，周春就听杨畹耕所言《红楼梦》有一百二十回抄本。周氏所记应是相当可信的。后来发现的乾隆己酉年（1789 年）抄本，舒元炜《序》云："漫云用十而得五，业已有二于三分。"舒氏"用十而得五"，是说原来此本原抄八十回，仅得四十回残本；"有二于三分"，意即八十回之于一百二十回为三分之二。舒元炜，字董园，浙江杭州仁和县人，乾隆四十二年（1777 年）丁酉科举人。这二则古人的记录，有力地说明在乾隆五十六年（1791 年）即程甲本问世前，后四十回已经流传了。

再说，程伟元说他偶于鼓担上得《红楼梦》残卷，胡适以"世间没有这样奇巧的事"而断言这是"作伪的铁证"，有失偏颇和武断。笔者认为，程氏作为民间书商，他没有必要虚构情节故意作伪。此类事情在生活中不足为奇，因为当一个人专注于某件事，往往有意外的收获。就拿笔者收藏的这套九思堂《红楼梦》来说，此前很多人以为《红楼梦》四堡刻本可能消耗殆尽了，想不到此书能从龙岩市的私人废品收购店偶尔得到。历史上此类事也不乏其例，如《平妖传》原本为四十回，后被书贾删为二十回，号为"罗贯中旧刻",冯梦龙发现二十回不是全书,于是留心搜罗残本,果然在长安"购得数回",便以此为基础,重编为《新平妖传》四十回。

其三,《红楼梦》不存在所谓后四十回续作的问题,其前后的作者同为曹雪芹一人。胡适先生对《红楼梦》作者经过一番考证,得出前八十回是曹雪芹的原作,后四十回是高鹗续作的结论。对于前者,由于考证较为充分,后来发现的新史料支持了这一论点,已获红学界的公认。对于后者,由于胡氏的考证疑点太多,已成为几十年来争议颇多的一桩"公案"。笔者认为,就《红楼梦》全书的基本内容和成书过程看,后四十回是续作的结论很难成立。其理由:一是《红楼梦》最早是以手抄本的形式流传的,而手抄本不如印本,其流传范围极为有限,因而他人续补《红楼梦》的概率微乎其微。二是当时的参订者程、高以及最早翻刻此书的东观阁主人,对后来得到的四十回,不但在内容上没有提出异议,而且还以"合璧"相称。这里的"合璧"的意思,是指后者与前者放在一起,使全书变得完整。三是后四十回虽然在某些细节上与前八十回存在不合之处,但其主线条是连贯一致的。如贾府日渐衰败,宝玉出家、黛玉之死的爱情故事悲剧结局等,是故事情节发展的必然结果。四是后四十回在某些人物性格、情节发展和细节描写等与前八十回不合索隐,应与程高的校订有直接的关联。程、高在《红楼梦》全书刻印前,对已经弥漫不堪的四十回稿本,进行过"细加厘剔,截长补短"大"手术",由于校订者的水平与曹雪芹不能相提并论,它导致了在某些情节上的不吻合。根据以上分析,《红楼梦》前八十回与后四十回的作者应为曹雪芹同一人,程氏最先得到的八十回是曹雪芹的清稿本或定稿本,后四十回是曹氏的残本或草稿本,而程甲本正是在这个草稿本的基础上并经过程高两人的加工,才得以"始成合璧"的。

尽管高鹗不是《红楼梦》后四十回的作者,但他对这部文学巨著是有所贡献的,他毕竟参与了这部书的某些校订工作。论与《红楼梦》密切相关的曹、程、高三人的贡献大小,《红楼梦》的冠名,应署"曹雪芹著、程伟元、高鹗校订"较为妥当。

(三)《镜花缘》

《镜花缘》二十卷一百回,李汝珍撰。李汝珍(1763—1830),字松石,号松石道人,直隶大兴人(今北京大兴县),编撰《音鉴》五卷、《字母五声图》一卷。

《镜花缘》是继清乾隆年间《红楼梦》之后出现的一部带有浓厚神话色彩、浪漫幻想迷离的古典长篇小说,在中国文学史上占有一席之地。故事的梗概是:武则天称帝,打败了唐室旧臣徐敬业、骆宾王的反叛。有一天武帝醉后观花,令百花严冬齐放。众花神不敢违背圣旨,就齐聚皇家花园喷蕊吐艳。哪知违背了天规,被玉帝贬下凡尘成了一百个才女。众花领袖百花仙子被贬到岭南,托生为唐敖的女儿小山。唐敖殿试落第,心情沉闷,抛妻别子跟随妻兄林之洋泛海出游,经舵工多九公导游,路经几十个国家,见识许多奇风异俗、奇人异事、野草仙花、荒岛怪兽,并且结识了由花仙转世的十几名

美貌妙龄的女子。他后来进入小蓬莱，求仙弃世，一去不返。小山思亲心切，让舅父林之洋带她出海，寻父回家，历经磨难后终于找到小蓬莱，却意外地在泣红亭中录下一卷"天书"，上面有一百名女子的事迹。并遵照父亲的意思改名为唐闺臣。过了不久，武则天开科考试才女，录取了100人，名次与泣红亭天书上载分毫不差。这些才女及第后，拜见宗师，连日饮宴，赋诗游戏，表演了书、画、棋、医、卜、星相、音韵、算术等，以及灯谜、酒令、斗草、投壶等，尽欢而散，唐闺臣（小山）也重返仙山。这时，徐敬业、骆宾王等人的儿子联合剑南节度使文芸，起兵攻打武则天，一些才女也因姻亲关系加入军中，不少人殉难，终于打破了"武家军"的酒、色、财、气四座大阵，武则天失败。后来唐中宗复辟，仍尊则天为"大圣皇帝"，则天又下新诏，宣布明年重开女试，并命前科录取的才女重赴"红文宴"。

《镜花缘》的写作动机、呈现的旨趣是深刻的、多方面的。小说命名为《镜花缘》，取意于"镜花水月"，意蕴为故事的情节是虚构的。首先，作者以辛辣、嘲讽和夸张的笔触，揭露了社会的种种丑恶和可笑。如："两面国"的人前后都长着脸，每个人都有两个面孔，前面一张笑脸，后面浩然巾里藏着一张恶脸，这些人都虚伪狡诈；"无肠国"里富翁极为贪婪刻薄，为了省钱用粪做饭供应奴仆，强迫奴仆们吃他们"出"的东西，且必须反复吃数次，直到分不出米饭与粪便的区别；"女儿国"的男女角色互换，男子反穿衣裙，作为妇人以治内事，女子反穿靴帽，作为男人，以治外事；"穿胸国"的人心又歪又斜；"翼民国"的人头长五尺，都因好听奉承而致；"结胸国"的人胸前高出一块，只缘好吃懒做；"犬封国"的人长着狗头；"豕喙国"的人长着一张猪嘴，撒谎成性，只要一张嘴，就都是假话；等等。同时，作者热情地讴歌了他的理想社会。如，作品中的"君子国"，是个"好让不争"的礼乐之邦。君子国的城门上写着"惟善为宝"四个大字。"国主向有严谕，臣民如将珠宝进献，除将本物烧毁，并问典刑。"这里的宰相，谦恭和蔼，平易近人，"脱尽仕途习气"，使人感到可亲可敬。这里的人民互谦互让，"士庶人等，无

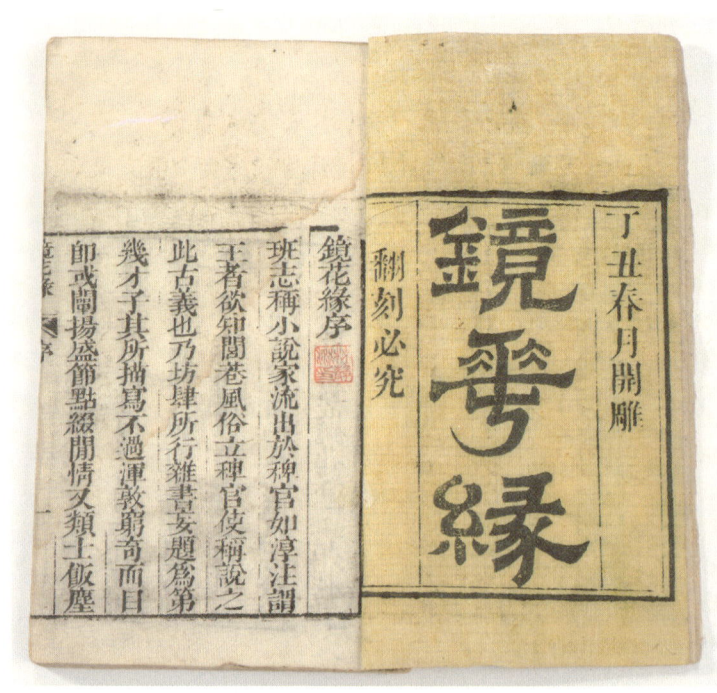

《镜花缘》

论富贵贫贱，举止言谈，莫不恭而有礼"，"耕者让畔，行者让路"。作者以他心目中的理想社会来否定贪赃枉法、尔虞我诈的现实社会。作者描写了100位聪慧绝伦的女子形象，体现了要求男女平等、反对压迫妇女的进步思想。

《镜花缘》的版本较多，有人统计过，截止到清末，各种版本达20个以上。嘉庆二十三年（1818年）李氏前往苏州亲自监刻此书，称之为"定稿本"、"初刻本"。在此之前，江宁桃江镇书坊根据《镜花缘》传抄稿本抢先私刻，人们称之为"私刻本"。笔者收藏的《镜花缘》扉页分3栏，右栏"丁丑年开雕"，中栏篆体大字书名"镜花缘"，左栏有"翻刻必究"，卷前海州梅修居士石华（许乔林）、武林洪棣元静荷序各一篇，其后有"镜花缘题词100韵"，斋孙吉昌、蔬庵（即许祥龄）、闺秀朱玫等6人题诗，卷内蔬庵评批尤多。根据

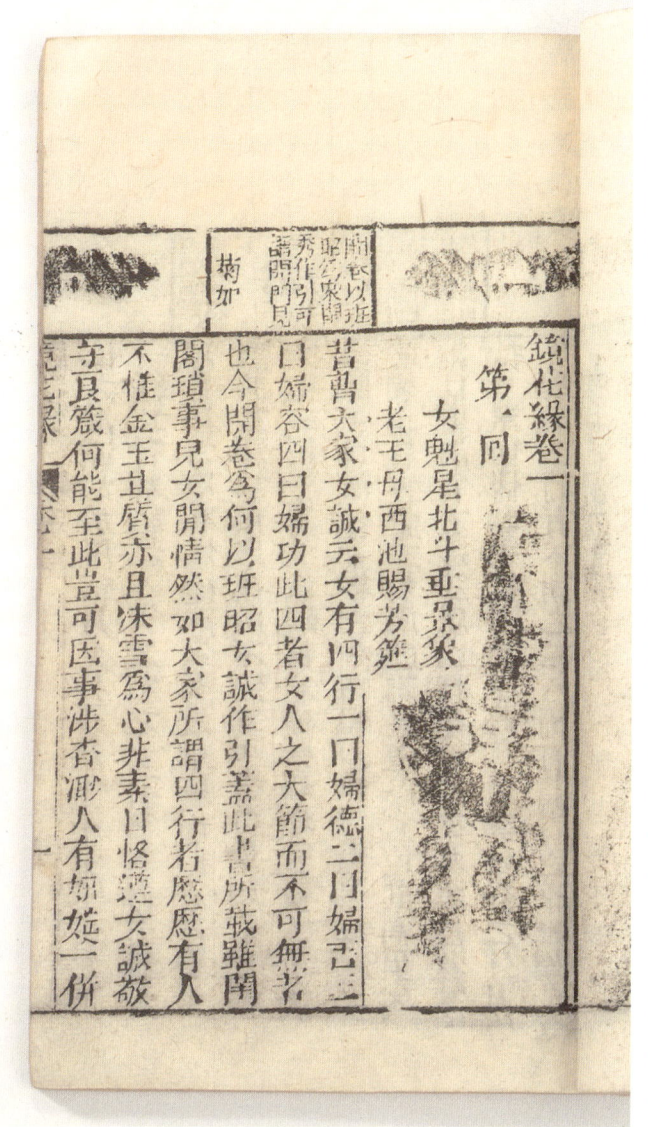

《镜花缘》

以上特征分析，江宁私刻本未经作者授权，肯定没有许乔林等原序，而是书许序、书评等一应俱全，可认定它不是江宁的私刻本。是书扉页上无书坊堂号只有"翻刻必究"字样，既无书坊堂号，就不存在翻刻必究的问题，由此可认定它也不是李氏监制的初刻本。经核对清朝人抄写的四堡书坊刻书目录，四堡书坊曾刻印此书，且此书版本得之于四堡乡民间，笔者推测此版本极有可能是四堡书坊以李氏监本为蓝本的翻刻本。

（四）《玉娇梨》

《玉娇梨》又名《双美奇缘》，四卷二十回，作者荻岸散人，袖珍本，经纶堂藏版，

版心下方有"文光堂"字样,无版刻时间。

小说的作者"荻岸散人"何许人也,至今是个谜。另一部小说《平山冷燕》的作者也是此公。有人说他是清代秀水人张匀,还有人认为他就是清代著名的小说家天花藏的主人,但都证据不足,无从确证。

《玉娇梨》写的是青年才子苏友白与宦家小姐白红玉(又名无娇)、卢梦梨经历了种种磨难最终大团圆的爱情故事。故事的梗概是:明正统、景泰年间,金陵太常卿白太玄之女红玉貌美而有诗才,杨御史见红玉才貌双全,欲为儿子撮合,白太常试探出杨子腹内平平,拒绝把女儿许配于他,由此得罪杨御史,被其陷害而出使塞外,红玉寄于母舅吴翰林家。红玉考诗择婿,才子苏友白赋诗应考,被恶少张轨如窃其诗稿以自荐,幸被丫环嫣素和红玉识破。白太常后来化名皇甫员外,与苏友白盘桓交游后,见其"才又高、学又博,人物又风流俊秀",答应把女儿嫁他,红玉与友白约为婚姻。友白赴京应试,遇见红玉的表妹卢梦梨,卢梦梨也是一位才女,性情娴雅、秀外慧中,她对苏友白一见倾心,于是假扮男子与苏友白厮会,并假托将自己的"妹妹"名卢梦梨者许配与苏。红玉在得知表妹卢梦梨与苏友白的一段佳话后,不但不生醋意,反而欣于成全,她竟向卢梦梨建言:"吾闻昔日娥皇、女英同事一舜,姐深慕之,不识妹有意乎?"苏友白中进士后,抚台逼婚,苏友白辞官而去,几经曲折,苏友白终于与白红玉、卢梦梨美满团圆。书名"玉娇梨",意为白太玄女儿名红玉,取一"玉"字,红玉寄居其舅舅家的时候又曾名无娇,取一"娇"字,白太玄外甥女名叫卢梦梨,取一"梨"字,三字合为"玉娇梨"。

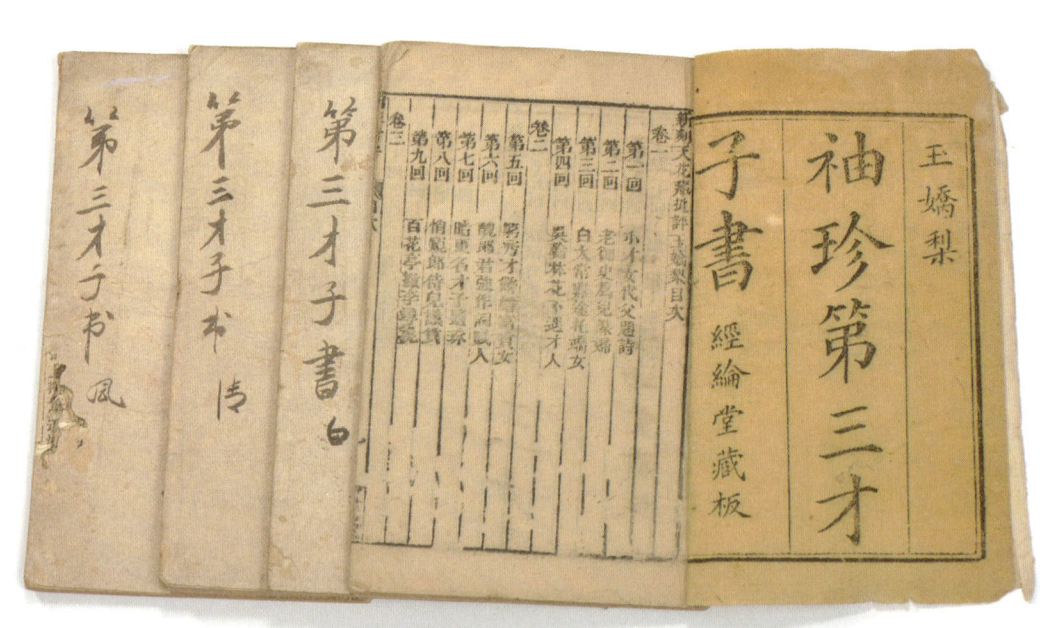

经纶堂《玉娇梨》

《玉娇梨》又称第三才子书，是明末清初才子佳人小说的代表作之一。它构思新颖别致，笔调清新典雅，是一部风格最为纯正的才子佳人小说的典范作品，起到了发凡起例、率先垂范的作用。小说表现了坚持婚姻自主、敢于追求理想爱情婚姻的积极主题。例如，书中的才子苏友白曾宣称："有才无色，算不得佳人；有色无才，算不得佳人；即有才有色，而与我苏友白无一段脉脉相关之情，亦算不得我苏友白的佳人。"女主人公之一的卢梦梨也曾说过："不知绝色佳人或制于父母，或误于媒妁，不能一当风流才婿而饮恨深闺者不少。"在苏友白的眼中，红玉、卢梦梨就是才、色、情兼具的佳人。同时，还大力称颂女子的美貌多情，显扬女子的才华和胆识，在一定

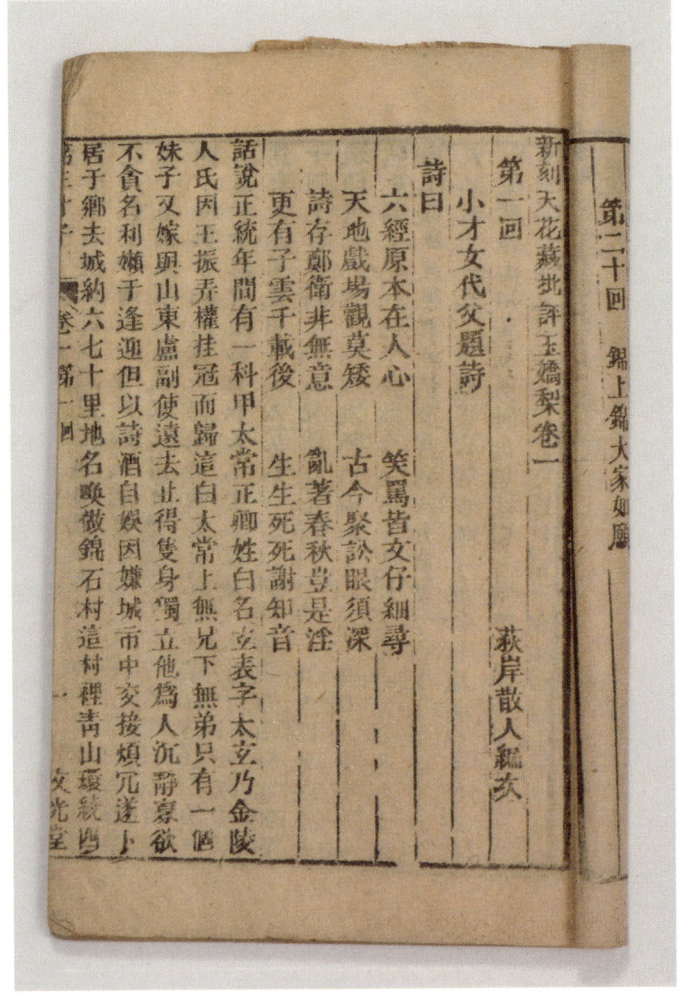

经纶堂《玉娇梨》

程序上否定了"女子无才便是德"的封建观念，对男尊女卑的传统意识有所冲击。

《玉娇梨》多次刊印，畅销南北。同时，影响也波及海外，登陆了遥远的欧洲。清道光元年（1821年）就被译成了法文，紧接着又出现了英文和德文译本。鲁迅先生在《中国小说史略》一书中，认为该书成于明朝，当时法文译本名为《两个表姐妹》，于1826年在巴黎出版。本书同《平山冷燕》(译本《两个有才学的年青姑娘》)一起，名声在外，远过于其在中国的影响。德国大哲学家黑格尔在其《历史哲学》中也提到了《玉娇梨》，可见它的影响致远。

《玉娇梨》初刻本年代不详。翻刻本有青云楼、聚盛堂、聚锦堂、经纶堂等刻本。此书有两个堂号，扉页上的"经纶堂"应为四堡马屋顺治年间马利群的书坊堂号，版心下的"文光堂"，应为嘉庆年间邹传伊（1793—1856）的堂号。据此分析，此书版有可能曾多次交易过，原书版最早为马利群所拥有，故有"经纶堂藏版"字样，尔后马

利群后代将书版转让给雾阁的邹传伊，邹氏在翻印此书前在书版的版心下加上了自己的"文光堂"堂号。

注释

［1］郑振铎：《中国俗文学史》，作家出版社1954年版，第1页。

［2］《郑振铎文集》第六卷，人民文学出版社1988年版，第434页。

［3］连城县人民政府：《连城县第三次全国文物普查登记在册不可移动文物名录》第183号：清代雾阁以文堂。

［4］董文成等编：《中国古代珍稀本小说》，春风文艺出版社1997年版，第2、4、10辑。

［5］张志和：《透视三国演义三大疑案》，中国社会科学出版社2002年版，第203、212页。

［6］香港中国语文学会主办：《文学论衡》（总第15期），2009年12月版，第11、17页。

［7］《连城县志》(1993年版)载，邹圣脉（梧冈）生于1691年，卒于1762年。笔者发现该志邹氏的生卒年有误。邹圣脉编纂《诗经备旨》于清乾隆年间刊行，此书有他的乾隆癸未年（1763年）自序一篇，证明他在1763年仍在从事著述及刻书活动，邹圣脉的生卒年应改为：1691—1763。

第五章
通俗文学（下）

三、戏剧

（一）《燕子笺》

《燕子笺》，传奇剧本，明末清初阮大铖作。阮大铖（1587—1648），字集之，号圆海、石巢、百子山樵，怀宁（今属安徽）人。以进士居官后，先依附魏忠贤阉党，后以附逆罪罢官为民。明亡后在福王朱由崧的南明朝廷中官至兵部尚书、右都御史，对东林、复社文人大加迫害，"日事报复，招权罔利，以迄于亡"[1]。南京城陷后乞降于清，跌死于随清军攻打仙霞关的石道上。所作传奇今存《春灯谜》、《燕子笺》、《双金榜》和《牟尼合》，合称"石巢四种"。

是书为巾箱本，分元、亨、利、贞四集，雪韵堂批点，同治甲戌（1874年）重刊，寄傲山房藏版，钤印一枚：张圣奘印。卷首无名氏序一篇。此剧本共有四十二出，故事的大致情节是：唐代士人霍都梁与友鲜于佶赴长安应试，寄寓名妓华行云家。霍将行云与己像作听莺扑蝶图，付裱工缪酒鬼裱之。其时礼部尚书郦安道之女飞云亦以己所画之水墨观音送缪装裱，缪醉中使两家各误取其画以去。飞云见听莺扑蝶图，惊行云之像与己相同，遂题词画中，忽一飞燕将画衔去，堕于华家，为霍所得，于是两人思念成疾。临试期，鲜于佶科场行贿，换得霍之试卷，得中状元，复以燕子衔画事恫吓，霍惧，改名卞无忌而遁。安禄山乱，霍从西川节度使贾南仲讨安，飞云则与家人失散，被贾收为义女。贾以霍立有军功，以飞云妻之。时行云在乱中与飞云母相遇，因貌同，母误认为亲女。乱平，郦安道欲将女许配新科状元鲜于佶，行云见试卷，识鲜于佶之伪，郦乃面试之，鲜于佶钻狗洞而逃。行云知试卷为霍所作，郦以状元归霍。霍至郦府，遇行云，两人亦结为夫妇。

尽管《燕子笺》是历史上被公认为"小人中的小人"阮大铖所作，但其作品本身却有很高的艺术成就。《燕子笺》在当时已被推许为才子之笔，是"才调无双"的杰作。和阮大铖同时代的明末四大才子冒辟疆、侯方域、陈贞慧、方以智对《燕子笺》予以高

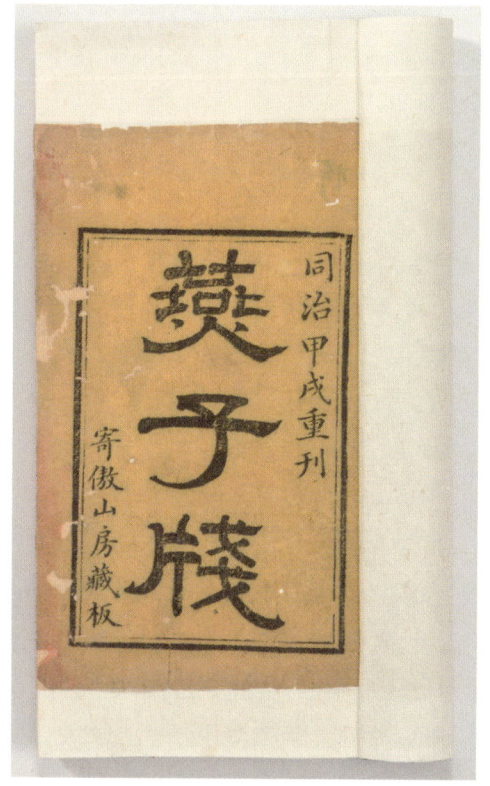
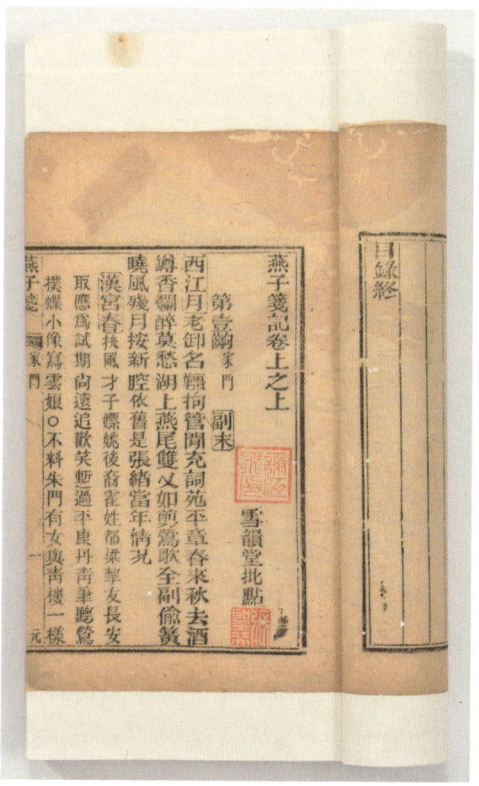

寄傲山房《燕子笺》

度评价。冒辟疆在《影梅庵忆语》中云："是日新演《燕子笺》，曲精情艳，至霍、华离合处，姬（指冒氏爱妾董小宛）泣下，顾、李泣下。一时才子佳人，楼台烟水，新声明月，俱足千古。至今思之，不异游仙枕上梦幻。"可谓推崇备至。侯方域、陈贞慧等观演《燕子笺》时，曾给以"论文采，天仙吏，谪人间。好教执牛耳，主骚坛"的高评。此外，还有人写诗咏道："燕子桃花绝妙词，南朝法曲少人知。天公奇福何尝吝？不付男儿付女儿。"将它与《桃花扇》相提并论。[2]

是书虽没有明确标注"闽汀"或"汀郡"地名字样，根据其"寄傲山房藏版"堂号和版刻特征，应认定为四堡书坊刻本。"寄傲山房"是康乾时期四堡乡人蒙学家和版刻家邹圣脉的堂号，此书原版可能是邹氏雕刻，其后人于同治年间据原版重印。当然，在历史上以"寄傲山房"命名的堂号可能还有其他家，不排除重名的可能。但堂主既是文人又是版刻家的以"寄傲山房藏版"为标识的仅见邹氏一家，有资料显示，邹氏曾在雍乾时期刊刻了不少以"寄傲山房"冠名的蒙学读物和其他书籍。笔者收藏的邹氏自编自印本乾隆壬戌年《书画同珍二刻》也在扉页上标明"寄傲山房藏版"，此书可作为认定《燕子笺》是四堡刻本的佐证。

甚为可贵的是，是书曾被著名学者、旧石器时代"资阳人"发现者张圣奘先生收藏过。张圣奘（1902—1992），字新，笔名天健、洋岳，湖北江陵人，斋号听雨鸣琴馆。系明代名臣张居正第13代孙。先后获得美国哈佛大学经济学等5个博士学位、精通9国语言，会教28门课程。历任上海交通大学、复旦大学、中央大学教授，1950年受邓小平聘任为成渝铁路沿线考古调查小组组长，此间曾获得发现3.5万年前旧石器时代"资阳人"的重大成就。工诗词，一生共著诗1700余首。主要著作有《回鹘史大纲》、《清史新稿·华侨志》、《易经新笺》等。张圣奘先生在该书的扉页上用毛笔书写："《燕子笺》与《春灯迷》、《桃花扇》、《长生殿》四种传奇久已脍炙人口，予求之多年而未入目。今已旧书下箧中偶尔寻出，想已久在予囊。可见阅书亦有年份耶。记之以尝鸿爪云。武宁听雨鸣琴馆主人书于蓉城寄巢。"由此看出，张圣奘先生对《燕子笺》是极为推崇的，他将阮大铖的两部剧本《燕子笺》、《春灯迷》与清初孔尚任《桃花扇》、洪升《长生殿》同列为四大传奇剧本，这大概是对《燕子笺》的又一新的评价。

（二）《西厢记》(第六才子书)

《云林别墅绣像妥注六才子书》七卷，圣叹外书，雾阁邹圣脉梧冈氏妥注，巾箱本，白纸，清同治癸丑（1873年）新锲，有图一幅。

《西厢记》作者王实甫（1260—1336），名德信，大都（今北京）人，元代著名杂剧作家。所作杂剧14种，现仅存《崔莺莺待月西厢记》、《四丞相高会丽春堂》、《吕蒙正

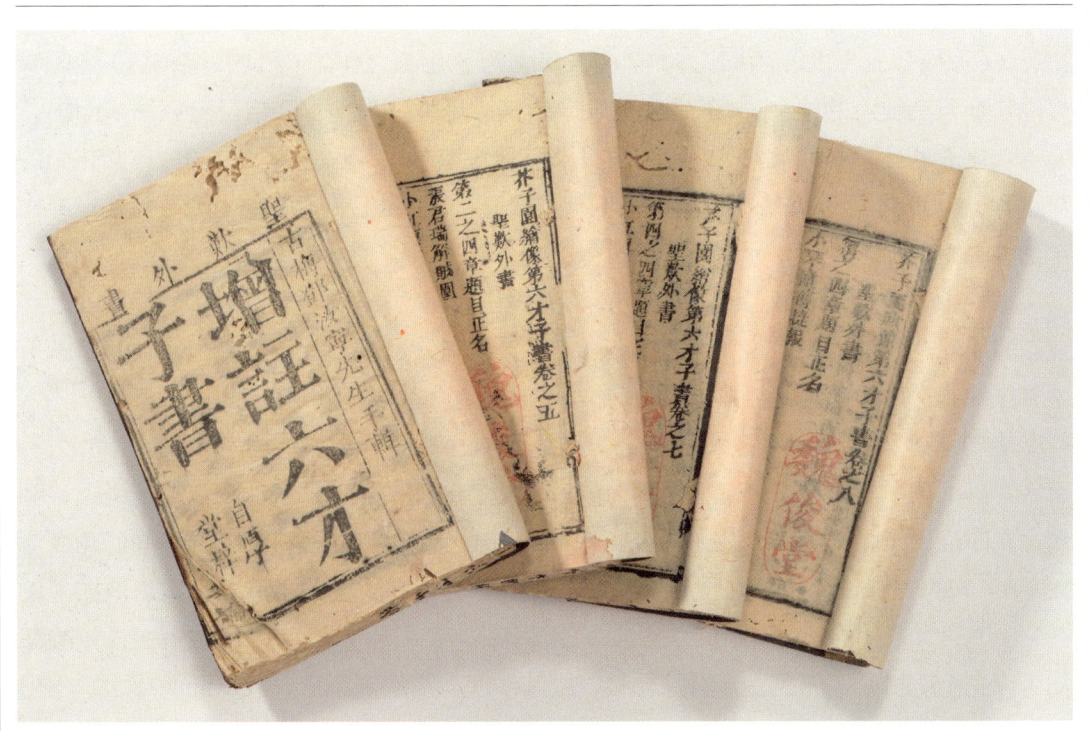

白厚堂《六才子书》

风雪破窑记》等三种。《西厢记》大约写于元朝元贞、大德年间。故事源于唐元稹的小说《莺莺传》(又名《会真记》)，共五本二十一折。说的是：唐贞元中，书生张珙游于蒲州，寄宿普救寺。适崔相国夫人携女莺莺扶相国灵柩回家乡安葬，途经普救寺，也借宿于此。一日，张生游佛殿，与莺莺相遇，两人一见倾心。时蒲州有孙飞虎起兵作乱，乱军包围了普救寺，欲夺莺莺为压寨夫人。老夫人在危急之中许下诺言，谁能破贼解围，就将莺莺嫁给他为妻。张生自愿为之，请镇守潼关的好友白马将军杜确率兵前来相救。杜确率兵至，平定了乱兵，解了普救寺之围。不料老夫人嫌张生是一白衣秀士，便出尔反尔，只许张生与莺莺两人以兄妹相称。张生因不能与莺莺成亲，害了相思。经莺莺侍女红娘从中帮助传递书简，两人背着老夫人私下幽会。后两人来往之事被老夫人发现了，便把红娘叫来拷问。红娘反责老夫人出尔反尔，忘恩负义，并称此事若张扬出去，于崔家名声不利。老夫人无奈，只得答应了张生与莺莺婚事。但老夫人又以崔家三代不招白衣秀士为由，逼张生赴京应试，得中后方许成婚。张生与莺莺惜别，上京应试，中了头名状元。然而崔夫人侄儿郑恒造谣说，张生已做了卫尚书女婿，逼崔夫人把莺莺嫁给他。就在这时，张生回到普救寺，在白马将军的帮助下，揭穿了郑恒的阴谋，与莺莺喜结连理。

　　《西厢记》是中国文学史上的名著，有人把它与《红楼梦》并提，称为中国文学史上的两座高峰。《西厢记》的出现，引起了社会上的一片惊叹。明初贾仲明称："新杂剧，旧传奇，《西厢记》天下夺魁。"(《录鬼簿》)王伯良叹曰："实甫《西厢》，千古绝技；微词奥旨，未易窥测。"(《新校注古本西厢记》评语)陈继儒称之为"千古第一神物"。(《陈眉公先生批评西厢记》)李卓吾目之为"化工之作。"(《焚书·杂说》)金圣叹更说它是天造地设的妙文："不是何人做得出来，是他，天地直会自己劈空结撰而出。"(《第六才子书·读西厢记法》)近代戏曲史家、教育家赵景深称之为"中国古典文艺中的双璧"。(《明刊本西厢记研究·序》)毫不夸张地说，《西厢记》不仅是中国，也是世界文学艺术中的瑰宝。

　　清代中晚期，《西厢记》注家蜂起，评本迭出，出现了一股"西厢热"。清同治七年发布的《江苏省例藩政》说："《水浒》、《西厢》等书，几于家置一编，人怀一箧"，可见其热闹非常。根据注者生卒年月，可推测邹氏注本约成书于乾隆年间。

　　笔者认为，邹氏注本是《西厢记》版本系列中的一个较好的本子，取诸家之长，引用资料十分丰富。该书以李卓吾本为蓝本，并参考其他版本加予注释。以上说过，明代文人评论《西厢记》成风，出现诸多评本，多达十余种。这些批评家从不同的角度对《西厢记》的立意、结构、人物形象发表了很多看法。邹注参考了许多版本，他在《例言》中说，"取徐文长(徐渭)、王伯良(王骥德)、袁了凡(袁黄)、即空观主人(凌蒙初)诸先生所辑，妥而注之，附以音义，去其谬误。可解者解之，或从而两存之，不可解者存以俟之。"也就说，邹注至少参考了四种以上版本，取其精华，剔除糟粕。

云林别墅《西厢记》

注者穷搜博引，引用资料相当丰富。在明清刊本中，流传较广、影响较大的是金圣叹批评本，即《贯华堂第六才子书西厢记》。邹注不仅收入了金圣叹的所有"随文评点"，还将金氏的两篇序文即《恸哭古人》、《留赠后人》和《读西厢法》八十一则以及元稹《会真记》原文辟为一卷。此外，录有：李卓吾杂说、林西仲杂说、李笠翁填词余论、会真记为诬谤辩，咏西厢诗101首，咏莺莺诗词歌赋25首，甚至还将野谈、年谱等列于其间。

注者还对方言俗语、古今地名、名人事迹等细加考订，个别名词加以释义、注音。如，"俺"，北人自称，曰俺，犹我们也，俺，音暗。"妮子"，北人呼婢曰妮，妮，音尼。"喒"，音簪，北方言我也。注者精选《西厢》制艺文附于书后以作参考资料。《西厢》制艺是清代初期产生的一种独特的文学样式，是《西厢记》与八股文的历史性结合。它以《西厢记》中唱词为题目，以八股文代人立言的形式描述《西厢记》人物心中所想。邹氏选辑并经其子

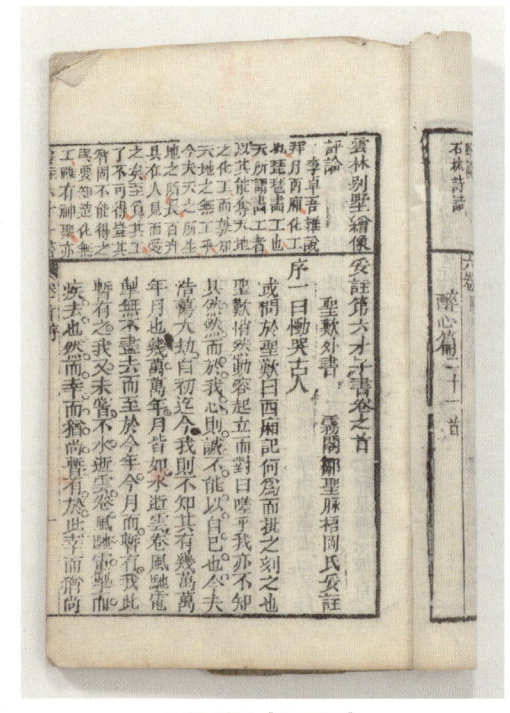

云林别墅《西厢记》

邹可庭订正前清名人撰写的《西厢》制艺文共计18篇，并单列为第七卷，其中清代文人尤侗的名篇《怎当他临去秋波那一转》列为卷首。

为深入了解邹氏注本，笔者曾寻找清自厚堂和民国版本与此对照，发现其他版本在体例上没有像邹注那样繁复，注释考订也较为简单。邹氏注本的完整性和准确性，可能是在《西厢记》版本中比较突出的。观邹氏注本一书，便知《西厢记》故事及其流传之全貌。邹氏注本之所以成为内容全面、考订周详的好本子，首先得力于其本人的文学造诣，注者本人是一位饱读经史的布衣学问家。笔者曾在本书的其它章节中多次涉及邹氏其人，他不但精通经史，如撰写了久已盛名的《幼学故事琼林》(增补)、《五经备旨》，而且还精通文学艺术，代表作有《书画同珍》、《寄傲山房诗文集》等。《西厢记》注本也是他文学艺术作品的杰出代表。

此书书名前冠于"云林别墅"，据查考，"云林别墅"是邹圣脉仲子可庭之堂号。据此，此书很可能由邹圣脉编注，邹可庭锓刻。又据其扉页上"清同治癸丑新锓"字样，可断定此书是邹可庭的后人依原版刷印广而布之。

《西厢记》版本流传较多，比较著名的有：金台岳家刻本、起凤馆刻本、香雪居刻本、萧腾鸿刻本、凌氏朱墨套印本、天章阁刻本、汇锦堂刻本、暖江室刻本、上海开明书店排印本等。笔者收藏的四堡书坊刊刻的《西厢记》，除此书外，还有自厚堂刻本，均不见诸家著录。

四、评书 宝卷

（一）《新锓韩祖成仙宝传》

《新锓韩祖成仙宝传》八卷二十四回，卷首有"道光元年乾月望日二五道人虔诚熏沐，序于潮阳古硐"序文一篇，"天花真人韩祖法像"版画一幅，卷一章回标题前有"天花真人显圣传真情"字样。此书未署作者姓名，亦无书坊堂号及刊刻时间。

此书叙述的是民间传说八仙之一的韩湘子成仙度韩愈的故事。它以韵文的形式分节渲染铺排，韵文七言、五言或十言不等。观其内容和文字表述形式，此书不属于小说，应列为与寺庙有关的具有浓厚宗教色彩的"宝卷"。宝卷是由唐代寺院中的"俗讲"演变而来的一种说唱文学形式。内容有佛经故事、劝事文、神道故事和民间故事，以佛经故事为多。人们往往把它们分为佛教的和非佛教的两类，但基本倾向都是宣传因果报应和修道度世。宝卷作者大都是出家的僧尼，但一般不署真名。此书的章回依次如下：

第一回　出身过继 三天鹤临海投舍
第二回　训侄遇仙 七岁童上山悟真

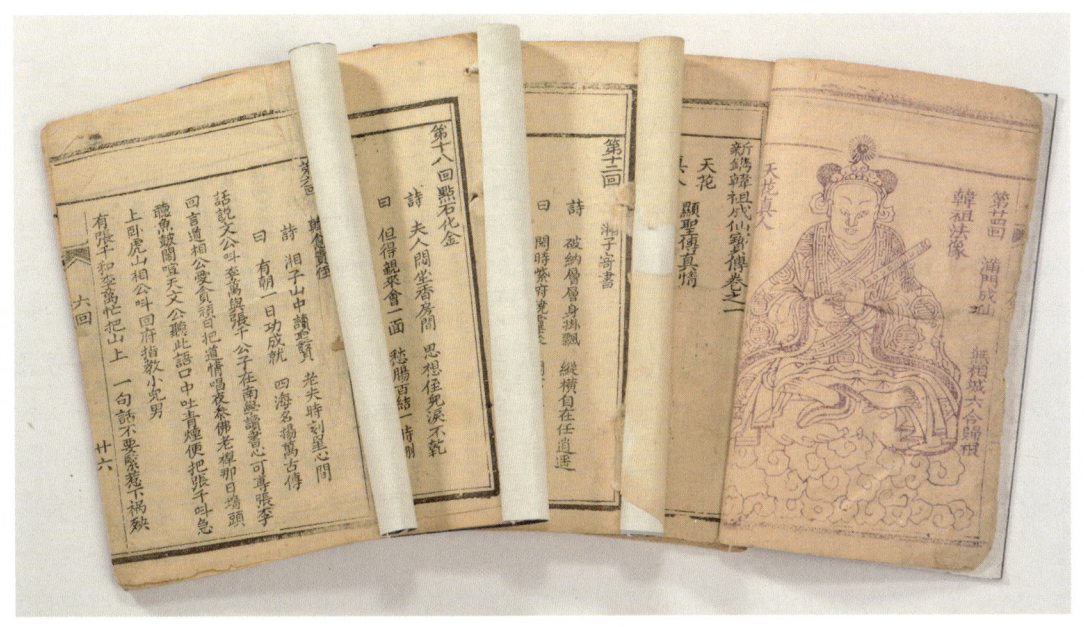

《新锲韩祖成仙宝传》

第三回	二仙传道 日月光共照紫府
第四回	议婚成亲 阴阳气同朝黄庭
第五回	林英回门 离姹女去投坤土
第六回	韩愈责侄 坎婴儿来见乾金
第七回	越墙成仙 左金童扫心飞相
第八回	林英自叹 右玉女诚意凝神
第九回	南坛祈血 显手段天宫飞雪
第十回	火内生莲 现神通火内莲生
第十一回	杜氏自叹 黄坤母心想坎子
第十二回	湘子寄书 白坎童意思离阴
第十三回	花篮显圣 至善地现出幻景
第十四回	私度婶娘 云罗天遗来真心
第十五回	林英问卜 尽阴洞招来坎卦
第十六回	画山显景 纯阳山摄上乾金
第十七回	湘子化斋 红珠汞炼成紫粉
第十八回	点石化金 白水银烧就黄金
第十九回	韩愈谪贬 婴儿身六阳纯足
第二十回	林英服药 姹女口三宝尽吞

  第二十一回　火焚飞升 火焰山温养三载
  第二十二回　文公走雪 沐浴井静凉一身
  第二十三回　地府寻亲 有形地三爻返本
  第二十四回　满门成仙 无相城六合归根

  故事情节颇为曲折，语言通俗易懂。大意是：唐宪宗时，河南南阳（今河南孟县西）有一显赫的官宦人家，兄弟韩休、韩愈二人，他们都在朝为官，虽然官居高位，富贵荣华，但膝下无子女。后来，大哥韩休得一子，取名韩湘，成了韩门全家人的掌上明珠。不幸湘子三岁丧父，七岁丧母。韩休临终前，把湘子托付给内弟韩愈抚养。韩愈夫妇老来无子，自然视侄儿如亲生，加倍爱抚。韩湘子七岁入学，开始湘子倒也听从教诲，专心一意攻读经书，立志升官，光耀门庭。不料，请来的两位教师不是真教师，而是道士吕洞宾和汉钟离。他们明里传授诗书礼乐，暗地里却叫他学道。湘子终于别妻离家，遁入玄门。致使韩愈夫妇日夜思念，不胜悲伤。湘子修炼成神仙后，施展一些神奇的法术，曾多次试图度化韩愈，但韩愈不信道学之事，都归于失败。韩愈因谏迎佛骨，惹宪宗帝大怒，贬为潮州刺史，限日动身。韩愈别离妻儿，往潮州方向走去。路经秦岭蓝关时，寒风急起，大雪纷飞，行走极为艰难。就在韩愈绝望之时，他的侄儿韩湘子出来搭救。韩愈与湘子到蓝关傅舍中借宿，韩湘子说明事情的原委，最终度化韩愈，韩愈也得道成仙。

  这个故事很明显是根据唐宪宗时期闻名的"辟佛"事件及韩愈流放潮阳演绎而成。唐元和十四年（819年），凤翔（今属陕西）法门寺有一座佛塔，内藏佛指骨一节，称为舍利，每三十年开一次塔。元和十四年正是开塔的年份，宪宗帝信佛，一意孤行拟迎佛骨入宫内供养三日。韩愈听到这一消息，写下《谏迎佛骨》上奏，极论不应信仰佛教，列举历朝佞佛的皇帝"运祚不长"，"事佛求福，乃更得祸"。唐宪宗接到谏表大怒，要处死韩愈，当时大臣裴度、崔群出面说情，最后将韩愈贬为潮州刺史。韩愈有一首著名的诗《左迁至蓝关示侄孙湘》，记载了他被贬之始末，诗云：

   一封朝奏九重天，夕贬潮阳路八千。
   欲为圣明除弊事，肯将衰朽惜残年！
   云横秦岭家何在？雪拥蓝关马不前。
   知汝远来应有意，好收吾骨瘴江边。

  故事围绕韩愈"辟佛"这一历史事件展开，主人翁韩湘子，便是韩愈诗中提到的侄孙韩湘。

  该书与其他宝卷相同，未署作者的姓名，但按本书的序言所云，作者是"戊丁"二人。序说："佛祖现身说法，韩祖降像演经。将他修行故事，所托戊丁二人。述编二十四品，练就三八五行。节节事中藏道，篇篇情内隐真。"按民间取名的习惯推断，这个"戊丁"不是真名，应是化名。尽管作者用的是化名，但他们的真实身份及籍贯，该书却留下了许多痕迹可供辨认。

笔者经过对此书各章节的细心研读发现，作者不是北方人，是南方地道的客家人。书中使用了大量的客家俗语，例如：第二回说"传你的採药法有老有嫩"，第四回"女儿年轻骨又嫩，今年方满十三春"，这里的"有老有嫩"、"骨又嫩"是典型的客家俗语，未见其他方言使用。第五回"那林英听此言珠泪长淌，心难忍扯住手坐到天光"，第七回"这也是我韩门背时倒灶"，"天光"、"背时倒灶"也是客家话，"天光"是指天亮，妇孺皆知的客家儿歌"月光光，秀才郎"，最后一句"一觉睡到大天光"。以客家人为主体的清末太平天国运动也有类似的记载，《太平天国·行军总要》称："如有紧急事件天光要行兵，其时欲造饭食……亦要鸣锣为号。"[3]所谓"倒灶"，泛指倒霉麻烦之事。客家方言的意思是，既然锅灶都倒塌了，自然是无法做饭，也就吃不成了，还不感觉倒霉吗？第六回"手拿家法板，打死这泥虫"，第十六回"千桃收来捏一团，此桃不用赏黄犬"，第二十三回"此一回只说到这里落点"，"泥虫"是指愚蠢的人，"黄犬"即蚯蚓，"落点"为停止、暂停之意，有时指深入。第四回"木匠接单用目看，这些器物有何难"，第八回"打鱼鼓唱道情下流下贱，我故此责打儿好不可怜"，第十四回"今世脚跎如何定，前生空了闪脚坑"、第二十回"跎子能医打猴拳"，这里的"用目看"、"下流下贱"、"脚跎"、"跎子"等皆是客家人常用的俗语或俚语。第十九回："送夫君三里亭雪下一阵，怕的是我老爷难过山林。送夫君四里亭风吹起冷，怕的是我老爷难受寒冷……送夫君六里亭头都走昏，怕的是我老爷难离酒荤。送夫君七里亭喉咙哭硬，怕的是我老爷难回妻身"，这些话几乎是客家话的道白。

以上事实表明，作者是客家人的身份应无疑义，但他是哪里的客家人呢？笔者认为，他应是韩愈流放之地即广东潮阳的客家人，这个客家人是道士出身。提出这个观点虽无直接的证据，但有三条线索可值得注意，或可引为旁证：一是前面说过，此书序言的作者为潮阳古硐的二五道人，按民间取名的习惯，二五道人也不是真名，而是一个托名，但这个托名之前的"潮阳古硐"却是真的地方名。二五道人与序里提到的作者戊丁很有可能就是同为一人，或者至少有紧密的联系，倘若他们是同一人，那就可以肯定他们就是潮阳人。二是广东潮阳市是福佬人与客家人的杂居地，福佬人占其人口的大部分，但也有数量可观的客家人居于其间。这种情况为确认作者的客家人身份提供可能性。三是韩愈"辟佛"事件的地点起始于西安，终点为潮阳，潮阳是韩愈的流放地，曾留下许多韩愈在当地为官的事迹。一般来说，凡事件人物，往往在发生地容易引起人们的兴趣与关注。韩愈因迎佛骨一事流放潮阳，当地的好事者将韩愈及侄孙韩湘的零星事迹串缀起来，附加宗教色彩，也是顺理成章的事。

（二）长篇弹词《安邦志》

《安邦志》一百六十卷二十册，竹纸，巾箱本，松竹山房藏版。卷前有道光乙酉（1825年）仲夏学海主人序一篇。未署版刻时间，作者真实姓名无考。

《安邦志》是清代早期长篇弹词小说《安邦定国全志》三部曲中的一种。《安邦定国全志》六百七十四回七十二册，分为《安邦志》、《定国志》和《凤凰山》。《安邦志》以描述唐朝咸通年间赵少卿与表妹冯仙珠爱情故事为主线，其中穿插了少数民族苗族的叛乱、钦安王称帝等历史事件。《定国志》叙述唐帝宠幸胡妃，胡妃与赵少卿不睦，设计陷害赵。赵忠心耿耿而不能见容，遂萌异志，竟开后来宋代三百年之基业。《凤凰山》写赵少卿辅唐昭宗正位后，以功臣自居恣情享乐，少卿之孙赵匡胤在朱温篡唐后，颠沛流离寄人篱下的遭遇，以及他佐柴荣登基仕周直至陈桥兵变的经过。学海主人序称颂此书"叹晚唐之衰颓，说宋代之发迹。补纲目之遗，修史篇之失。高贤睹之而喷饭，闺媛阅之而解颐"。此书以七言韵句叙述，卷帙浩瀚，郑振铎称为"中国文艺名著中卷帙最浩翰者"。[4]

《安邦志》故事说的是：唐朝末年，状元、翰林学士赵春熹的妹妹赵氏，嫁与武状元、侍郎冯显云为继室，赵冯两家指腹为婚。不久，冯家得一女名仙珠，赵家生一子名安，字少卿。春熹之子赵少卿，风流倜傥，有安邦治国之才，但少年仕途不顺。姑母赵氏得知他与邻居女私通丑事，又见未获功名，欲废除婚约。此时冯显云之女仙珠正当花季之龄，出落得十分漂亮，仙珠与少卿相约在好逑亭见面，定下百年之姻，并以金龙钏为信物相赠。当朝宰相之子龙公子见仙珠貌美便登门求亲，赵氏趁丈夫外任三边陕西节度使之机，自作主张应允了这门亲事。仙珠钟情于少卿，与乳娘之女玉妹结拜为异姓姐妹，由她顶替自己与龙公子成婚，然后乔装成男子到三边寻父去了。仙珠途经西川定军山时，在山人竹半灵的指点下，投靠九边节度使宋天海，拜为左尉将军，更名宋玉。宋天海依靠宋玉的才智平定了苗乱。宋玉奉旨面圣，咸通见其貌若天仙，加之平苗之功，授予武宗正、宗令（右宰相）等职，深受圣上的宠幸。赵少卿听说仙珠嫁与龙公子，心中不乐。几经辗转，娶兰芬、若容为妻。赵少卿参加乡试因主考官失误再次名落孙山，遂决定投靠当今红人宋玉，宋玉偶尔得知他是自己未过门的夫婿，便暂收他为宋府幕僚。适时高昌国使进番书，诸大臣不识文字，宋玉为赵少卿提供了面圣的时机。赵少卿当廷宣读番书，圣上见他是个人才，赐为举人。然后参加会考，被皇帝点为状元。状元游街时，又误中宰相女龙珠的彩球。此时，加上青云巷的楚玉，少卿有了四位夫人，宋玉甚为不乐。咸通帝的二弟钦安王图谋不轨，先用妖法致咸通于死地，宋玉用自己的忠臣血将他救活。过了不久，钦安王在云贵起兵称帝。在龙宰相、宋宗令的推荐下，赵少卿任兵马大元帅前去征讨，最后剿灭了叛乱。首辅龙宰相老死，咸通意欲由宋玉替代，宋玉考虑自己是个女身不便任首辅而力辞，少卿接任宰相之职。少卿与宋玉成为咸

松竹山房《安邦定国全志》

通帝的左右臂膀。一次宋玉喝醉，少卿发现宋玉头上的金龙钏与自己的一样，在他的百般追问下，宋玉只得承认自己就是原来的仙珠。咸通念其立下奇功，免去六年的欺君之罪，还他女身。赵家向冯家求亲。仙珠想起少卿已有一妻三妾，犹豫不决，最后由咸通主婚，少卿入赘于冯府，仙珠成了少卿的一品夫人。

笔者以为，《安邦志》故事主人公仙珠、少卿人物的塑造颇为成功，故事的情节曲折离奇，涉及的人物多达几十人。仙珠逃婚女扮男装，她在平定苗乱中建立大功，然后在咸通身边任贴身宗令，长达六年之久未露真身。而少卿先是科场失意，尔后高中状元当

松竹山房《安邦定国全志》

上了首辅。他先后纳入妻妾的几个女子,其品貌不同凡响,但较之仙珠却黯然失色,仙珠犹如人间天使。还应看到,此书的语言也有特色,它采用七言韵句行文,韵句行文节奏感强、朗朗上口、语调优美,说书演唱通常会收到极好的效果。但使用韵句行文比白话文行文难度更大,它表达意思受到规定文字字数的限制,而且还要考虑押韵等诸多问题。正如书评者所说,作者运文有富贵气,好写宫廷繁华生活,词藻华丽。春晖楼主谓"文词之藻丽",虞山闺秀姚素圭:《安邦》一志,颇多浓艳之词,而无污目之字……可为弹词之首领。"

有人考证,是书作者应是一位女性。从文本来看,作品以女性为中心,主人公女扮男装,处处为女子张目,这是女性写作弹词的典型特征。

四堡书坊翻刻《安邦定国全志》,当地相关资料多次记载,松竹山房应是四堡书坊的堂号。

(三)《车公子传》

《车公子传》,又名《车龙公子花灯记》,上、下卷合为一册,无作者姓名,应文堂藏版,汀城周日新堂梓,己巳年新刻。上卷分开书叙事、车余联婚、欺孤煽骗、车龙卖灯、暗计赠银、怨恨余娇。下卷分赵府求婚、受贿曲断、怒责都堂、劝试钱行、天开文运、荣归团圆。

此书是流传客家地区的民间唱本,以七言韵句叙述。故事的梗概是:江西吉安府太和县乡宦车梦解,因祖上作恶多端,婚后长年不育,玉帝得知他平时乐于行善施舍,下诏金童、玉女下凡降生,车家得一子名唤车龙,同里余家得一女叫余娇。宋仁宗时,车氏奉诏任云南都察院,余氏任云南学政,他们同乡同僚常聚一起。一天,由兵道曾爷做媒,车余两家结下娃娃亲。车氏不幸英年早逝,留下孤儿寡母。当地刁民见车家失势,欺蒙拐骗,车家从此破落,一贫如洗。车龙自小聪明伶俐,元宵节前,扎了许多花灯出卖,以换取柴米油盐。他沿街叫卖,刚好遇到余家要买花灯,余娇无意中得知此人是父母早年订下的娃娃亲,暗中相赠300两白银及首饰,并写下书信,其中200两家庭日用,另100两供车龙完成学业。车龙经过三年苦读,考取了秀才。余父见车家贫穷,又听说他沿街乞食,欲废除婚约,请黄通判做媒,将余娇许配富家弟子赵龙。余娇遣侍女梅香转告车家,催他们快下聘礼订婚。车龙在同窗的帮助下,前往余家定亲,此时,赵府也来定亲,两家乱成一团,把官司打到都督府。都督暗中收受余父贿赂,将余娇判给赵府。车家不服,上书当朝阁老曾太师,曾太师修书将都堂和余父责备一番。都堂升帐当面把余娇断给车龙。余父对女儿嫁给车家大为不满,把她逐出家门。余娇无奈之下,转告车家赶快成婚。婚后,车公子在余娇的劝说下,上京应试,一举高中状元。车公子得到圣上的恩准荣归故里,余父备丰厚的礼物前来贺喜,余娇不予搭理,将礼物焚烧。余父后悔莫及,气绝身亡。不出三年,余家破落,赵、

《卖糖郎全本》

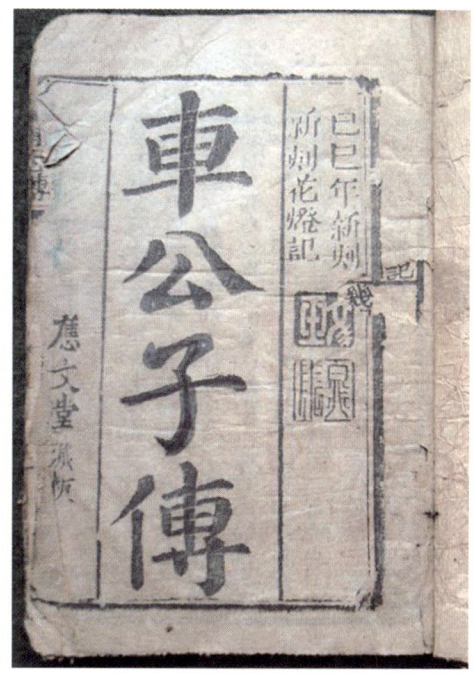
应文堂《车公子传》

黄二人也得到应有的惩罚。

故事的情节虽然简单但颇为生动,它的主题是积极的、向上的。文中的"好仔不用爷田地,好女不用嫁时衿"谚语,可高度概括车龙、余娇的人生志向。车龙是个有志气的男儿,他在家境破落之时没有消沉,经过不懈的努力,最终出人头地;余娇也是个有眼光的不凡的女子,她践行约定,不嫌贫爱富。她被父亲逐出家门,毅然与家庭决裂,虽然没有丰厚的嫁妆,但却拥有幸福的明天。

此书的主人翁个性鲜明,车龙的孝顺和聪慧,余娇的贤德与坚毅,使人留下了较深的印象。如"车龙卖灯"一节尤为精彩,作者为赞扬车龙的孝顺,运用了许多历史故事,对扎花灯作了别有一番情趣的描述:"点明灯火扎花灯,不扎风花雪月事,就扎前朝众古人。扎出安安去送米,安安送米养娘亲。扎出姜诗行孝义,庞氏三娘被难星。贤妇寻夫孟姜女,哭倒长城八百里。扎出目连来救母,目连救母上天庭。扎出孟冬泣竹笋,王祥求鲤雪中眠。""丁兰刻木遣亲像,郭巨埋儿天赐金。扎出玉莲投水丧,不肯为婚为十朋。扎出商郎身早丧,雪梅好节过门庭。扎出月红来走路,目鱼教化上京寻。扎出三娘捱嬷苦,三娘捱嬷到天明。扎出古时林招得,街头担水养双亲。"这些人物事迹大多出于旧时读本二十四孝,作者通过众多的历史人物,衬托车龙的灵巧与孝道。

此书的语言明白通晓,其间穿插了不少方言。从这些方言的特点看,它应当是八

大方言之一的客家话，如，"娇嫂闻言多喜色，同姑游玩百花林。姑着红时嫂着绿，胭脂薄点貌惊人"（赵府求婚），这里的"着红"、"着绿"，客家话意思穿红戴绿。"胭脂薄点"是指胭脂涂薄一点。"偶遇余爷门口企，耳聋听说不分明"（赵府求婚），"门口企"意为门口站。又如"咁久未曾来赐顾，今到寒门有甚因。表兄三位听知闻，想起心烦唔爱讲"（受贿曲断），"咁久"指好久，"唔爱"意为不爱。这些客家话，倘若不是客家人是很难听明白的。从这些客家方言，可推断此书的作者应是客家人。

是书刻本存世甚少，仅见清同治年本。石印本有民国年间广州市华兴书局印本。

注释

[1]《二十五史·明史》之《奸臣传》，上海古籍出版社、上海书店1986年版，第308页。

[2] 吴作忠：《传奇剧本〈燕子笺〉及其作者》，载《江淮文史》2001年第1期。

[3] 中国史学会主编：《中国近代史料丛刊》之二《太平天国》，神州国光社民国版，第86页。

[4] 郑振铎编：《中国文学研究》之《西谛所藏弹词目录》，上海书店1990年影印版，第367页。

第六章
启蒙教育

一、私塾与启蒙教育

私塾是与官学相对应的古代教育的基本组织形式。私塾近似今之民办教育，属私学性质，分为两种：一种是免费私塾，称义塾，亦称义学；另一种是收费私塾，俗称门馆、教馆、塾馆。收费性的私塾，或由秀才及失意文人招集儿童，在家里设馆教授；或以宗族为主，集合同宗子弟，聘请先生教课；或由几户人家合聘塾师教授自己的子弟。而豪门缙绅及有钱人家独资聘请塾师在家教读子弟，称为教馆或从馆。三四十年代老一辈作家如鲁迅、巴金、老舍等都读过私塾，在他们的作品中对私塾先生形象多有描述。鲁迅在《从百草园到三味书屋》说："他是一个高而瘦的老人，须发都花白了，还戴着大眼镜。我对他很恭敬，因为我早听到，他是本城中极方正，质朴，博学的人。""他有一条戒尺，但是不常用，也有罚跪的规则，但也不常用，普通总不过瞪几眼，大声道：'读书！'"[1] 这便是鲁迅笔下的私塾先生。

私塾产生于春秋时期，是从西周的"塾"发展而来的。《学记》说："古之教者，家有塾、党有庠、术有序、国有学。"[2] 私塾2000余年延绵不衰，直至清光绪二十八年（1902年），因兴新学陆续创设新学堂，它才逐渐退出历史舞台。

私塾教育与现代教育不同，它对学生的入学年龄、学习内容及教学水平等，均无统一的要求和规定。它在级别程度上的划分也不明显，不像现代学校那样严格分成小学、中学、大学三级程度。塾师文化水平悬殊，差的塾师只能教蒙学，而好的塾师，能从启蒙教到参加科举考试。私塾学生既有儿童，也有成年人，统称为童生。私塾历来实行个别教学，塾师根据学生不同的学习基础、接受能力安排课业，体现了因材施教的原则。在教学内容上以文为主，有背书、授新书、作对、写字、读诗等。

尽管私塾教育对学生没有实行严格的分级制，按照施教程度，仍可分为以识字为中心的启蒙阶段和以科举为中心的应试教育阶段。为此，明清时期有的地方将私塾分成蒙馆和经馆两类。蒙馆的学生由儿童组成，重在识字；经馆的学生以成年人为主，大多忙于举业。有人计算过，一个学童从启蒙阶段到考取功名，大约要经过十多年的寒窗苦

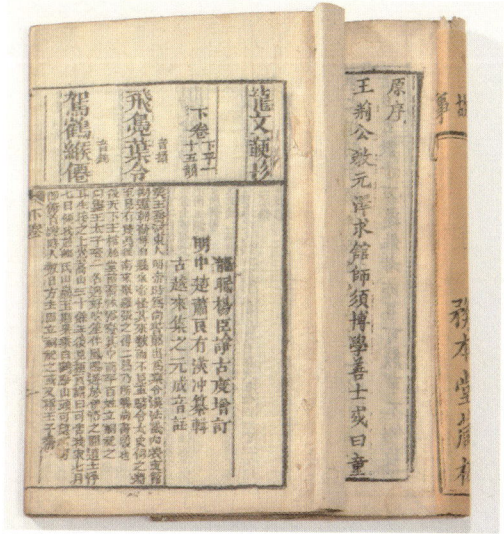

务本堂《龙文鞭影》

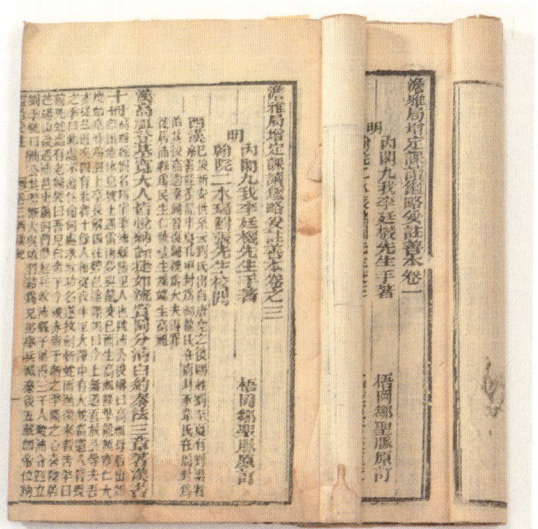

邹圣脉原订《鉴略妥注》

读：启蒙教育，即识字教育，约一至二年；读书教育，约三至五年；开讲、开笔作文教育，约五至八年；八股文完篇、练习揣摩、参加科举考试，约八至十年；不断温书，不断练习作八股文，争取考中秀才、举人、进士，各人的情况不同，期限也不一致。有的人天资聪慧一考就中，十六七岁就能考上秀才，然后再参加举人、进士考试，二十几岁考个进士就光宗耀祖了。而有的人生来愚钝屡考不第，六七十岁连秀才都考不上的也大有人在。吴敬梓讽刺小说《儒林外史》"范进中举"对此有生动的描述，它对科举制弊端作了辛辣、淋漓的嘲讽。

以识字为中心的启蒙教育，是私塾教育的初级阶段，也是私塾最普遍的教学形式。它使用的教材通常有两类，一类是《三字经》、《百家姓》、《千字文》和《千家诗》，人们习惯称为"三、百、千、千"，让儿童背诵认读"三、百、千、千"，便能识2000多字。此外还常用《幼学故事琼林》、《增广贤文》、《龙文鞭影》、《鉴略》等韵文读本。另一类是四言、五言、七言杂字，这些杂字往往是当地文人结合本地的民俗或习惯，用地方方言写成，其实用性、知识性较强，很受民众欢迎。

明清时期私塾教育相当发达，各乡村普遍设立门馆、教馆。它一方面为传递中华传统文化，培养人才，做出了不可磨灭的贡献；另一方面私塾教育机构的普遍建立，它对教材课本以及相关读物的广泛需求，有力地推动了印刷术和出版印刷事业的持续发展。

蒙学读物是四堡书坊生产的主要文化产品之一。为适应私塾启蒙教育的发展，书坊刻印了不同种类的蒙学读物，主要有：《幼儿必读》、《三字经》、《百家姓》、《千字文》、《千家诗》、《六字经》、《弟子规》、《女儿规》、《增广贤文》、《大增广》、《幼学故事琼林》、《鉴史琼林》、《龙文鞭影》、《增补鉴略》、《幼学锦囊》，以及杂字《一年使用杂字》、《人家日用》、《日用杂字》、《四言杂字》等。由此可见，四堡书坊刻印蒙学读物种类不少，其印量尤为巨大。毫不夸张地说，四堡书坊是清代蒙学读物生产的大本营。

二、蒙学读物

四堡书坊地处客家地区的中心区域，它们的商业服务对象无疑首先是客家人所设的私塾蒙馆。而客家人历来有重教尊师的优良传统，在他们那里私塾蒙馆更是星罗棋布，遍及乡村角落。由于蒙学读物需求量大，四堡乡邹、马两姓规模大小不等的书坊，多数都刻印过此类读物。最为甚者，邹圣脉曾以"寄傲山房塾课"为名号，刻印了大量的蒙学读物。此外，当地乡村文人或许对某些蒙学通行本感到讹误甚多仍嫌不足，或许觉得篇幅太短意犹未尽，他们根据自己掌握的材料，对通行本加以增补、校订，如邹圣脉增补《幼学故事琼林》、《鉴史琼林》，马虬增订《详注幼学故事汇览》、马宽裕增补《鉴略》。其中，邹圣脉增补的《幼学故事琼林》最为盛名，影响最大，成为数百年来家喻户晓的名著，而其他增补本由于种种原因则流传不广。

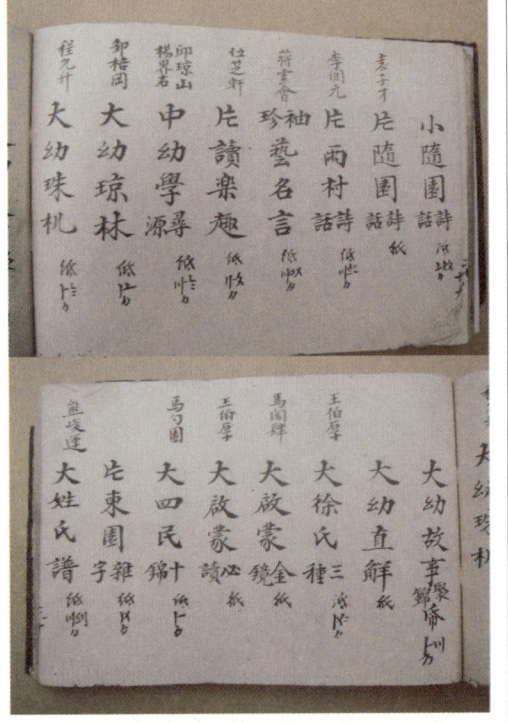

清代抄件四堡刻书蒙学读物书目（局部）

（一）三、百、千、千

"三、百、千、千"是人们习惯对《三字经》、《百家姓》、《千字文》及《千家诗》的简称，都是蒙学的基础读物。四堡书坊对这路读物刊刻数量大，我们至今可从四堡雕版印刷展览馆的馆藏中，看到版别不同的《三字经》、《百家姓》、《千字

文》、《千家诗》等读本及雕版实物。

《三字经》 是中国古代影响最大的启蒙读物。作者相传是宋代学者王应麟。此书于元初就有声名，直到明代才广为流传。全书1248字，结构严谨，文字简练，内容丰富，涵盖面广。且三字为一句，句句押韵，读来朗朗上口，便于少儿记诵。清代学者章炳麟在《重订三字经》的《题辞》里说："其书先举方名事类，次及经史诸子，所以启导蒙稚者略备。观其分别部居，不相杂厕，以较梁人所集《千字文》，虽字有重复，辞无藻采，其启人知识过之。"[3]

《三字经》内容大致包含以下几个部分：第一，说"教"与"学"的重要性；第二，讲伦理道德；第三，介绍数目、四时、五行、六谷、六畜等基本名物；第四，介绍小学、四书、五经和五子的基本知识；第五，讲述历史和历史上奋发勤学人物故事。熟读《三字经》，可对我国的悠久历史、名物典故、伦理道德等有一个大致的了解。

《三字经》流传甚广，其内容基本健康。20世纪80年代被联合国教科文组织定为世界性的启蒙教材。在我国，《三字经》一度时期受"左"的影响被禁用。改革开放后许多学校重新恢复为蒙学教材。四堡书坊翻刻《三字经徐氏三种》，其雕版实物存于四堡展览馆。笔者收藏《三字经》版本两种，一为九经堂本，另一无堂号，署福省□□梓行，皆为王伯厚纂、王晋升注。

《百家姓》 是一部儿童识字课本。《百家姓》约成书于宋朝初年，作者不详。它以韵文形式，将当时的常见姓氏用四字排列，十分严整。其排列的顺序是将重要的姓氏排在前面。如第一句"赵钱孙李"，"赵"是宋朝的国姓，"钱"是吴越统治者的姓，"孙"，是指钱的正妃，"李"是指南唐统治者的姓氏。第二句"周吴郑王"，也都是吴越的大族，"皆武肃（钱）而下后妃"。《百家姓》共有568个字，其中单姓444个，复姓60

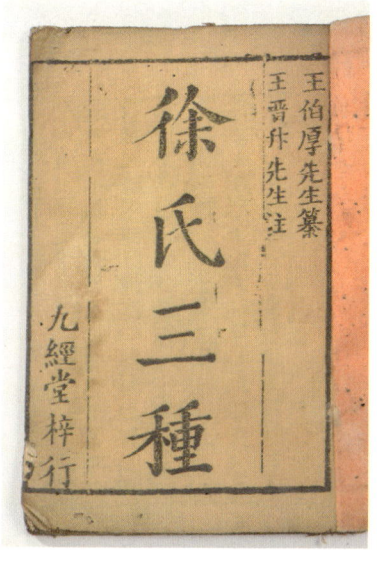
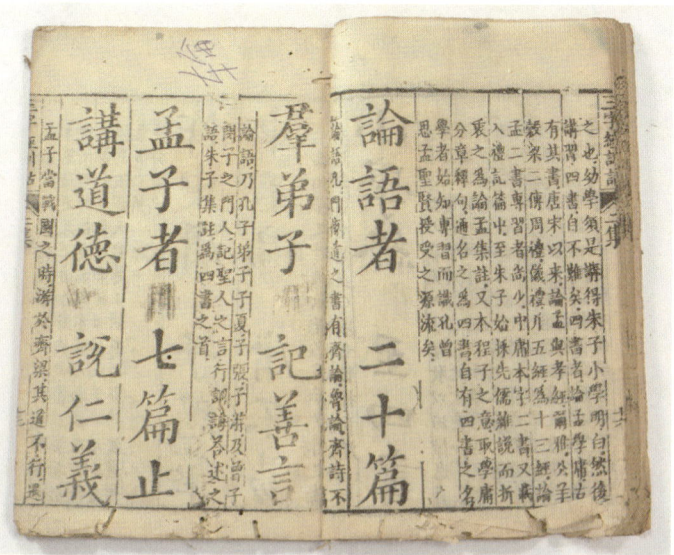

九经堂《三字经》

个。作为一种儿童识字课本，《百家姓》的内容并没有别的含义，仅仅是姓氏的组合排列。它是希望儿童通过姓氏这一人们身边的事物，来达到识字开蒙的效果。

《千字文》 据史书载，编者是南朝周兴嗣。相传梁武帝在位时，时任散骑侍郎的周兴嗣犯了错误，梁武帝处罚他一夜之间写成一篇文章，并由1000个不同的字构成。他果然用一个晚上的时间写成了《千字文》，由于精力过度超支，第二天上朝时头发全白了。这则故事虽查无实据，但它说明了造就千古名篇之不易。

《千字文》在"三、百、千"中虽排在最后，但其成书时间最早，是"三、百、千"中唯一确切知道成书时间和作者的一部书。全文分四个部分，第一部分从天地开辟讲起；第二部分重在讲述人的修养标准和原则；第三部分讲述与统治有关的各方面问题；第四部分主要描述恬淡的田园生活，赞美了那些甘于寂寞、不为名利羁绊的人们，对民间温馨的人情向往。它用1000个不同的字连缀成篇，涵盖自然、社会、历史、伦理、修身、处世、教育、农艺等方面的内容，汇集了大量的历史故事、成语典故、格言谚语。《千字文》采用四言韵语，简要精练，押韵合辙，音调铿锵，易于引起儿童们的兴致。

《千家诗》 是我国旧时带有启蒙性质的诗歌选本。它由宋代谢枋得《重定千家诗》（皆七言律诗）和明代王相所选《五言千家诗》合并而成。因为它所选的诗歌大多是唐宋时期的名家名篇，易学好懂。该书内容丰富，题材多样，其中有山水田园、赠友送别、思乡怀人、吊古伤今、咏物题画、侍宴应制等等，较为广泛地反映了唐宋时代的社会现实，所以在民间流传非常广泛，影响也非常深远。

《千家诗》号称千家，实际只有122家。按朝代分：唐代65家，宋代52家，五代1家，明代2家，无从查考年代的无名氏作者2家。其中选诗最多的是杜甫，共25首，其次是李白，共8首；女诗人只选了宋代朱淑真2首七绝。

笔者收藏的《千家诗》有两种版本，一是汀城马林兰堂《新刻千家诗》，分上下二层，上层增刻声律启蒙对类，下层为千家诗正文；另一是《图注千家诗》，

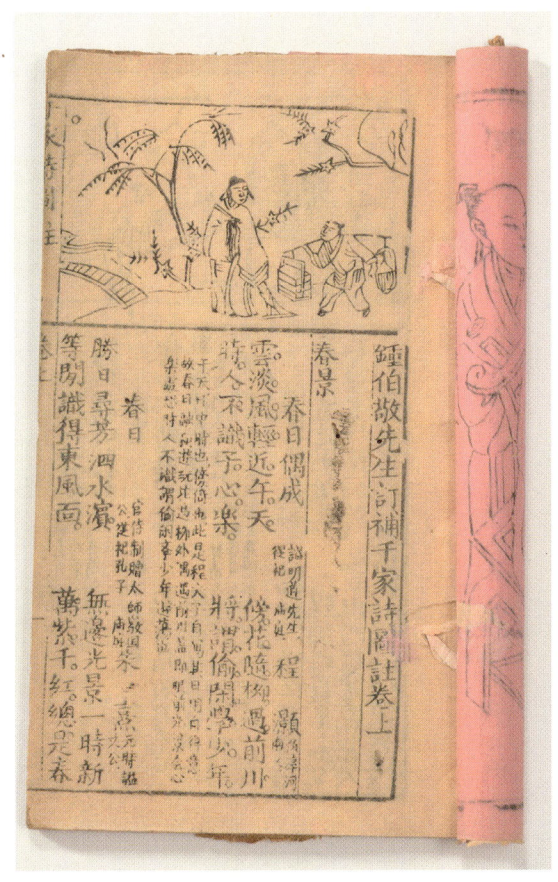

《千家诗》

钟伯敬订补，无堂号。卷首"朱夫子"版画1幅，正文部分上图下文，有图66幅。

（二）邹圣脉《幼学故事琼林》（增补）

《幼学琼林》，原名《幼学须知》，又称《成语考》、《故事寻源》。一般认为，最初的编著者是明末的西昌人程登吉（允升），也有人认为是明景泰年间的进士邱睿。清代乾隆年间四堡人邹圣脉依据《幼学须知》原文，细加考订，厘清讹误，并在此基础上新增360联，更名为《幼学故事琼林》，于乾隆二十五年（1760年）成书刊行。

《幼学琼林》是明清时期儿童的启蒙读物，以传授历史知识、成语典故为主。全书共分四卷，三十三大类，涵盖生活的各个方面。卷一，天文、地舆、岁时、朝廷、文臣、武职；卷二，祖孙父子、兄弟、夫妇、叔侄、师生、朋友宾主、婚姻、女子、外戚、老幼寿诞、身体、衣服；卷三，人事、饮食、宫室、器用、珍宝、贫富、疾病死丧；卷四，文事、科第、制作、技艺、讼狱、释道鬼神、鸟兽、花木。

《幼学琼林》全书用骈体对偶句写成，朗朗上口，易于诵读。所撰联句既含丰富的知识，又有生动的故事，一对联语一则故事，寓教于乐，容易引起孩童的兴趣，犹如另一名著《三字经》，对儿童教育特别适用。书中对日用成语出处作了详细介绍，读者可掌握不少成语典故。许多名言、警句、格言，到现在还仍然传诵不绝。全书内容广博、包罗万象，读者从中可了解中国古代的著名人物、天文地理、典章制度、风俗礼仪、生老病死、婚丧嫁娶、鸟兽花木、朝廷文武、饮食器用、宫室珍宝、文事科第、释道鬼神等诸多方面的内容。是书被称为中国古代的百科全书。

程登吉《幼学须知》刊行后，注者、补者甚多，除邹圣脉增补本外，四堡马屋人马虬也有《详注幼学故事汇览》。其他还有：清代道光间董成注本《劝学求原》，光绪间黄某笺注、钱元龙校梓本《幼学须知句解》。民国费有容、叶浦荪、蔡东藩等也进行增补。在各种注本、增本中，邹圣脉增补本最为流行。

有一种观点认为，邹圣脉《幼学琼林》增补本成书时间为嘉庆年间。[4]笔者据邹圣脉自序和其生卒年月推算，增补本成书时间不是清嘉庆年间，而是乾隆年间。笔者不知增补本"嘉庆说"有何凭据。邹氏在自序中十分清楚地交代了新增程允升《幼学须知》和更名的原因，是程本"碎金积玉，原属无多；摘艳熏香，未备庶几文人足供驱使"，故"爰采汇书各增编末……如蓝田之琬琰，元圃之琳琅，因颜之曰琼林。"就是说，程本虽编写的好，但它的内容太少而不够使

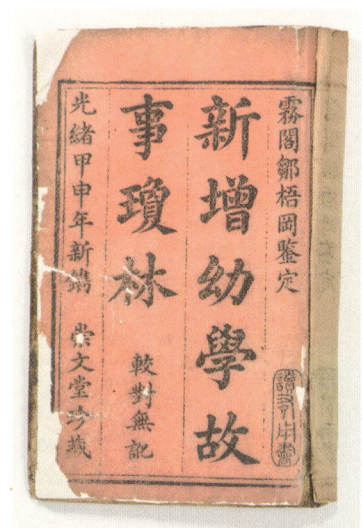

崇文堂《幼学故事琼林》

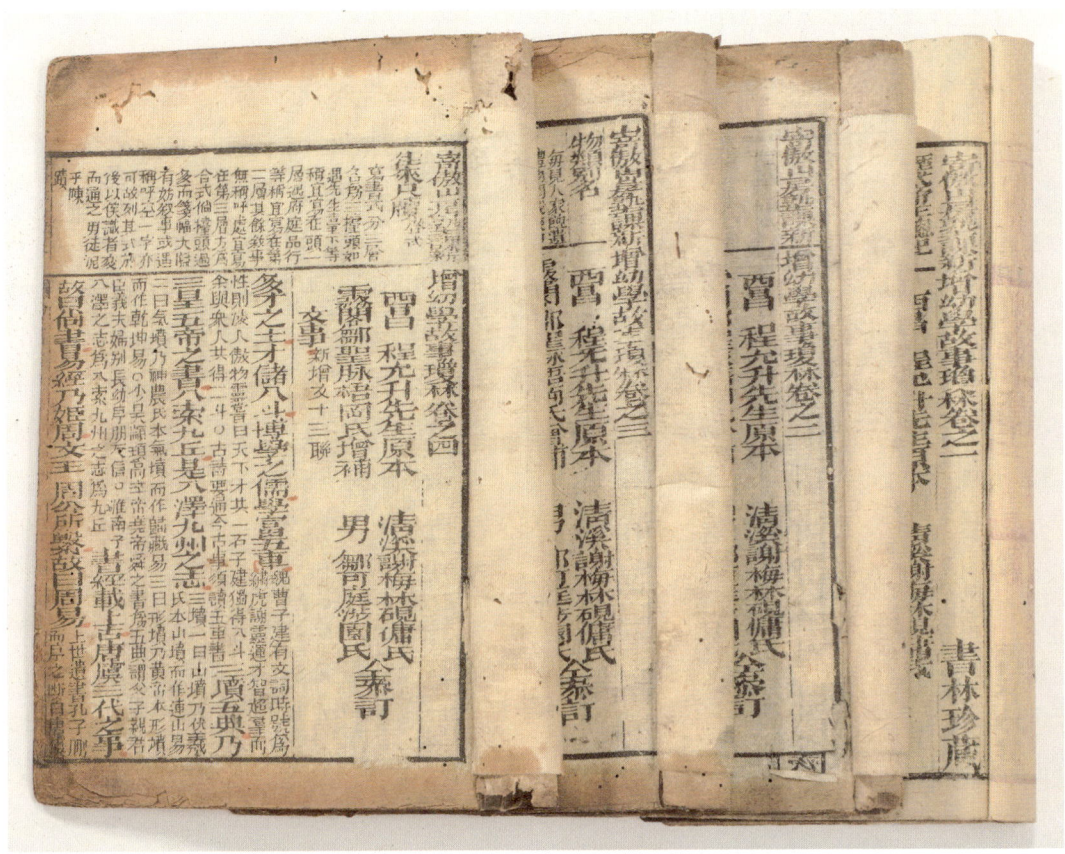

崇文堂《幼学故事琼林》

用，需要增补。他增补该书时参考了其他资料，并将原书名更改为《幼学故事琼林》。增补本邹氏序言作于乾隆二十五年（1760年），一般地说，写序之日就是成书之时，很明显，倘若增补本的成书时间是嘉庆年，此书的序言一般也是嘉庆年，除特殊情况外，一般不太可能出现邹氏的乾隆年序言。而且，邹氏是乾隆二十八年（1763年）过世的，一个过世了30多年的人再增补什么岂不荒唐之极？！由此可见，增补本成书于乾隆二十五年是可以肯定的，在它之前明末程允升《幼学须知》却是它的前身，它是在《幼学须知》的基础上补充完善起来的。新增后的《幼学琼林》卷首署"西昌程允升原本、雾阁邹圣脉梧冈氏增补，清溪谢梅林砚佣氏、男邹可庭涉园氏同参订"，并将《幼学故事琼林》以其书斋命名即"寄傲山房塾课"刊行天下。

《幼学琼林》版本众多，影响深远。本人近几年收集到木刻本四种，即雾阁文林堂、光绪甲申年（1884年）崇文堂、光绪癸卯年（1903年）古香阁、民国古香阁本。其中雾阁文林堂、崇文堂本肯定是四堡刻本。石印本亦有四种，即民国上海昌文书局、锦章图书局、会文堂及萃英书局本。

（三）邹圣脉《鉴史琼林》

《鉴史琼林》十四卷，雾阁邹圣脉梧冈氏纂辑，清溪谢梅林砚佣氏、男邹可庭涉园氏全校订，云林别墅藏版，乾隆四十一年（1776年）刊行。卷首叶中贤健行序一篇，是书版式分为二层，上层为古今长者录和读书简要，下层为正文和注释。

《鉴史》是邹圣脉继《幼学故事琼林》(增补) 后的又一蒙学力作，是一部以五言韵句记述二十一史纲要的蒙学历史读物。乾隆二十五年（1760年），《幼学故事琼林》增补本出版后，邹氏对另一蒙学历史读物李廷机《鉴略》(又称《五字鉴》) 产生了浓厚的兴趣，并作了深入的研究。他认为，李氏《鉴略》是一部浓缩了的二十一史。"有明李廷机先生，胸罗全史，手著《鉴略》。自皇古以迄宋元事迹，举其大纲，略其小目，俾读者开卷了然，俨与历世受命之主，赓扬一堂。更可喜者，句调叶律，有类诗歌，与人可诵可读，一部二十一史之要领也。"(序言) 可见他对《鉴略》总的评价是很高的。但《鉴略》也有许多不尽如人意的地方。在他看来，《鉴略》在内容编排上有的过于繁复，有的则太过简略。在史料的选用上有的与史实不符，甚至有的文句不够通顺等。《鉴略》的这些缺陷或不足，使他萌生了纂辑《鉴史》以取而代之的创作动机。

以学童为中心，充分考虑儿童的特点，合理安排全书的章节内容，这是《鉴史》的一大特色。《鉴略》将"南朝纪"辟为"南朝宋纪、南朝齐纪、南朝梁纪、南朝陈纪"分为四卷叙述，而《鉴史》则将南朝之宋纪、齐纪、梁纪和陈纪，北朝东魏、西魏、北齐和后周合为"南北朝纪"一卷（第七卷）叙述。又如，《鉴略》将"五代纪"辟为"五代梁纪、五代唐纪、五代晋纪、五代汉纪、五代周纪"分为五卷叙述，而《鉴史》则将"后梁纪、后唐纪、后晋纪、后汉纪、后周纪"合为"五代纪"一卷（第十卷）叙述。如上例子，不难看出，《鉴略》的章节安排显得不够精当，似过于繁复，未考虑到内容的多寡取舍，且有随意划分之感。而《鉴史》则照顾到学童的记忆特点，简约、明快，详略适度，显得更为贴切妥当。

忠于史实，以叙述正史为主，兼顾历史上的传说与神话，是《鉴史》的又一特色。例如，《鉴史》一开篇就说："乾坤初混沌，宇宙尚洪荒。盘古已立极，世界渐更张。"它从"盘古开天地"古老的传说说起，而《鉴略》却没有这方面的记载。《鉴略》在《西汉纪》中称汉昭帝"孝昭皇帝生，母怀十四月。号曰尧母门，七岁登帝阙。明见智非凡，政事皆自决。"注解中甚至说，政事皆由汉昭帝专断，"大臣拱手而已"。这句话明显与史实不符，实际上当时政事皆决于霍光，昭帝自己倒是个"拱手而已"的皇帝。《鉴史》纠正了它的错误，对这段内容未作展开，用寥寥数字一笔带过："上官桀诈书，昭帝不为惑。"注解称，"上官桀怨霍光诈为燕王书，讧之。光入朝免冠谢罪。昭帝曰，朕知此书是诈，将军无罪。时上年才十四岁，左右皆惊"。这一叙述和注解是忠于史实而比较客观的。

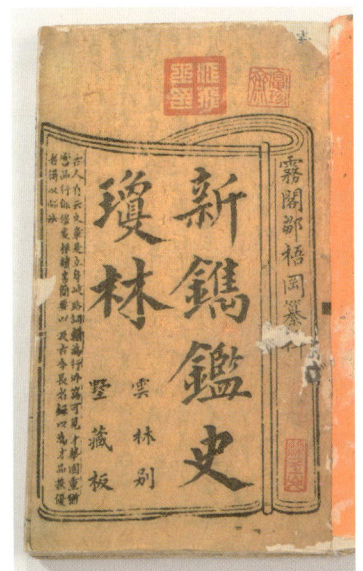
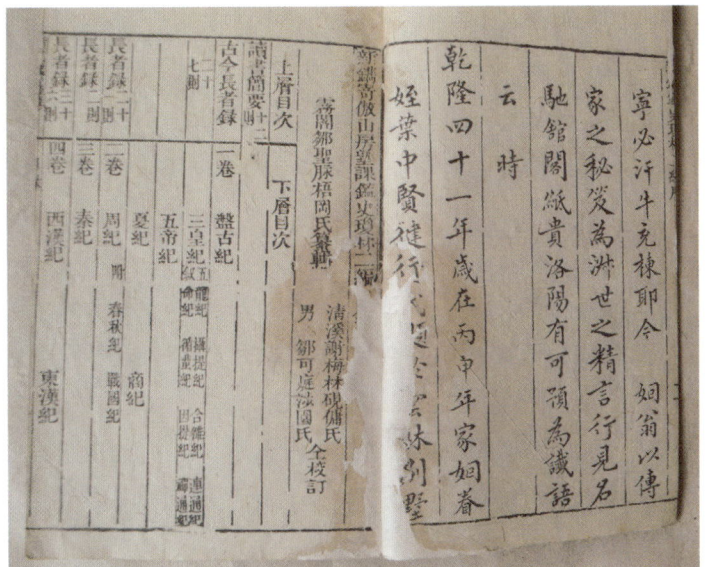

云林别墅《鉴史琼林》

　　文字简洁，流畅明白，于叙事中寓论断，是《鉴史》的另一特色。邹氏《鉴史》除了少量沿用《鉴略》的词句外，大多数文字都是重新组织的，邹氏作为一代语言大家，有其自己的语言特色。如，《鉴略》在《秦纪》中云："秦始皇登基，并吞为一国。更号皇帝名，言词称曰诏。焚书坑儒士，欲把儒风灭。孔道被伤残，孔墓被毁掘。北塞筑长城，预备防胡贼。西建阿房宫，势与天相接。后被楚人焚，烟火连三月。"《鉴史·秦纪》云："将吕以为嬴，恃强吞六国。遂更皇帝名，言词称诏曰。焚书复坑儒，孔墓遭挖掘。城筑万里长，预备防胡贼。西造阿房宫，巍峨天可接。后经项羽焚，烟火连三月。"这两段文字相比较，《鉴史》写的更为详细，其文采绝不比《鉴略》逊色。

　　此外，是书上层刊有古今长者录和读书简要约一百八十则，每则数十以至数百字不等。这大概是邹氏平时读书时亲手摘录而成，以供学童学习参考之用。扉页上有一段文字为之注脚，"古人有云，文章是立身岐路，词翰为行外篇。可见才华固重，犹当品行能修。爰采读书简要以及古今长者录，以为才品兼优者得以师法"。这些犹如今之名人录，可起楷模示范作用。

　　叶中贤在序言中对该书评价说："邹梧冈先生纂有《鉴史琼林》为家塾训诂，上自皇古，下逮元明，千秋事迹，一帙编成。词简而赅，注明而确，小纪未全，而大纲俱备，诚开路之金绳。"笔者认为，叶中贤的评价是恰如其分的。上述谈到，邹氏纂辑《鉴史》明显受到《鉴略》的影响，它们之间有一些共同之处，如它们采用的都是诗歌式的五言韵语，在体例上都从远古至明朝按历史的进程，依次分朝代叙述重大的历史事件和名人逸闻，它们使用的历史资料有的也基本相同。但是，《鉴史》绝不是简单地照搬《鉴略》，他有自己独到的创作思想与体系，有更加准确忠于史实的文字叙述，也有其精湛的语言特色，从这个意义上说，《鉴史》是蒙学历史读物《鉴略》的再创作。这

种再创作的过程与结果,产生了蒙学读物的新版本。

《鉴史》是邹氏的遗稿,在他生前尚未定稿和刊印,由其仲子邹可庭与姻亲谢梅林在他去世后校订并刊行于世。邹氏《鉴史》存世稀少,未见公馆私藏著录。笔者收藏的《鉴史》是册残本,仅遗一至七卷,其完整本有待于他人今后进一步发掘整理。

(四)马宽裕《增补鉴略》

《增补鉴略》五卷,闽汀马宽裕良容增补,芸经堂藏版,无版刻时间。

《鉴略》又称《五字鉴》,是我国几百年来盛传不衰的一部史学启蒙读物。它以五言韵文的诗句形式,按时代顺序,描述我国上自远古神话、传说,下至元明重要人物及重大事件,是一部浓缩的纪传体历史读本,在传统蒙学丛书中别具一格。全书仅万余字,行文言简意赅,叙事条理分明,赢得了旧时读书人的喜爱,与《三字经》、《百家姓》、《千字文》、《增广贤文》、《幼学琼林》等并列为蒙学基本读物。

《鉴略》作者据传是明代大学士李廷机。李廷机,字尔张,晋江(今福建省泉州市)人。《明史·李廷机传》说他应试曾获"顺天乡试第一","万历十一年,会试复第一,以进士第二授编修,累迁祭酒。"[5]他是否写过此书,史无记载,只是旧本都标明"明内阁九我李廷机先生手著"。

卷首为原序;卷一三皇纪、五帝纪、夏纪、商纪、周纪、春秋纪、战国纪、秦纪、

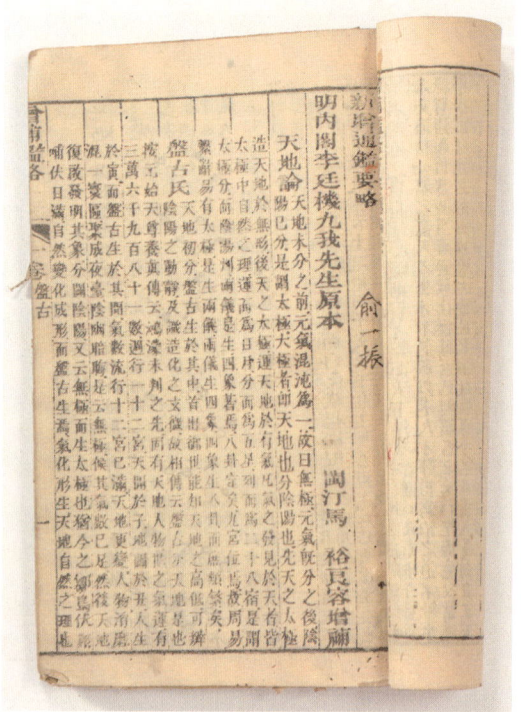

芸经堂《增补鉴略》

西汉纪、东汉纪、三国纪、西晋纪、东晋纪；卷二南北朝纪、唐纪、下唐纪、五代纪、宋纪、南宋纪、元纪；卷三、卷四明纪。马宽裕在该书的序言中说："古今鉴史浩繁，读者难以记诵。唯李内阁之《鉴略》，句限五言，音宗一韵，言简而文雅，理贯而精详，允称善本，老幼堪吟，诚史学之捷径也。""但惜旧本颇有错简，字句多有俗讹，未能尽善，反误学者之敝，因是苦心较正，缺者补增，讹者辩正，字句音释无讹，笔画圈点不错，较之原本又尽善也。俾读者一目了然而无遗失矣。"当时流行的《鉴略》旧本多有讹缺而误人子弟，致使马氏产生了修订《鉴略》的动机。

马氏对《鉴略》的修订工作主要表现在两个方面：一方面在原本的基础上增加新的内容。他在原本正文外新加了《三才略考》、《国号歌》、《历朝帝歌》、《帝王都迹》等。《三才略考》叙述了天、地、人的形成过程。天、地、人，古人谓之三才，它从混沌初开到阴阳两气，再到天地始奠、盘古首出，最后达到天、地、人三者统一。《国号歌》叙述历代王朝国号之演变，从远古三皇五帝时代说起，至明朝结束。《历代帝歌》从天地开辟到明朝灭亡历代王朝的帝位继承，以及王朝的递禅次第予以叙说，同时亦兼及分裂时期的地方割据政权的出现和归结。《帝王都迹》则记述了历代帝王建都地址。尤其是《历朝帝歌》作者花费了不少笔墨，它以七言韵文的形式，洋洋上千言梗概地叙说了从远古至清朝整个古代中国历史的进程。如开篇说道："盘古首生人始祖，开天辟地功翘楚。相传御世亿万年，气化形生万物母。""天皇地皇人皇氏，名曰三皇居上世。传至有巢及燧人，功业史书无所记。"又如《战国七雄歌》曰："秦始姓嬴后灭周，咸阳都迹魏韩休。赵晋楚燕及齐国，俱为秦灭亦惭羞。"它用简短生动的语言概括了历代帝王的更迭。依笔者看来，这些附加的内容绝不是画蛇添足多此一举，它对学童理解《鉴略》的正文内容无疑是有所裨益的。

另一方面对原本缺失、错误进行补充或修正。笔者为说明马氏对《鉴略》校订工作所作的努力，寻找了现代印刷的本子加以对照，经比较，发现此书正文部分与其他本子略有不同，例如，卷一《三皇纪》，1988年岳麓书社本："乾坤初开张，天地人三皇。天形如卵白，地形如卵黄。无行生万物，六合运三光……燧人氏以出，世事相迷茫。钻木始取火，衣食无所妨。结绳记其事，年代难考详。"马注本："天地初开张，盘古辨阴阳。天形如卵白，地形如卵黄。无行生万物，六合运三光……燧人氏以出，烹饪得其方。钻木取改火，饮食无所妨。结绳记其事，年代难考详。"在这短短的数行韵文中两者就有15个字不同。笔者认为，按照此段韵文的上下意思，马注本比岳麓本可能更加贴切，岳麓本"燧人氏以出，世事相迷茫"句很难说得通，而马注本"燧人氏以出，烹饪得其方"似意思更加连贯准确。因为钻木取火的燧人出现，是不可能使世事迷茫的，相反，燧人的出现即火的使用，使人类食物从生食改为熟食，这一质的飞跃，使人类的身体素质得以提高，因而"燧人氏以出，烹饪得其方"较为妥帖。又如《五帝纪》，岳麓本："伏羲氏以立，人质自异常。蛇身而牛首，继世无文章。制字造书契，画卦名阴阳。"马注本与之不同,"伏羲太昊立,圣德播宣扬。蛇身而牛首,形容自异常。命仓颉制字,后代习成章。河图龙马献,画卦名阴阳。"马注本在《五帝纪》中还补充了一段文字:"轩辕作内经,素问灵枢出。岐伯彻精微,发明医道理。后人始得传,疾病沉疴起。"以上事例在《增补鉴略》中不胜枚举,这些都说明马氏对《鉴略》的修订是用心的,既注意到了内容的缺失予以补充,又强调了文理的贯通加于疏理。

四堡书坊至少有两人增补或校订过《鉴略》,除马屋人马宽裕外,雾阁人邹圣脉也涉足过《鉴略》的修订和翻刻,有一种版本署名:"明内阁九我李廷机先生手著,明翰林二水张瑞图先生校正、梧冈邹圣脉原订。"1988年岳麓书社重版的传统蒙学丛书《五字鉴》采用的就是"梧冈邹圣脉原订"的本子。

总之,马宽裕《增补鉴略》是一部有特色而内容较为全面的好书。也许有人会说,马氏对《鉴略》的修订无非是一些修修补补工作,谈不上什么贡献。笔者对此观点不敢苟同。实际上,历史上的文人做学问,许多都是在释经解史中形成的,正是他们对经史的不断修订、诠释,才把经史理义引向深入,马氏对《鉴略》的修订其意义即在此。

(五)马虮《详注幼学故事汇览》

《详注幼学故事汇览》四卷,西昌程允升原本,闽汀马虮增订,万卷楼评注。马虮(生卒年不详),福建省连城县四堡乡马屋人,生平事迹无考。

《详注幼学故事汇览》是明程允升《幼学须知》的增补本,卷首序言一篇,序尾题款为"嘉庆庚辰年仲夏月既望后学吴茂林题于环翠书屋",序后为地舆图和历代帝王图像。

正文的版面分上、下层,上层为附属内容,主要有:称呼问答、杂字便览、州县里程、人事通考、家居春联等。这些相当于百科全书式的内容大多具有实用价值。尤其是"杂字便览"选用常用字,并绘图示意,犹如现代蒙学的看图说话,计有580幅图1000余字。在栏格方寸之间刻有如此数量的图画,甚为难得。下层为程

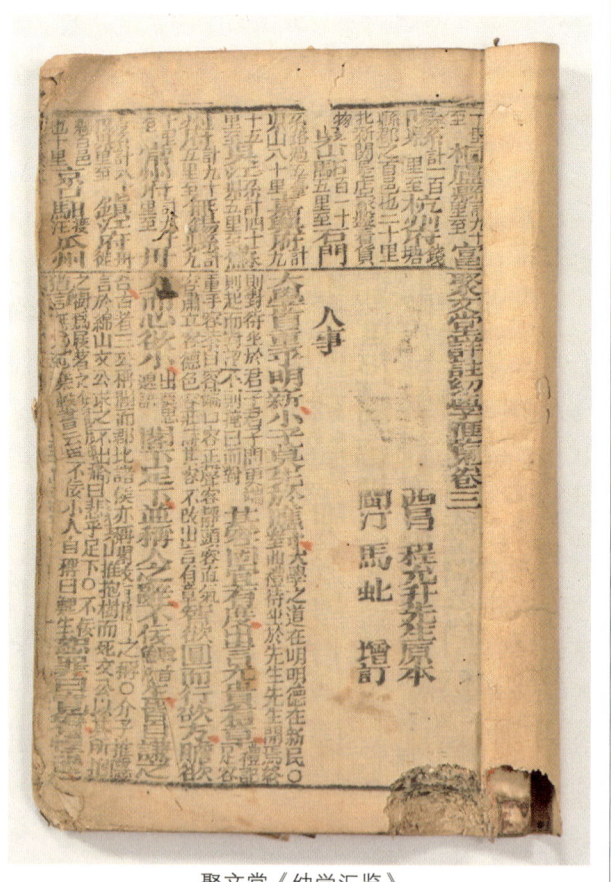

聚文堂《幼学汇览》

允升《幼学故事》原文和注释。与其同乡雾阁邹圣脉梧冈增订的《幼学故事琼林》相比较，此书除上层内容完全不同外，正文的诠释部分也有所不同，有的更为简约，有的更为详尽。如卷三《贫富》一则中，对原文"命之修短有数，人之富贵在天"的注释，邹注本曰："修，长也，《论语》'死生有命，富贵在天'"；马注本曰："修，长也"。马氏只对"修"字注解，而邹氏除此外还说出原文出处。又如原文"贪财爱物，谓之钱愚，好置田宅，谓之地癖"。对"钱愚"、"地癖"的解释，邹注本："《晋书》：'和峤，官太傅。富拟王者。性至吝，一文不妄费'。杜预目为钱愚。唐李恺善置业，田畴弥望。人谓之地癖。释：癖，病也。"马注本"钱愚，爱钱为愚也。晋和峤，官太傅，家至富，性至吝，一文不枉费。杜预目为钱愚。唐李登善殖产，伊川有膏腴自都至关口，田畴弥望，人谓地癖"。马氏对所谓"钱愚"一词的解释，似更为明白易晓。另外，在体例上也略有不同。如第三卷的内容，邹注本编有"人事、饮食、宫室、器用、珍宝、贫富，疾病死丧"七则，而马注本编为"人事、讼狱、宫室、器用、珍宝、贫富，疾病死丧、释道鬼神"八则，多了"释道鬼神、讼狱"二则，少了"饮食"一则内容。

明末程允升《幼学故事》(又名《幼学须知》)刊行以来，深得民间的喜爱，各种增补本纷至沓来，最有名的是邹圣脉增订的《幼学故事琼林》。马氏《详注幼学故事汇览》是近年发现的《幼学故事》注本的新版本，未见著录。有意思的是，《详注幼学故事汇览》的增订者马氏与《幼学故事琼林》的增补者邹氏同是四堡乡人，马注本成书时间按序言推断于嘉庆庚辰年（1820年），邹注本在乾隆二十五年（1760年）刊行，两者相差整整60年，作为后来者的马氏按理是知道邹氏增补过《幼学故事》的，但为何还要加于增订？是马氏觉得邹氏的增补本有缺陷需要重新增订，还是由于版权问题的商业上的竞争，或是因为人事关系的过节而再另起炉灶？同一个村落竟然出版两部《幼学故事》的增订本，不能不说是一个奇特的现象。作者并未留下尚能说明其中原委的任何迹象，时过境迁，往事如烟，看来这是一个永远无法解开的谜团。

三、客家杂字

杂字是古代启蒙识字读物之一。它把各种常用字缀串成韵，以便初学者记诵。据著名教育家张志公先生考证，杂字书在宋代已广泛流行，在社会上有很大的影响[6]。陆游《秋日郊居》诗的诗注将"杂字"和《百家姓》并提为"村书"，可见当时农村里是把杂字书作为基本的识字课本的。明、清流传的杂字书种类非常多。但是这种书由于特别通俗，一般只流行在当时的中下层社会，仿佛是"正式"的启蒙课本"三、百、千、千"以外的"非正式"读物，因此比"三、百、千、千"更不登大雅之堂。除少数例外，杂字书一般不署编者姓名，历代书志、书目少有著录，也从来没有人去考证、研究它，更没有人去收藏它。

客家杂字是客家当地贤达为乡村贫穷儿童编写的识字课本。在古代，参加科举考试企求得到功名，一般是有钱人家的事。从学童到举试至少要经过十年寒窗的磨炼，贫穷儿童家庭交不起持久高昂的学费，只能识些日用字，记点"柴、米、油、盐"账而已。客家杂字用客家方言写成，其内容非常繁杂，应有俱有，包括了农家生活的方方面面，有农具、农活、农事、习俗、节日、祭祀、器物、技艺、五谷、蔬菜、杂货、身体、人物、读书、功名等等。笔者这几年发现和收集了四堡书坊刊刻的三种客家杂字，即武平人林宝树《一年使用杂字》（七言），连城邹圣脉《人家日用》（四言），无名氏《初开天地》（四言）。这些杂字内容带有鲜明的客家民俗色彩，乡土风味浓重。客家杂字具有识字的功能，它一般收集1500至3000个常用字，认识这些字，应付日常生活之用一般不成问题。而且，它还有教化的功能，如，劝人为善、戒赌戒毒、勤俭节约、耕读传家等。

（一）林宝树《一年使用杂字》（年初一）

《一年使用杂字》，不分卷，林梁峰手著，汀郡上十字街张友竹藏版，写刻本，民国丁巳年（1917年）新刊，书尾附"梁峰公行略"。作者林宝树（1673—1734），字光阶，号梁峰，武平县武东乡袁畲村人，康熙三十八年（1699年）举人。主要作品有《梁峰诗文集》、《学庸摘抄》，已佚。

《一年使用杂字》是客家地区流行甚广的通俗启蒙读物。全书用客家方言白话写成，三言、七言歌体交互使用，共计4800字，其中收进适合农村应用的单字近3000个。作者从大年初一写起到大年三十除夕夜止，按照二十四节气分别详细地叙述了客家人的生产、生活和习俗。

此文开篇用较多的笔墨渲染客家人在春节期间的喜庆气氛。"年初一，早开门。放爆竹，喜气新。点蜡烛，装香灯。像前拜，烧纸钱。灯光火，早夜连。蜡烛台，两边排。香炉内，檀香堆。棹围带，挂起来。"反映了客家人新的一年"开门红"的景象和祈盼。接着，作者按节气的顺序分别叙述农家事，涉及耕种、饮食、服饰、赴墟、交友、节日、扫墓、读书、百工和娱乐等。

文中用较多的笔墨穿插描述了在客家人看来人生两件特别重要的婚姻和丧事的民俗礼仪。它对新婚喜庆是这样描述的："新郎公坐四差轿，新人花轿赛嫦娥。灯笼凉伞并彩旗，一迎一送两相宜。裙衫衣服嫁奁厚，笼箱衣架铺帐被。入门饮了交杯酒，棹围座褥摆列齐。恭贺对联贴满堂，字画纱灯结彩装。"从中可看到一幅新婚喜庆的图景。它对丧事的描写也极其生动，"父母死故是丧家，目汁双流两眼花。母死喊娘女哀姐，父死叫爷又叫爹。抖尸被在底下贴，卷心褥子面上遮。爷称显考娘称妣，安起灵牌等外家。开棺入殓爱仔细，丧事称家有俭奢。子孙钉盖用四枚，千年万载不回来。红漆棺材为棺柩，孝子披麻尽举哀。"这段文字虽然不长，但那痛失双亲而号啕大哭、捶胸顿足

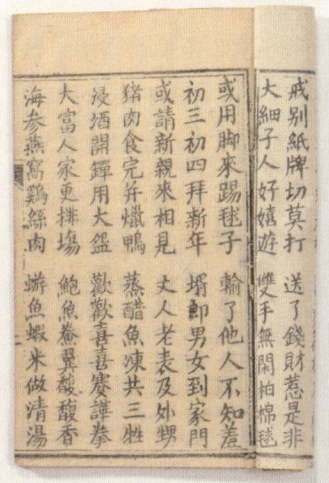

汀郡张友竹藏板《一年使用杂字》

的场景描写，令人不忍卒读。作者还不惜笔墨倡导读书至上，认为"世间第一读书篇，打扮学堂安圣贤"，"状元榜眼探花第，翰林学士近帝王。此是读书为第一，犹如平步上天堂"，这些都足以反映作者对读书的重视程度。

更为难得的是，作者以极深的学养和扎实的文字功底，描述了客家地区的民俗、民风和礼仪，诸如，"猪肉食完并腊鸭，蒸醋鱼冻共三牲。浸酒开坛用大碗，欢欢喜喜赛哗拳"，它反映的是客家地区年初一至十五的节日气氛，这里的"浸酒"即客家米酒，"哗拳"即猜拳，那种大碗喝酒、大块吃肉的客家风情跃然纸上。"脚踏碓，手推砻，米筛簸箕件件通。笆篮装起糠同米，糙米撮来碓臼舂"，它描写的是旧时客家乡村大米的加工过程，"碓、砻、米筛、簸箕、笆篮、碓臼"是客家乡村常见的家用器物。

再看，他对勤劳贤惠的客家妇女以及不讲规矩的坏妇道是如何描述的，他说："再题世有好妇人，合家大小得人心。夜坐间房思缝补，做花绣朵助夫君。纺棉织緁挪索子，花针钻子不离身。""气性温柔莫独孤，细言细语孝公姑。男女背携随便好，竭力坚心顺丈夫。"客家妇女的贤惠、勤劳，寥寥数十字便展现在读者的眼前。"又有一种坏妇道，舌尖嘴长牙齿老。忤逆家官并家娘，惯斗叔婆伯媖嫂。门前敲脚手撑腰，行路摇头又摺脑。食茶单相酒娘糟，油膏只顾自家饱。头发垂到嘴唇边，出入人嫌人耻笑。不锁门户过别家，恰似黄婆骂街道。懒尸懒骨害人妈，万金家财败得了。"这里对舌尖嘴长的泼妇、懒尸懒骨的坏女人德行的刻画，可谓入木三分。

书后附隐山悟机氏题跋《梁峰公行略》，篇幅不长，照录如下：

梁峰林公，居武平县城东梁峰山下袁畲乡白泥田。梁峰山系定光古佛修道显迹之地，清奇古峭，别一洞天。其峰高耸，俯窥江广福三省之遥。公居其下，故号曰梁峰。原公立志高远，才学过人，食气时屡拔超等，登康熙己卯科乡榜。储太史推其制艺卓越，选任海

城县知县。迄晚年居家手不释卷,深沉涵养,道味盎然,游优自得,有难于言语形容者。忆公从容雅步,玩物适情,常游水口,石墩建立坛壝,茂林修竹,智水仁山,超然胜境。公题诗于石云:"石阜如屏障,浓荫景物幽。高松仙鹤宿,密竹彩鸾留。意静山稀籁,心闲水息流。潇然无俗景,何必汉京游。"即此诗玩之,有活活泼地,穷达不与光景。噫,公之事笔难尽述,兹刊所著杂字,略纪其迹,以附于后。

《一年使用杂字》最早刻于雍正七年(1729年),有上杭马林兰堂、汀城步云轩等刻本。主要流传于客家聚居的汀属八县,广东梅江流域诸县与赣南地区十多个县,还流传于一些非客家县地。由于此书属于通俗读物,民间不易长期保存,目前除本人收藏的张友竹本外,仅见福建光泽县李先生收藏的同治九年(1870年)汀城步云轩刻字铺本。据有关资料显示,清朝、民国汀城刻字铺业主大多为四堡乡人,这两种版本应视为四堡刻本。

附:客家杂字之一《一年使用杂字》(又名《年初一》),作者:林宝树

年初一　早开门	放爆竹　喜气新	点蜡烛　装香灯	像前拜　烧纸钱
灯光火　早夜连	蜡烛台　两边排	香炉内　檀香堆	棹围带　挂起来
台前供养尽新鲜	汤皮籹饭用油煎	豆腐糍粑禾米粄	碗头盘碟尽齐全
门冬瓜线红柑子	龙眼荔枝糕饼软	茶匙茶盏茶壶子	桔饼点茶再食烟
传盒一座摆开看	拜了新年就出门	神坛社庙都去拜	祖公堂上贺新年
无事之时好着棋	围棋象棋有赢输	戒别纸牌切莫打	送了钱财惹是非
大细子人好嬉游	双手无闲拍棉球	或用脚来踢毽子	输了他人不知羞
初三初四拜新年	婿郎男女到家门	或请新亲来相见	丈人老表及外甥
猪肉食完并腊鸭	蒸醋鱼冻共三牲	浸酒开坛用大碗	欢欢喜喜赛哗拳
大富人家更排场	鲍鱼鲨翼馥馥香	海参燕窝鸡丝肉	鱿鱼虾米做清汤
黄螺蛏干拿来炒	蜇皮海带会辣姜	肉圆包子来凑样	也有酥骨上沙糖
极好鲭鱼煮豆腐	焖烂猪蹄锡盘装	闽笋豆芽萝卜线	好贴肝肺猪肚肠
调羹扰来筷子夹	大家食得饱非常	许多花生瓜子壳	厅下地面要扫光
客人头上戴绥帽	身穿袍套阔和长	棉绸茧绸羊皮袄	汗巾烟袋在身旁
新衫新裤新帽子	镶鞋缎袜配相当	衣食两般难记了	略提几件讲别样
大闹花灯喜者多	抹浆梢纸小心摹	破开竹篾扎圈子	龙灯马灯去穿梭
转珑窍妙有消息	船灯扇灯闹阳歌	碗锣盆鼓并色板	打起大钹大铜锣
笙箫笛子同吹起	弹琴唱曲两相和	风流浪子台上跳	花鼓双双两公婆
上乡游到下乡转	点心食得也还多	星光半夜旧来睡	十分辛苦论蛮拖
也有阵班去打狮	装成小鬼极丑粗	拳棍之人做猴子	钯头钩刀爱学师

冲天跃子半天高
上元天官赐福朝
好供子女奉爷娭
墨砚纸笔要齐全
字眼不识亦徒然
捉笔填红上大人
学庸论孟及五经
供膳先生也要勤
更深夜静读文章
新入黌宫秀才郎
高升拔贡姓名扬
出入跟随衙轿扛
犹如平步上天堂
作陂开圳水路佳
浸洋田肉容易耙
最怕溪水冲泥沙
薯姜芋蔃及黄麻
撅下谷子就生芽
上坟祭墓一般同
唢呐哨子及大筒
斤两多少在秤中
莫打酒醉乱叮咚
揶来送去甚艰辛
腰驼背屈真可怜
栽在塘中种在窝
男妇大小起早床
连根丢却半天飞
又肥又壮在家栏
缓缓做来莫挨停
有闲好烧芒头灰
也有络子织马尾
擂锣擂鼓真唠嘈
提点东西是头家
掌苗使者五谷神

正月十五是元宵
道士请做三官会
各人散班寻本事
厨桌一条并凳子
最怕学生打冇口
合本纸库学写字
幸有聪明智慧者
油盐柴米轮流去
上午讲书下昼想
学院场中取了卷
岁考复试加补廪
再加中举又中进
此是读书为第一
耕田正爱好秧地
尿桶担肥打落脚
大墩之中无田坎
田头地尾杂种好
二月惊蛰浸谷种
春分时节思祖公
吹手四人凉伞一
蒸尝大者发丁肉
头家备办出来食
耙子一张田里擦
早晨脱秧昼边莳
又有黄早野猪糯
连踪管要莳大糯
整光坎头度稗草
好养牛牳及牛牯
禾头坑内莳尕子
荒隔锄松摁麻子
扇坠香珠红缎壳
福首陪香并践道
三餐散班供斋饭
伏羲神农黄帝氏

钻过剑门险且痴
花筒金菊夜来烧
烧灯送神切莫呆
打扮学堂安圣贤
分明章句莫乖寒
起头先点三字经
端端正正分均匀
跪打难免郁性情
不比舍学点句章
头名案首志昂昂
家中日日接报房
表旌门第是书香
翰林学士近帝王
镬头铁鎚与犁钯
牛藤牛轭当用他
铲去茅根拖草楂
落垅湖窟凹凸斜
身穿蓑衣并笠蔴
扯得直行无粒差
后担篼子到坟中
散挂五方花纸红
消散祭仪摆门风
出水掘头又爱耘
翻钯耖烂轭牛肩
蚁公包子掘者多
早粘田地做完场
单用鲍杓与粪箕
担杆常在肩头间
平水石头半浅深
禾苗长大等包胎
装得香包到暗归
落佛忏后做午朝
口念南无做香花
列班菩萨依序循

藤牌短刀手中执
金盏银盘缔缔转
立春已过雨水来
世间第一读书篇
温熟书要原本背
惟有破蒙加小心
直落横画并点子
若然蛮蠢并躁暴
再言经馆大书堂
宗师月课府县考
父母伯叔同兄弟
门前一对桅竿竖
状元榜眼探花第
于今来讲农事家
扩烂泥团更好耖
作大田塝贮稳水
山田高垠并排壁
春间日日去耕作
大家请人掘谷子
先在祖堂宰牲血
保护请神又奠酒
绅衿耆老加一等
祭得墓完到清明
谷雨到来爱莳田
南安早赤早迟禾
四月立夏日子长
小满到来塞粪时
茅镰刀鞘及草篮
田刀一把斫田塝
若到五月芒种来
初一去赴中堡圩
初三扛佛保禾苗
请来和尚着袈裟
三宝挂在当中

又请雷公并电母
上至坑源下水口
初四开斋爱剧猪
五月五日是端阳
五月十三贺关爷
夏至到来热难当
斫削禾柴晒干燥
六月小暑早禾黄
官蝉咬人无安乐
禾客请来赶收割
后生担秆岭上晒
斗量入仓爱算稳
也有田主收租谷
大區锹头钩泥碛
笼鸭上田踏禾稿
三仙公爹黄七郎
请来道士着道袍
再过十五七月半
处暑最爱好天时
八月里来交白露
九月九日是重阳
若有岭岗木梓山
十月交来小阳春
小雪之时是冬天
改变天时转冷风
虽然乡村地方小
香钱座米无人分
十一月来转冷风
老虎黄猄并豺狗
土仓兔子狐狸獭
鲩鲢鲤鲫鳙子
打霜飞雪玻璃搪
此时无事闲乐天
南经碣石罗经袋

风伯雨师加虔诚
通乡福主一切神
做社过节大规模
菖蒲药酒与雄黄
家家门户结席车
禾苗吐花枝扇长
杉毛杂木并松毛
尝新禾饭荐馨香
帐外蚊虫闹喧喧
担杆竹扛要提防
辘轴碾田用牛拖
隔板分明切莫差
也有请来对股分
打开圳缺要工夫
检整粪撩堆秆草
黄十三郎是男儿
头戴冠子奏天曹
中元赦罪地官诞
雨水周全不怕迟
人人拐挖芋卵煮
寒露到来菊花黄
检摘茶子落研盘
电光不闪雷藏声
牵只牛牯去犁田
虾蟆老鼠尽潜踪
年年规矩仍照老
跟佛和尚自家倒
大雪之时是寒冬
石岩做薮好藏风
连狸山鼠尽钻垅
鳅鳝蚌蛤算不穷
裂手劈拆开皲疯
正好算计赚工钱
看人祠堂及地坟

又有田头地墭等
尽是恳求保禾稼
菩萨送还本庵去
门挂葛藤插艾叶
州府县城关帝庙
铲净田塝掂豆子
田中芋子爱上土
请人补箩买谷笪
葛布褂子苎布袴
大暑到来正打禾
晒燥早谷过风车
穷人佃户作人田
犁转燥田种番薯
番稻莳在立秋边
头家择日扛仙师
倖公八郎为女婿
读了人名喧了疏
江西规矩烧纸钱
日日朝晨白头露
秋风就冻桂花香
霜降天气要晴暖
或用水车碓末细
立冬万物当成熟
犁辕象鼻犁拔线
少年后生莫懒惰
梁野山中大老佛
午朝上供裹馒头
树木退冬虫亦死
只有大蛇和小蝎
水底圆鱼田鸡鳖
再过半月冬至后
火桶埋灰炙手脚
许多斯文行地理
杨公符木有灵应

杨大伯公召几声
丰亨大熟救济民
一年一次又相符
裹粽送了寒衣裳
行香官府是老爹
总爱天晴快生秧
火土培大芋荷苗
又爱破篾箍桶枋
大家都着热衣裳
盐箕撮斗谷筛箩
谷笪摊放搪子爬
留开纳租莫迟延
放整薯藤番杆铺
莳得田完莫挨缠
要下投状先告知
判官力士两边企
还要宴宾用牲腥
弄得鬼神大家散
雄鸡尾子艳艳拖
中秋佳节月华吐
糯禾收割也停当
茶枯包起撞樟尖
家家屋屋赛收成
犁横刀上缚牛藤
寻得事业自有功
迎来敬打保安醮
夜间建醮早发表
鸟雀成群结伙丛
深坑深迳歇茅蓬
乌龟螃蟹及虾公
冷冰硬垢雪朦胧
夜睡棉被盖身中
人人称说堪舆仙
消砂纳水照书篇

明堂斗口峰峦尖
呼龙出煞喊大声
寒热虚实莫差错
药末丸散肚中托
五星盘子及流年
五颜五色画形容
口快眼利要精通
钗钏度金点翠颜
摧锣磬子摇铃钟
紧关用者讲几样
铁捶打下无休歇
山上松皮也代得
将新换旧用称钩
粗布烙铁大家同
滚水刮毛剥皮肤
凿头角钻打中心
锯开板心及板皮
阔狭高低看周围
石灰砖瓦封火墙
骑檩梁挂配川枋
栏杆窗子照间房
作栋盖瓦抵风霜
羹糊上刷用钩拖
爱过碾石打到光
船钱水脚几多难
料皮车碓亦紧关
层层叠叠堆几重
赛还良愿香山戏
担鱼担鸡又担鹅
一迎一送两相宜
樟围座褥摆列齐
大家等接好风光
谒见家官并家娘
又将丧事讲一场

峦头内胎外界水
埋葬之时出破军
也有斯文学医药
痘师先生兼治麻
又有算命哄人钱
许多丹青是画工
又有卜卦学测字
百炼臂环大颈锁
铜笔铜锁烟盒子
鼎杯粉盒及油壶
熔铣炼钢风箱炉
买来炭子烧完了
响钟哑锡真古话
或做绸缎用熨斗
白刀插入红刀出
墨斗曲尺同界笔
先将木马同木驴
羊头五尺线车子
横屋楼台余坪巷
地脚献柱同壁尺
水桯壁孔柱头石
檐堘煞路花台坎
牵得绉纹入篦齿
毛蓝梭布洋青色
大篸张来青水靛
石臼槽校焙甂壁
有烧罌瓷装窑中
有行香火提傀儡
也有人家娶老婆
灯笼凉伞并彩旗
入门饮了交杯酒
媒人相邀送嫁客
三朝拜堂分大小
人间喜庆难记了

全井穴情用心扦
祭台摆角及冢圈
完工谢礼讲谢金
脉有浮沉迟缓数
无名肿毒用膏药
弄得人家颠倒颠
先望头面与掌中
戒指牙撩及耳环
铜盆铜罐肚内空
酒壶兜壶好模样
三三四四同做得
师傅徒弟尽莫缺
泥做模样两相伴
剪刀尺子在身中
朝朝宰杀剧牛猪
斧头锯子不离身
攛直刨光凿窟深
小工相帮平地基
上厅下栋两厢房
扛梁油梁狗子梁
齐檐滴水一般长
天井夹沟用枧张
脚踏楠机手抛梭
青绿赤白黑和黄
批人岭岗好种蓝
帘床刷把用几般
杂工师傅也无闲
花缸罐子火烟窗
三位夫人随人许
新人花轿赛嫦娥
笼箱衣架铺帐被
字画纱灯结彩装
就掷骰子呼令章
大姑婶姆妹姨娘

中宫驾定分山向
龟背过龙碑石座
红包利市雄鸡血
问人疾病做药丸
又有眼科并外科
探人身水来送煞
也有清闲学看相
许多银匠打银簪
又有坐店专打铜
也有从师学锡匠
许多游门去打铁
铁铮铁钳抵火皮
又有熔铣铸锅头
也有生活做裁缝
又有屠户常打屠
许多木匠到家庭
割刀搬斧线铊子
泥匠师傅砌石坎
大富人家做屋场
中间献柱抽斗角
桁条瓦角握风板
两边窗扇马蹄脱
织布师傅又如何
又有祖传老染坊
又有出门寻作山
或剥竹麻来做纸
做焙三人一割苎
金斗钵头及牙钵
华光菩萨并观音
新郎公坐四差轿
裙衫衣服嫁奁厚
恭贺对联贴满堂
酒筵食到下席去
叔婆伯娓及姐嫂

父母死故是丧家　　目汁双流两眼花　　抖尸被在底下贴　　卷心褥子面上遮
母死喊娘喊姨姐　　父死叫爷又叫爹　　爷称显考娘称妣　　安起灵牌等外家
开棺入殓爱仔细　　丧事称家有俭奢　　子孙钉盖用四枚　　千年万载不回来
红漆棺材为棺柩　　孝子披麻尽举哀　　开冥路　　还受生　　三魂七魄领官钱
任你富贵官宦家　　贫穷老嫩一般行　　妇娘死　　作沙图　　僧人锡杖挑经书
题唱木莲来救母　　破砂即是破酆都　　血盆碟子放下地　　不知此事果有无
若做斋　　又更排　　阎罗天子请召来　　日拜水忏并净土　　十王过去夜修斋
放焰口　　加诚心　　木鱼钟磬好清音　　若然爱还十二库　　请僧先念受生经
全堂纸折多做尽　　幡竹头下山大人　　多字墨　　写榜文　　金山银山向灵焚
幢幡宝盖迎佛祖　　孤衣两挂施孤魂　　千佛忏　　拜得完　　打起十班放水灯
口念阿弥陀佛去　　摆齐佛法到溪边　　夜里坐台放施食　　四大部州列在前
冲天火把三叉路　　惹得鬼神争后先　　超度亡人追荐死　　大功大果福周全
拣日吊出讣文　　　报帖送到六亲门　　挂起像来安灵位　　白布结装内外帘
明白之人在孝堂　　粗工用力在厨房　　门前迎客接香烛　　发帛回礼及传香
又爱斯文订孝簿　　记明姓字不遗忘　　接来香烛将安放　　怕人偷去用柜装
捧菜蔬　　用托盘　　倒茶伺酒也无闲　　厨官师傅掌烹调　　盐味莫淡也莫咸
开吊完满有用祭　　棕荐毡毯谷笪摊　　劐猪杀羊原只摆　　祭之以礼也可观
做礼生　　要功名　　秀才监生唱拜兴　　身牢圆领头戴顶　　诵读祭文面向灵
客主祭　　先上香　　拜跪叩头要定场　　左边行上三献礼　　右边下来切莫慌
移出柩　　来装扮　　维重先食还山饭　　红绸白字写铭旌　　作重爷娘真灿烂
作古人　　登鬼序　　瞒踪灭迹今辞世　　八仙维重扛棺柩　　一人前吊粮罂子
做孝子　　背弓弓　　不敢剃头满百工　　父死扶柩杖用竹　　母死扶柩杖用桐
拦路祭　　真热闹　　满路头帛并腰帛　　打开圹窟就埋葬　　谢客完场好安歇
百日周年随大祥　　除灵除服在祠堂　　麻衣挂壁方成子　　春秋二祭享馨香
再题世有好妇人　　合家大小得人心　　夜坐间房思缝补　　做花绣朵助夫君
纺棉织縩挪索子　　花针钻子不离身　　朝早起　　无别虑　　手拿角梳就整髻
刮光头发用油葱　　油污满手茶枯洗　　耳环簪子及包头　　铜镜照面对答对
整饰衣裳有面光　　梳妆打扮极伶俐　　开锅灶　　算计较　　水桶上肩及水爪
甑棚甑蔽及罩箩　　捞饭煮粥鲍枸扰　　再来暖汁供大猪　　青菜煮来藏浸炒
菜刀锅铲箸碗杯　　火筒锹夹齐放好　　扫光地面好颜容　　捡头拾尾有常道
厨事完　　洗汤衫　　入园担尿手提篮　　渥湿园中葱蒜韭　　芥菜萝卜与波苓
苦瓜扁豆茄苋菜　　番鲍冬瓜满蒂摊　　及时落种件件有　　可免无菜被人嫌
气性温柔莫独孤　　细言细语孝公姑　　男女背携随便好　　竭力坚心顺丈夫
脚踏碓　　手推砻　　米筛箥箕件件通　　苞篮装起糠同米　　糙米撮来碓臼舂

捡鸡蛋　看猫兜	鸡鸭早夜要跟收	门前狗子汪汪吠	夜间恐怕贼来偷
这等女人真难得	可使男人放下愁	又有一种坏妇道	舌尖咀长牙齿老
忤逆家官并家娘	惯斗叔婆伯姆嫂	门前敲脚手撑腰	行路摇头又折脑
食茶单想酒娘糟	油膏只顾自家饱	头发垂到嘴唇边	出入人嫌人耻笑
不锁门户过别家	恰似黄婆骂街道	懒尸懒骨害人妈	万金家财败得了
人家妇女有贤丑	其中总是由家教	十二月来又一年	小寒大寒节气完
百般生意讨赊账	速速收清莫延缠	正载客　走水路	飘河过海船上住
梢公脚子惯撑船	铁铙竹蒿并摇橹	扯篾缆　上高滩	挂起风篷过深潭
老板船头摆船尾	天涯海角走几番	货物愁买又愁卖	不得早归又是难
纳钱粮　到库房	征银本色并秋粮	免得经承图差别	买田又爱税契房
二十日　要探信	文武官员就封印	地方乡约无人投	贼情人命无审讯
二十三　烧灶疏	灶君菩萨上天去	全年一家大小事	上奏玉帝无隐私
揽尿桶　庠塘泥	将交下手去放鱼	再来捱到二十六	大家又讲赴年墟
入年家　爱扫屋	抹净神龛回神福	穷人籴米来过年	富人封仓不粜谷
问清人上大小账	不欠人钱便是福	爱买几件小东西	油盐椒酱及爆竹
三十日　添一岁	南朝番国皆同理	爆竹一声旧气除	清早就供岁饭米
夜来点着照岁灯	大锭花边好碛岁	我今写了一年完	要你后生留心记

（此文据民国丁巳年（1917年）汀郡上十字街张友竹藏版）

（二）邹圣脉《人家日用》

四言杂字《人家日用》，是邹圣脉为客家子弟编写的启蒙读物，大约成文于乾隆年间，全文用客家方言编写，共计1706字，扣除重复部分收入单字约1500余字。

此文与其他杂字比较，最大的特点是主题集中，实用性强，具有浓厚的客家特色和乡土风味。它首先高度概括了客家人家最基本的生活用品。所谓人家日用，指的是日常应用，而日常应用的东西是极为繁杂的，但它最基本的是什么呢？俗话说，百姓开门七件事：柴、米、油、盐、酱、醋、茶。这七件事虽小，但它涉及"国计民生"，是"民之本也"，是百姓的最基本的生活资料。此文开篇就说，"人家日用，柴米油盐，蔬菜茶果，"实际上强调了这些基本生活用品的必要性和重要性，具有突出主题、开宗明义的作用，这不能不说是邹氏的高明之处。

其次注重生活实际，突出日常应用。它结合客家地区民生的实际，以"人家日用"为主线，分别叙述了食物、用品、服饰、农活、农具、州县、节日、接物、文房等名物。文中的"松光灯火、茅草烹食"，反映了客家人200多年前的生活方式。"松光灯火"是指客家人的两种照明方式，经济略微宽裕一些的家庭晚上点油灯照明，而穷苦

人家往往买不起灯油，将老松树劈成片状用来晚上照明。"耕田家伙、犁耙牛轭、犁壁担杆、镢头粪箕、棕索米箩、谷斗禾仓、谷笪篾篓、斧头柴刀、草刀劈刀"，这是客家人的最常见的生产工具。"耕种耘莳、栽插苗秧、砍树破柴、割禾放水、劈茅担秆、芒做草鞋、晒粪添秧、收割田禾、供猪喂狗、看鸭牧牛、犁田送饭"，这是客家地区农村的主要农活。

有意思的是，《人家日用》从成文至今已有200多年，物换星移，沧桑巨变，有的物品如粮食、植物、蔬菜几乎没有变化，如"早禾米饭、大冬糯谷、薯姜芋卵、菠苓苋菜、芥菜萝白、萁菜菩苙、葱蒜韭薤、葫萝白菜、蔬卵马荠、豆豉胡椒、清明菌菇、香菇竹笋、豆芽豆腐、绿豆黄豆、笋干木耳、

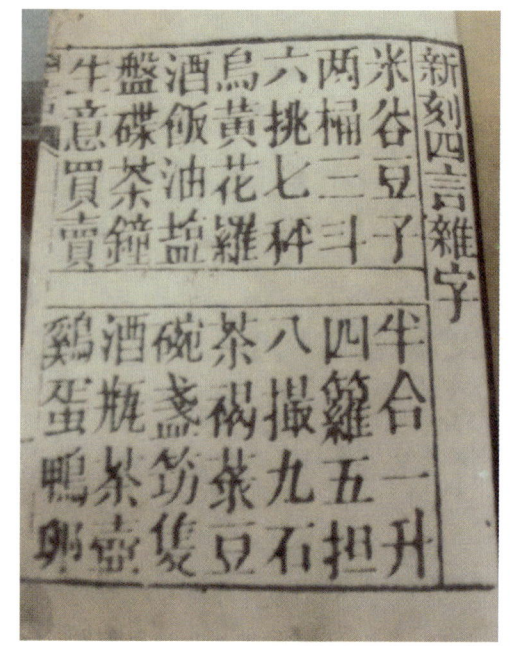

杂字《人家日用》

红薯白薯、青丝茄子、带豆苦瓜"。而有的物品尤其是工业品、日常用品却面目全非，在现代生活中几乎找不到影子，如，"棉梭葛布、苎麻焦布、京青罗山、安福平湖、大号青蓝、门庄新改、尤敦二梭、家机旧改、斜纹褐子"，"花鞋晨脚、蒲鞋编鞋、云头翻尖、纳鞋搭底、署毯绒袜、起缸作染、深乌娇蓝、桃红黑绿、银红毛青、卷摆碾石"。这说明生产资料的生长快于生活资料的生长，从某个侧面反映了200多年来工业文明的进步。

最后，呈现出鲜明的地方色彩和乡土风味。《人家日用》使用了许多客家方言俚语。客家方言俚语是客家地区的民间口头语言，具有地方性色彩。客家地区地处山区，历史上的不断迁徙与偏僻的山地环境，客家人以其独特的生存方式与顽强的生命力，创造了自己独特的文化传统，形成了自己独特的生活习惯和心态特征，同时也相应地创造了许许多多富有自己特色的方言俚语。《人家日用》中典型的客家俚语有：薯姜芋卵（芋卵即芋头）、芥菜萝白（萝白即萝卜）、蔬卵马荠（蔬卵，未知学名；马荠即荸荠）、棘瓜梨子（棘瓜即黄瓜）、炆烂猪头（炆烂即煮烂）、雉鸡土仓（土仓，学名可能叫竹鼠）、田鸡石卵（石卵即石蛙）、鸡卵鸭蛋（鸡卵即鸡蛋）、猪母猪子（猪子即猪崽）、贵散价钱（贵散即卖到好价钱）、耕田家伙（家伙即工具）、砍树破柴（破柴即劈柴）、割禾放水（割禾即割稻子）、虾公杂鱼（虾公即虾）。据语言专家考证，客家方言俚语保留了许多古汉语的成分，是研究古汉语的活化石。

迄今为止，笔者发现《人家日用》四堡刻本有三种，其中两种存于四堡书坊展览馆，一种是笔者的个人藏品。这些刻本皆刻印不精，讹误甚多，笔者认为，此书的价值

不在于其版本形式，而在于其思想内容，它的编写方法和保留下来的许多客家语言资料，是很值得研究的。

附：客家杂字之二《人家日用》，作者：邹圣脉

人家日用	柴米油盐	蔬菜茶果	酒肉新鲜	松光灯火	茅草烹食
早禾米饭	大冬糯谷	薯姜芋卵	菠苓苋菜	芥菜萝卜	萁菜蕺苴
葱蒜韭薤	胡萝卜菜	蔬卵马荠	豆豉胡椒	清明菌菇	香菇竹笋
豆芽豆腐	绿豆黄豆	笋干木耳	红薯白薯	青丝茄子	带豆苦瓜
老姜嫩姜	海粉山粉	腌菜藏浸	麻油茶油	蔗糖沙糖	米糖蜂糖
冬白老酒	时酒烧酒	荔枝龙眼	白菓核桃	莲蓬菱角	甘蔗枇杷
杨梅黑枣	桃李干蔗	油榉橄榄	栗子柿饼	漳州柑橘	西瓜土瓜
棘瓜梨子	奈子林檎	胭脂红李	香片冰糖	盐糟酱醋	糍粑糖糕
米板粽馈	豆馅面包	米粉豆粉	蕨粉乌豆	煮粥煮羹	做饭炊酒
炆烂猪头	寿桃菓盒	烧肉肉圆	镴鸡草鱼	鸭拇臊鸡	雉鸡土崙
鲶鲢鲫鲤	鳅鳝鳗蟹	田鸡石卵	猪肝心肺	牛肚血脾	膏骨蹄腿
鸡卵鸭蛋	猪爪羊肝	猪姆猪子	贵散价钱	细丝纹银	九呈八色
逼火润水	低假兑充	买卖菓籴	赊借现钱	填还本利	典当取赎
生于禾谷	加二加三	棉梭葛布	苎麻焦布	京青罗山	安福平湖
大号青蓝	门庄新改	尤敦二梭	家机旧改	斜纹褐子	棉布丝布
红白丝线	弦丝罗缎	绸绢纱绒	棉被裙袄	大袖长衫	短衫裤袜
水裤脚绑	花鞋晨脚	蒲鞋编鞋	云头翻尖	纳鞋搭底	署毯绒袜
起缸作染	深乌娇蓝	桃红黑绿	银红毛青	卷摆碾石	裁缝针匠
裁剪衣裳	熨斗枚针	双领绫缎	大红织金	簪帽儒巾	尾揖帽子
寒暑绒帨	缨子丝带	盝罗漆纱	耕田家伙	犁钯牛轭	犁壁担杆
锹头粪箕	粽索米箩	谷斗禾仓	谷笪篾篓	眠床蚊帐	枕头荐席
椅棹长櫈	篢箱橱柜	斧头柴刀	草刀劈刀	足秤官秤	斤两钱分
厘毫丝忽	石斗升合	百亩千担	万把千秤	九桶八贯	一丈三尺
三只四对	五双六件	各样货物	田租屋税	楼仓牛税	间房春堂
浴堂厨房	粪椽门路	店铺街坊	城里城外	人家客馆	府县州市
乡村保甲	田园沟坑	坡墈坑垄	祠堂庵庙	寺观社坛	田圫坟墓
船道路程	耕种耘莳	栽插苗秧	砍树破柴	割禾放水	劈茅担杆
芒做草鞋	晒粪添秧	收割田禾	供猪喂狗	看鸭牧牛	犁田送饭
茶壶酒瓶	碗碟匙筋	饭箕钵头	锅甑水桶	酒坛酒缸	茶盘酒钟

酒盏茶匙	面盆面架	梳箱镜架	铜镜密篦	耘耙锄头	屠刀屎钯
粪箕尿杓	罐嘴鎚钩	锄斧藤刀	劈锉刨钻	板斧刨刀	巧匠利锯
墨斗曲尺	规矩准绳	码子天平	厘戥算盘	夹剪铁锁	蓑衣笠麻
饭盆脚盆	甑盖鉋杓	叶盖笊篱	盐箕簸箕	盘蓝簸箕	米筛落斗
荚菖梭篦	菜蓝縩筐	鸡笼鸭篷	广锅铁铫	铸踏炉心	罐嘴秤砣
铁锤铁鐏	火锹铁杓	棕荐草席	毡条褥毯	雨伞木屐	皮屐钉鞋
花瓶烛台	香炉添桌	嘼篙竹网	酒罂鱼篮	石灰火把	青靛染布
做衫工钱	供饭点心	州省各别	礼仪皆同	迎仙拜佛	和尚道士
福首作头	建醮求福	禳灾还愿	散祸消灾	榨油浇烛	白蜡茶油
纸钱果品	各样斋仪	上筶做忏	诵经作会	跪拜行香	鼓手吹打
大铜铙钹	锣铳箫笛	凉伞彩旗	香案执事	礼仪器物	伶俐整齐
宇宙一统	天下两京	十八省场	六部衙门	都堂察院	布政三司
按察各道	各府州县	知府太守	二府同知	三府通判	四府推官
知县太爷	县丞二爷	主簿三爷	典史四爷	教谕训导	巡检司狱
朝廷宫室	府库廊庙	王家相府	察园衙门	布政司道	按察分司
鼓楼画阁	水阁凉亭	春夏秋冬	年月日时	新岁元宵	清明寒食
年节端阳	七夕中秋	重阳九月	冬至过年	丰登大熟	天下太平
算命卜卦	费米用钱	百姓人家	架造房屋	栋梁檐壁	门路厅堂
花台天井	香火祠堂	厢房厨间	浴堂楼仓	春堂垄磨	猪寮牛栏
鸭局鹅塘	鱼池鸡薮	鸟铳虎锤	篱笆墙垣	井灶土砖	瓦石灰桶
穿枋屋桁	屋角仰板	结盖步檐	门楼街巷	庵观寺门	僧人道士
师傅徒弟	匠夫人力	起工建造	待客酒席	冠婚丧祭	喜宴会亲
天下州省	南北两京	浙江山东	福建江西	广东广西	云南四川
河南陕西	湖南湖北	贵州山西	本省十府	福州泉州	兴化漳州
福宁台湾	上有四府	延平建宁	邵武汀州	又有二州	龙岩永春
本府八县	长汀宁化	清流归化	连城上杭	武平永定	完纳钱粮
经丞图差	走往催征	漏派照例	以供国家	秀才监生	吏员乡约
百姓耆老	乡宦绅衿	主公佃户	士农工商	鱼樵耕读	三教九流
阴阳医士	地理算命	丹青相士	七僧八道	九流琴棋	文房四宝
纸笔墨砚	文约契书	寄信请柬	油票税约	告示审单	告诉呈状
里长当役	拜见下程	催征比较	伺候官府	初一十五	升堂画卯
早堂签押	投文审事	造册书房	俱给酒食	户丁理年	男丁女口
各户甲首	不许拖欠	众乡排甲	提防贼盗	乡长约正	总甲地方
做牙会士	出菜敛银	请客接官	答应斋备	夫马迎送	准备火把

灯笼蜡烛	线香点火	手本名姓	叩首作揖	春秋二祭	始高曾祖
考妣父母	轮祀蒸尝	宰牛杀猪	鱼鸭羹粄	茶酒田螺	芋卵笋荚
祭首供应	纸钱香烛	割墓修坟	分胙米果	子孙宗族	伯叔兄弟
次序行礼	不可怠慢	新年拜图	各依房分	出办礼物	礼生唱班
设酒桌席	老幼昭穆	赤蟹化蟹	鸳鸯鞋底	银鱼海蛰	金钩蛏干
虾米海参	鳗干蜂鱼	鱿鲳马膏	咸鱼海味	黄瓜马头	洋鲍墨干
黄螺杂花	鹿筋沙翅	燕窝龙肠	禾虫雪虫	虾公杂鱼	诸般物色
朝夕抄写	体认字画	熟记于心	可以应用	后生小子	亦可无求

（三）无名氏《初开天地》

四言杂字《初开天地》，不分卷，未署编者姓名，亦未注明成文时间，约 2900 多字。《初开天地》是近年新发现的用客家方言以四言韵句编成的启蒙读物。该文内容涉及范围相当广泛，诸如天地万物、读书做官、生老病死，士农工商、男婚女嫁、农具农活、契约诉讼、架造建筑、纺棉织布、技艺百班、药物药性、庵场寺庙、行政区划等，几乎无所不及，无所不谈。

该文一开始叙说天地之起源，高度概括宇宙的种种物象："初开天地，盘古人皇。风云雨露，星宿冰霜。落雹落雪，太阴太阳。朝霞夜雾，霓出虹藏。雷霆闪电，日月争光。春生秋实，夏日冬凉。五行生克，八卦阴阳。君臣父子，伦理纲常。"这段文字虽然不多，内容却涵盖天地万物的起因及变化，其中有"盘古开天地"的传说，有春夏秋冬、风云雨露、雷鸣闪电的自然现象，有阴阳八卦、五行相生相克的辩证思想，也有封建的君臣父子伦理纲常。接着，作者在文中大肆渲染读书做官的观点，"恩拔岁例，贡监科场。举人副榜，一族增光。解元进士，科甲联芳。翰林主事，中书侍郎。探花榜眼，大发书香。状元及第，天下名扬。或招驸马，或选琴堂。做官发达，遮盖一乡。"这段几乎不加掩饰的直白，反映了千百年来人们对读书做官的憧憬和追求。紧接着，文中用大量的篇幅叙述日常用品、食物和农事、农活、农具等，这些涉及衣、食、住、行的名物，具有很强的实用性，普通百姓是最需要了解和掌握的。熟识了这些字和词，就可以写写书信，记点豆腐账什么的。

该文最有特色的是它对技艺百班的描述，读来饶有

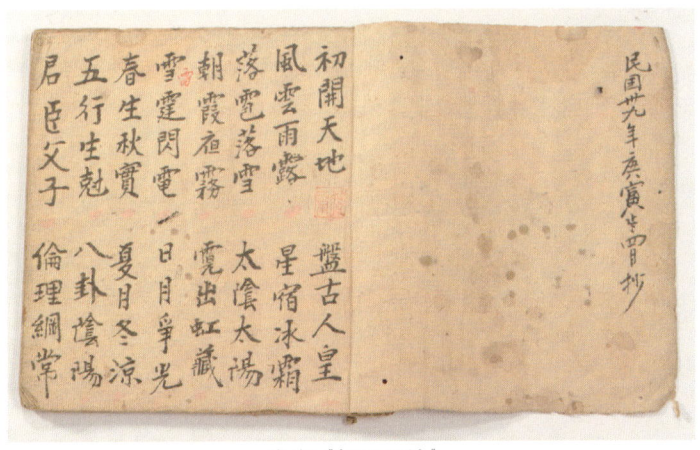

杂字《初开天地》

趣味。所谓"技艺百班",是指有一定技术外出做工的人,犹如当今外出打工的技术工人,在清代主要包括这些群体:"算命测字,看相问卜。地理画工,行医教读。煽铁溜金,打银琢玉。鞔皮铸铜,锯枋伐木。扛轿剃头,篾匠破竹。花匠雕龙,泥匠造屋。"它首先交代技艺百班动身外出应注意的事项,"起身出屋,盘费要足。叩许公王,香茶纸烛。酬谢鸿恩,牲仪猪肉。人事程仪,践行洗足。伙食盘钱,行李包服。食盛菜蔬,灰蛋牛肉。三飨点心,硬饭虚粥。"它对技艺百班的商业经营是这样叙述的,"技艺百班,各人所熟。照顾承蒙,全靠亲族。伙伴相帮,租店税屋。生意开张,堆金积玉。鏖战天平,簿账数目。秤子算盘,件件皆足。或开盐行,或设或局。卖纸买香,粜米籴谷。京果油盐,腐干酒曲。杂货纸张,面粉麦粟。贩价掇来,三分五六。入店发售,四分二足。汗路过山,奔奔逐逐。抽税若干,厘金总局。赊账现银,过簿誊录。折本赚钱,绑扯劳碌。结数妆成,抽身归屋。"最后,它对百工们外出结束返家要重视的问题,说:"雇担搭船,算清账目。紧急延躅,赶走快速。绑缚零星,检点衣服。行李枕箱,洋毯被褥。出路艰难,回家享福。置地买田,生银放谷。毫锭纹银,八呈十足。垫用钱两,赊剩找赎。和息乡邻,亲朋子叔。"技艺百班从动身出门,到商业经营,再到结束回家,每道环节的描写不但周到详尽、生动诙谐,而且还有一定的教育意义。

据文中"大清一统"、"二十三省"、"台湾福建"字样分析,该文可能写于清末光绪年间。光绪十一年(1885年)垂帘听政的慈禧太后,下旨同意左宗棠的奏请,福建政务由闽浙总督兼管,将福建巡抚改为台湾巡抚,正式下诏在台湾建省。到1888年正式实现闽台分治,台湾单独设省。全国原二十二个省升为二十三个省。据此可推测该文编写于清光绪十一年之后而不是之前。

作者在叙述全国二十三省、福建九府二州、汀州八县后,还详细介绍了上杭、永定两县片区情况:"永定五里,上杭分下。溪南胜运,太平丰田。金丰在内,五里凑完",这说明作者对上杭、永定一带情况相当熟悉并情有独钟,由此也可推断,作者应是上杭县或永定县人。全文思路清晰,文字老到,详略合理,作者有可能是饱读经史的落魄秀才。

是书为毛笔抄本,字体苍劲老辣,颇为可观。抄者姓名不详,据书后题跋,1948年转抄于闽汀林兰堂刻本。

附:客家杂字之三《初开天地》,作者:无名氏

初开天地	盘古人皇	风云雨露	星宿冰霜	落雹落雪	太阴太阳
朝霞夜雾	霓出虹藏	雷霆闪电	日月争光	春生秋实	夏日冬凉
五行生克	八卦阴阳	君臣父子	伦理纲常	人生七岁	送入学堂
尊师敬友	孝顺爹娘	墨笔纸砚	书籍文章	县府考试	屡次冠场

补增补廪	郡邑文庠	恩拔岁例	贡监科场	举人副榜	一族增光
解元进士	科甲联芳	翰林主事	中书侍郎	探花榜眼	大发书香
状元及第	天下名扬	或招驸马	或选琴堂	做官发达	遮盖一乡
教授教谕	正堂左堂	知州知县	武官食粮	同知知府	六部侍郎
布政按察	御史都堂	宗师通判	抚院督粮	司狱巡按	宰相朝王
总兵游击	将军发粮	都阃守备	文武满堂	庶民百姓	士农工商
耕田做事	浸谷落秧	禾糯粘稳	早赤白芒	冬瓜扁豆	芋卵薯姜
萍子稗草	黍稷稻粱	锸头铁鎚	镰子几张	犁耙辘轴	蓑笠遮凉
高车竹笕	滓水荫浆	作坡砌圳	坑里湖洋	田垄水堀	阴压显阳
山崖石磜	出塅田洋	歪畲窝压	坪顶窠场	泥墩凹凸	岭岌山岗
荒埔田隔	菜园地厢	锄耘割草	拓掘剜塘	田塍岐坎	圻埔节行
蓬茏塞薮	草坝开荒	崩洪崩缺	大水堤防	田刀劈子	绑坎捡光
薛田择粪	横行直行	割禾担秆	炎热难当	簵篮谷笪	禾梯禾榾
冇湿干净	晒炙入仓	风车面扇	上纳照常	舫箩斗库	升合收量
饭飨鸭信	好酒茶汤	续买阄分	中见在场	画号花押	契券一张
准折对债	价银几两	面踏田款	四址分相	过手管业	不得翻腔
招赁批纸	找价断肠	讬咐掌管	窃卖田庄	挪移私退	隐匿抛荒
偷买盗骆	自行抵当	谋占横霸	欺弱恃强	经投理论	乡约地方
诉呈告状	具控一场	经承原差	吏户六房	快班皂隶	传话值堂
代书抱状	衙役商量	干证喝令	窝家保藏	呈批勘审	吊案到堂
教唆奸诡	索骗善良	出票签押	拿究追赃	枷锁拷打	摆布难当
监牢夹棍	捉入班房	清官断决	酬谢经旁	印契割米	额载钱粮
排年承管	津贴照房	册书算结	该钱银两	厘毫清楚	差不下乡
若不了理	累户害房	年月大利	架造厅堂	先生师傅	打开屋场
罗盘阡点	花红米粮	栏杆挑椽	桁角柱梁	幕风滴水	刀口棚枋
门牌窗扇	屋栋扛梁	壁厨梯叶	花板屏枋	墨斗屈尺	油漆烫光
削刀角钻	锯子几张	凿刨板斧	开板锯枋	锋利快厕	切莫毁伤
拈灰作栋	石脚舂墙	遮砖盖瓦	前后两廊	花台砌坎	伸手厨房
檐滕门路	天井围墙	晒台横屋	牛栏厕缸	围屏衣架	藤枕凉床
铜盆钱柜	油瓶灯光	高厨扁笼	帽盒皮箱	纺棉绩絘	织布拖浆
绫罗丝绢	织绒加长	苎麻蕉葛	漂白蓝洋	染乌冻绿	碾石靛缸
青篮乌黑	赤白红黄	印花杂色	阔扣长庄	裁缝开剪	尺寸照量
火鉴烫斗	纫缝摩光	纽子丝线	连串针行	剪布裁衣	单裌面裾
裙衫裓子	热裤袜帏	风领套袖	短袄长皮	手巾脚裹	呢子哔叽

长衫马褂	圆领大衣	被肩补服	蟒袍衬衣	土沙洋布	紫花家机
绸纱罗缎	四季衫衣	毡毯裤子	蚊帐花被	褴褛伶俐	袈裟道衣
丝拖佩带	坐褥桌帷	荷包扇袋	凉伞彩旗	矮缨帽壳	蒲席棉被
绉纱罗帕	前围后围	凤冠霞帔	云肩面衣	磁器烧碎	水晶玻璃
上髻梳头	戒子牙钉	钳镯首饰	眠补枕头	耳环钗子	帐帏帐钩
骨梳竹篦	剃面梳头	烛台镜盒	洋银坠腰	妆奁厚薄	攀赔两头
男婚女嫁	㓾猪杀牛	宰牲歃血	豕腿猪头	肝花熟肉	内腹猪腰
干皺灌水	软硬骨头	肉圆蕨粉	豆豉椒椒	鹿筋沙齿	虾米金勾
蛏干海鳌	墨鱼几条	香菇贴底	云耳拥头	甜酸辣涩	咸淡盐调
焙煎炒腊	灸烂蒸烧	炖熬煮熟	烬滚爊烧	杯盘碗箸	盆罐砵头
罂瓮缸坛	汤匙碟瓯	杂箩扛盛	甑算笊篱	瓢杓铁铫	镬铲锅头
甑棚姜锉	铁钳火钉	春臼砻碓	水杓匜钩	踏糠碾米	簸箕帚头
米筛醋帕	水桶篾钩	纸槽刷把	磨石砻谷	楠机梭筬	胶伞镬头
铁锤刀鞘	剑匣矛钩	长枪短棍	半斩钯头	秆扫撮斗	山厂田楼
槐凳擎棹	校椅几条	茶壶棕荐	石钞羊头	竖桅登區	墓道牌楼
造塔筑寨	凉亭拱桥	土窖废矿	银窖炭窑	鸭笼猫局	鸡栖猪橑
圆毛扁毛	六畜居多	胞胎伏卵	嫲牯公婆	豕名刚鬣	羊曰柔毛
兔公狗牡	牛称大牢	麒麟狮象	骊马驴骡	貔貅水獭	绵羊骆驼
黄猄鹿子	狐狸尾拖	猿猴老鼠	鲢鱼鳞多	豺狼虎豹	走在深窠
爪牙齿角	翼膈生毛	黄鹂百罗	鸦鹊鹩婆	鸥鹬鹦鹅	鸧鹕雁鹅
斑鸠鸿鹄	鹧鸪百罗	鸳鸯鹈鸽	孔雀鸢哥	凤凰白鹤	燕鸽乌鹅
遊山打猎	铳箭花螺	稍工渡子	船公船婆	风帆篾缆	蓬桨竹篙
撑船摆舵	大海江河	船钯庠斗	平水风波	钩干鱼晶	戴笠披蓑
麓簌罾网	上滩下河	乌龟鳖子	蛟龙鼋鼍	弯鲢鲤鲫	蛸贯黄螺
塘虾鲟蟹	黎鳠更多	鳄鲅鳅鳝	石仑田螺	蚌蟓墨鲍	海鲤燕窠
剥皮切脍	须用屠刀	珍馐百味	豆酱油膏	葱蒜薤菱	葡萄鲍茄
当椐苦荚	芥荇芹果	番薯乱嘴	绿豆芋亳	齐板粽壹	馒饼糖糕
豆芽萌笋	酸醋柑糟	枇杷甘蔗	橄榄樱桃	柿榉柑桔	李栗梅桃
荔枝龙眼	石榴杨桃	成熟脱核	拾担八箩	芭蕉萱草	兰菊莲荷
蓉芙槐桂	芍药蓬蒿	榕檀杞梓	枫杉松豪	柘桑杨柳	樟槠桐柯
斫柴伐树	手斧柴刀	起身出屋	盘费要足	叩许公王	香茶纸烛
酬谢鸿恩	牲仪猪肉	人事程仪	践行洗足	伙食盘钱	行李包服
食盛菜蔬	灰蛋牛肉	三餐点心	硬饭虚粥	算命测字	看相问卜
地理画工	行医教读	煸铁溜金	打银琢玉	鞍皮铸铜	锯枋伐木

扛桥剃头	篾匠破竹	花匠雕龙	泥匠造屋	技艺百班	各人所熟
照顾承蒙	全靠亲族	伙伴相帮	租店税屋	生意开张	堆金积玉
鏖战天平	簿账数目	秤子算盘	件件皆足	或开盐行	或设或局
卖纸买香	粢米籴谷	京果油盐	腐干酒曲	杂货纸张	面粉麦粟
贩价掇来	三分五六	入店发售	四分二足	汗路过山	奔奔逐逐
抽税若干	厘金总局	赊账现银	过簿誊录	折本赚钱	绑扯劳碌
结数妆成	抽身归屋	雇担搭船	算清账目	紧急延骦	赶走快速
绑缚零星	检点衣服	行李枕箱	洋毯被褥	出路艰难	回家享福
置地买田	生银放谷	毫锭纹银	八呈十足	垫用钱两	赊剩找赎
和息乡邻	亲朋子叔	恃势欺凌	决不容情	合乡严禁	商议章程
周围瞒伏	掳掠查巡	嘄窑嫖赌	扰乱乡村	呼幺喝六	耗散家门
习棍闹事	连累房亲	虚花浪荡	奇怪妖精	风流拗子	走唱游民
乞食叫花	不得上坟	斗杀打架	教唆骗人	服毒图赖	冤枉仇深
拦抢打劫	凶手罪人	冒籍替考	法律严明	糊涂贪滥	忤逆双亲
命盗奸拐	罪孽非轻	越例犯法	捆送衙门	拼命窜走	剿灭罪人
皮鞭竹板	牢狱重刑	流徒斩绞	囚笼充军	诸般药性	易学难精
珍珠琥珀	苍术茯苓	附子肉桂	槟榔杏仁	硼砂滑石	桔梗细辛
青矾梧子	枳壳黄苓	香菇荆芥	厚朴茱苓	元参枸杞	白蔻痧仁
鹿茸蝉蜕	杜仲茯神	蒺藜苏木	升麻郁金	麝香阿魏	白芷黄精
陈皮甘草	木贼决明	虎胶神曲	羌活樨仁	紫湖贝母	石膏麦门
丹膏丸散	酒烬水炖	用药不效	生死俱分	入殓出殡	棺椁衣衾
幢幡宝盖	灵屋铭旌	成服应七	开吊诵经	蜡烛银锭	撰盒祝文
冥巾代奠	四邻六亲	麻衣孝杖	子侄曾孙	冥资财帛	扶柩到坟
香炉神主	上坐化云	勒碑碣墓	埋葬筑坟	山头坐向	定穴南针
艮寅丑癸	甲卯乙辰	巽巳丙午	丁未坤申	庚酉辛戌	干亥子壬
消山纳水	须用罗经	竖符动土	镇煞请神	峰峦局口	明堂分金
屏嶂砂手	穴正龙真	春秋祭祀	备办消蒸	蜈蚣蝴蝶	草蜘蜻蜓
灶鸡黄蚕	蛇蚁虫蚊	蝉子草蟒	蚊子山蚋	官螗狗虱	喝血咬人
蝙蝠蜘蛛	蟋蟀蚕丝	嘴咛胸膈	脑背腹脐	头颅眉发	胡髯胡须
齐肩额鼻	脚膝体肢	掩膀乳痣	耳目心思	爬起跌倒	笑貌言辞
跛驼歪矮	聋哑呆痴	疯痰痔痢	麻痘痛疽	痨痢瘟瘴	肿毒丰姿
痧痒咳嗽	须用桂枝	瘤疔痔症	不脱香苏	暗酸膨胀	速请医师
瘢疮癣癞	漏涎牵丝	唾泄滞泻	脓汁膏脂	大清一统	远近亲疏
二十三省	第一京师	盛京直隶	吉林江苏	安徽河南	浙江陕西

新疆甘肃	四川江西	台湾福建	山东山西	湖南湖北	广东广西
云南贵州	天下可知	福建一省	先算福州	建宁兴化	漳州泉州
延平邵武	福宁汀州	龙岩永春	九府二州	汀州八县	长汀宁化
连城武平	清流归化	永定五里	上杭分下	溪南胜运	太平丰田
金丰在内	五里凑完	高曾祖考	子孙曾元	妻舅女婿	外祖为先
姑姨姐妹	媳妇周全	公爹婡姐	兄弟同年	伯姆叔姗	姊嫂团圆
外甥岳父	上尊下贤	谦虚褒奖	礼义话言	庵场寺庙	菩萨神仙
神龛纸札	铳炮连天	荤腥斋果	瓜线香丸	傀儡演戏	吹手工钱
喇叭唢呐	锣鼓月炫	琵琶筯板	磬彻铃圆	撞钟擂鼓	绕拨三弦
尼姑和尚	跪拜神前	抽签噘答	问卦结缘	阴功施舍	祸去福延
叮咛嘱咐	酒色猜拳	啰喤骂话	反悔前怨	亲朋应答	酒饭茶烟
订簿记数	银水花边	十千一万	十百一千	一斗十六	一两十钱
人生在世	万事由天	忠孝为本	勤俭为先	须平心地	乃广福田
安家乐业	听天自然	世间事物	不能尽言	留心体认	杂字俱全
虽然俗话	难记眼前	读书君子	传教万年		

（谢江飞据民国三十八年抄本整理）

注释

［1］鲁迅：《朝花夕拾》，人民文学出版社1972年版，第34页。

［2］《礼记·学记》卷一八，清光绪刻本。

［3］张志公：《传统语文教育初探》，上海教育出版社1962年版，第89页。

［4］黄卓越、桑思奋主编：《中国大书典》，中国书店1994年版，第505页。

［5］《二十五史·明史》（缩印本），上海古籍出版社1986年版，第8387页。

［6］张志公：《传统语文教育初探》，引言，上海教育出版社1962年版，第25页。

第七章

科举教育

一、科举制与四堡刻书业

科举制是一种通过考试来选拔官吏的制度，它起始于隋开皇七年（587年），发展并成熟于唐朝，废止于清光绪三十二年（1906年），前后历时1300余年。科举制对中国社会和文化产生了巨大影响，直接催生了不论门第、以考试产生的"士大夫"阶层。有人统计过，通过科举考试，历代共选拔出800多名状元，10万名以上的举人、进士，秀才难以计数。

隋唐以后，科举制经过了不断演变与发展，到了明清时期，已建立一套相当完善的制度与程序。明清科举分四级：第一级为童试，第二级为乡试，第三级为会试，第四级为殿试，并严格规定不可越级考试。

童试：即童生试，俗称"小考"、"小试"、"考秀才"，既是童生进入府州县学的入学考试，又是读书人获取功名的初试。清代童试三年考两次。秀才又称生员，尚未取得生员资格的读书人，不论年龄大小，均称为"童生"。童试包括县试、府试和院试三个阶段的考试，只有依次通过这三次考试的合格者方可称为生员。院试得到第一名的称为"案首"。通过院试的童生都被称为"生员"，俗称"秀才"，算是有了功名，进入士大夫阶层。秀才有免除差徭，见知县不跪、不能随便用刑等特权。院试录取的生员，根据其考试成绩的好坏，被分配到县学或府学深造。名列前茅的才能获得参加乡试的资格。

乡试：每三年一科，每科考三场，每场考三天，共计考九天。时间固定为阴历子（鼠）、午（马）、卯（兔）、酉（猴）年的八月，由于其时为秋季，所以乡试又称"秋闱"。乡试的考场一般设在交通便利的省城。主考官由皇帝亲自委派，而监考官则由各省的巡抚担任。考题是：首场试四书、五经；二场试论、判、诏、诰、表；三场试经史、时务、策。通过乡试考取的人称为"举人"，第一名称为"解元"。中了举人便具备了做官的资格。

会试：又称"礼闱"，它是由礼部主持的全国性考试。参加会试的人，必须具备举人的资格，但又不是所有的举人都能参加会试，他们还得经过磨勘和复试的考核，唯有

名列前三等的方可参加会试。会试的时间定为乡试后一年的三月举行，因其时为春季，所以又称"春闱"。会试的发榜在阴历四月，此时正值杏花开放，所以也称作"杏榜"。会试杏榜题名的称为"贡士"，会试的第一名称为"会元"。

殿试：为科举最高一级的考试，由皇帝亲自主持。时间一般为阴历四月。考试内容为经、史、时务、策，规定当日交卷。殿试考中的称为"进士"，录取名单称为"甲榜"，又称"金榜"，分为三甲：一甲只有三人，第一名状元、第二名榜眼、第三名探花，赐"进士及第"。二甲多人，赐"进士出身"。三甲则赐"同进士出身"。二、三甲第一名一般称为"传胪"。按清代的规定，一甲三名在殿试揭晓后立即授职：状元授翰林院修撰；榜眼、探花授翰林院编修；其他进士，则按复试、殿试、朝考所得等次，分别授予庶吉士、主事、中书、行人、评事、博士、推官、知州、知县。殿试只用来定出名次，凡参加的贡士通常都能成为进士，不会再有落第的情况。

自汉武帝"罢黜百家，独尊儒术"后，儒学成为历代统治阶级的主流意识形态。儒家经典也就毫不例外的成为科举考试的主要内容。隋唐时期的科举所谓"帖经"和"墨义"，实际上就是对儒家经文的填空或问答。南宋朱熹把《礼记》中的《大学》、《中庸》两篇连同《论语》、《孟子》合编为"四书"，并作了注解，称之为《四书集注》。元代以后，以朱熹著述的《四书集注》作为科举考试的标准读本。明清时期科举考试皆以四书的内容命题，要求考生以古人的语气阐述经义，"代圣人立言"，用八股文作答。

八股文又称时文、制义或制艺。它滥觞于北宋。明成化年间逐渐形成比较严格的程式，此后一直沿用下来，由明中期起始而泛滥整个清代，直到戊戌变法后，才随着科举考试的停止而废除。

萃古林藏版《四书遵注合讲》

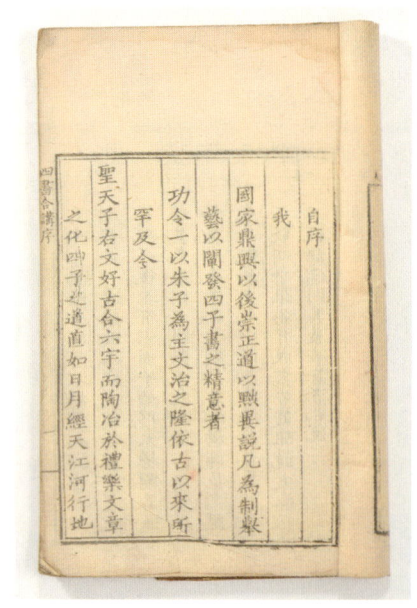

萃古林藏版《四书遵注合讲》

大成堂《四书衬》

《四书人物类典串珠音注》

八股文每篇文章均按一定的格式、字数，由破题、承题、起讲、入手、起股、中股、后股、束股八部分组成。破题是用两句话将题目的意义破开；承题是承接破题的意义而说明之；起讲为议论的开始，首二字用"意谓"、"若曰"、"以为"、"且夫"、"尝思"等开端；"入手"为起讲后入手之处。起股、中股、后股、束股才是正式议论，以中股为全篇重心。在这四股中，每股又都有两股排比对偶的文字，合共八股，故名八股文。题目主要摘自四书、五经，所论内容主要据朱熹《四书章句集注》，不得自由发挥、越雷池一步。八股文注意章法与格调，本来是说理的古体散文，但它最后演变为专讲形式、没有内容僵死的文体。文章的每个段落死守在固定的格式里面，人们只是按照题目的字义敷衍成文，不仅使士子的思想受到极大的束缚，而且败坏学风。有人认为八股文、鸦片和小脚女人是近代中国的三大陋习。

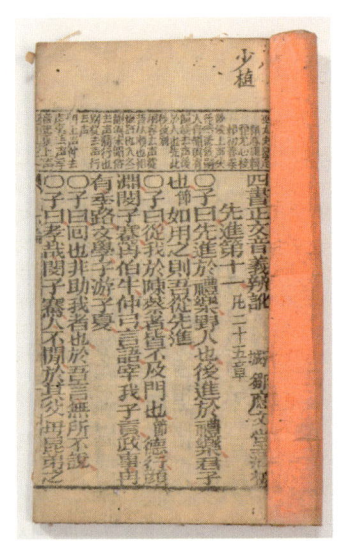
应文堂《四书正文音义辨讹》

明清科举制度的成熟和发展，吸引了当时广大士子走向读书应举的道路。从而，促进了官学与私学的兴盛，同时也带来坊间刻书业的繁荣。各类私塾、书院的兴建和学子的不断增加，需要大量的科举教材和读物。四书、五经通用教材，宋、明理学家们的著作、讲义、

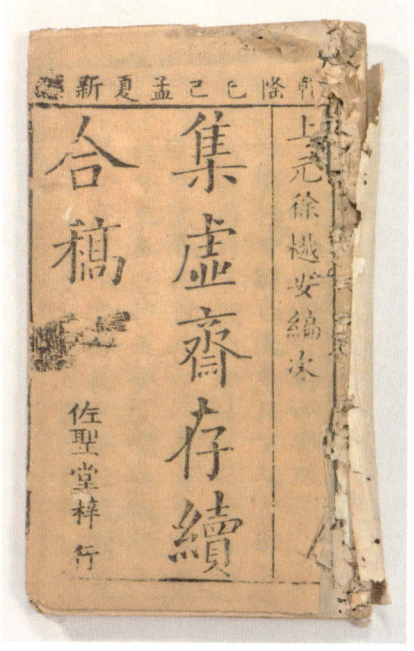
佐圣堂《集虚斋存续合稿》

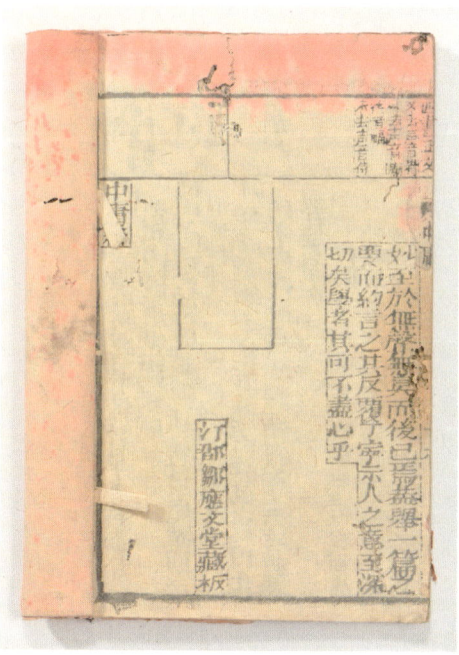
汀州应文堂牌记

语录、注疏等都成为学子必备的工具，其需求量越来越大。为适应科举考试的需要，四堡书坊刊刻了数量众多的科举用书。这些科举读物不但数量特大，而且种类齐全，应有尽有。清杨澜《临汀汇考·物产篇》曰："长汀四堡乡，皆以书籍为业，家有藏版，岁一刷印。贩行远近。虽未必及建安之盛行，而经生应用典籍以及课艺应试之文，一一皆备。"据统计，四堡书坊刻印的科举读物多达418种。这些读物大致可分为三类：

一类为经史典籍，它们有：《四书》、《四书监本》、《易经》、《易经监本》、《诗经》、《诗经监本》、《书经》、《书经监本》、《春秋左传》、《春秋谷梁传》、《礼记》、《孟子》、《老子》、《庄子》、《墨子》、《荀子》、《管子》、《韩非子》、《淮南子》、《庄子·南华经》、《国语》、《楚辞集》、《战国策》、《史记》、《汉书》、《后汉书》、《三国志》、《隋书》、《旧唐书》、《宋史》、《资治通鉴》、《续资治通鉴》、《元史》等。

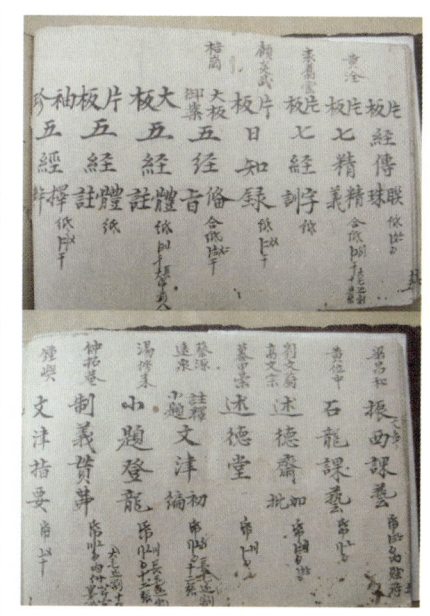
清代抄件四堡刻书科举读物书目（局部）

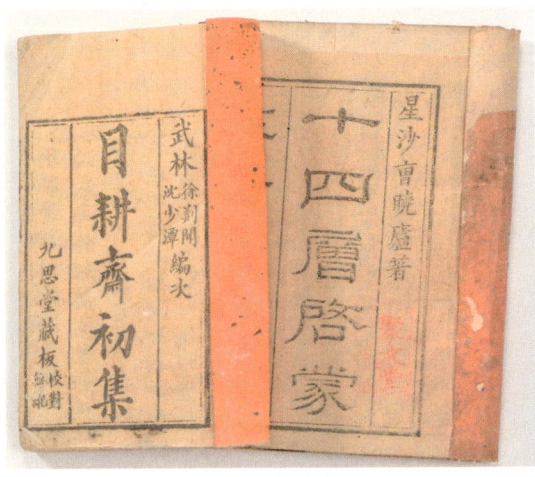
九思堂版本

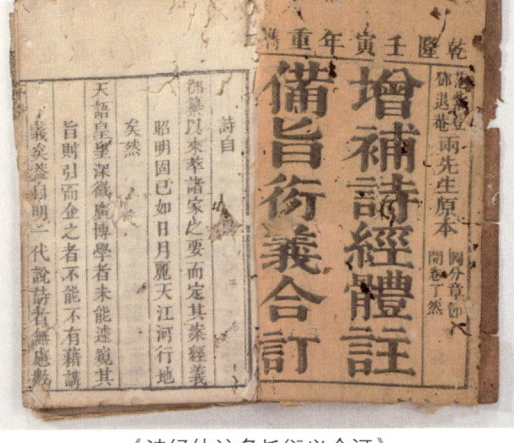
《诗经体注备旨衍义合订》

二类为经史注释本、节选本，它们有：《四子书》、《四书白文》、《四书集句》、《四书注解》、《四书合讲》、《四书备旨》、《四书补注》、《四书阐注》、《四书典考》、《四书题决》、《四书题解》、《四书题考体注》、《四书撮言》、《四书备旨题窍》、《四书古今合解》、《周易正义》、《周易本义》、《周易集解》、《易经离句》、《易经备旨》、《易经旁训》、《毛氏周易精解》、《诗经离句》、《诗经正义》、《诗经备旨》、《诗经辑要》、《诗经拟题》、《毛氏诗经精解》、《诗经琳琅》、《书经汇参》、《尚书离句》、《左传注解》、《左传句解》、《礼记贯解》、《礼记体注》、《礼记省度》、《毛氏礼记备旨》、《五经旁训》、《五经摘要》、《五经题镜》、《五经旁训题旨》、《五经文选》、《七经典腋》、《苏批史记精华》等。

三类为时文（相等于现今范文）以及相关的词典、词汇工具书，它们有：《考卷问珍》、《乡墨精锐》、《小题正鹄》、《乡党详说》、《小草庐时文》、《同怀剩义》、《目耕斋初集》、《集虚斋全稿》、《时务新策》、《行文资典》、《考卷斯成》、《望溪课士》、《课金镜》、《馆精赋》、《文章入门》、《蒲编堂集》、《铁钢珊瑚全集》等。

科举类时文一览表

类别	书目
科举类时文	小题明文解、小题明文贯、小题偶抄初编、小题拾芥初集、小题拾芥二集、小题浚灵、小题指南初集、小题指南二集、小题指南三集、小题薮芥、小题锥颖、小题圆润、小题采风、小题英锐、小题锐锋、小题尖锋、小题利锋、小题课虚、小题秀器、小题文粹、小题文抄、小题时尚、小题别体、懋斋小题、小题正鹄、小题神技、小题灵源、小题秘诀、小题拆字、小题登龙、小品文粹、小别体、注释小题文、注释利试文楷、注释利试、注及锋集、注释春霆、注释八铭、注释英雅初集、注释禹门课艺、注释追琢集、注释分类文、注张晓楼、注青云路、初学文范、初学指掌、初学鹏程、初学入门、初学篇篇锦、初学宝锦、初学正风、初学快心、初学先程、初学绳墨、初学引机、初学玉玲珑、初学文矩、初引礼、墨选大观、墨选观止、墨选精锐、墨选精诣、墨选质言、墨卷酌宜、墨鹄约刊、

科举类时文	墨卷衡品、元墨正宗、闱墨文胲、五科墨卷脱颖、考卷约选初集、考卷约选二集、考卷约选三集、考卷英华、考卷斯成、考卷选胲、考卷隽快、考卷脱颖、截搭新编、截搭云锦、截拾斯盛、截搭观止初集、截搭观止二集、文法指南、文法入门、文法金针、文法度针、文章入门、文津指要、英雅二集、英雅三集、时文备法、时文拓胸、时艺九种、三山时文、时文笔谱、映雪斋时文、馆若时文、巧搭观成、巧卷脱颖、巧搭文选、巧对生花、搭题文粹、搭题备法、联章长搭、举业前模、举业新模、举业定程、孙益斋初集、孙益斋二集、东村晚存、东村掇余、集虚斋课、集虚斋全稿、屑琼初集、屑琼二集、天崇百篇、天崇欣赏、高批天崇欣赏、狐白初集、狐白二集、名文秘要、批点名文约编、吟花初集、吟花二集、法门引进初集、法门引进二集、高厚蒙求、增注周礼蒙求、经义快览编、五经义法程、经义准绳、制义胲班、制义贯串、同怀制义、二纶串文、二论引端、述德堂、加批述德斋、由字曲、由诗学、作文意路、懋斋时艺、山西试艺、试策法程、庞沙园稿、鹤和楼稿、乐育堂稿、闽峤文约、陈勾山改本、振西课艺、石龙课艺、百川塾课、碧山堂归正、槐阴堂稿、阙疑斋稿、浦编堂集、铁钢珊瑚全集、望溪课士、俞长城史论、日耕斋初集、司马温公论政事要论、本朝三十名家、花样集锦、袖珍集锦、前八集分编、后八集分编、偶抄五编、批注存真订注、姓氏题文、分类文胲、发蒙针度、芹宫新谱、浚灵秘书、中式花样、津初编、引蒙易晓、采芹捷诀、龙门必初跃、课童金锐景、童子问路、三礼图、三才略、三礼便读、三家俚言、五集字、七名家论、八面锋、十岁能文、十三经不二字、十四层捷诀、百子金丹、作文谱、明文明、东莱博议、课金镜、馆精赋、东元字、西元字、学资典、而难帖、骈言、艺类撷新诗学、地球韵言、史论初阶、史案、珠音注、增广文料大纯、广治评略、新味根、片水吉、清元才、求是全、本求真、火山平、故灵源、周犊山、传选、味根艺林萃珍、朱子条辨、学文资典、行文语类、进学解、仪礼章句、左国汇纂、国语合解、学庸爽心、学庸图说、孟子点睛、苏批孟子、中庸义疏、乡党图考
备注	合计 231 种

应该看到，为满足读者的广泛需求，四堡书坊有些坊主对科举读物进行了某些加工，推出了各种注释本、节选本与白话文本。如，四书五经的节选本、白话文本，有九思堂《四子书》、文行堂《较正监韵分章分节四书正文》、应文堂《四书正文音义辨讹》等；四书五经的注释本，有邹圣脉《五经备旨》，马良奇《书经备旨辑要》等。这些自编自印的读物，为科举士子提供了更多的精神食粮。

上述可见，四堡书坊刊刻的大批四书五经原典、注本与时文，它们都是科举应试教育必需的读物。在某种角度上说，四堡刻书业的繁荣与科举制有紧密的关联，是科举制成熟与发展的必然结果。当然，这些刻本不光提供科举士子课读之用，也可以提供不是科举士子的其他百姓阅读。总之，四堡书坊刻印的科举读本，与蒙学读物一样，成为其生产的主要文化产品之一。

二、科举读物

四堡书坊刊刻的科举读物虽然数量巨大,可谓"经生应用典籍以及课艺应试之文,一一皆备",如今由于年代久远,经自然消耗,加之天灾人祸,存世者寥若晨星。笔者多年注意搜集此类刻本,仅发现有堂号的刻本二十余种,它们是:翰香斋《七经考义联珠》,枕松堂《列国左传要诠》,寄傲山房《礼记全文备旨》、《春秋左传备旨》、《易经备旨》,云林别墅《五经备旨》,乾隆堂《四书撮言》,崇兴堂《书经补注辑要备旨》,应文堂《四书正文音义辨讹》、《较正监韵分章分节圈点四书正文》、《时务新策》,文行堂《铜板四书补注附考备旨》、《较正监韵分章分节四书正文》,素位堂《监本诗经》,文林堂《四书白文》,九思堂《四子书》、《目耕斋初集》,佐圣堂《集虚斋全稿》,裕丰堂《增补诗经体注衍义合参》,桂林堂《周易备旨》、《书经补注辑要备旨》,本立堂《左国汇纂》,翼经堂《经义快览编》,同文会《诗经备旨》,琼林堂《诗经》,大成堂《四书衬》。下面略举数种并说明之。

(一)邹圣脉《易经备旨详解》

《易经备旨详解》四卷,岭梅邹梧冈先生手辑,桂林堂梓行,无版刻时间。邹梧冈,

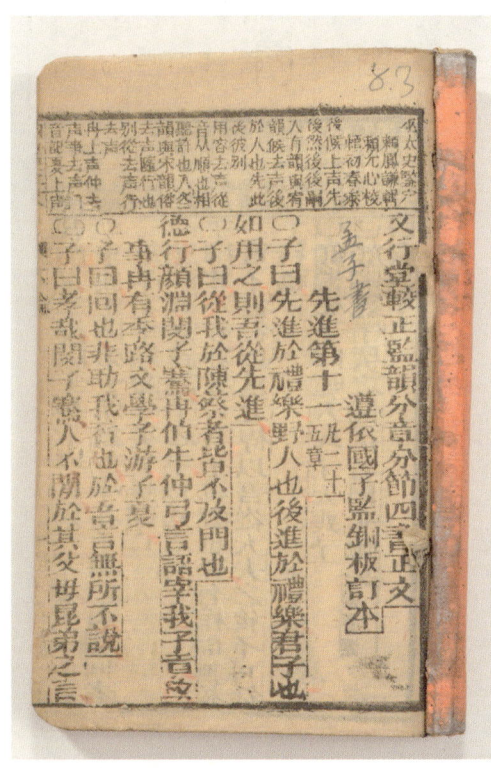

文行堂《四书正文》

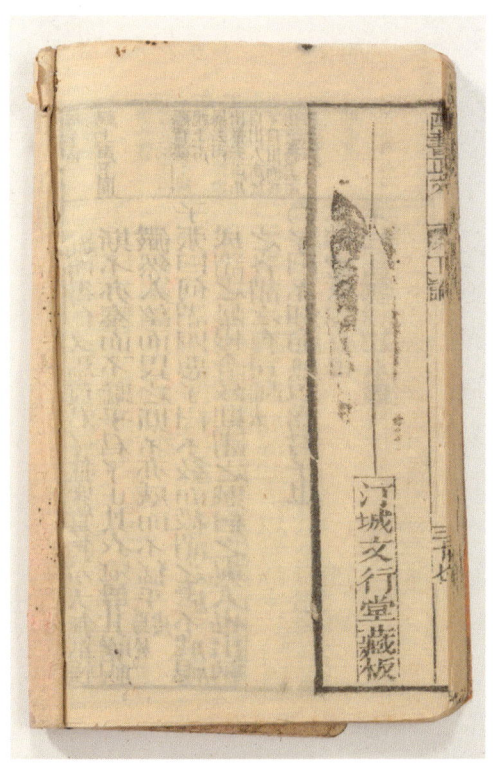

汀城文行堂牌记

名圣脉,生平事迹另列。

《易经备旨详解》是一部诠释《易经》的著作。卷首邹氏雍正十三年(1735年)自序一篇,另附周易序、周易本义卦歌及河洛图。分为上下二层,上层为周易章旨、节旨,下层为周易正文及注释,分卷一上经(30卦),卷二下经(34卦),卷三系辞上传、系辞下传,卷四说卦传、序卦传、杂卦传。

《易经》是中国最古老的文献之一,尊为儒家五经之首。《易经》包括《连山》、《归藏》和《周易》,但由于《连山》、《归藏》失传,所以《易经》实际是指《周易》。《易经》分为《经》和《传》两个部分,《经》成书于西周初叶,共六十四卦,每卦六爻,乾、坤两卦各有七爻,共三百八十六爻。《传》成书于战国后期,是战国时人对《经》的解释说明,分为七种十篇,汉代学者称之为"十翼"。普遍认为,《易经》最初是占卜用的书,它以一套符号系统来描述状态的变易,其中心思想是以阴阳两种元素的对立统一去描述世间万物的变化。《易经》的影响遍及中国的哲学、宗教、医学、天文、算数、文学、音乐、艺术和军事等。

邹氏在深入研究《易经》的基础上,参考诸家注本并有所发挥。在他看来,当今流行的《易经》版本存在许多不足,"每见近世讲义鳞列,略去象占浑沦立说,又或执理而失之固,拘数而失之荒,遂使古圣人稽实待虚存体应用之意泯焉,不传易理之晦所由来也",因此,他对近世的《易经》注本加以详订,取其大旨,分其段落,梳其义理,释其字句。他认为,《易经》博大精深,"第经之要旨,不博取之则崎而不全,不约取之则泛而无归,不兼综而共贯之,则又捍格而难洽也。"他从《易经》的要旨入手,比

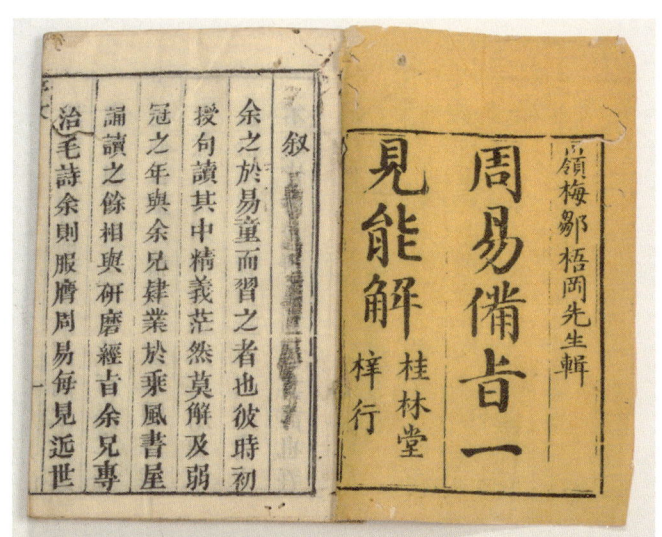

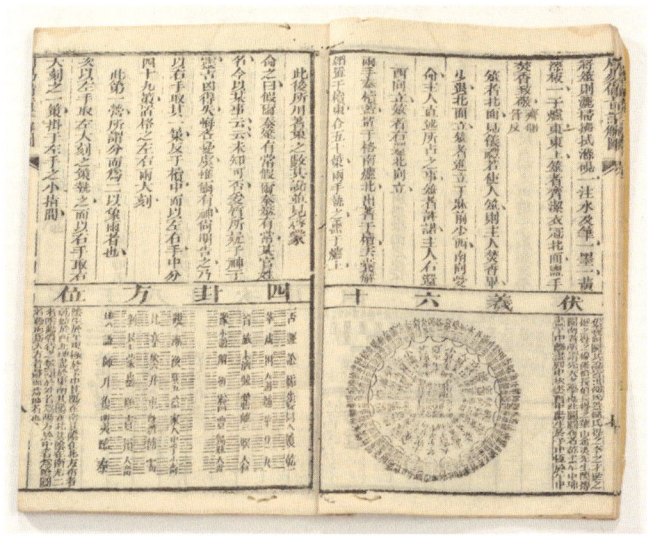

桂林堂《周易备旨一见能解》

较全面地阐述了《易经》的精义，既有先贤的研究成果，也含有自己的许多心得。

邹氏认为，所谓"周易"，"周"指《易经》系周人所作。"易"是指交易、变易。"周代名也，易书名也。其卦本伏羲所画，有交易、变易之义，故谓之易，""经则伏羲之画，文王周公之辞也，孔子所作之传十篇。"邹氏对"周易"一词的解释，沿用了传统的"人更三圣"说，认为伏羲氏画八卦，周文王演为六十四卦，并作卦爻辞，而孔子作传解经。

是书与其他《易经》注本比较，最大的特色是每章节都列有章旨、节旨。如，他在《上下篇义》中说："乾坤天地之道，阴阳之本，故谓上篇之首。坎离阴阳之威质，故谓上篇之终。咸恒夫妇之道，生育之本，故谓下篇之首。未济、坎离之合，既济、坎离之交，合而交则生物，阴阳之成功也，故为下篇之终。"这段文字高度提炼了《易经》上下篇的基本要义。当然，将全旨、节旨列之于上，正文晰讲载之于下，并不是邹氏的发明，在他之前的邓退庵先生的《四书备旨》就运用了这一方法，但以《易经备旨》命名并以备旨为重点阐述《易经》的，邹氏应是第一人。此书刊印后，邹氏陆续推出《诗经备旨》、《书经备旨》、《礼记备旨》、《春秋备旨》，合称为《五经备旨》。

从邹氏的自序看，邹氏对《易经》是颇有研究的，"余之于《易》，童而习之者也。彼时初授句读，其中精义茫然莫解，及弱冠之年，与余兄肄业于乘风书屋，诵读之余相与研磨经旨。余兄专治《毛诗》，余则服膺《周易》。"据邹氏自序载，《易经备旨详解》成书于清雍正十三年（1735年），是年邹氏44岁，应是他的成熟作品。

（二）邹圣脉《诗经备旨》

《诗经补注附考备旨》八卷，雾阁邹圣脉梧冈氏纂辑，男廷献可庭氏编次，孙景扬克让氏订，同文堂藏版，清乾隆癸未年（1736年）梓行。

《诗经》是我国最早的诗歌总集。卷一至卷三《国风》，卷四至卷五《小雅》，卷六至卷七《大雅》，卷八分《周颂》、《鲁颂》、《商颂》。它收集了从西周至春秋时期约五百年间的诗歌三百零五篇。先秦称为《诗》，或称《诗三百》。《诗经》的体例是按照音乐性质的不同来划分的，分为"风"、"雅"、"颂"三类。《风》，是不同地区的地方音乐，多为民间的歌谣，共一百六十篇。《雅》是宫廷宴享或朝会时的乐歌，共计一百零五篇，其中《大雅》三十一篇，《小雅》七十四篇。《颂》，是宗庙祭祀的乐歌和史诗，内容多是歌颂祖先功业，共四十篇。《诗经》对中国的文学史、思想史的影响深远，孔子说："诗三百，一言以蔽之，思无邪"，"不学诗，无以言"。《诗经》历来被奉为提高人们文学水平和思想道德修养的经典，并作为科举考试的重要内容。

《诗经备旨》是邹氏《五经备旨》系列刻本之一。此书与其他备旨类刻本一样，是作者为参加科举应试的学子而编写的读本。邹氏认为，《诗经》在五经中具有崇高的地位，读后具有澄清心灵的功效，是教化人心的重要工具，"五经中温柔敦厚诗教也"（序

言）。按邹氏序言所说，他在过去念私塾为经生时，就注意采集四书五经的精义，并加以发挥。但由于各种原因，一直无空暇订正整理，付梓发行。近来当局者崇尚经学，把经学列为科举考试的内容，在此情况下，重新将过去的资料进行整理，对《毛诗》之书增删厘定，供学子攻读时参阅。可见，邹氏对《诗经》的研究由来已久，经学造诣颇深，他编纂此书的直接动机，是应对科举考试的"乡会端场校艺"。

是书以清康熙、雍正间《钦定诗经传说汇纂》为蓝本，沿用诸家精义，其内容包括以下几个方面：一是章旨、节旨，即概括各章、节的中心意思。二是原文和注解。经文用大字，注解用中字。注解部分又分为"注"和"讲"，"注"是解释字义及训诂章句，"讲"是对注释的进一步发挥。三是标注赋、比、兴三体，并对三种表现手法加以简单评论。

是书与其他《诗经》注释版本不同，有其鲜明的特点，一方面突出《诗经》各章节的要旨。邹氏认为，掌握《诗经》的要旨尤为重要，读《诗经》应"探出诗人当日之旨"，而"有旨欲得一约而能该详"。为此，作者对《风》、《雅》、《颂》中每首不同内容的诗歌的旨意，加以收集、提炼和概括，叙述简约、明确，并将之列在书页上层醒目的位置。这种重视《诗经》要旨的做法是其他同类版本中极为少见的。另一方面，注重疑义共晰，考异订同。由于《诗经》是上古之文，其历时久远，其文理古奥，语言艰涩，历来有不同的争论，作者以"句有释，讲有序，参之以题解"的方法，务使学者朗彻一目了然。在他看来，《钦定诗经汇纂》是权威著作，贯通百家，诸美毕备，所谓"考异订同"，就是要以它为标准，最终回归到它的结论。

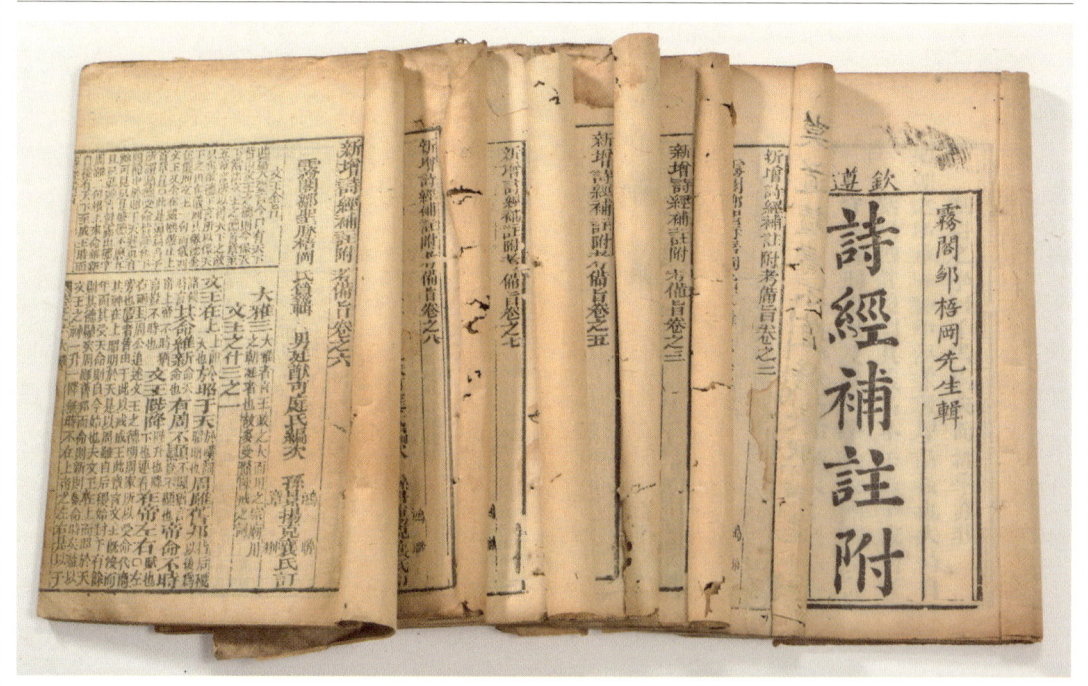

同文堂《诗经补注附考勤制度备旨》

当然，作为一部介绍《诗经》的著作，以某种著作为蓝本，沿用诸家之说是很正常的，《诗经》以后的研究著作就是对前人研究成果的再诠释、再发挥。邹氏在论述风、雅、颂，赋、比、兴六义时，以"风、雅、颂"为主干（经），以"赋、比、兴"为手法（纬），穿插在全书里面而加以阐明，其中赋予不少新意，有许多可取之处。如，对"风"诗体，他说："国者，诸侯所封之域，而风者，民俗歌谣之诗也。谓之风者，以其被上之化，以有言而其言，又足以感人，如物因风之动以有声，而其声又足以动物也。"语言简明扼要，除了指出"风"是民俗歌谣之诗外，还对"风"的含义进一步延伸和发挥。又如，他认为，"颂"是宗庙的乐歌，其含义是对先世的功德歌而咏之，而"《周颂》之词近于正而婉，《鲁颂》之词近于夸而浮，《商颂》之词近于简洁而明肃"。这不但指出了"颂"这一诗体的特质，而且还揭示了《周颂》、《鲁颂》和《商颂》三颂诗歌各自的特点。

据有著录的历代公私书目统计，《诗经》注解本约有2000多种，但多数已经亡佚。有清一代，通行本中较好的注本有：陈启源《毛诗稽古编》、朱鹤龄《诗经通义》、姚际恒《诗经通论》、陈奂《诗毛氏义疏》、马端辰《毛诗传笺通释》、王先谦《诗三家义集疏》等。邹氏《诗经备旨》已知的版本有寄傲山房、桂林堂、同文堂刻本，这些刻本的堂号皆为四堡书坊之堂号。

（三）胡斐才《四书疏注撮言大全》

《四书疏注撮言大全》三十七卷存十九卷，龙岗胡斐才手辑，纪晓岚先生鉴定，吴冠山夫子校正，会友巫应秋、江风景、江腾骥全订，六宜堂藏版。书前有乾隆癸未岁（1763年）督学使者纪晓岚序言和龙岗后学胡斐才自序各一篇。

胡斐才（生卒年不详），字蓉芝，福建永定县下洋中川人，清代秀才。据载，该村村口石牌楼上原刻有"粽墨流馨"四字（毁于"文革"），这一典故出自于此人的事迹。清乾隆年间，胡斐才中秀才后，无意仕途，专心著述，勤而至痴。有一年端午节，他正埋头写书，其家人送粽子和蜂糖放在书桌上。胡斐才凝神构思，忘乎所以，竟然拿起粽子把墨汁当蜂糖蘸着来吃，人们争笑他是"书痴"，一时传为佳话。经多年努力，胡氏的《四书撮言》一书得以出版，他一举成名后，好事者书"粽墨流馨"大字并锲于石牌以激励后人。

清乾隆二十八年（1763年），大学者纪晓岚时任福建省学政，前往汀州督学，见此书后欣然为之序。他感慨地说："癸未岁，余督学十闽，相传为理学之邦都，人士深沉圣学者，代不乏人。下车临汀，有胡生蓉芝以四书撮言证于本文下，逐字详解，朱注中逐句搜剔，汇群言之胶，集诸说之成，真如日月经天，江河行地矣。"他认为，"是集不繁不简，其中提纲挈领，脉络连贯，了如指掌，有裨后学者岂浅鲜哉"。纪晓岚对胡斐才评价是很高的，认为他出生于理学之邦的福建汀州府，对儒学深有研究，所撰《四

六宜堂《四书疏注撮言大全》

六宜堂《四书疏注撮言大全》

书撮言》精义明晰有裨后学者,赞扬他做了一件有益于社会了不起的永恒事业。纪晓岚这篇序言使胡氏名扬四海,《四书撮言》一时成为士子举试的热门参考书籍。

  汉唐以前,儒学以五经为经典。南宋光宗绍熙元年(1190年),理学家朱熹出版《四书集注》,"四书"即《大学》、《中庸》、《论语》、《孟子》,是孔子、曾子、子思、孟子的言行录,故又称"四子书"。其后社会重四书过于五经,科举考试以四书为主要科目。四书上升为儒家经典地位后,诸家释本层出不穷。胡氏认为,书以载言,言以载道。四子书承前启后,崇正道而辟异端。宋代周、程、张、朱四夫子对四书有所发挥,启其奥,阐其微,把它推向新的高度[1],而游、杨、谢、吕诸子对四书的诠释进一步拓展,使之更为全面[2]。南宋朱熹是理学的集大成者,理学以朱子为宗。但诸说繁简不一,多载阙词,后学者无所依据。他以四书原典和朱熹四书集注为底本,参考诸家注释,对四书进行了一番深入的诠释和梳理,"类证以诸儒之说于本文,有字义未详者特为阐发,集注中有未训口气者复畅其词,参互考订而断以已意"(自序)。按胡氏自序所说,他对四书的诠释及其精义的梳理,不是简单的照抄照转,而是有引证、有解释、有发挥、也有作者本人"断以己意"的学习心得。

《四书撮言》卷帙浩繁,洋洋数十万言,对《大学》、《中庸》、《论语》、《孟子》四子书的梳理与诠释详尽而细致。编者叙述条理清晰,求证穷搜博引,力求宗旨分明、脉络连贯。他首先归纳概括各章节的中心思想,采用"章节全旨"的方式,点明其主要意义、用意或目的。其次开辟"注"、"讲"、"解"栏目,在章节下逐段、逐句予以说明、注解和阐发。"注",是对基本内容的梳理、注释;"讲",是对知识内容的讲解、演绎;"解",是对涉及问题的解答、诠释。

《四书撮言》于清乾隆癸未年(1763年)初版。由于作者对四书的诠释花了很大的功夫,"汇群言之腋,集诸说之成",穷搜博引,多有心得,再加上名人纪晓岚作序举荐,此书在学界有较大的影响。

(四)郭坛《七经精义》

《七经精义》二十卷,郭坛著,竹纸,写刻,巾箱本,翰香堂藏版,嘉庆十八年(1813年)锲。郭坛,字赉园,福建龙岩西山人,生平事迹无考。卷前有时任闽省学政叶绍本序言一篇。

"经义"是中国古代科举考试中的重要文体和内容,它萌芽于汉唐,形成于北宋。按字书云:"义者,理也。"本其理而疏之,亦谓之义。我国的科举制从隋朝始至清光绪三十二年(1906年)止,沿袭了1300余年。而科举考试,是以儒家经典即四书五经

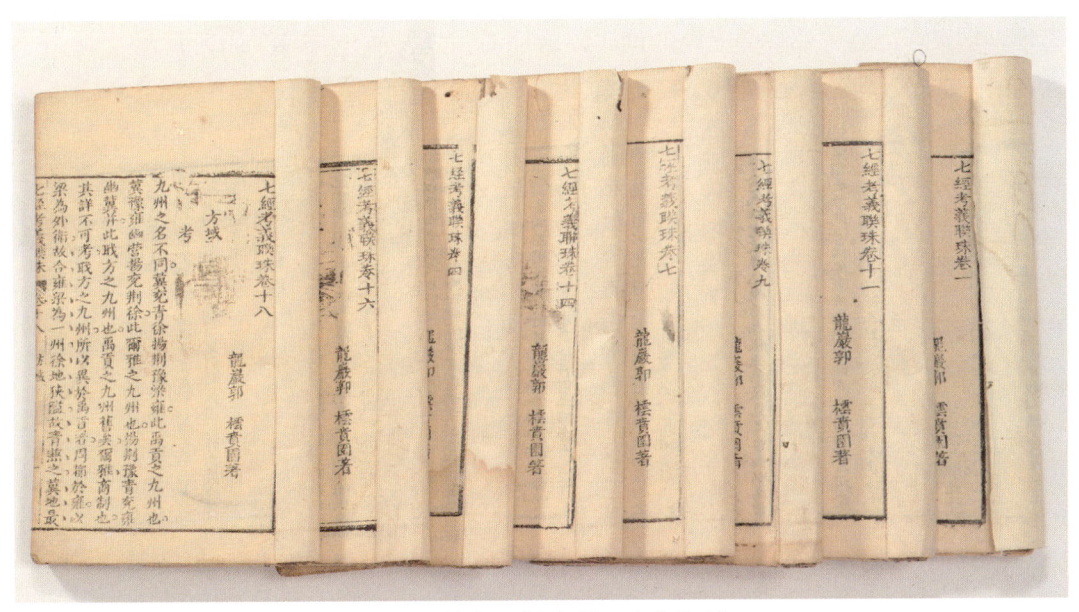

翰香斋《七经精义分类联珠》

（或七经）为基本内容，其答题要求包括三方面：经义、代圣贤立言、八股对仗。三者之中，经义是实质内容，代圣贤立言是阐述经义，八股对仗是阐述经义的文体。

七经是指汉以来历代王朝所推崇的七部儒家经典，其名目历来说法不一，清康熙御纂七经，是《易经》、《书经》、《诗经》、《春秋》、《周礼》、《仪礼》、《礼记》的合称。七经作为上古之书，其内容博大精深，涉及政治制度、礼制礼仪、歌赋民谣、伦理道德、民俗民风等，这些儒家文化经典，被历代统治者所推崇。统治者们总是力求从中寻找治国平天下的大计，推行西周的清明政治，规范和制约臣民的思想和行为。由于历史久远，七经言辞古奥，文简义深，如无注释很难了解其意思。正如序者叶氏所言："经之言径，谓如径路，无所不通者也。具事至繁，其道至钜，上而君臣，下而昆虫草木，大而经天纬地，细而起居食息。"（序言）龙岩郭氏平时对七经素有研究，在研读经籍的过程中选择了一定数量的名词加以解释，日积月累汇集成书。很明显，作者编写此书的目的，在于为科举士子提供通俗易懂的读物。它实际上是一部解释七经的词典，这种工具性的词典对于科举士子研读经籍可资帮助。

《七经精义》将七经的重要词条分门别类，共分为二十类一百一十五条，各条文字多寡不一。其中，有常用词汇，如圣学、治术、敬肆、纳谏、察佞、赏罚、诏令、君位、征战、世运、官制、课官、用人、财用、田赋、贡献、徭役；也有一些偏僻的词汇，如六宗雩祀、五祀蜡腊、时祭、庙祭始末、燕毛、冕弁服、冠裳、裘服褐袭、带佩、贽笏。每类又分"考"和"义"两项，所谓"考"就是溯其源流，追根穷本；所谓"义"，就是究其义理，把握精髓。按著者所说，在词条下"考"列于前，以理清头绪；"义"

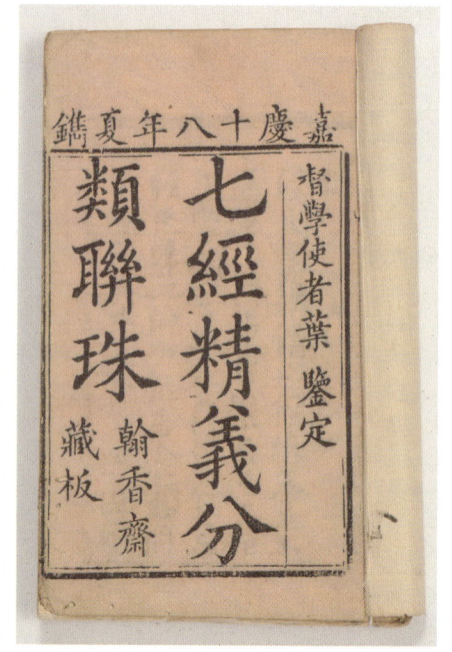

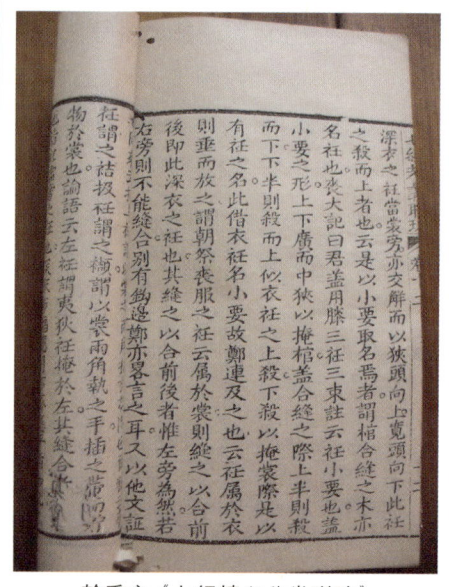

翰香斋《七经精义分类联珠》

列于后，以供人采择，实便于推寻，可免误用之失。如"官制"条，"考"：先交代"设官一事，代有不同繁简，因革之间，大抵视世运为升降"，而后具体介绍唐虞、夏商、周的官制，"唐虞稽古，设官惟百。夏商则倍之。夏之官制史传阙如，商之官制，见于《曲礼》，周成王官制，有《周官》一篇传世。""义"：分别罗列《书经》、《诗经》、《周礼》、《春秋》、《礼记》等有关官制的内容。又如"财用"条，"考"曰："周公设官，理财居半，在大臣则有太宰以制其出，有司徒以制其入。盖以财者，国之贫富、民之休戚系焉，固治世之急务也。原其经理之要。""义"曰："财运而不积谓之化，留而不散谓之货。（《书经》）古者宝龟而货币，易言十朋，两龟为朋也。诗咏百朋，五贝为朋也。"（《诗经》）

清嘉庆年福建学政叶绍本对此书予以充分肯定。他在序言中说："今兹编抉其义之精者而类录之，又于各类而考厥源流，俾通经士子以穷其义而萃其涣，枵腹之子得以便其读而致其知。"他认为，郭氏制义，"独能推陈出新刊里巷之腐词，发巾箱之实学，渊哉烁乎，知其湛深于经术有素矣"，"此真举业之宝筏也"。叶绍本，字仁甫，号筠潭，归安人。嘉庆辛酉（1801年）进士，改庶吉士，授编修，历官山西布政使、福建学政，著有《白鹤山房诗钞》。

翰香堂应是雾阁邹邦鼎的堂号，是书传世稀少，未见馆藏和私家著录。

（五）饶谦《列国左传要诠》

《列国左传要诠》八卷，饶谦编撰，男廷烜祥善、缵扬祥嘉参校。嘉应古云翀吉龙、璈吉凤编次，竹纸，枕松堂藏版，乾隆四十三年（1778年）新锲。饶谦（生卒年不详），号允信甫，广东嘉应（今梅州市）人，清乾隆十三年（1748年）进士。

《左传》是《春秋左氏传》的简称。相传是春秋战国之交的左丘明为解释孔子的《春秋》而作。它起自鲁隐公元年（前722年），迄于鲁悼公十四年（前453年），以《春秋》为本，通过记述春秋时期的具体史实来说明《春秋》的纲目。《左传》保存了春秋时代各国政治活动的史

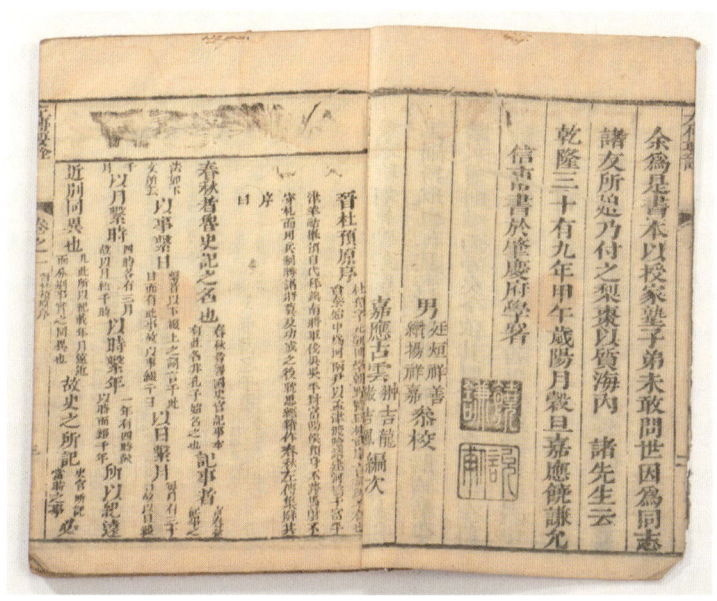

枕松堂《列国左传要诠》

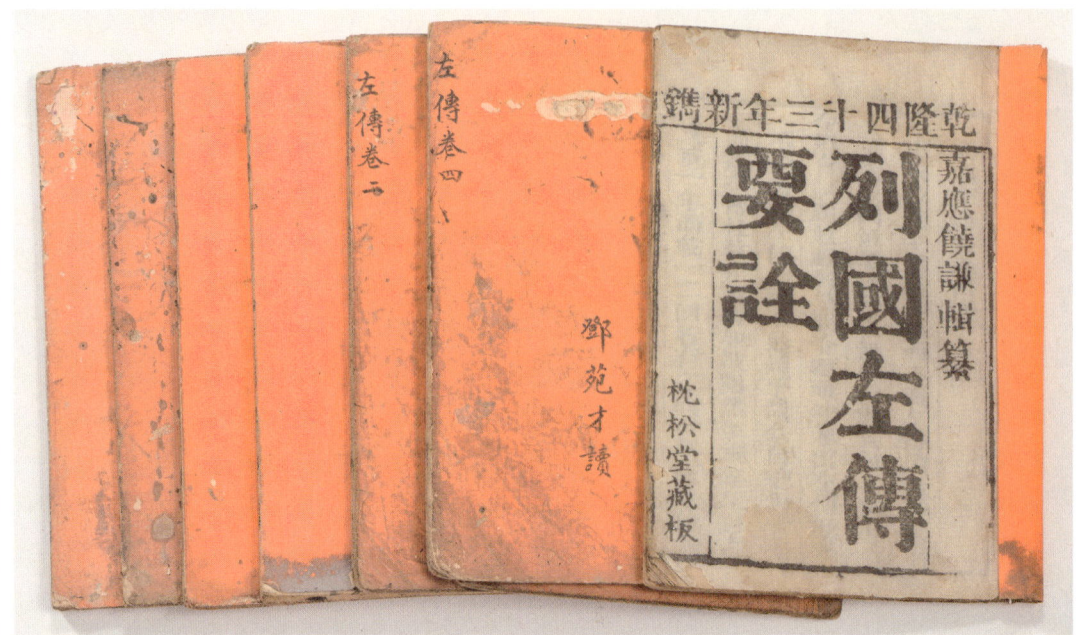

枕松堂《列国左传要诠》

料,是我国第一部编年史。历史上诠释《左传》的著作种类较多,比较著名的有晋杜预《春秋左传集解》和宋林尧叟《春秋左传句解》,故名《杜林合注》。唐孔颖达《春秋左传正义》、清韩慕庐《批点春秋左传纲目句解》也有名。

　　《列国左传要诠》分为八卷,卷一周、鲁上;卷二鲁下,附滕、薛、邾子、小邾子、莒杞;卷三晋上;卷四晋下,附虞、虢、秦;卷五郑,附许;卷六卫、齐,附北燕、纪;卷七楚,附陈、蔡;卷八宋、吴,附曹、越。此书与其他注释本相比较,有三个亮点:一是在体例上按国编次,打破了惯用的按年编次的编写方法。作者认为,"依编年纪月之文,或一年而载一二国者有之,或一年而并载四五国者有之,头绪纷繁,总莫得其贯串,操觚时捋取颇难矣"。故将按年编次改为按国编次,即将春秋诸国分列周、鲁、晋、郑、卫、齐、楚、宋、吴等九个大国,一些小国则分别附于某大国,如滕、薛、邾子、小邾子、莒杞等小国附于鲁,因为这些小国《左传》涉及很少,有的只占二三条。按国编次的好处在于,若网在纲,有条而不紊,合之《左传》全文则无遗漏,而且也便于记诵和引用,"偶拈一国而一国之始终巅末了如指掌"。二是抓住《左传》的要义加以诠解,详略得当。"今依原文,参之各部《左传》细加旁解,其四书所应备者,俱无遗漏,而四书中可不必用者,则稍从其略。较之句解则加多,较之杜林则稍减。"三是此书全部只用旁解,不在句读之下断句注释。这种注解方法在古籍中少见。其用处,用作者的话说"便于诵读"。

　　据作者自序云,他在乾隆年间曾任教于肇庆府学署,是书是为家塾子弟讲授的教材，犹如今之讲义。他说："今乡会试题最避习熟，闲冷题而外兼出《左传》题者不少，然则《左传》顾可不熟读乎哉。"从释文的内容看，作者对《左传》的注释相当详尽，几乎每句原文都有旁解，并加以点划，提醒读者注意。且释文精密、准确，使深奥变为浅显易明。尤其是体例上的按国归类，确能便于记诵，对初学者有一定的帮助。

是书存世稀少，它被列为广东省第一批珍贵古籍名录。除本斋藏本外，仅见广东梅州市剑英图书馆有藏。

（六）马良奇《书经备旨辑要》

《书经备旨辑要》六卷，马良奇手辑，长洲汪右衡先生鉴定，马宽裕参订，文光堂梓行。马良奇（生卒年不详），名大猷，号启兆，福建连城县四堡乡马屋人。卷前有长州汪钧右衡乾隆四十六年（1781年）序言一篇。

《书经》，亦称《尚书》，简称《书》。"尚书"即"上书"，意思是"上古之书"。它是多体裁文献汇编，是中国现存最早的史书。分《虞（尧）书》、《夏书》、《商书》、《周书》，共五十八篇。记载的内容上起尧、舜，下至春秋时期的秦穆公，包括了夏、商、周三代的典、谟、训、诰、誓、命。这些古老的文体，用今天的标准来看，绝大部分应属于当时官府处理国家大事的公务文书，它对中国古代历史和政治思想的研究有重要作用。

《书经辑要》是诠释、解读《书经》的读本。各卷依次为：卷一《虞书》，有《尧典》、《舜典》、《大禹谟》、《皋陶谟》、《益稷》五篇，《虞书》为"虞史所作，以臣述君也"；卷二《夏书》，有《禹贡》、《甘誓》、《五子之歌》、《胤征》四篇，"记夏家一代事迹"；卷三《商书》，有《汤誓》、《仲虺之诰》、《汤诰》等十七篇，"记商朝君臣之言语政事"；卷四至卷六《周书》，有《牧誓》、《武成》、《洪范》等三十二篇，"记周家一代

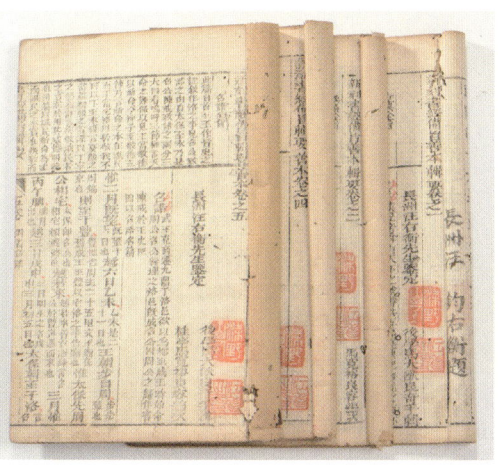

文光堂《书经备旨辑要》

之政事"。

《书经辑要》分为上、下二层，上层为备旨，其中有全旨和节旨；下层为书经原典和注释。此书侧重于阐述书经的中心思想和段落大意。同时对原文中的重点、难点和典故加以诠释，使之通俗易晓。

《书经》既是我国最古老的书，也是最难读的书。说"最古老"，它是上古之书，其内容多数涉及君臣的政论及文书，要追寻我们民族的根基，就不能不读《书经》；说"最难读"，《尚书》以古奥难读著称，唐古文大家韩愈称，"周诰、殷盘，诘屈聱牙"。[3]近代国学大师王国维说，"《尚书》所不能解者近半"。[4]为此，要读懂《书经》，必须参阅许多释本。宋代以后，四书五经为统治者所提倡，《书经》成为士子科举进身的必读之书。而注释《书经》者不胜枚举，"大全体注互相发明，炳炳朗朗，如指诸掌。而髫龄初学恒苦奥蕴难以遽通。"《书经辑要》顾名思义是辑其要者，实际上是《书经》注释本的简本。编者对其诠释颇为精详，例如，《周书·君陈》有这么几句话："我闻曰：至治馨香，感于神明。黍稷非馨，明德惟馨。"《书经辑要》将它概括为，"此一节述周公之训以勉君陈也。至治四句，论其理如此非专在祭祖上说，以明德句为主。明德与大学明德同合，天下皆明其德，便是至治。"这就点出了以德治国的重要性，明德才能馨香远闻。

汪右衡对此书评价甚高，他在序言中说，《书经》是政治之根本，"书所以道政事也，从古帝王心法相传莫详于书矣。"他认为，《辑要》融而会之，博而通之，兼综条贯，不惟有以究其奥蕴，抑亦有以穷其指归。"是编也，说无支漏，义无深晦，本诸集传衷诸大全，既明白易晓，亦赅括精详，幼而学之了然彻悟，壮而行之沛然若抉。"

总之，《书经》是一本很难读的书，文字古奥晦涩。马氏释经，可见其国学功力深厚，非等闲之辈。南宋以后私塾教育所使用的四书五经教科书多数是蔡沈、朱熹集注的版本，像这种由乡村文人编注的本子却稀见。

此书有多种版本存世，已知的有清乾隆三美堂、善成堂、桂林堂版本，民国后亦有石印本流传。

（七）张之洞《时务新策》

《时务新策》四卷，张之洞著，闽汀应文堂藏版，雾阁经史居发兑，清光绪八年（1882年）梓行。张之洞（1837—1909），字孝达，又字香涛，号壸公，直隶南皮（今属河北）人，曾任清两广总督、湖广总督、军机大臣和充体仁阁大学士，著作有《张文襄公全集》。

《事务新策》是反映清末洋务运动，介绍西洋先进的经济、军事、管理、科技的文集。卷首有恕斋主人序一篇。收集各种洋务短文六十九篇，其内容庞杂，涉及兵法海防、枪炮制作、运输仓储、赋税关税、户口钱钞、天文水利、疆域要区和外国沿革风俗等。全书贯穿了"中学为体,西学为用"以及"富国强兵"的意旨,兴办先进的军事工业并围绕军事工业开办其他企业,改革现有的财经制度,是其核心内容。

张之洞首先提出了学习西洋先进的军事工业技术的观点。他认为,战争的重器如火攻、火炮、奇弹、火箭喷筒、海防、练兵、兵法,中国古已有之,并一度居于领先的位置,只是近代落后了。他主张"师夷长技"以"自强"。如他在《西洋战炮攻炮守炮尺量诸法》一文中说:"兵器造于华夏,而制度精于海外。是故言兵器者莫巧于西洋。尝考泰西汤氏所授西洋炮式,长短大小厚薄之制,皆有一定真传。"在《各种奇弹》说:"炮之得力处,全在于弹。故西洋弹制,非止寻常一色。其用弹亦非寻常一法。"他还提到,明清之际传教士汤若望的《火攻神器图》,其中器制精巧以及命中致远之法,全部来之于西洋正传。其次,张氏对赋税、关税、制币、户籍、仓储、漕运等关乎国计民生的财经制度,引经据典,提出了许多卓有远见的改革措施。如,他在《赋税》一文说:知治体者,必先足国。足国之道,不外乎本富。取之有道,则上给而民不疲;养之有法,则国乐而吏不扰",他主张国家的赋税政策,应当"轻徭薄赋,民安耕凿"。

从此书的编辑意图看,它属于科举考试策学类的范文。但它一改过去策学陈腐之词之旧习,讲究实用,读之有面目一新之感。恕斋主人在序言中尖锐地批评当时策学误国,全是陈词滥调,空洞无物,很少见到有实用性、可操作性东西。他说,策学坊本"汇辑旧闻,敷陈习见。语其甚焉者,更有徒事空疏,并无卓见论辩之识。策学一道,几为

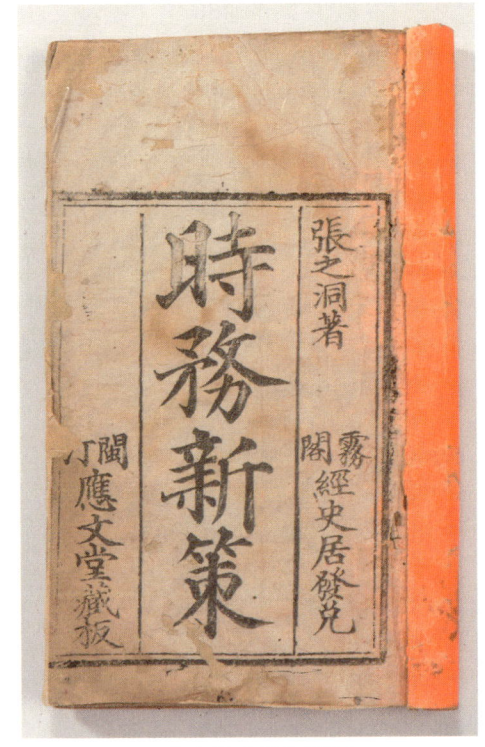

应文堂《时务新策》

虚设，而欲以是求济世之才难矣。夫识时务者为俊杰，士人通经致用而不谙达时务可乎？"而"是编所选独标新颖，言亦特详，类皆本本源源，实事求是，诚济时之要务也。"

著者张之洞是清末重臣，系清末洋务运动后期主要代表人物。他以兴建汉阳兵工厂、汉阳炼铁厂、湖北织布局、粤汉铁路、川汉铁路和建新式学堂、最早选派留学生等名赫一时。毛泽东说过，讲重工业，不能忘记张之洞。据《张之洞年谱》载，"1882年（光绪八年），授山西巡抚，政治态度为之一变，大力从事洋务活动。"他在山西巡抚任上发布的启示宣称，"盖闻经国以自强为本，自强以储才为先，方今万国盟聘，事变日多，洋务最为当务之急"；还宣称："查中外交涉事宜，以商务为体，以兵战为用。"有学者认为，这是他从清流派转向洋务派的宣言。

《时务新策》刊行时张之洞才46岁，正值他"政治态度为之一变"之时。而书中所选文章都是张之洞此前任湖北学政、四川学政和翰林院侍讲学士时的时务言论，这说明他早就开始注意了解西方诸国的"政令、学术"，最终形成了"商务为体，兵战为用"、"中学为体，西学为用"的洋务思想。此书中的观点可以看成张之洞洋务思想的雏形。此书的发现对研究洋务运动的兴起和张之洞洋务思想的形成具有一定的价值，同时对研究四堡书坊清末后期的雕版印刷也有意义。

注释

[1] 宋"周、程、张、朱"四夫子：指宋代的著名理学家周敦颐、程颢、程颐、张载、朱熹。"程"指程颢、程颐兄弟二人。

[2] "游、杨、谢、吕"：指宋代的著名理学家、程门后学游酢、杨时、谢良佐、吕祖谦。

[3] 郭预衡主编：《唐宋八大家散文总集》，韩愈《进学解》，河北人民出版社1995年版，第53页。

[4] 王国维：《观堂集林》卷二，中华书局1984年版，第75页。

第八章 居家日用（上）

一、居家日用读本概述

居家日用的范围相当繁杂，包括衣食住行、柴米油盐、生老病死等。掌握居家日用的相关知识，对民众来说是相当重要的事，因为它是民众生活中必不可少的东西。四堡书坊应民众物质、文化的需求而动，刊刻了种类众多、印量巨大的日用读物。迄今为止，有记载的各类读物达384种，兹列表如下：

居家日用读本目录

类别	书　　目
酬世类	家礼大全、家礼大成、家礼集要、家礼释要、家礼方兴、家广类、家礼节训、文公家礼、酬锦囊、酬续编、酬精华、酬探囊、应酬便览、应酬四六新编、应酬合璧、酬世宝要、酬八宝、疑难式帖、秋水轩尺牍、雪鸿轩尺牍、江湖尺牍、饮香尺牍、山房尺牍、嘤求尺牍、指南尺牍、尺牍新裁、分类尺牍、桥梓绣林、贤礼文、贤正文、贤学注、写信必读、宜俗辑要、对联大全、对联全集、对联集成、对联雅品、对联不俗、对联英雅、对联山房、对汇海、对采精、对雅集、对丽句、对大观、大观续编、联帖贯珠、联合选、诗联集成、楹联全新、楹联合璧、采辑新联、阁章佳句、类联新编
生活小百科	算统宗、算法撮要、指明算法、官话音、明心镜、通天晓、致富奇书、行厨集、商贾便览、官要则、致君术、不术人、大银经、牛经、牛经大全、马经、元亨疗牛集、牛马全集、致富奇书、魏氏族谱、邹氏族谱、马氏族谱、姓氏谱、应世便书、万宝全书、绘图万宝全书、万福全书、传家宝、传家初编、家宝全集、文家四宝、行语类、广类全、知愧尺、一隅尺、巧约选
工具类	康熙字典、康熙字典（道光版）、校士录、正字通、增补字汇、玉堂字汇、文成字汇、正字通真本、篆字汇、草字汇、辨字摘要、说文解字、说文解字注、诗赋准绳、声律启蒙、诗法度针、诗法入门、四韵注解、诗韵辨同、诗韵题解、诗韵集成、诗韵编义、韵府约编、韵府群玉、韵府珠玑、诗韵合璧、诗学含英、诗韵含英、书合含英、新增韵诗含英、诗学琳琅、诗学汇典、活法大成、圆机活法、干支集锦、骈字类珠、启蒙对类、韵对屑玉、巧搭新诗、佩文韵府、广韵、集韵

医书类	医金鉴、医汇亟、医法律、医心悟、医说要、医宝镜、医从串录、医方解、医药性、公余医录、医脉诀、医学一盘珠、医急救、医学汇编、医学正宗、医学三字经、医学实在易、医学刻、薛氏医案、张氏医通、名医方论、三家医案、本草纲要、本草纲目、绘图本草纲目、本备要、神农本草、本求真、本草从新、本草合编、本合刻、本经读、景岳全书、仲景全书、仲景定沦、张氏类经、冯氏锦囊、妇人良方、妇人科、女科旨、万妇科、竹林女科、保赤指南、幼铁镜、活幼心法、幼指南、幼幼集成、钱氏小儿、小儿推拿、嬰百问、百子全丹、叔和脉诀、叔和图注、王叔和医案、外科鉴、外正宗、全外科、证治准绳、东垣十书、笔花镜、寿保元、万病回春、云林神谷、石秘录、嵩崖尊生、吕氏医贯、素灵医论、药性赋、增补药性赋、汤头药性、雷公炮制、伤寒浅注、伤寒论、金匮注、金匮歌括、脉学经考、实在易、济阴纲目、新八阵、八阵贬、集古良方、集验良方、经验方、海上奇方、醒医六书、铜人针灸、针灸大成、针灸大全、采艾偏、种痘新书、痘疹、种痘书、治痘十全、审眼科、银海精、眼外精义、眼篆要、黄帝内经、灵柱素问、药性赋、汤头歌诀、时方歌括、濒潮脉学、辨症疏、验方编、伤科大全、内外科杂症、温病条陈、院金针、归中经、奇方歌、公余四种、晚余三书、长沙方歌括、疯门全书、尚论篇、祝由科
术数类	堪舆、地大成、地理大全、地原真、地条贯、山法全、地扼要、地啖蔗、地易简、地点晴、地录要、地理纲目、入地眼、地五诀、地办正、三元地理、堪舆三昧、一堪舆、穿山透地、龙穴扼要、山洋指迷、搜龙语、水法全书、青天白日、乾坤窍、天玉经、雪心赋、玉函经、红囊经、青囊经、拨沙经、四弹子、铅弹子、琢玉斧、不求人、金锁秘、顶门针、罗经解、新周地学、五详明、阳藏书、阳井明、阳三要、滚盘珠、鬼灵经、宅明鉴、鲁班经、办补义、双剑阁、玉髓经、果老宗、星会海、五集胲、水法全程、放水经、阳宅井明、川山透地、杨救贫集、河洛精义、山指迷、风水书、天一贯、注释百川、六壬大全、订六壬、六壬课选、仪六壬、通类情、神峰辟谬、炉传斗首、奇门五总龟、三元选择、选求真、人子须知、五秘窍、四秘全书、仙婆集、子四言、子渊海、三命通、紫薇数、滴天髓、六示斯、易补遗、巫卜、卜正宗、增卜易、卜易指南、断天机、人相水镜、麻衣相、柳庄相、梅花数、先天数、称命数、星相、文王八卦、运五大全、铅丹子、大卜易、天断易、断天机、通天晚、人事面知、命神峰、选术员、由谀吉、远色篇、神编、神相全集、麻衣相法、柳庄相法、神相铁关刀、果老星宗、铁板神数、协纪辨方、协记通书、鳌通书、发通书、象吉通书、陈氏藏书、万年历、万年书、百年经、百中经、玉匣记、玉匣记通书广集、切要通书、趣吉通书、催福通书、刘家藏、太上感应篇、敬信录、阴骘文、觉世真经
备注	合计：居家日用类书籍384种

以上居家日用读物大致可归为几个小类：即酬世类、生活小百科、工具类、医书及术数类书籍。

1. 酬世类读物

此类书籍是民间用于社交应酬的应用文，它具有很强的实用功能。应用文包括公务文书、事务文书和应酬文书，在我国历史悠久，源远流长。先秦《尚书》就是最早的公务文书的专集，它记载了虞、夏、商、周四个时期的"典、谟、训、诰、誓、命"。到春秋战国时期出现的"檄文"、"玺书"、"盟书"和秦汉时期的"制"、"诏"、"策"，

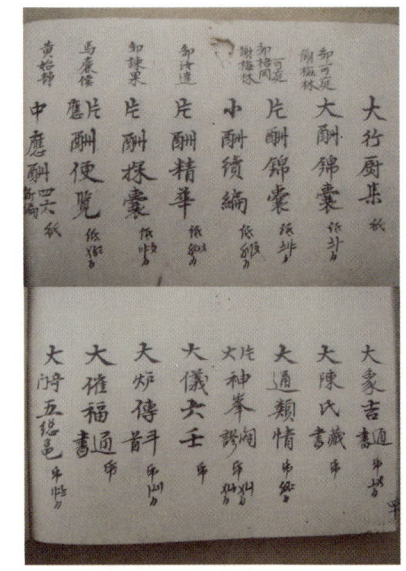
清代抄件四堡刻书居家日用书目（局部）

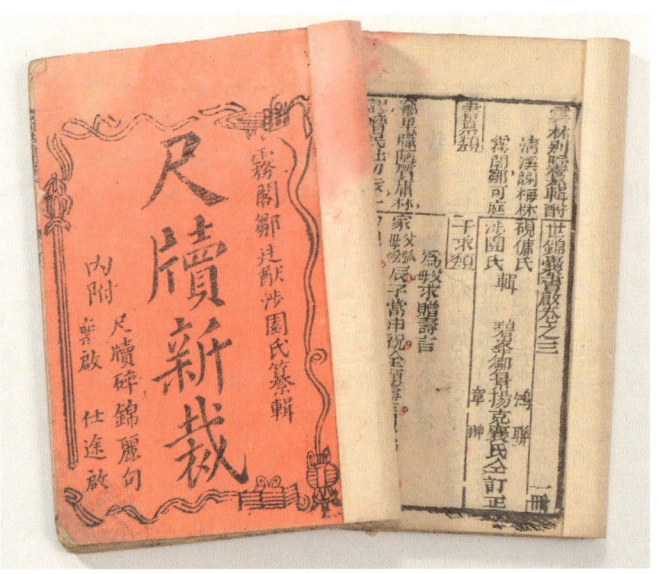
云林别墅《尺牍新裁》

都是典型的公文。唐代以后，应用文的形式和内容，一直处于发展和变化之中。尤其是到了清代，其形式之繁杂，内容之丰富，令人叹为观止。而应酬类文书是事务类的应用文，民众历来视为居家必读之书。清朝举人陈超群认为，应酬知识应与经书并重，他在《酬世合璧》序言中说，"今之学者大率习举子业，而于酬世应答之文多不经心，及至临染翰茫然，无以署笔，则知应酬与经书而并重也。"可见，应酬类的文书也具有一定的社会效用。诚然，这些应酬之书也有一些缺陷，有些文体过于繁琐，有些内容过于空泛，当时就遭到一些文人学者的批评。

酬世类文书作为古代应用文，它所承载的内容就是千百年来沿用的家礼。中华民族是礼仪之邦，崇尚懂礼、习礼、守礼和重礼。孔子说："不知礼，无以应也。"《周礼》、《仪礼》和《礼记》就是三部阐述礼的经典著作。"礼"首先是一种制度、规则和社会意识观念。家礼是"礼"的具体表现形式，是家庭和个人在社交中的行为准则，例如，它对称谓、迎送、仪容、宴饮、书信交往等都有相应的规范。酬世类书籍一般包括帖式、称呼、书启、尺牍、楹联，其间涉及婚嫁、寿诞、丧葬、交际、礼制、应对等，有的甚至还将社交常识、生活需知、舟车要略、地舆图记囊括其中。这些书籍比较全面地反映了同时代应酬交际礼仪方面的实际情况，具有一定的研究价值。

2. 生活小百科

此类读物内容涵盖面相当广泛，犹如当今的生活小常识和小窍门。由于它的实用功能强，深受当时民众的喜爱。

3. 字书与韵书

字书是以解释汉字形体为主，兼及音义的书。韵书则是把汉字按照字音分韵编排的一种书。清《四库全书总目》把小学类分字书、韵书和训诂三种，它们各有所侧重，字书如《说文解字》重在据字形分部，说明字的音义；韵书如《广韵》重在分辨字音，依韵列字，并说明字义；训诂书如《尔雅》，重在讲解字义，解释名物。字书、韵书都是古代文人必备的工具书。

4. 医书

它包括中医理论、药方或偏方、药物及医生看病手记等。《黄帝内经》是我国医学宝库中现存成书最早的一部医学典籍，是研究人的生理学、病理学、诊断学、治疗原则和药物学的医学巨著。明清时期，随着先儒后医的医家增多，一些数代世医临床经验总结成书，著书立说的医家数量较前代大幅度增加。兼之印刷术的进步，商品经济的发展，乐于刻书的社会风气等因素的影响，医书种类日趋丰富。一些大型类书、全书、丛书和综合性医书先后问世。而大型医书多数以民间私家刊刻，少量为官刻官修。

5. 术数类书籍

它包括通书、善书。通书是承载择吉（择日）与风水（堪舆）两种术数和其他内容的大众读物。按现代汉语词典解释，通书即历书。实际上，通书与历书还是有区别的，通书有两种含义，一是指历书，是指"奉正朔"的皇历，它按一定历法排列

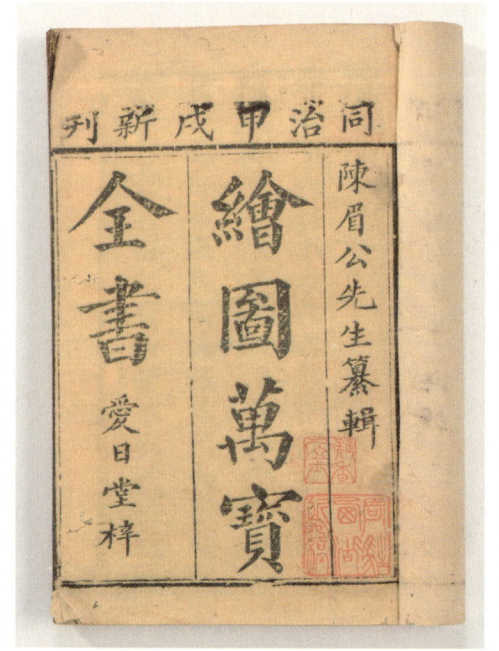

爱日堂《绘图万宝全书》

继文堂《诗韵集成》

年、月、日、节气并提供择吉、堪舆及有关数据。它反映了自然界的时间更替和气象变化的客观规律，对民众日常生活和农业生产有重要指导意义。先秦时期称"日书"，明代称"大统历"，清代雍正之前称"时宪历"，乾隆年及之后为避皇帝名讳改称"时宪书"。历书由官方机构如钦天监颁布发行，具有权威性。二是指民间所用的包含择吉、堪舆内容的民俗读物，是民间社会实用文化的一种文本。这种"通书"由民间书坊刊行，基本是"发明皇历之隐微"。所谓"皇历，经也；通书，传也。传以疏经，非任意妄作，徒新耳目也"。[1]民间各类实用型通书，一般较为通俗易懂，因而能在基层民众中得到广泛流传。

善书，通常就是指由民间自行刊印的劝善书籍，其内容为劝人行善积德，它具有教育民众与匡正世风的功能。善书是我国基层社会最具代表性的文化遗产，反映出传统文化的意识形态与价值取向，从中可以追溯出我国固有的宗教思想与处世哲学。日本学者酒井忠夫在其名著《中国善书的研究》中对善书所下的定义是："所谓善书，就是劝善之书。"这种劝善，"指的是任何人都可以做得到的道德项目"，"善书就是为了劝善惩恶而印有民众道德，以及有关联的因果报应故事，在民间流通的通俗书本。它的内容是在三教合一的信仰之中，述说民众道德的规范。"[2]

我国民间劝善书大致可归为三大类：一是经籍咒语。道教比较有名的有《太上感应篇》、《文昌帝君阴骘文》、《关圣帝君觉世真经》及《功过格》。佛教有《法华经》、《金刚经》、《观音大士白衣神咒》和《大悲咒》等。二是故事传记。诸如《地狱游记》、《天堂游记》、《观世音菩萨传》、《地藏王本愿经》等。三是医药养生。主要有《易筋经》、《洗髓经》与各种劝人素食、养生的书籍。劝善书以劝戒人们行善止恶为宗旨，实际上它是社会伦理道德规范的指导书。它的发行方式也与其他书籍不同，它不以营利为目的，一般由慈善团体或善男信女出资印行，放在寺庙、车站、甚至医院和街角，免费供人取阅，流通于基层社会，它对民众的信仰和道德产生较深刻的影响。

四堡书坊刊刻的居家日用读本，种类多，数量大，其中不乏佳作。尤其是四堡文人编写的酬世类读物，曾风行一时，是研究清代民俗学、社会学难得的第一手资料。

二、酬世类刻本

酬世类读物是四堡书坊生产的一大门类，它包括帖式称呼、婚丧家礼和楹联汇编等。书坊刻印酬世类读物有记载的达五十四种。笔者近几年注意收藏此类读物，主要有：大德堂《酬世锦囊全集》，崇英堂《家礼释要》，崇文堂《酬世精华》，素位堂《酬世合璧》，经文堂《汇纂家礼帖式集要》、《家礼大全》、《家礼广类》，敦善堂《宜俗辑要》，大德堂《类联新编》，同文堂《新增对联大观续编》，应文堂《对联全新》等。这些刻本除少数完整外，大多残缺不全。

（一）邹景扬《酬世锦囊全集》

《酬世锦囊全集》二函四集，邹景扬编撰，雾阁邹可庭、清溪谢梅林订定，大德堂梓行。邹景扬（生卒年不详），字克襄，福建连城县四堡乡人，武举人，邹圣脉裔孙。据《连城县志》载，邹氏于乾隆年间任平和县守备，其他事迹无考。

是书分为四集十九卷。一集《书启合编》，八卷；二集《家礼集成》，七卷；三集《帖式称呼》，二卷，邹可庭（邹景扬之父）撰辑；四集《新联采集》，二卷，邹景扬撰辑。

书启、家礼、帖式称呼及楹联是大众化的日常应用文体，是书集各种应用文体之大成，直接为初学者提供书写格式和范文。邹景扬在《小引》中说，"此为初学者准绳，将上层碎锦移掇凑成"，"若系妥帖，亦有可观，爰录款式，以便仿样"。

一集《书启合编》 介绍各种书信的格式及范文。其种类繁杂，如问候类、颂扬类、庆贺类、荐托类、馈送类、戏谑类、邀约类、感谢类、箴规类、家书类、慰唁类、求借类等。此集的范文除了部分选用名家文章外，多数采用四堡乡当地或周边文人撰写的作品，如邹圣脉、谢梅林、邹可庭、余一轼、马衡、马履成、王紫绅、上官惠和邹景扬本人的作品占据了大量篇幅。此集有些内容诙谐有趣，如戏谑类《戏友怯内》写道："尊夫人巾帼丈夫也，狮一吼固宜陈居士之落魄哉。但令小子推病七八日，尊夫人自软性二三分。此龙宫秘方也，不宜清泄。"答函曰："接足下来方，始信非个中未许说此也。兄既授弟以龙宫术，弟亦谨报兄以赤理木矣，笑笑。"读之不免哑然失笑。

二集《家礼集成》 介绍家庭生活的各种礼仪、礼节。它以朱子《家礼》为底本，参考诸家释本予以厘定。编者认为《家礼》一书过于繁杂，"经有三百，曲有三千，非冠婚丧祭可以全，该者未免汗漫，苦于研稽考礼"。为此，编者作了部分删节，除了保留传统礼仪外，还增加了聘启帖式、诗文传赞、姓氏典故以及人事摘联等。

三集《帖式称呼》 "帖式"分为冠礼、婚礼、丧礼、祭礼、筵宾等帖式和序坐图、晋接常礼及课童常礼；"称呼"

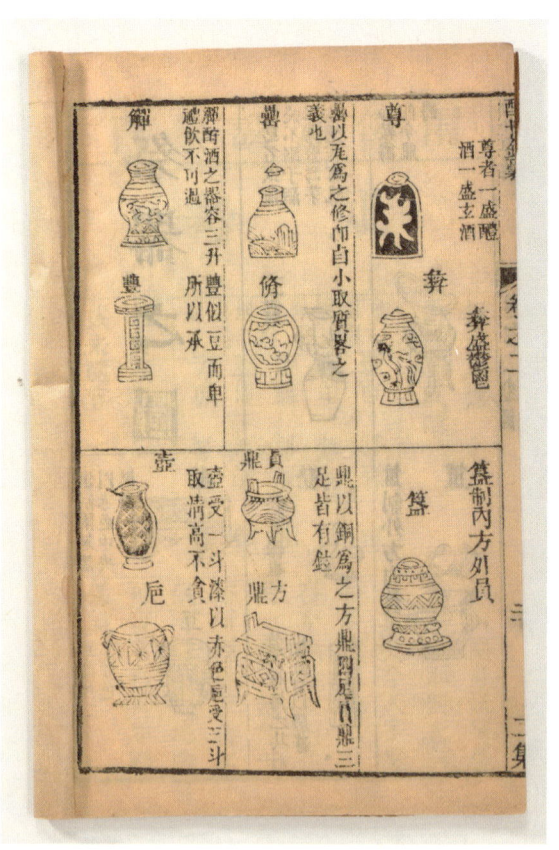

大德堂《酬世锦囊全集》

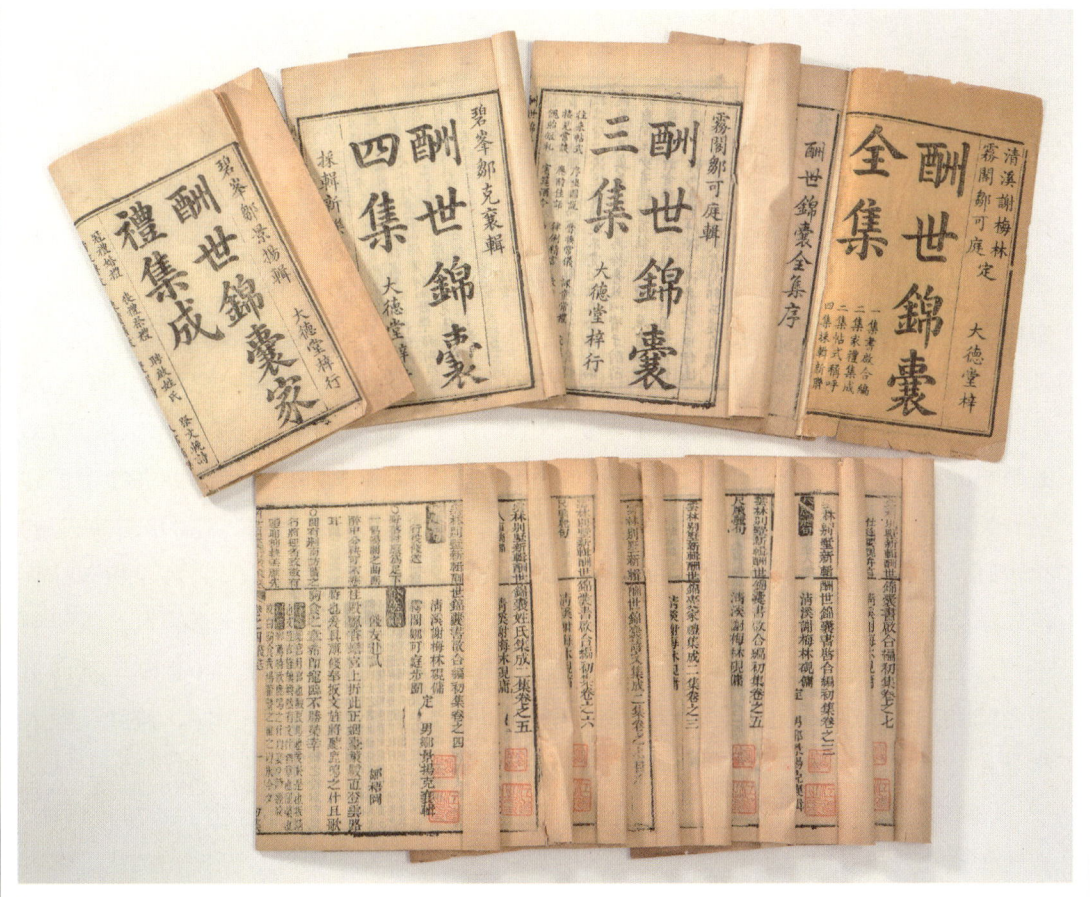

大德堂《酬世锦囊全集》

分为交接称呼、接见常谈、延师关帖、应酬佳话及律例精言。

四集《新联采集》 它是邹景扬历经两年周游全国各地名胜古迹抄摘下来的名联汇编。

我国是一个历史悠久的文明古国，素称礼仪之邦。在长期的生产、生活过程中，形成了复杂的宗族、亲族关系。不同的民族、民系，在不同的历史时期，因父方、母方、直系、旁系、尊卑、长幼、男女、嫡庶的区别，在礼节、称谓方面便有着不同的表现。笔者认为，《酬世锦囊全集》比较客观、全面地记录了清代中期客家人相互交往应酬的礼仪、礼节与人际关系，是研究清代民俗礼仪和社会风貌不可多得的珍贵资料。酬世类书籍虽清代民间大量翻刻，但由于此类书籍是实用型，藏书家往往不屑一顾，至今乾隆以前品相完整者存世十分稀少。此书笔者从中国书店拍得，从800元底价起，经多次举牌竞价，最终以3800元成交。

（二）陈必元《家礼释要》

《家礼释要》三卷，陈必元贞永纂释，龙冈王道存太史鉴定，咸丰乙卯年（1855年）重锲，崇英堂梓行。编者陈必元（生卒年不详），字贞永，连城县文亨乡龙岗村人，生平事迹无考。

是书分上、下集。上集《家礼》，上、中、下三卷，上卷为家礼释要，包括冠礼释义、婚礼释义、丧礼释义、祭礼释义；中卷冠礼论辨、婚礼论辨；下卷丧礼论辨、祭礼论辨。下集《启式称呼》，二卷，有通论、婚姻、丧葬等各种帖式及称呼。

卷前有陈氏乾隆二十八年（1763年）自序一篇。编者在自序中说，"家礼三卷以紫阳《家礼》为经，而仿梁村以摘其要，以琼山《仪节》为纬。而总诸家以权其宜，既循节而训释，复标题以论辨，名曰《家礼释要》。"可见，陈氏为编写此书参考了许多有关家礼的书籍，但主要以蔡梁村、邱琼山本为蓝本。在他看来，这两部书编写的比较好，"尝闻坊本家礼数十种，见夫仪文周详，莫如邱琼山之《仪节》。散繁就简，莫如蔡梁村之《辑要》"。蔡梁村（1681—1734），又名世远，福建漳浦县人，康熙年进士，授翰林院编修，累官内阁学士、礼部侍郎，位列九卿。邱琼山（生卒年不详），原名邱浚，广东琼州琼山县人，明朝正统年间进士，累官翰林太子少保，兼武英殿大学士。

《家礼释要》是一部系统论述家礼的理论著作。我国古代有吉礼、凶礼、军礼、宾礼和嘉礼五种礼制。而反映民间生活的家礼主要有冠礼、婚礼、丧礼和祭礼。作者在书中引经据典、援古证今，重点回答了冠、婚、丧、祭四种礼制"是什么"和"为什么"的问题。"释义有似论辨者，以理断其，当因、当革、当损、当益者是也。论辨有似释义者，考其名物、度数之义者是也。"至于启式称呼，它与一般的应酬书籍大致相同，未见有多少新意，根据作者在此书"凡例"中的介绍，它只是作为该书的附件，"释要后附以启式称呼者，

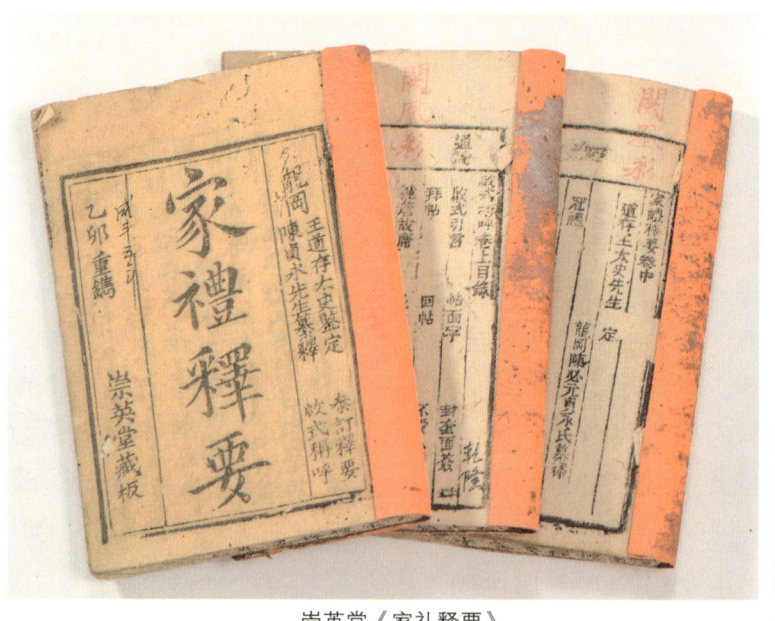

崇英堂《家礼释要》

以便应酬也"。

编者对冠、婚、丧、祭的诠释甚为周详，有些史料于今仍有参考价值。比如成人礼，古代男的称为"冠礼"、女的称为"笄礼"，就是在少男少女年满一定年龄时举行的象征迈向成人阶段的仪式。世界各国都有各式各样的成人礼。在我国，这种礼仪自古有之，《礼记》云："夫礼，始于冠"，"男子二十，冠而字"。这一礼仪沿用多年，但至清乾隆开始衰落并逐渐消亡，"冠礼今既不行矣"。陈氏认为，冠礼，五礼中属嘉礼。冠为成人之始，礼所最重。"今但于将婚之前择吉。前一日主人以冠期告于祠堂，延亲友中有品德者为宾。是日，主人以下序立于厅东西向，宾至，主人迎，宾升入厅西东向，宾主交拜……"面对当时有人轻视这一仪式，他认为冠礼十分重要，大声疾呼"冠礼不可废"。他说，"司马温公云，冠者，成人之道也。成人者，将责为人子、为人臣、为人少者之行也，其礼可不重欤？近世自幼至长愚騃，如一由不知成人之道故也。若好古君子，俟其子年十五以上，能通《孝经》、《论语》，粗知礼义，然后冠之，斯其美矣"。如今，成人礼在我国各地又在不同程度的复归。这就说明，古代的"冠礼"、"笄礼"有其合理性。陈必元的冠礼、笄礼"斯其美矣"之赞叹，时过200多年，至今读来仍感到亲切。

（三）酬世类刻本三种

四堡书坊除刊刻雾阁村人邹可庭、邹景扬父子编撰的《酬世锦囊》、龙岗村陈必元《家礼释要》外，还刊刻了其他一些酬世类读物，主要有：

《酬世精华》 四卷，雾亭邹廷忠汝达辑，崇文堂梓，邹廷忠于嘉庆七年（1802年）、二十五年（1820年）年自序三篇。

此书分为四集，一集《尺牍雅观》，二集《家礼释要》，三集《对联新笺》，四集《帖式称呼》。邹氏在自序中批评时人不重视应酬知识的学习，"予见世之读书者，自童蒙以至皓首，咸以举业为竞竞，而往来赠答之具置之勿问。"他认为，掌握应酬知识与学习八股文同等重要，交际中的失礼、欠礼，常被人们所指责耻笑。"虽曰八股可以取功名，八股不精固不足见拔于朝廷，应酬失当岂无贻笑于草野，指谪交加，自夕殊多歉恨矣。"很明显，他说的这些话旨在说明学习应酬知识的重要性。

书信名帖，至少在春秋时代就已出现。那时的书信因写在木片或竹片上，所以被称为"木牍"，也叫"尺牍"。名帖当时也写在木片或竹片上，西汉时叫"谒"，东汉时叫"刺"。随着造纸术的出现。书信名帖的使用日趋广泛。到了清代，受政治、经济、文化的影响，人事交往更加频繁，各类书启、帖式随之复杂起来。笔者粗略翻阅此书，发现它有许多独到之处。它除了提供大量的书启、帖式例文外，还对其写法作了某些归纳和总结。例如，该书尺牍卷将书启次序用公式表示，书启先后定式是："一间阔、二瞻仰、三即日，四时令、五伏唯、六颂德、七神相、八起居、九欣喜、十自叙、十一小禀、十二人事、十三临书、十四保重、十五祈亮、十六结尾。"男家聘启式是："一伏以、二时令、三合绿、四称夕、五姓氏、六门第、七品行、八自叙、九叙男（女）、十礼仪、十一欣愿、十二结尾。"应该说，从无数例文中提炼归纳的口诀，对于民众快速掌握书启知识是有帮助的。

是书为邹氏自编自印本，同乡的林宾上也参与了某些编辑工作。邹氏在嘉庆二十五年（1820年）自序中说，"同乡林子宾上工书法而娴于礼者也，因延请缮写释要，相处数月，凡论及冠、婚、丧、祭之礼，足见其留心讲究之功"。

《家礼广类》 六卷，乡进士叶浩海、廖国安鉴定，养斋江浩然选著，男健资秉刚氏笺补，经文堂梓行。卷前载清嘉庆十五年（1805年）钦赐国子监受业廖天杰序言一篇。

此书的卷次为：卷一《岁时物类称呼》；卷二《姓氏疏解》；卷三《男人、妇女相往复称呼式》；卷四《男人与妇女往复称呼式》；卷五《男女轻重服制》；卷六《丧次杂务》。主要介绍各类称呼、行帖套语、月令姓氏、婚书启式、往复各款、吉凶帖式、祝文祭诔、往复书札、名公古联、长短新联、规条契约等。

笔者以为，是书编写颇具特色，有可读之处。一般酬世类书籍的称呼门类，大多只涉及人际往来，很少介绍岁时、物类及姓氏。编者在首卷以显要的位置介绍"岁时物类称呼"，且种类相当齐全，几乎涵盖了生活中的所有物品。其中，有太岁干支、十二月天干、节序名号、四时月令、茶酒类、谷食类、果品类、肴馔类、蔬菜类、文武具类、器用类、衣服类、珍宝首饰类、乐器类、花

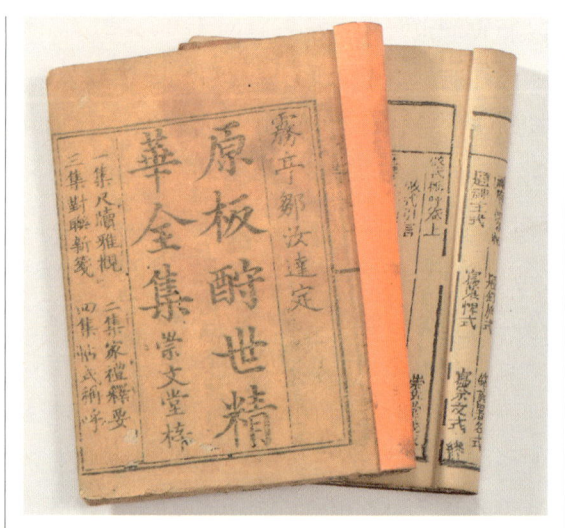

崇文堂《酬世精华全集》

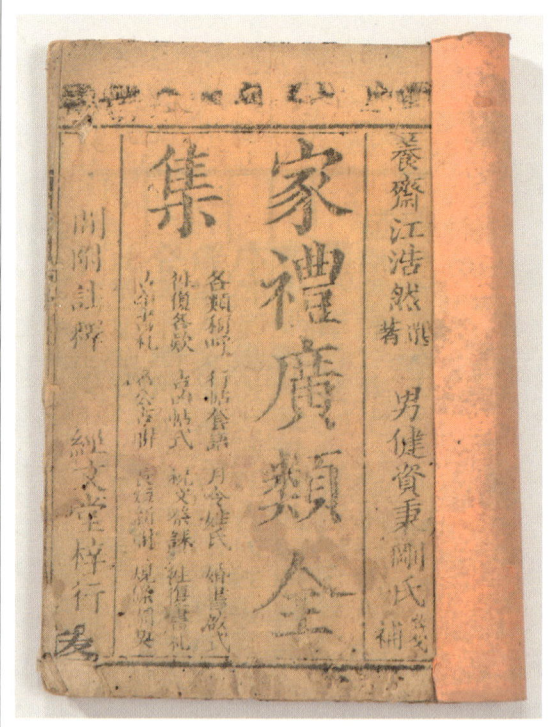

经文堂《家礼广类全集》

木类、飞禽类、走兽类、虫豸类等。例如，果品类称呼：梅子，曰雪花曰含酸。李子，曰玉华。桃子，曰仙桃曰仙卿。樱桃，曰含桃。葡萄，曰马乳。杨梅，曰火齐曰杨果曰圣僧。西瓜，曰水晶。龙眼，曰桂圆曰金弹。荔枝，曰甘液曰丹荔曰示香曰魁枝曰绛囊……。走兽类称呼：麒麟，曰灵兽。虎，曰兽长曰山君。豹，曰文豹曰果下。狮子，曰狻猊。牛，曰大牢曰大武。羊，曰少牢曰柔毛曰长髯。猪，曰刚鬣曰豮豕曰肥腯曰乌金曰黑面郎曰大兰王曰长耳将军。猫，曰室豹曰家豹曰乌圆曰家狸曰狸奴曰东守曰白凤曰紫英曰祛惯曰锦带曰云图曰万贯曰蒙贵曰雪姑曰仙哥曰女奴……这些名称应是指别称或他称，而不同的岁时物类其别称多寡不同，有的只有一个，有的有几个甚至十几个，其来源皆出之于古代文献。

有意思的是，书中还刊载了不少套语，有通用陈设类套语、即事陈设类套语、迎送类套语、过邀类套语、翼望类套语等。古时的套语，是古时应酬常用的语言，用现代的话说，套语就是套话。编者别出心裁把各类套话收集一书，在酬世类书籍中少见。

《酬世合璧》 不分卷，一册，眉山苏湖二州氏辑，乾隆庚戌年（1790年）陈超群序一篇，素位堂梓行。

此书主要介绍尺牍、称呼和对联，是酬世类书籍的简本。分上下二层，上层为书启瑶华，辑有江湖辑要、契帖、天下京省地舆图记和祭文。其中"买卖机关杂样事宜"载："投牙三相：相物、相宅、相人。"所谓"牙"，即牙行，旧时为买卖双方说合议价并从中抽取佣金的商号或个人。"三相"之相物："物古不狼，老实节俭"。相宅："宅新而换，标致奢华"。相人："百结鹑衣，贫穷之辈；异装服饰，花子之流；礼貌谦诿，心中叵测；起坐直率，面亦无阿。"意思是说，出外经商的商人，在将要投托经纪人的时候，要"相物、相屋、相人"，从对方的日用物品、房屋陈设和着衣打扮三个方面观察经纪人是否诚实可靠。买卖机关还有："入席试言，言直、言公、言诈。""买卖机关，最宜谨防。""相见恭而席丰，货快有价；跟随缓而款略，本少且迟。""客来无货，非取账，必是等人；买主私谈，不扣银，定然夹账。""毁誉中，防家奴误主；指示处，恐梢子利私。""客荐客，须防有故；牙潜牙，亦是常情。""好歹莫瞒牙侩，交易要自酌量。""货若相同在知己不言实价；来同一路虽厚处意亦参差。""守己不贪终是稳，利人所有定遭亏。""多说价钱老奸之客，遍呈足色好胜之

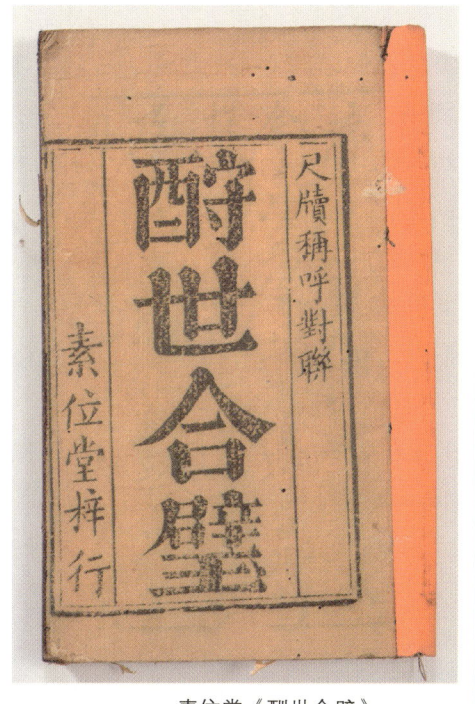

素位堂《酬世合璧》

流。""逢人不可露帛,处室亦要深藏。""有物不可离房,无事切宜戒步。""客商慎勿装束,童稚戒饰金银。""临财当恤,记账要勤。""买卖要牙,装载须埠。"……这些商经都是从商的至理名言,于今也有一定的借鉴意义。

下层为居家应酬,有怀叙类、时询类、家信类、馈送类、求借类、索取类、荐托类、庆贺类、慰问类、邀约类和家礼丧服图制、制服总记和丧礼杂记等。它们都是当时应酬的各类范文,并无多少实际内容,只是为人们提供各种书写的格式。掌握了这些格式,在应酬交际中才不至于失礼而"贻笑大方"。

(四)楹联汇编三种

楹联是我国所独有的一种文学形式,也是深受百姓喜闻乐见的民俗文化。楹联,也称对联、楹贴、联语、联句,俗称对子,它对仗工整,音调和谐,内涵丰富,形式活泼,并与我国特有的书法艺术和雕刻艺术相结合,赢得人民群众的普遍喜爱,1000多年来兴盛不衰。一般认为,五代后蜀主孟昶(919—965)撰写的"新年纳馀庆、佳节号长春"是我国最早的对联。[3]它经过宋、元、明朝漫长发展,进入清朝达到鼎盛,涌现出郑板桥、纪晓岚、袁枚、俞曲园、林则徐、康有为等楹联大家。晚清还出现了一些楹联专著,如梁章钜《楹联丛话》、俞樾《楹联录存》等。

四堡书坊在清代200多年间曾刊刻过不少楹联集,有记载的如:《对联大全》、《楹联全新》、《楹联合璧》、《采辑新联》、《阁章佳句》等,这些楹联汇编有的自编自印,有的据市面流行的原本翻刻。笔者收藏的《类联新编》、《新增对联大观续编》、《对联全新》等三种楹联集,文本编辑均出自当地文人之手。从内容和用途来看,这些楹联集有一个共同的特点,即皆涉及贺婚庆寿、吊丧悯死、庙宇亭榭、名胜古迹、三教九流、各行各业。

《类联新编》 二卷,邹景扬克襄辑,清溪谢梅林砚俑、雾阁邹可庭涉园定,大德堂梓行,无版刻时间。

此书收入邹景扬编撰《酬世锦囊全集》,列为全集之第四集。分为二层,上层堂联斋匾。有匾额骈言、别号、联额

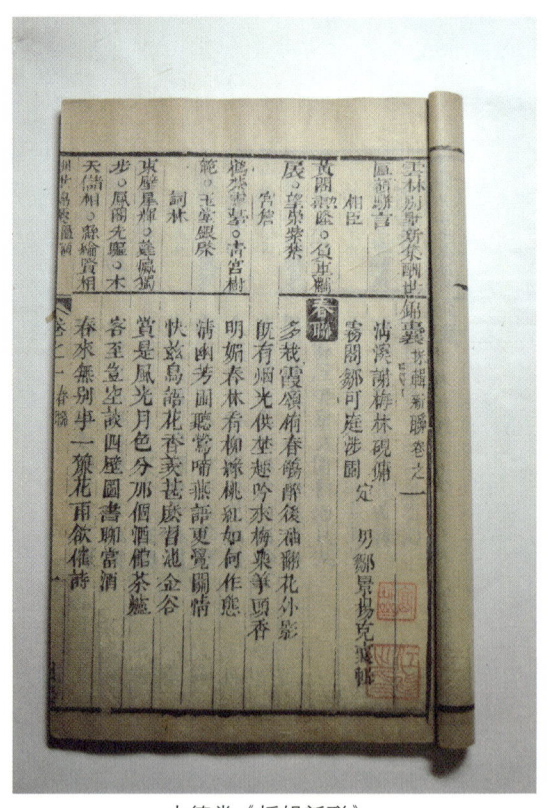

大德堂《採辑新联》

别裁、图章丽句。主要介绍各门类的雅号、别称、丽句及其匾额的作法,其中"图章丽句"按字数排列,篇幅占其上层内容大半,不乏哲理性的名言警句。下层楹联,分两卷,卷一为新春、幽居、林下、隐逸、厅事、书室、射圃、楼台、园亭、山阁、农家、山谷、构造、迁移、祠宇、庙宇、会馆;卷二为寿诞、婚姻、生子、入泮、贡监、科甲、仕宦、文学、封荫、乡饮、衙门、武职、旅次、艺术、市肆、桥亭、演戏、灯市、禅林、道院、女尼、斋醮、节孝、哀挽、舟楫、青楼等。

邹氏在该书的序言说道,他在乾隆己丑(1769年)年北上游览,参观过许多通都大市和名胜古迹,见到好的句子默默背诵,回到住处用零星小纸条记下,"积经两载,不下几千。"很明显,此书是编者历经两年游历时亲手采集而成的,大都源于名胜古迹的联对,我们应视为古代(乾隆以前)名联专集。而乾隆迄今已有200多年,一些名胜古迹遭遇天灾人祸,至今荡然无存,故此书收集的楹联较为珍贵。

笔者以为,编者采集的楹联的确不俗,可谓是对对有据,字字珠玑,随手摘录几对如下:"客至岂空谈四壁图书聊当酒,春来无别事一帘花雨欲催诗";"景色清幽瘦竹高梧月霁,风光明媚落花啼鸟春晴";"春来也鱼龙变化,时至矣桃李芬菲"(春联)。以上联对把春的气息用寥寥数字生动地刻画出来。"消磨岁月书千卷,啸傲乾坤酒一壶","洗砚余吞墨,烹茶鹤避烟"(隐逸),隐逸者或有才而不见用,或见用而终退藏,联句鲜活地再现了隐士生活。厅堂的楹联一般要体现主人的志向与情怀,"读圣贤书岂徒寻章摘句须将践履工夫尽此人道,处世间事何必市恩掠美只要本分做去求个知天",这一长联体现志向的关键词是"践履"与"本分"。"认天地为家休嫌室小,举圣贤共话便是朋来","守东平王格言不外为善两字,遵司马公家训只在积德一端",前者说的是品位,后者说的是志向。

经笔者查考,此书版本已知的有崇文堂、姑苏聚文堂、英德堂、二酉书屋、大德堂等多种版本传世,可见它在民国以前影响较大。

《对联大观续编》 不分卷,折桂在田居士选,光绪庚寅年(1890年)锓,闽汀同文堂藏版,袖珍本。

由该书题署名号可知,"在田居士"应是四堡当地的落第文人。故联集除了具有大众化的特点外,还敢于针砭时弊,嘲讽时政,如,"看破世情万事皆淡,饶他强悍一己自安","世路多艰举足时迟迟吾行也,人心殊险谋面后昧昧我思之"(自题),"踏上梯来不觉青云生足,推开窗看何妨白眼观天"(楼阁)。有的怀才不遇,落拓不羁,"敝庐中能自适其适,明月下且欲眠未眠","随遇而安因树为屋,会心不远开门见山"(隐逸)。"松本节坚竹能虚受,兰以言臭菊则淡成"[4](书室)。有的修身养性,励志抒怀,"吃苦是良图作苦事用苦工苦境终归乐境,偷闲非善策说闲玩好闲游闲人即成废人"(书室),"守口如瓶一语须防伤厚道,回头是岸再思何以盖前愆"(自题),"读几篇无用文章饥不可食寒不可衣欲问谁云书不误,待一日联登科甲名则以扬亲则以显方知时至笔生花"（书室）。

编者选录的行业楹联颇为恰切，读之妙趣横生，如，"亲曰家兄尊曰至宝，国之利用民之通施"（钱铺），"道义为基忠信为本，生财恒足利物恒丰"（当铺），"踏水游山全凭双齿，登云步月绝少点埃"（屐铺），"缓急因时可收可放，玲珑制巧宜雨宜晴"（雨伞铺），"物其旨矣物其嘉矣，式食庶几式饮庶几"（酒楼），"云烟直借口而缭绕，气味乃近火以芬芳"（烟铺）。

编者在田居士很可能是四堡雾阁人邹汝忠。邹氏曾刊刻过二卷《对联大观》（见上海广益书局1921年石印本），此书是《对联大观》的续编。大陆、台湾馆藏的嘉庆五年（1800年）《吐玉新联》，三元堂刻本，邹汝忠选订，此邹汝忠与彼邹汝忠是否同一人，无资料辨别不得而知。

同文堂《大观续编》

《对联全新》 四卷，雾阁静观居士选，光绪己丑年（1889年）锲，汀城应文堂藏版，雾阁碧清堂发兑，袖珍本。卷前有光绪十六年仲春月龙冈古愚氏序言一篇。

是书分为四卷，其内容仅目录所列词条就有400余条，每条有楹联数对或几十对不等，林林总总，蔚为壮观。其中有不少文采飘逸之作，"藏重典雅颂不忘规，拮藻翰华奇不戾止"（序言），例如，"宅近青山同谢朓，门垂碧水似陶潜"，"农圃有书教子且经桑柘，荣华无梦潜身独守蓬蒿"，"有田可耕有桑可采，无吏催迫无事扰怀"（田家）。"五日一水十日一石，无酒学佛有酒学仙"，"或曰陋其然岂其然，乃所愿无可无不可"，"清言如晋人足矣，浊酒以汉书下之"（闲居）。"精神到处文章老，学问深时意气平"，"有志竟成云程那怕路头远，无书不读理窟方治海洋

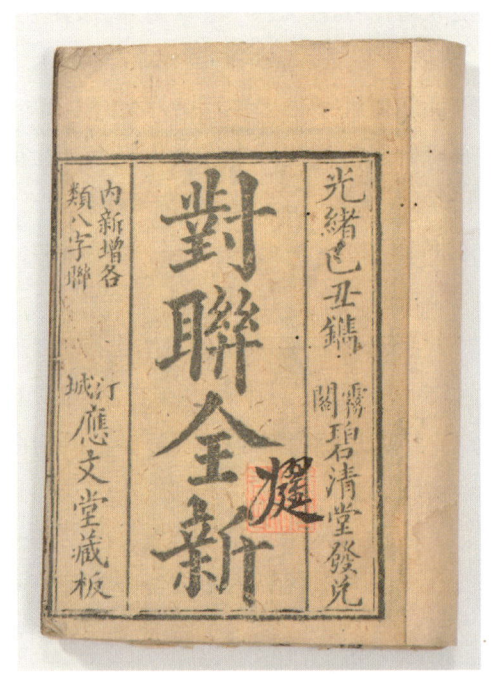

应文堂《对联全新》

深"，"醉谈天下事，笑读古人书"，"禹锡诗豪山谷诗祖，伯英草圣子玉草贤"（书室）。"志道德志功名志富贵从路头走差一着便是鄙夫，尚勋业尚气节尚文章随力量做到一件方为男子"（厅堂）。"半窗月落梅无影，三径风来竹有声"，"词倾三峡水，笔扫九天云"（溪居）。"已向山林违世事，不妨诗酒作生涯"，"文境高山流水，心怀霁月光风"（隐逸）。这些楹联有的描写耕读传家，有的抒发文人情怀，这里有向往，有追求，也有愤懑。

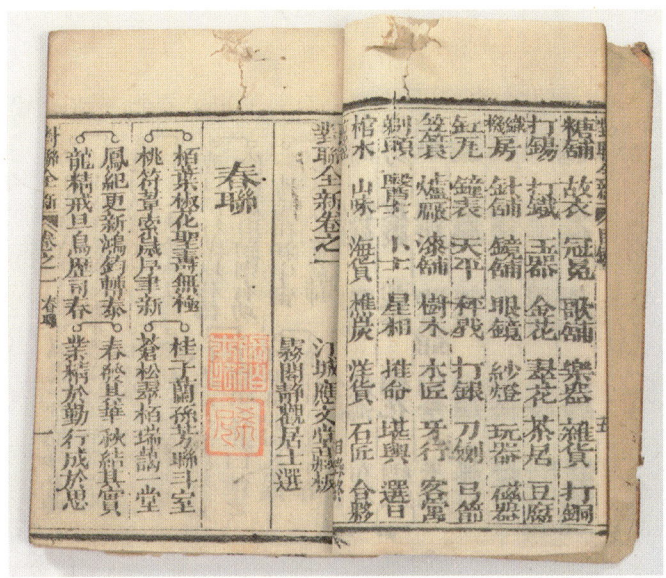

应文堂《对联全新》

"静观居士"姓名无考，据序言载，他应是龙冈古愚氏的雅号，而古愚氏则是编者的字号或别名。应文堂是乾隆年间雾阁人邹应乾的刻书堂号，此书有可能是邹应乾的后人刊刻。

上述三种楹联集，邹克襄的《类联新编》成书时间最早，涉猎范围最宽，编选内容最精，是楹联选编文集的上乘之作。而静观居士《对联全新》、在田居士《对联大观续编》侧重于民俗性和大众化，也有可圈可点之处，通过联集从中可窥见清代的民俗习惯和风情。

三、生活小百科

四堡书坊除刊印了大量的酬世类书籍外，同时还刊印了一些生活小百科之类的书籍。这些书籍以通俗、实用见长，颇受民众喜爱。如，万卷楼刊本《卫济余编》（又名《通天晓》），编者穷30年之力从190多种古今书籍中，摘录上万条方剂。由于一些古籍已经亡佚，而通过此书保存下来的方剂条目尤显珍贵。此书有的方剂条目被近年刊印的国家药典所引用。清早期扬州石天基编著的《传家宝》，言简意赅，文字通晓明白，从清康熙起至今300多年，广为刊行，一版再版，是一部深得民众喜爱的小百科全书。

（一）王攘堂《卫济余编》

《卫济余编》又名通天晓，十八卷，清王攘堂编，汀城万卷楼藏版，无刊刻时间。

编者王攘堂生平事迹不详。

此书是清代综合性的小百科全书，杂抄古今书籍而成，犹如今之生活小常识。卷首刊武林缪艮字莲仙、贾隅赵古农字饭牛序各一篇。序后刊有"采摭书目"，列古今书籍194种。全书介绍摄生醒事、保身延年等养生内容，并以大量篇幅阐述捍灾、备荒、辟邪、营造、人事、器用、实玩、文房、冠服、饮食、戏术等18种门类的保健法，有益身心健康，又陶冶情操。

编者对书名之所以称为《卫济余编》作了解释，他说："是编以卫济命名，故冠以摄生醒世、次捍灾、避邪、形体、人事，所以卫生。次备荒、稀豆，所以济世。至营造、器玩、文房、服食，为卫生所当知。树艺、畜牧乃济世之余事。其制物、戏术，不过推而衍之，均无乖卫济之义。虽于疗疾一道仍属无关，而日用所需颇云有补。"在编辑此书之前，编者的父亲松溪先生曾手录经验诸方三千五百余条，只因生活贫困"家徒四壁"无力梓行。编者继承父志，在原有条目的基础上，历经三十余年披览众籍，搜罗日富，达万余条，最终编成此书。由此看来，编者撰写此书是花费了不少功夫的。

《卫济余编》摘录的条目或方剂，皆出自于古今刻本、抄本，其中不少是名著名篇，因而具有很高的可信度和实用价值。如卷一《摄生》收录的《孙真人卫生歌》，即来源于清代名医尤乘的《寿世青编》，歌曰："天地之间人为贵，头象天兮足象地。父母遗体宜保之，箕畴五福寿为最。卫生切要知三戒，大怒大欲并大醉。三者若还有一焉，须防损失真元气……"此歌是唐代大医药学家孙思邈的重要养生文献，原文中提出了许多重要的养生思想，如卫生三戒、四季饮食原则、强调养性等。这些思想，至今仍有指导意义。又如，书中引用的南宋真德秀（1178—1235）《真西山先生卫生歌》说："但于饮食嗜欲间，去其甚者即安乐。食后徐徐行百步，两手摩胁并腹肚，须臾转手摩肾堂，谓之运动水与土。仰面仍呵三四呵，自然食毒气消磨。醉眠饱卧具无益，渴饮饥餐犹戒多。食不俗粗并欲速，宁可少餐相接续。若教一饱顿充肠，损气损脾非是福。"真德秀先生的养生口诀之精辟，即是今天也无人能出其右。再如《漱口法》："每日早晨，先啜开水少许，或饮食，然后洗面漱口，则津液还原，大有补益。凡食饭后用茶漱净口齿咽下，则无齿疾，且出秽气。晚间卧时用牙刷温茶或温水漱口之，则一日饮食之毒不留，于日齿至老不败。"这一则讲口腔、牙齿的保健，逆今之漱口常理，这种漱口法笔者未曾试过，古人之言许多经过验证，或许自有他的道理。

《卫济余编》除医疗卫生外，还涉及许多生活领域，有的医方、条目至今仍被学术著作或方家采用。如在畜牧方面，它载有七八种的肥猪方，其中一方："管仲、何首乌各一两，麦芽、黄豆各一升，共为末加盐一两拌匀，每日饲以四两则易肥"，此方收入当代国家《兽药典》。[5]

清朝学者缪艮、赵古农对此书有较高的评价，缪艮说：此书"繁微博引，其于卫

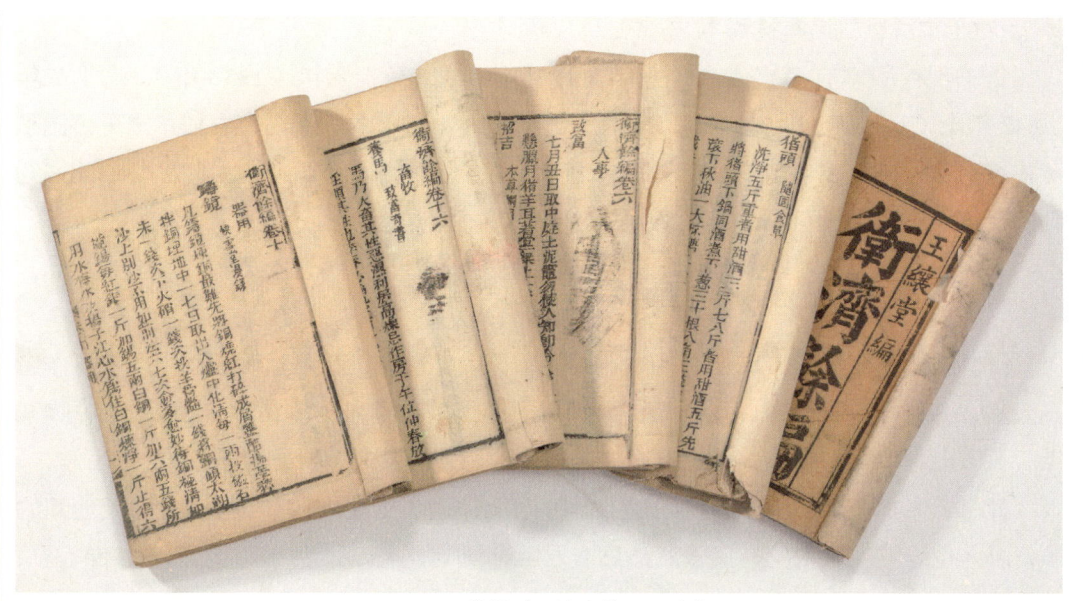

万卷楼《卫济余编通天晓》

生之术甚备。"他认为,"是日用之需,皆可以致疾,而为人所易忽者。于此得善为调剂,尚何医药之足云。至利人者,兼以利物,举凡营造、器玩、文房、服食以及树艺、畜牧充类至尽,均于济世之道有裨焉。"(序一)赵古农对某些所谓《卫济余编》是"小道"的观点予以驳斥,他说:"或曰:是书也,究无补于格致诚正之学,而邻于农圃医卜之微。虽可观,近小道矣。予谓:不然。士君子读书稽古之余,上既不能厕身庙廷,为霖雨苍生之望。则当思所以泽枯润槁,为天地补缺陷之功,使宇内之人皆得籍为日用所需之一助。然则是书又岂特云小补之耶。"(序二)缪艮字莲仙(1766—?),因为仰慕李白,故又号莲仙子。工诗文,撰有《涂说》四卷。赵古农,生卒年不详,番禺人,撰有《龙眼谱》、《十八娘传》、《迎猫制鼠说》。笔者认为,是编虽未涉及经国治邦之术,但也是百姓日常生活之需。衣、食、住、行、柴、米、油、盐,乃是民生之要务,国家之根本,从这个意义说,《卫济余编》确非"小道"、"小

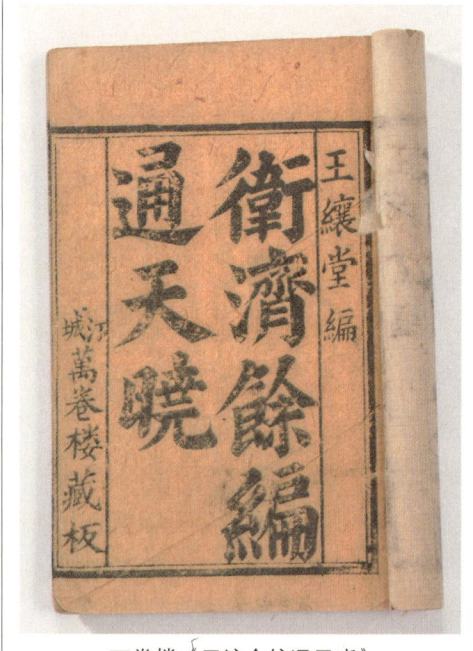

万卷楼《卫济余编通天晓》

补",对于"济世之道有裨焉"。

是书现存版本有清嘉庆二十一年（1756年），道光十六年（1836年）、二十二年（1842年）、二十三年（1843年），咸丰十一年（1861年）本。闽汀万卷楼本未见公馆私藏著录。万卷楼创建于咸丰七年（1857年），楼主为雾阁人邹邦彦，由此推断，此书约刊刻于咸丰、同治年间。

（二）石天基《传家宝》

《传家宝》，四集三十二卷，扬州石天基著，大文堂梓，四友堂藏版，巾箱本。作者石天基，名成金，号惺斋，扬州人，大约生于清代顺治十六年（1659年），卒于乾隆初年。石氏出身于扬州望族，一生以教书著述为业，著作甚丰，《传家宝》为其代表作。

此书分为四集。初集《福寿根基》，以人伦和睦为主要内容，他认为，"天地间的事，以人伦为重。这人伦有父子、然后有君臣、兄弟、夫妇、朋友。"忠、孝、悌、忍、善是五伦关系的基本准则。他以自己切身的体验，用极浅显的话语诠释五伦。

二集《修身齐家》。以事业通达、立业成名为主要内容。作者认为人要有远大抱负，要立志，要为实现自己的志向，"一意寻向上去，如撑上水船，如赴军中约"，但世事复杂难料，对不如意之处，要能"顺受之"，这样就能有许多自在的安乐之福。

三集《警醒明通》。以行善戒恶、求福求德为主要内容。强调帮助别人不仅利人，而且利己，论述了有关同仁相处以及在社会上待人接物的种种训诫。作者提出了享受人生的最好方法是修身改过，广行善事，并记录了各种趣闻和常识。

四集《怡情悦性》。以人生快乐为主要内容。阐述作者快乐人生的主张，他认为，真正的快乐既不费资财，又不劳神思，是以闲适的心态，从人与自然的和谐中得到的。作者还亲手创作了几十幅快乐的写意画和200多枚快乐印章，表述了作者快乐人生的态度和方法。

《传家宝》是一部百科全书式日用读物。它内容涉猎广泛，无所不包，涉及读书求学、柴米油盐、吃饭穿衣、坐立行走、洒扫应对、生儿育女、养生保健、陶冶性情，以及消灾祈福的各种妙方，士农工商各行各业的经营诀窍等方面。它语言明白通晓，易读

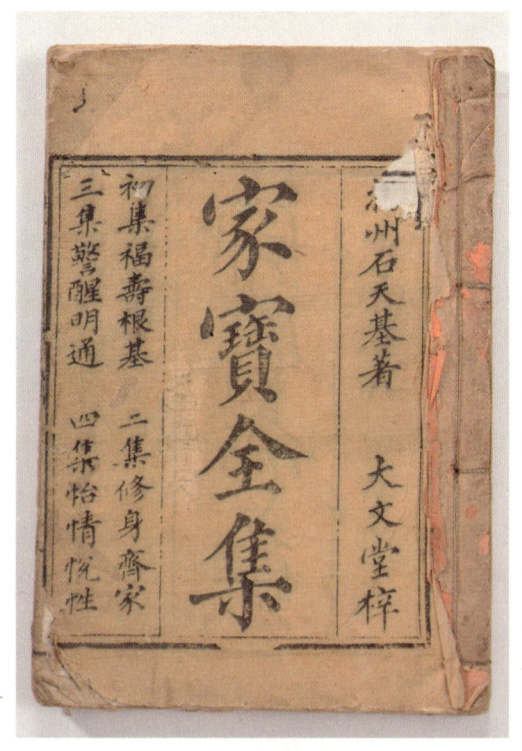

大文堂《家宝全集》

易懂。编者用通俗易懂的文字，夹杂一些插图（天乐图）、印章（快乐印）、小笺（真益笺），讲述了耳熟能详的身边事情。它形式多样，生动活泼，包括格言、庭训、诗文、村俗俚语、谚语、童谣、小说、笑话、小曲等等。

作者阐发了许多含有生活哲理的警句和歌诀。例如，在养生方面他的见解精辟独到，《养心六常存》说："常存安静心，常存正常心，常存欢喜心，常存良善心，常存和悦心，常存安乐心。"《人生八乐》："静坐之乐，读书之乐，赏花之乐，玩月之乐，观画之乐，听鸟之乐，狂歌之乐，高卧之乐。"歌诀《快乐铭》："有书真富贵，无事小神仙。花常留我赏，月不放人眠。狂歌性卓矣，把酒意陶然。随时皆好日，到处是桃源。栽培心上地，涵养性中天。痴顽学儿戏，喜极舞疯癫。松阴张亭盖，鸟声奏管弦。情思犹梦幻，尘世等云烟。潇洒因知足，宽平为听缘。以此铭肺腑，福增寿更延。"《忍耐歌》："忍耐好，忍耐好，忍耐二字常奇宝。一朝之忿不能忍，斗胜争强祸不小。身家由此破，性命多难保。休逞财势结怨仇，后来要了不得了。让人一步有何妨，量大福大无烦恼。"《饮食讲六宜》："吃食之法，大略饭食宜多，肉类杂味宜少；食宜早些，不可迟晚；食宜缓（缓缓地咀嚼），不可粗速；食宜温暖，不可寒凉；食软烂，不可坚硬。"《却病歌》："人或生来气血弱，不会快活疾病作。病一作，心要乐，心一乐，病都却。心病或将心药医，心不快活空服药。且来唱我快活歌，便是长生不老药。"这些生活的警句和歌诀，至今仍被广泛传颂。

此书被后人称为"人情世事须知，修身齐家要法"，是传家之宝。扬州知府左必蕃说："政事之暇，最喜读天基《传家宝》，因其言言通俗，事事得情，不啻警世之木铎，利人之舟楫。"（《传家宝》序言）

《传家宝》流传甚广，影响较大。它适合各行各业各阶层人士阅读。从政的，从中体会世事通达的道理；经商的，从中得到致富生财的诀窍；平民百姓，从中领略人生快乐的真谛法则。光绪年《增修甘泉县志》云："石天基辑《传家宝》一书，流传海内，其书上至仕宦，下逮士农商贾百工。"

此书清代有多个版本刊行于世。有资料显示，四堡书坊曾数次刊刻此书，颇受读者欢迎。

（三）《致富全书》

《致富全书》，又名《新增绘像致富奇书梦解全图》，不分卷，插图40幅，无堂号，扉页书"中华民国癸丑年订"。按书的内容、版式及纸墨推断，此书应是四堡书坊所刻。

《致富全书》它是一本介绍和推广博彩押花会的读物。此"致富"与常言"致富"迥异，前者是指通过赌博即押花这种便捷的方式来达到"致富"，而后者是指通过劳力、劳心的诚实劳动致富。

清末民初，在我国民间广为流行一种名叫押花会的博彩（俗名叫押字花）。清人慵

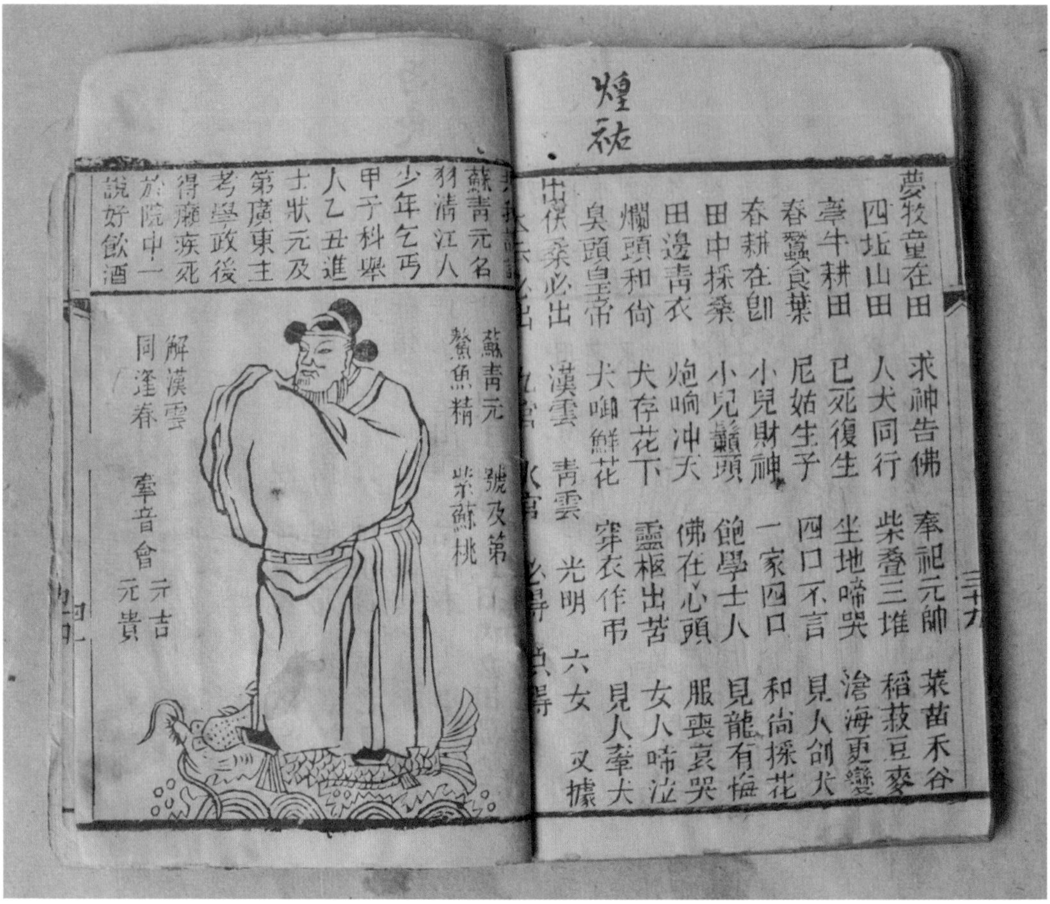

《致富全书》

讷居士笔记小说《呡闻录》记载:"闽中有花会之局,以闲时啸聚三十六人,日标一名,视资本之多寡,胜负总以三十倍为准。"[6] 清徐珂《清稗类钞》云:"花会为赌博之一种,不知何自始……道光间,浙江之黄岩盛行花会,书三十四古人名,任取一名,纳筒中,悬之梁间。人于三十四名中,自认一名,各注钱数,投入柜中。如所认适合筒中之名,则主者如所注钱数,加三十倍酬之,其下则以次递减,至百金数十金不等,往往有以数十钱而得数百金者。其后流入广东,而其法异矣。"[7] 花会为首者叫花会司,设太平、锦玉等34个花会神名,为34签(内有二神不开),也有书36古人名者。花会会所大都选择祠堂、庙宇、厅堂、凉亭、溪沿和山头等,俗称"花会坛"。每日出一签,即挑选一个花会神名,写好藏在筒中,高悬会所,叫"挂花会"。一般是赌者自认一名,各注钱数,投入柜中,如打中,即得36倍之利。路远不能到坛赌押者,则在各地设摊押注。有人把一张大红纸剪成一个圆形,绕圆周写上三十六个古人名,让参赌者认花押注,叫"押花会"。又有收"花会引"者,人家不能亲自送坛,遂在家捺"引"上,听花会坛信息，以赌输赢。坛主等赌众押定，将白布筒当众解开，露出花会神之名，称"开花会"。开后则收进输者押注，倍付赢者钱钞，叫"吃筒"。赌者为了祈求押中，挖空心思，广取征兆，俗称"盘花会"。

此书编者为迎合花会赌徒们的需要，载有《押花会方法大全》、《三十六名花会时式替字歌》、《观世音菩萨神光求字符式》、《求神投词式》、《铜人部位之图》等。

按书中的记载，押花的方式无奇不有，在你决定押哪一门之前，还要有许多讲究，如祷告、解梦等，广取征兆。由于花会赔率高达30倍，助长了不少人的投机心理。参赌之人，多有侥幸心理，一再失利，精神受到打击，疯疯癫癫。有一则笑话，曾有一位花会迷，见有邻村人携鸡到墟上卖，便借他的鸡来称，称出多少两，然后在花会纸图中顺序数下去，如此鸡1斤，则为16两（旧时16两为1斤），数至图中排第十六的牌名下注，结果一无所获。花会场还雇用"师爷"，编些谜语和顺口溜，扑朔迷离，真假莫辨。如有一条谜语："上江西，不问路，慢慢行。"当天开出是"月宝"，因"月宝"属"乌龟精"，乌龟行走慢。作家莫言在小说《红高粱家族》对"押花会"的女赌徒们的疯狂作了如下描述：

> 对奶奶正发狂地迷恋着"押花会"，想尽千方百计求"会名"。这种小型的飞不高叠不中的赌博方式使全村人着迷，尤其是使女人着迷……迷恋押花会的女人们发挥了超群的想象力，创造无数种猜会名的技巧，有把女孩用酒灌醉索取醉后真言的，有努力做梦从中求真谛的，纷繁杂乱，难以尽述。[8]

有意思的是，此书为达到宣传广告的目的，还编写了"花会牌四季歌"。它与民俗文化紧密地结合在一起，利用民俗文化为其服务，套用民歌形式，沿用本地方言、俗语、俚语，加进花会的有关内容，试看下面花会牌四季歌：

> 正月里来是新年，艮玉小姐游花园；
> 头上梳起青云髻，手抱荣生笑连连。
>
> 二月里来是花朝，坤山杀死王志高；
> 一心想尔马尾女，随手拿着马上招。
>
> 三月里来三月三，砍柴郎子陈日山；
> 上山破倒茂林树，挑回家中见火官。
>
> 四月里来日又长，月宝公公照太阳；
> 照得太阳光明亮，日落西山太平王。

五月里来是端阳，只得屠猪上街坊；
合同赐起菖蒲酒，五湖四海汉云长。

六月里来三伏天，元吉化子叫可怜；
叫得天龙眼又开，即时赐了万金钱。

七月里来禾又黄，福孙收割乱忙忙；
音会女子来送饭，板桂树下透风凉。

八月里来桂花香，打点逢春去科场；
九官老爷来监考，选出吉品状元郎。

九月里来是重阳，安士深山细思量；
抬头看见明珠庙，拜到天申福寿长。

十月里来是立冬，有利钓鱼称鱼翁；
手拿钓杆下合海，钓得江祠篓中藏。

十一月里来冷冰冰，井利剃头要小心；
头上戴起占魁帽，青元唱起好道情。

十二月里来雪岩忙，百万家财张三槐；
正顺山中为贼寇，必得杀牛真要财。

  这十二首民歌嵌入三十六个花会人名，读起来朗朗上口，具有较强的渲染力。这里的"砍柴郎子"、"破倒"、"日又长"、"雪岩忙"、"手抱"、"笑连连"等语像是客家话，这本书有可能是客家人编写并在客家地区流传的。

  押花会具有极大的危害性，驱使人们夜间求神拜佛、寻求梦兆，日间心浮气躁、神魂颠倒，导致男人不务业，妇女废家事，有的甚至闹到妻离子散、倾家荡产的地步。

  押花会这种赌博活动，民国以前相当盛行。共和国成立后遭官方严禁已绝迹。如今流行于港澳和内地的所谓"六合彩"，是否押花会的变种，由于笔者缺乏查考，更无此经历，故不敢擅言判断。但愿押花会不致在共和国土地上死灰复燃，而且一切赌博活动均能禁绝。如斯则国家是幸，百姓是幸，子孙是幸。

四、字典、韵书

　　四堡书坊刊刻的小学类书籍亦不少，有些属于鸿篇巨制，卷帙浩繁，叹为观止，如《佩文韵府》、《康熙字典》、《集韵》、《广韵》等，都是为人所熟知的大部头著作。《佩文韵府》是康熙年间编辑的大型类书。"佩文"是康熙的书斋名。清张玉书、陈廷敬、李光地等七十六人奉敕编撰。康熙四十三年（1704年）开始编写，康熙五十年（1711年）成书。其正集四百四十四卷，单字约一万个，引录诗文辞藻典故约一百四十万条。有人统计过，这部巨著自康熙始至公元2007年止的三百余年间，仅仅出版过七次。刻印这部浩如烟海的著作，工程浩大，费时费工，印刷成本高，历史上多少大书坊都不敢问津，而地处小山村的四堡书坊竟然翻印此书，不能不说是一大奇迹。

（一）《康熙字典》

　　《康熙字典》是一部具有深远影响的汉字辞书。清康熙年间，康熙帝下诏始修《康熙字典》，由张玉书任总阅官、陈廷敬主持，纂修官有凌绍霄、史夔、周起渭等二十八人。编撰工作始于康熙四十九年（1711年），成书于康熙五十五年（1716年），历时六年。该书依据明朝《字汇》、《正字通》两书加以增订，同时吸收了《唐韵》、《广韵》、《集韵》、《韵会》、《正韵》等诸多韵书的反切法，按地支分为十二集，每集又分为上、中、下三卷，以214个部首分类，共载47035字，是我国历史上在很长一段时期内收字最多的一部字典。

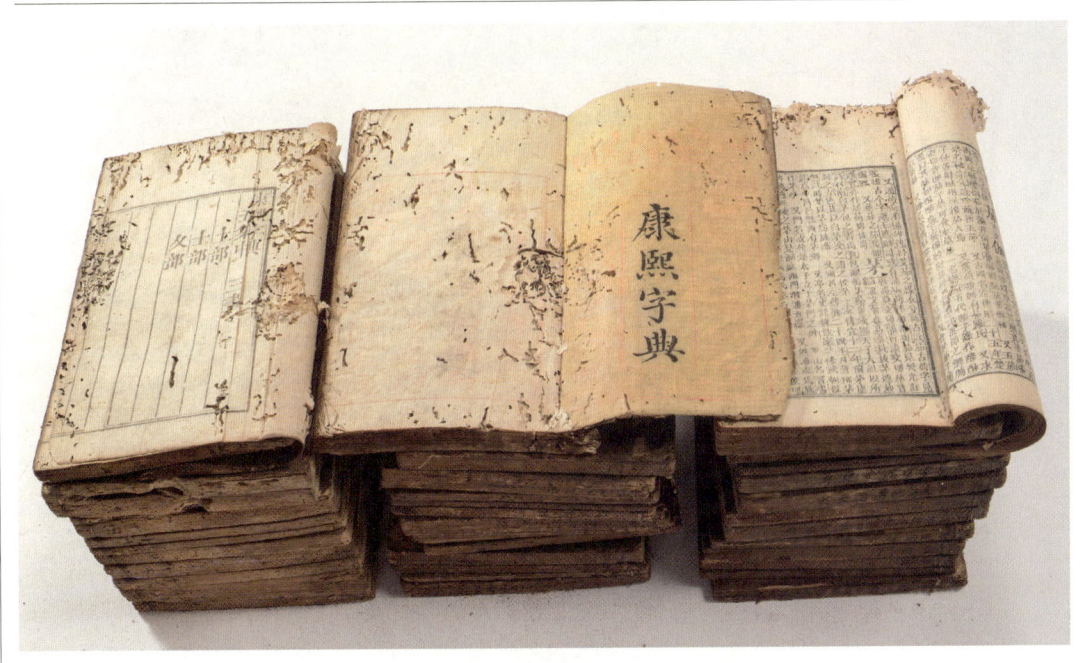

古经堂《康熙字典》

《康熙字典》作为我国古代字书的集大成者，具有以下特点：收字多，字之别体、俗写均录，字体似而音义异者编为"疑似"，另列"备考"、"补正"；注音最全面，搜罗字音完备，凡是韵书所载依序排列；释义求古，义例多为原始出处。这些优点极大方便了封建士子，清廷规定，凡读书人策应科举考试，书写字体必须以《康熙字典》为标准。故而被誉为"体例精密，考证赅洽，诚字学之源薮，艺苑之津梁"（王引之语）。《四库全书总目》称其"去取得中，权衡尽善"，"六书之渊海，七音之准绳"。[9]

《康熙字典》也有不少疏误，如书名、篇名之误，引文之误，引书错乱，删节失当，断句有误及字形讹错等。道光七年（1827年），清著名训诂学家、工部尚书王引之奉皇帝之命，著《字典考证》，订正引文，改正字头，更正讹误达2588条，使道光版《康熙字典》成为更为准确全面的字书。

《康熙字典》的版本非常多，各种版本多达100多种，有康熙内府刻本即武英殿版本，道光七年的内府重刊本，书局、书坊木刻本，以及清末出现的石印本、铅印本、影印本，其中武英殿版本用开化纸和太史连纸刻印，不惜工本，装订非常豪华。清末上

经纶堂道光版《康熙字典》

海同文书局增篆石印本是发行量最大、最流行的一种版本。笔者近年注意搜集四堡书坊《康熙字典》版本,发现书坊翻刻的《康熙字典》不止一种而是多种。除四堡展览馆陈放的马屋刊刻的版本外,笔者收藏的另外两种不同版本,即为古经堂本、道光七年经纶堂本,这两种版本皆为巾箱本,四十册全,前者有可能是四堡某书坊驻粤东分机构翻刻,后者可基本认定是四堡刻本。

(二)《正字通》

《正字通》是一部前承《字汇》后启《康熙字典》的重要字书。相传明张自烈编撰。张自烈(1597—1673),字尔公,号芑山,又号谁庐居士。明末清初著名学者,江西宜春人。崇祯末为南京国子监生,博物洽闻。明亡,闭门著述,晚年隐居庐山,累征不出,主讲白鹿书院。张氏著述颇丰,著有《正字通》、《四书大全辨》、《诸家辨》、《古今文辨》、《芑山文集》、《诗集》等,尤以《正字通》影响最著。清代官方编纂的《康熙字典》,系以《正字通》等为蓝本增益而成。

《正字通》对辞书学、文字学、训诂学、音韵学的研究都有突出贡献。《正字通》的编撰目的,主要是为"补《字汇》旧本缺漏";收字原则是"古今兼顾,雅俗共赏"。全书凡214部首,收汉字33440个,比梅膺祚先生《字汇》多380字。部首次序和每部之内的字次,皆按笔画多少来排列,与《字汇》基本一致。但《字汇》注释比较简单,而《正字通》繁博得多。有学者认为,《正字通》与《字汇》二者相互参协,但《正字通》调整了《字汇》释义、安排书证的顺序,使之更加科学;收字"从古"、"遵时",反映了语言文字发展的实际;《正字通》对《字汇》字音的改动,反映了17世纪赣方言的语音系统,是研究这一时期赣方言的重要史料。[10]《四库总目提要》对此评价说:"其书视梅膺祚《字汇》,考据稍博,然徵引繁芜,颇多舛驳。"[11]

《正字通》对字义的解释"考据稍博",力求"雅俗共赏"。如,"诗人"一词,战国时就有了,《楚辞·九辩》注释说:"窃慕诗人之遗风兮,愿托志乎素餐。"《正字通》注释说:"屈原作离骚,言遭忧也,今谓诗人为骚人。"这便是诗人称为骚人的最早提法。如:"妇女"与"女子"的区别,它解释为:"女子已嫁曰妇。"这就是说,没出嫁的是"女子",出嫁了的,就不叫"女子",称为

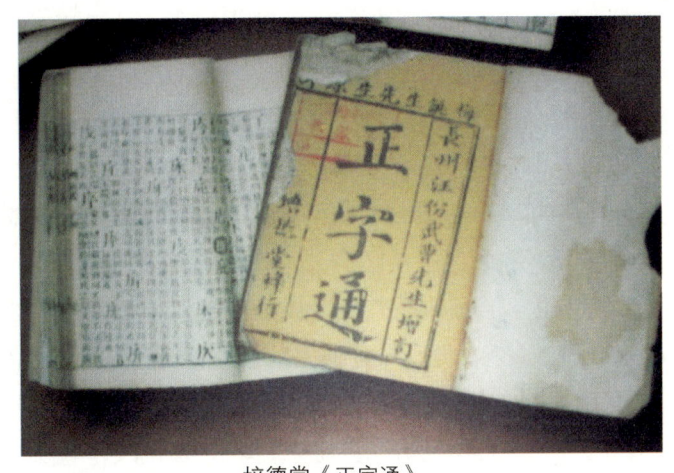

培德堂《正字通》

"妇女"了。再如，《正字通》对"奇数"解释为"数字零余曰奇"，对"精英"解释为"才能过人曰英"，这些解释言简意赅，明白易懂。

《正字通》的作者是谁长期以来存在着争论，《四库总目提要》说，"旧本或题'明张自烈撰'，或题'国朝廖文英撰'，或题'自烈文英同撰'。"这一争论至今仍未结束。

四堡雕版印刷展览馆陈列的《正字通》残本，存两册，培德堂梓行，扉页中间署大字《正字通》，上方署"梅诞生先生原本"，右侧署"长州汪份武曹先生增订"，也就是说，此书的编撰者是梅诞生，不是张自烈、廖文英。这是《正字通》作者的又一说法。梅诞生即梅膺祚，宣城人，他是另一著名字书《字汇》的编撰者，至今尚无史料证明他是《正字通》的作者。按常理，一部洋洋字书足够耗尽一生的精力，一个人几乎不可能编撰两部卷帙浩繁的字书。此书作者署梅诞生，有可能是四堡书坊培德堂堂主粗心大意而张冠李戴，也有可能培德堂堂主明知《正字通》作者署名有争议，为避免版权之纠纷，故意假托梅诞生先生编撰。笔者对此未做深入研究，对上述两种说法仅仅是一种臆想，孰是孰非不敢妄断。

值得一提的，笔者近年从雾阁私家处看见《正字通》的另一版本（残本），题署为"宣城梅膺祚诞生音译，长州汪武曹增补，后学邹梧冈补遗"，此书与四堡展览馆藏本比较，编撰者是谁一字未提，梅膺祚只是音译者，而"长州汪武曹增补"基本相同，所不同的是"后学邹梧冈补遗"。由是观之，雾阁的邹梧冈（圣脉）肯定参与了此书的某些出版工作。至于其"补遗"的分量多少，"补遗"的精确程度如何，笔者至今尚未看到全本而无从谈起。

（三）《诗韵含英题解》

《诗韵含英题解》四卷，奉新甘芳谷辑，福省灵兰堂藏版。作者甘芳谷，生平事迹不详。

《诗韵含英题解》是一部韵书。诗歌是一种有节奏有韵律的文体，无韵不成诗。押韵是我国传统诗词的首要特征，从古到今，凡诗歌，不论它是什么诗体，都是必须押韵的。否则，就很难称其为诗。什么叫"韵"？南朝人刘勰在其《文心雕龙》中说："同声相应谓之韵。"《辞海》解释"韵"即"和谐的声音。"可见，所谓"韵"，就是音的协调、和谐。古人总结了前人用韵实践，将所用之韵脚字分类归纳，于是便有韵书问世。律诗有其固定的格式，它萌于晋与南北朝时期，成熟于唐代中期。至于诗韵，成熟更晚。自隋陆法言撰《切韵》一书始，至北宋中期，才形成系统性较强的韵书。"古无所谓韵书也。自隋陆法言始，以四声分二百六韵，撰为《切韵》一书，遂成千古韵书之祖。"[12] 古人用韵是比较严格的，王力先生在《诗词格律》一书中引用《红楼梦》的一段故事说明律诗用韵之严格："林黛玉叫香菱写一首咏月的律诗，指定用寒韵。香菱正在挖心搜胆，耳不旁听，目不别视的时候，探春隔窗笑说道：'菱姑娘，你闲闲吧。'香

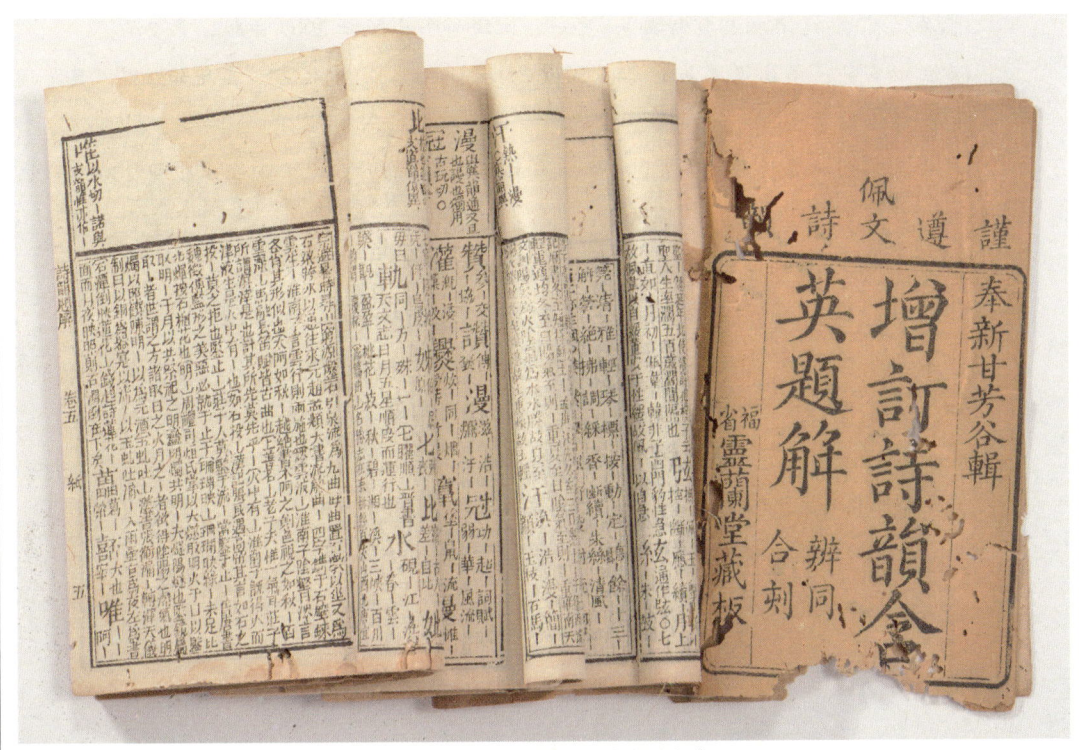

灵兰堂《增订诗韵含英题解》

菱怔怔答道：'闲字是十五删的，错了韵了。'"[13]历史上比较著名的韵书有孙勉之《唐韵》、丁度《集韵》、阴时夫《韵府群玉》、《洪武正韵》、《佩文韵府》等。

在清朝，《佩文韵府》是官修的大型韵书，由于它卷帙繁多，查检不易，实令学者有望洋兴叹之感。为此，一批有识之士编撰了韵书简本，其中有刘文蔚《诗韵含英》、甘芳谷《诗韵含英题解》、余照《诗韵珠玑》、汤文璐《诗韵合璧》等。甘氏《诗韵含英题解》成书于乾隆年间，扉页标注"谨遵佩文诗韵"，正文将诗韵分为"平（上平、下平）、上、去、入"四声，共有106个韵，即平声30韵，上声29韵，去声30韵，入声17韵，每韵字下各附字义、典要、题解以及天下古迹等，它既便于读者押韵对句之用，又便于读者探寻诗词典故和旧体诗常用语词。

四堡书坊翻刻的《诗韵含英题解》有两种，一是务本堂本，二是灵兰堂本。笔者收藏的福省灵兰堂本，"福省"即福建省，"灵兰堂"即林兰堂。

注释

[1]《大清康熙五十五年岁次丙申便览全备通书》，序言，清代刻本。

[2]（日）酒井忠夫：《中国善书的研究》，江苏人民出版社2010年版，第687页。

［3］蒋竹荪等：《名联鉴赏辞典》，序一，上海辞书出版社2007年版，第2页。

［4］兰以言臭：语出《周易》"二人同心，其利断金。同心之言，其臭如兰。""臭"通"嗅"，味道的意思。

［5］中国兽药典委员会编制：《中华人民共和国兽药典》，化工工业出版社2002年版，第570页。

［6］（清）慵讷居士：《咫闻录》，重庆出版社2005年版，第231页。

［7］（清）徐珂：《清稗类钞·赌博类》，中华书局1984年版，第87页。

［8］莫言：《红高粱家族》之《狗皮4》，当代世界出版社2001年版，第482页。

［9］（清）永瑢、纪昀主编：《四库全书总目》，海南出版社1999年版，第232页。

［10］王海霞：《正字通》研究，内蒙古师范大学2005年硕士论文。

［11］（清）永瑢、纪昀主编：《四库全书总目提要》，海南出版社1999年版，第245页。

［12］（清）汤文璐编撰：《诗韵合璧》，序言，清代刻本。

［13］王力：《诗词格律》，中华书局1977年版，第17页。

第九章

居家日用（下）

五、医书

医书是四堡书坊生产经营的主要门类之一。据有关资料记载，四堡书坊刊刻的医书达四十余种，笔者收藏的有十五种，其中完整的版本有：务本堂《保赤指南车》、连云阁《绘图本草纲目》、《产宝百经》、《祝由科秘旨救世灵书》、敬业堂《疯门全书》。残本有：《医宗金鉴》、《景岳全书》、《婴童百问》、《本草备要》、《尚论篇》、《金匮要略浅注》、《公余医录》、《增补药性赋》、《本草经读》等。从这些存世的医书看，有的版本应属珍本，如，务本堂刊本《保赤指南车》，对牛痘的病理、治疗等都有独到的见解，而且版本精雕细刻，图文并茂。《绘图本草纲目》五十八卷，插图一千多幅。《医宗金鉴》九十卷，分为内科、外科等十五种门类，其中一册插图达三十余幅。还有一种医书版式奇特，将《本草备要》和《医方集解》两种不同的医书合编为一书，用墨线隔开分上下栏，上栏为《本草备要》，下栏为《医方集解》，这种版式在古籍中罕见，或许是四堡书坊所特有的。可见，四堡刊刻的医书有些具有较高的价值。

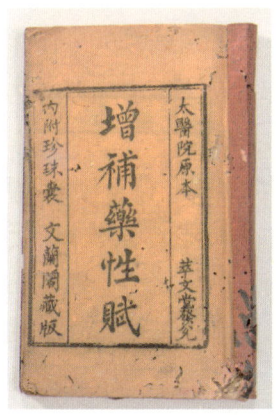
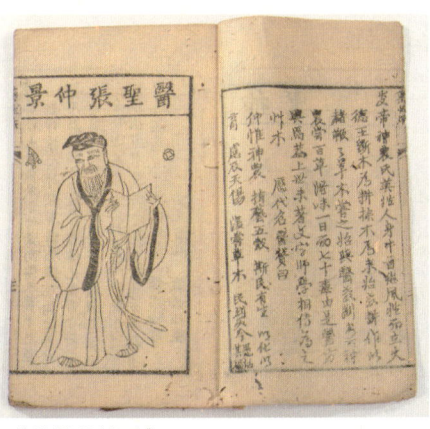

文兰阁《增补药性赋》

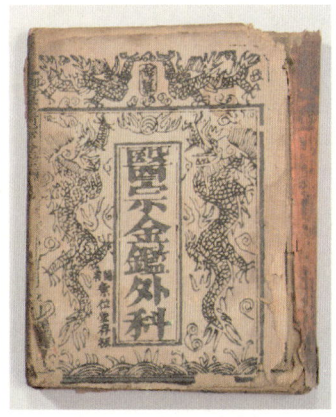

素位堂《医宗金鉴》

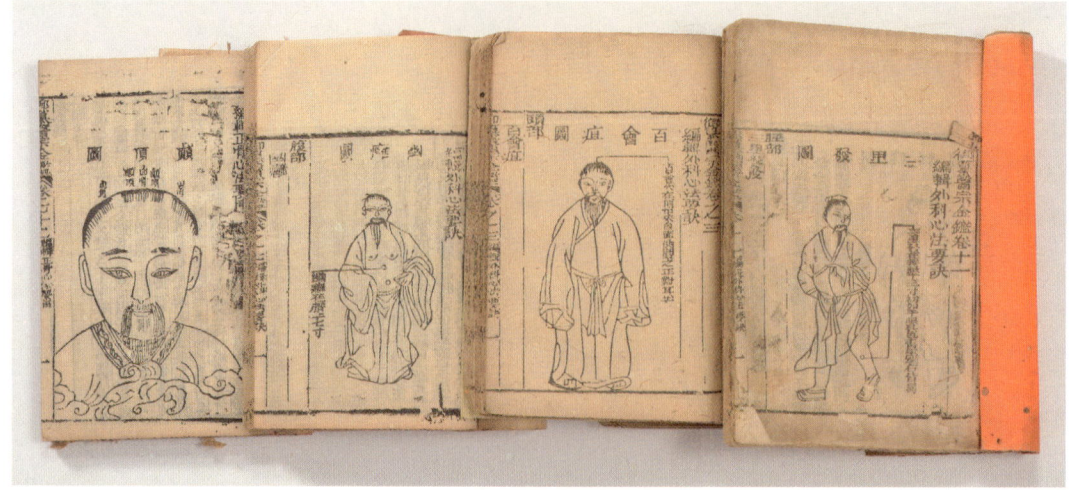

素位堂《医宗金鉴》

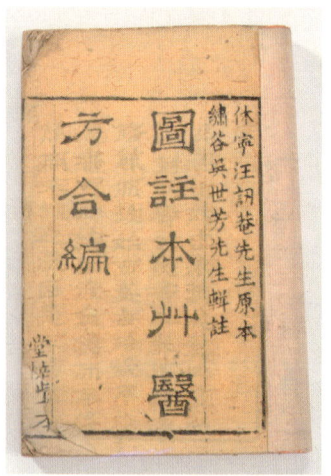
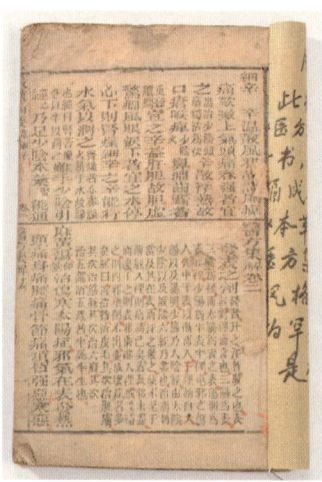

《图注本草医方合编》

（一）邓旒《保赤指南车》

《保赤指南车》十卷，竹纸，写刻体，巾箱本，务本堂藏版，清光绪五年（1879年）梓行。作者邓旒（1774—1842），字乐天，福建邵武市人。邓氏是清朝中晚期著名中医，久负盛名。

此书是我国最早介绍牛痘术的著作之一。书名"保赤"，"赤"指赤子，即初生婴儿。"保赤"就是保护婴幼儿的意思。蕉川葛汝器在序言中说："书名保赤者，为赤子之病言也。名指南车者，为医赤子者言也。使医赤子者能通是书而不迷于所往，则庶乎赤可保矣。"是书重点介绍小儿麻科和痘科的防治，兼及内外科、妇科杂症。卷一至三为《麻科》，卷四至五《痘科》，卷六《幼科秘诀》，卷七《妇女杂症》，卷八至十《内外科》，各卷均配图共计一百多幅。

天花是一种烈性传染病，自远古就肆虐着人类。我国清朝、民国死于天花者不计其数，一些天花劫后的幸存者，重则双目失明，轻则麻点满面。长期以来，面对天花病魔的淫威，人类几乎是束手无策。1796年，英国乡村医生琴纳发现挤牛奶女工染上牛痘不会患上天花，经过观察和实验，证实种过牛痘的人对天花有免疫力，从而创立了牛痘接种术。1805年牛痘术传入中国，邓氏等人不远千里前往广东学习牛痘术，并着力推广，成为我国最早传播并施行牛痘术的中医师之一。邓氏有感于"痘毒为殃最可伤，儿童传染害非常"，认为"保赤之计，是为上策"。专门设有痘房，清洁暖和，禁忌尤

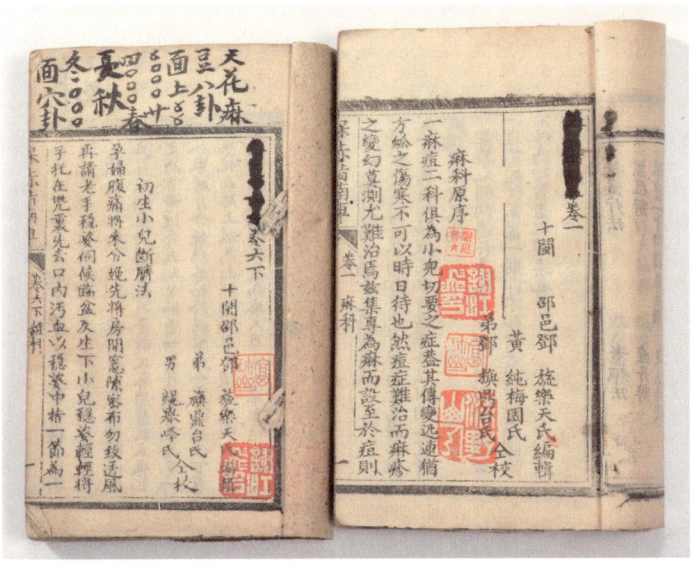

务本堂《保赤指南车》

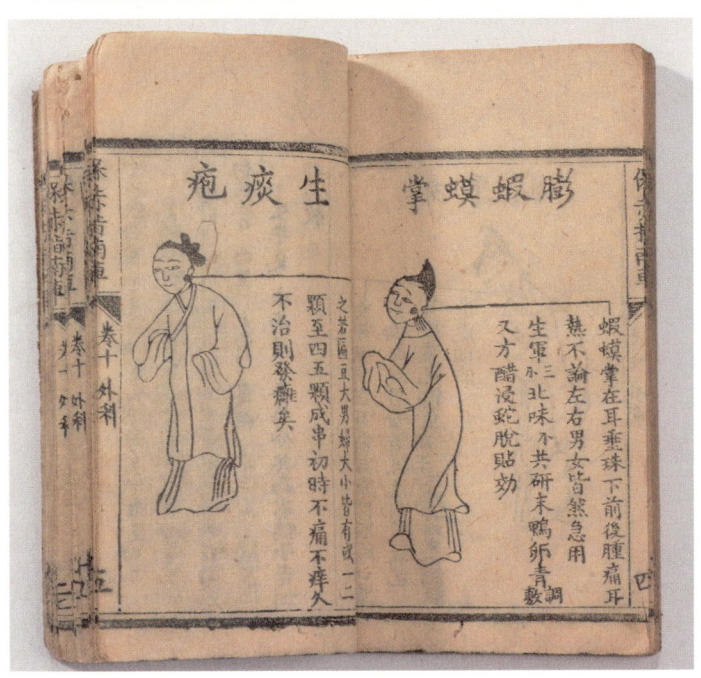

详。他强调"学种牛痘,全仗心明",故于制作痘苗,论述详细。他经过长期和大量的施种,对种痘观察精详,提出护理大法是:"切怕风邪凝滞,饮食毋庸太过,酸辣休得奉养。衣襟亦要适时,还宜清滞无瑕。"对于种痘后之诸症则以辨证而施治,如"初种一日二日,黄浆破烂是脾经毒甚,血热违和,可用洗红妙柳、甘草银花同佐"。"而先期发热最宜详,切莫从旁观望。风寒外感,发表为良,干枯血热,柴芩四物。"在推广牛痘术中,强调护理和辨治正是此书的最大特色。

邓氏医术精湛,擅长儿科,尤精麻痘。他用较大篇幅系统地介绍了麻疹的治疗和预防方法。在《论麻》中谈到麻疹的成因,"毒起于脾热,流于肺,始终之变,惟肾无症,腑脏之伤,肺则尤甚",而麻疹"变幻莫测尤难治焉"。他结合自己多年行医实践,借鉴古人的治麻经验,提出了避风寒等八十一种防麻、治麻方法,进而用问答的方式介绍治麻捷方,并附麻科经验医案。这些治疗方法和案例对今天的中医研究仍有一定的价值。

邓氏根据自己多年的行医经验,吸收国外先进"种痘术",于晚年编成此书,但未刊印,其原因不明。清光绪五年(1879年),邓氏曾孙邓克绍委托四堡书坊务本堂刊行传于世。是书版本流传十分稀少,几被湮灭,福建人民出版社于1992年予以重版。

值得一提的是,《保赤指南车》是先父思书先生的旧藏。先父一生读书、爱书和藏书,在他看来,书即是生命与财富。他的许多书籍在"十年内乱"中几乎丧失殆尽,只剩下《保赤指南车》、《会经阐义》及《祝由十三科》三部有价值的医书。这三部书之所以能幸存下来,是他不顾身家性命,以医书是治病救人的书为由,与红卫兵抗争的结果。

(二)《绘图本草纲目》

《绘图本草纲目》五十二卷,李时珍著,连云阁重订,巾箱本,竹纸,无版刻年号。李时珍(1518—1593),字东璧,号濒湖,湖北蕲州(今湖北省蕲春县)人,著有《本草纲目》、《濒湖脉学》、《奇经八脉考》等书。

《本草纲目》是我国药物学的巨著,被外国人誉为"东方药学巨典"。此书是作者在继承和总结明代以前本草学成就的基础上,进行多方考证,历时二十七年而编成。《本草纲目》脱稿于1578年,后经几易其稿,于1590年付梓刊刻。从1590年起至1593止,前后四年才全部刻完。在原书即将出版之时,李时珍告别人世,没有能目睹自己花去毕生心血的作品问世。三年后的1596年,《本草纲目》在南京出版,史称金陵版。

《本草纲目》全书约190万字,载药1892种,其中植物药1094种,矿物、动物及其他药798种,有374种为李氏所新增。附有药物图1109幅。它打破了自《神农本草经》以来,沿袭了一千多年的上、中、下三品分类法,把药物分为水、火、土、金石、草、谷、菜、果、木、器服、虫、鳞、介、禽、兽、人共十六部。每药标正名为纲,纲之下列目,纲目清晰。每种药物分列校正、释名、集解、正误、修治、气味、主治、发明、附录、附方等项,从药物的历史、形态到功能、方剂等,叙述甚详。

书中的"发明"一项是李氏对药物观察、研究以及实际应用的新发现、新经验,丰富了本草学的知识。它不仅考正了过去本草学中的若干错误,综合了大量的科学资料,还提出了相当科学的药物分类方法,特别是书中将动物药按"从贱到贵"的顺序排列,记载了动物对生活环境适应的重要资料,说明李时珍具备生物学进化思想。

有人统计过,《本草纲目》问世后400多年来,先后在国内翻刻60余次,有"一祖三系"之称。"一祖"即初刻金陵本,"三系"即江西本、钱本、张本三个系统。比较著名的版本有湖北本、石渠阁本、立达堂本、十竹斋本、日本宽永本、钱蔚起本、日本承应二年本、太和堂本、

连云阁《本草纲目》

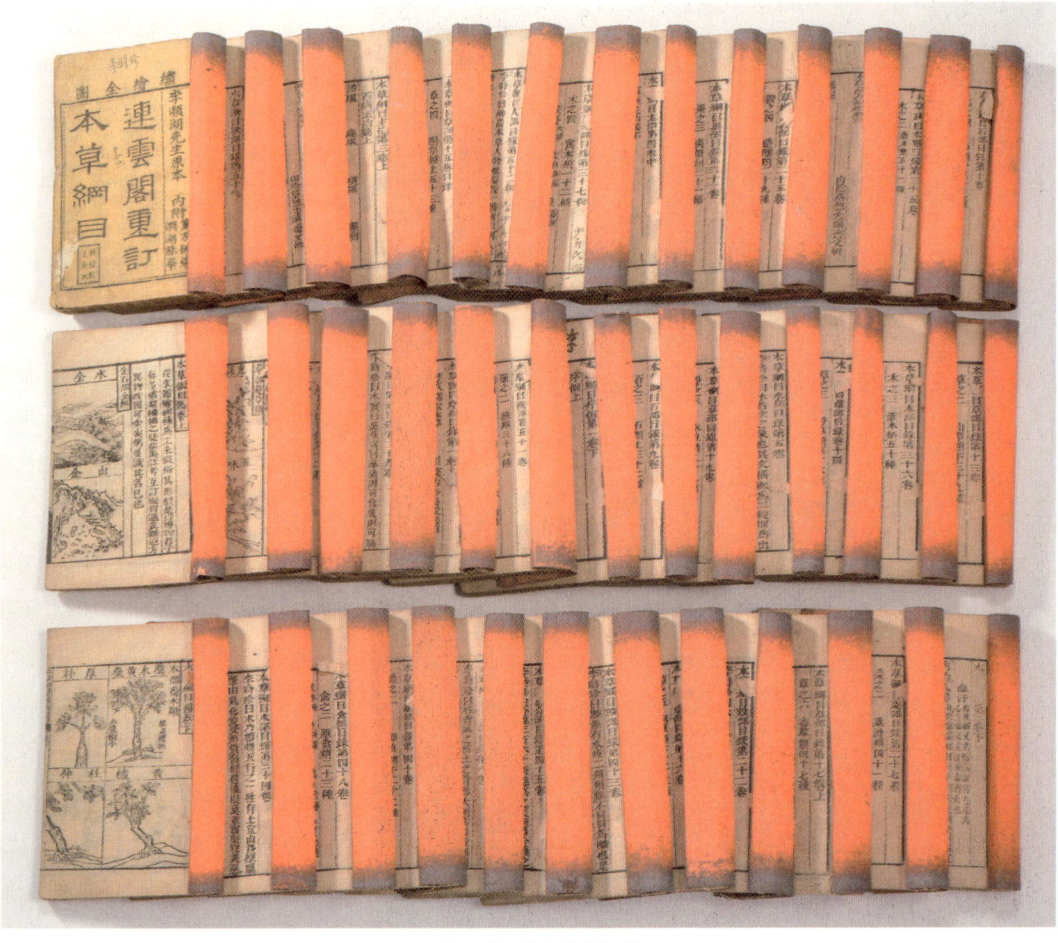

连云阁《本草纲目》

日本万治二年本、本立堂本、文会堂本、四库全书本、同文堂等。笔者收藏的《绘图本草纲目》六十三卷三十八册，其中李时珍《纲目》五十二卷，内附蔡烈先《万方针线》八卷，附图三卷。据版刻风格和纸墨特征，可初步推断其为清末四堡书坊刻本。此书为仿宋体刻印，字体端正，字口清晰。尤其是1109幅药物图形象逼真。连云阁本未见公馆私藏著录。

（三）《景岳全书》

《景岳全书》六十四卷，张介宾著，巾箱本，无刊印年号和堂号，仿宋体，竹纸，红丹纸书皮。张介宾（1563—1640），明代杰出医学家，号景岳，字会卿，别号通一子。祖籍四川绵竹，时迁浙江会稽（今浙江绍兴），主要著作《景岳全书》、《类经》、《类经图翼》等。

是书初版本刊于明崇祯九年（1636年），分为传忠录、脉神章、伤寒典、杂证谟、妇人规、小儿则、痘疹诠、外科钤、本草正、新方八略、新方八阵、古方八阵、妇人规古方、小儿则古方、痘疹诠古方、外科钤古方等十六种。其内容囊括理论、本草、成方、临床各科疾病，"博采前人之精义，考验心得之玄微"（序言），是一部全面而系统的临床参考书。各章节简介如下：

《传忠录》辑有景岳主要医学理论、医评、问诊和诊断、治疗原则等论文30余篇，多有温补学说的论述。

《脉神章》录有历代脉学，其中诊脉之法和脉象主病多有结合临症经验的评论。

《伤寒典》补充"《内经》伤寒诸义并诸治法之未备"，论述伤寒病的证治。

《杂证谟》列诸内科杂证的病因病机、治理方药和部分医评，并辅有部分医案，

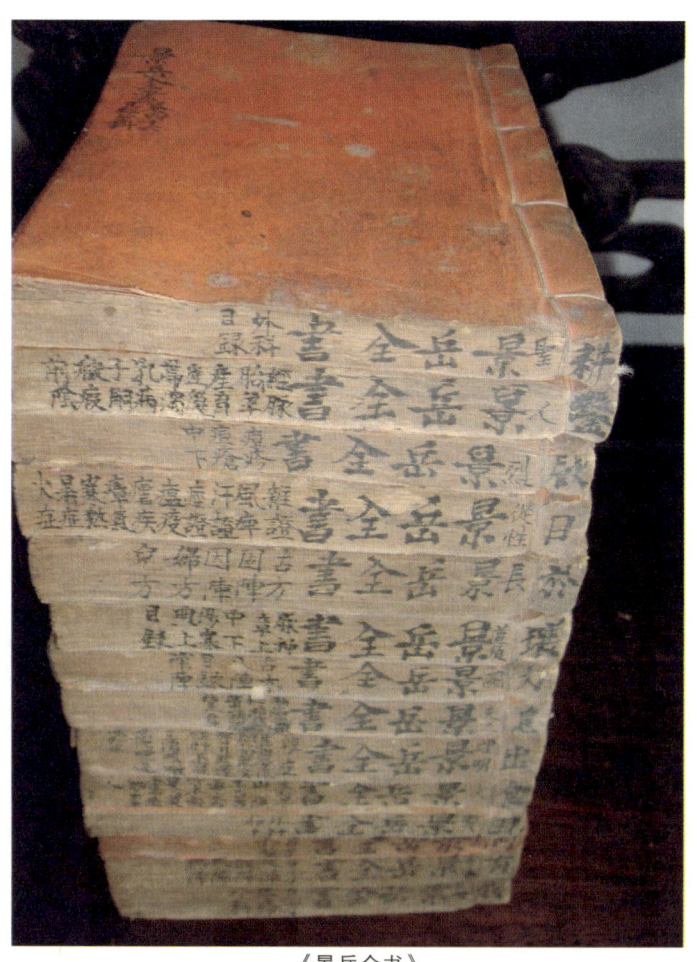

《景岳全书》

论述系统、精彩。

《妇人规》论述九类妇科疾患,并指出妇科证多有情志病因,尤要注重四诊合参。

《小儿则》论述儿科诸病并治,在总论中提小儿"脏气清灵,随拨随应"的生理特点,很有见地。

《本草正》介绍药物二百九十二种,每味详解气味性用,很多为自己的临症用药体会,颇有价值。

《痘疹铨》、《外科钤》等各有论病及证治。

有意思的是,张氏将军事兵法用之于医药,认为用药如用兵之道,以方药列"新方八阵"、"古方八阵"为"补、和、攻、散、寒、热、固、因",颇有创意。

张氏在医学思想上属温补学派,喜用熟地和温补方药,人称"张熟地"。他才学博洽,文采好,善雄辩,文章气势宏阔,议论纵横,多方引证,演绎推理,逻辑性强,故是书得以广为流传。现存版本 30 多种,有明刊本、康熙三十九年(1700 年)刊本、瀛海贾棠刻本、越郡黎照楼刊本、岳峙楼刊本、四库全书本、金阊书业堂刊本、敦化刊本、扫叶山房刊本等,1959 年上海科技出版社影印本等。笔者收藏的四堡刻本《景岳全书》零本,仅存 18 册。

(四)《医宗金鉴》

《医宗金鉴》九十卷,总纂吴谦,无堂号和版刻时间。吴谦(1689—1848),字文吉,安徽歙县人,清雍正、乾隆年间名医,时任太医院院判。

《医宗金鉴》是清乾隆年间集体编修的大型医学丛书。公元 1739 年,清乾隆帝诏令太医院右院判吴谦主持编纂医学丛书。吴谦奉旨后,下令征集全国的各种新旧医书,并挑选了精通医学兼通文理的 70 多位官员共同编修,历时三年编辑完成。书成后,乾隆帝予以高度评价和肯定,赐书名为《医宗金鉴》,于 1742 年正式以《御纂医宗金鉴》书名由武英殿印行,在全国推而广知,遂成为全国医学教与学的必读书。

《医宗金鉴》采集上自春秋战国,下至明清时期历代医书的精华,图、说、方、论俱备,并附有歌诀,便于记诵,尤其切合临床实用。卷次为:伤寒十七卷、金匮八卷、名医方论八卷、四诊一卷、运气一卷、伤寒心法三卷、杂病心法五卷、妇科心法六卷、幼科心法六卷、痘疹心法四卷、种痘心法一卷、外科心法十六卷、眼科心法二卷、针灸心法八卷、正骨心法四卷。全书分为十三部分:

第一部分为《订正仲景全书》,包括《伤寒论注》和《金匮要略注》两种。除对《伤寒》、《金医》两书进行订正、编次并引用历代较有代表性的注释外,作者也对原文作了注释,是学习和研究仲景学说的重要参考书。

第二部分为《删补名医方论》,集历代比较著名方剂共二百多首。除说明其主治、剂量、服用方法外,并引用前医论说作为注解,对学习方剂颇有帮助。

第三部分为《四诊心法要诀》，对中医传统诊病方法"望、闻、问、切"四诊做了简明扼要的说明，是学习诊法学说的基础。

第四部分《运气要诀》，把运气学说的内容编成歌诀并附图加以说明，为学习运气学说的入门性读物。

第五至第十三部分，分别为《伤寒心法要诀》、《杂病心法要诀》、《妇科心法要诀》、《幼科杂病心法要诀》、《痘疹心法要诀》、《幼科种痘心法要旨》、《外科心法要诀》、《刺灸心法要诀》、《正骨心法要旨》，分别论述外感、内伤及临床各科病证的辨证论治。

《医宗金鉴》

《四库全书总目提要》对《医宗金鉴》评价很高："根据古义，而能得其变通。参酌时宜，而必求其正验。寒热不执成见，攻补无所偏施，于以拯济生民，同登寿城。涵濡培养之泽，真无微之不至矣。"[1]

这部御制钦定的太医院教科书自成书以来，一再翻刻重印，至今其版本流传有50余种。刻印最精的是武英殿聚珍本和尊经阁刻本。该书四堡书坊刻本有三种不同的版本，一是四堡雕版印刷展览馆陈列的刻本，该书已残缺，版本宽大，图文并茂；二是某私家收藏的版本，该书为巾箱本，仅存十六册，无图；三是笔者收藏的版本，该书巾箱本，仅存外科二卷，有图四十余幅，图案线条优美，颇为传神。

（五）《祝由十三科》

《祝由科秘旨救世灵书》不分卷，毛边纸，写刻体，无边栏界行，无堂号和版刻时间。

祝由术是我国独有的极其古老的一门医学。由于其断代数百年，至今鲜为人知。"祝由"二字，最早见于医书《素问》和《灵枢》，说上古之人治病，不用打针服药，只

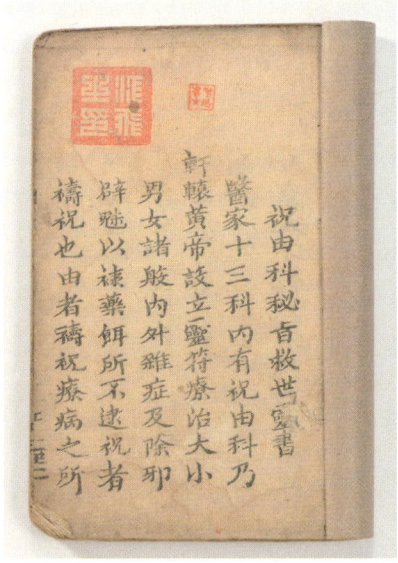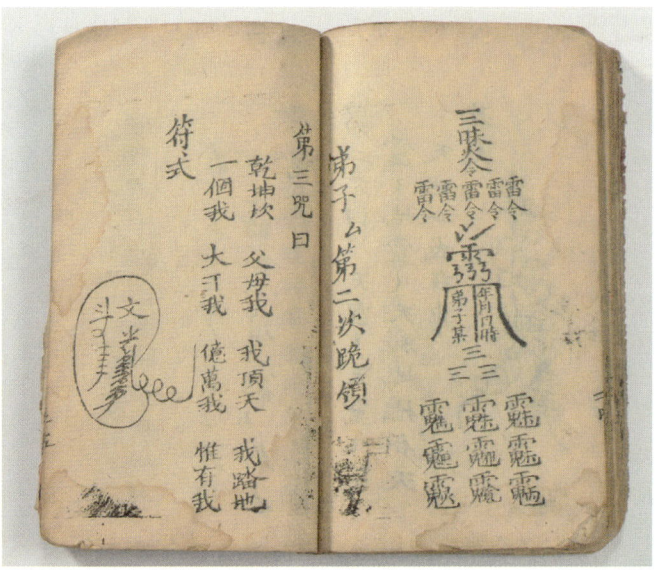

《祝由科》

要移易精神、变换气质，请人施展祝由之术，即可治愈。据这两本书的描述，"祝由"一词的本义，"祝"是指祝祷，"由"则指病因、病由。"祝由"就是指根据病因之所在，用祝祷去治病的方法。而祝祷者就是人们常说的巫师。在上古时代，"巫"与"医"两个字总是连在一起的，医师就是巫师。巫师运用他的法术，驱使鬼神，为人解灾、救难、治病。只是到了后世，随着药物治病的医道发明，才出现了不用巫术的医师，于是"巫"与"医"才分了家。

是书卷首序言云："祝由一科罕有见闻。宋淳熙戊申冬季，节度使雅哥奉命修理黄河，掘出一碑，上有符章，人不能识。有陕西云水道人张一搓，独知其符，系轩辕黄帝垂怜苍生，制此一科。"又云："医家十三科内有祝由科，设立灵符疗治大小男女诸般内外杂症及除邪辟魅，以补药饵所不逮。"也就是说，祝由术可上溯到上古轩辕黄帝，是轩辕氏"垂怜苍生"而特创的。据宋代王安石考证，《周礼》中"祝药劀杀"之"祝"，就是祝由。他说："后世有以气封疡（即疮）而徙之者，盖变气、祝由之遗法也。祝之不胜，然后举药，药之不胜然后劀，劀之不胜然后杀。"[2] 此谓治疗各种疡症（肿疡、溃疡、金疡、折疡），先用祝由术，不行再敷药、服药，再不行则动手术。祝由科在唐朝已成为一种以符咒治病的医科。唐代的"太医署"在编制上分为四科：医科、针科、按摩科、咒禁科。而"咒禁"即有"祝祷"的性质。从唐代以后到元代以前，"祝由"或"咒禁"的名称不见于官方记载，数百年间神秘消失。到了元、明两朝，祝由治病的方法又重新得到了官方最高医疗机构的承认和扶持。元、明两代的最高医疗管理和教育

机构是"太医院",官方将祝由科列入太医院十三科,即:大方脉、小方脉、妇人、疮疡、针灸、眼、口齿、接骨、伤寒、咽喉、金镞、按摩、祝由,故有"祝由十三科"之称,意即祝由科为太医院十三科之一。可见,此科受到元、明两代官方医疗机构的重视。到了清初,太医院的科别设置减为十一科,祝由科被排斥在太医院之外。

《祝由科秘旨救世灵书》的主体部分由祝由符咒构成,这些犹如天书只有神仙才看得懂的"秘字符章",相传是轩辕氏授意左使仓颉所创。祝由秘字,以雨字为君,鬼字为将,其他字为佐使。五雷符章,以尚字为将食字为兵,其他对症字为先锋,以作治病驱邪之用。有人认真研究过祝由的符咒,认为这是古人发现的一种人与宇宙相通的能量符号,它有几个特点:一是由许多象形文字构成。二是以文字中的篆体构图。三是以疾病的部位、病性构图。如,脾胃、水湿病图中多用"土"字形,心脏、肝脏、肺脏病图形符中多"火"字形,因为"土"能生脾胃,可以克水,"火"能温煦心脏,可以克金,与中医的五行取类比象有很大关系。四是以"鬼"字居多。以鬼招"鬼",即俗话说的"鬼使神差"。五是这些符图构造渗透、储存、连接了古代方术家、医学家的高能信息,是宇宙中的物体能量符号,是人与宇宙能量交换的开关。六是符图中呈圈状、点状、线条状、直线、竖线、S线、口字等,这些都是宇宙能量的符号。笔者认为,一至四条大概是对符咒本身形态的客观描述,五、六条是对符咒的主观猜想,说此是"宇宙能量的符号",找不到任何文献和实物依据证明之。

祝由术正是以神秘文字(符)和离奇语言(咒)予人治病,再加上师徒传授之时均心传口授,秘而不露,长期以来被人们视为玄术、密法,对此信者有之,不信者亦有之。有人认为,祝由是运用简单的化学魔术来欺骗群众的江湖骗术,这些法术主要有几种门子:杀鬼见血、矾字显字、茶变墨水、下油锅等。也有人不赞同祝由术是迷信或骗术的说法。大学者钱穆曾说过,少年时曾目睹某人腿肿,求巫师治病。巫师用手指在墙上胡乱画了几道,然后持刀划壁,即有鲜血从壁上流出,及血流尽,患者腿肿亦顿时消除。他不禁感叹:"其理为人所不知,却不得谓之是邪术。"(《略论中国心理学》)[3]当代著名学者、北大教授李零的评述似乎更有道理,他说:"祝由是一种用咒禁治病的巫术("祝"是诅咒之义)。上古医术不发达,人多迷信鬼神,故而巫术会在治疗中起很大作用。""其合理性在于,上古缺医少药,人们不仅必然要求助于医术之外的治疗手段,而且当时人们对环境的适应能力、体质心理状态也与后世不一样。一方面,他们会更倾向于行气、导引一类养生方法。强调人体自身的预防能力和恢复能力;另一方面,在观念上,他们也更注重人与自然的协调,特别是对那些据说可以沟通天人的巫术会有更大的偏爱。"[4]

文章写到这里,笔者突然想起四十年前的一段见闻。此书是先父思书先生的藏品,笔者幼年时经常观看,由于文字离奇古怪看不懂扔在一边。有一天,隔壁的堂叔急匆匆找上门来,说他爱人怀上孩子好几个月了,不知什么原因大出血,有流产的预兆。只见父亲不慌不忙，找了张黄纸裁成二指宽的长条，翻开此书，用毛笔工整抄写其中的符咒，然后冲上冷开水，稍微搅拌后叫孕妇马上喝下，不到片刻功夫其症状完全消除。笔者既不是科学家，也不懂法术，对祝由的治病机制和功效无法释其然。但比较倾向于这种看法：光靠一张没有药物作用的符咒是不可能治好病的，祝由术可能含有现代意义的所谓心理疗法或精神疗法。借助现代核物理学家田渠教授的话，"按科学的理论来说，这种事是不可能有的。但是，天下还有许多事，不是科学能解释的"[5]，以此来说明祝由术，我认为是最恰当不过的。

六、术数类读物

入清以来，四堡书坊刻书业得到快速发展，曾刊刻了不少术数类读物。此类读物就其印数而言，首推通书与善书。有资料记载，马屋有的书坊专营通书，生产大量通书如《永宁通书》、《永吉通书》、《协记通书》等，销往福建、广东、广西、江西、湖南、浙江、四川、山东、云南等地，这些择日书市场需求量大，颇受民众的欢迎。[6]笔者以为，马屋刊刻通书之所以盛行，可能与康乾时期的当地文人马宽裕有关联。马氏

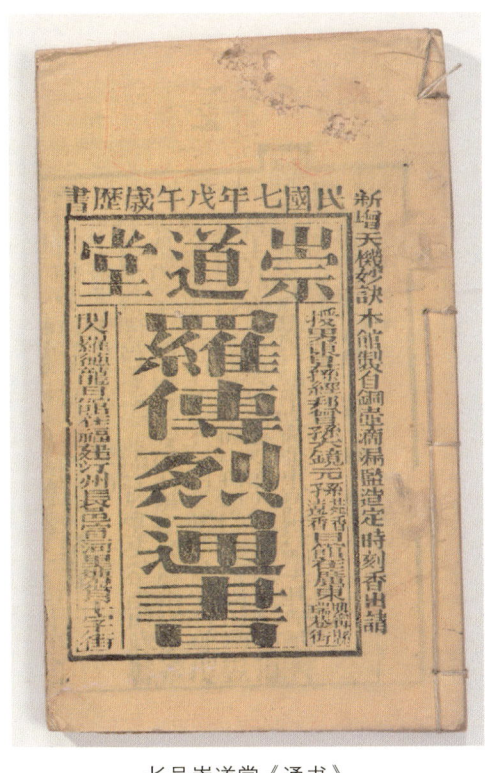

长邑崇道堂《通书》

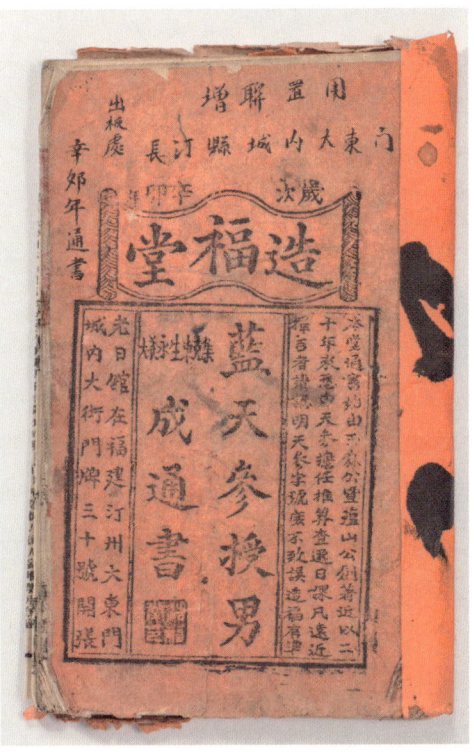

汀州造福堂《通书》

《选择求真》

博览群书，精通术数，尤精选择，乾隆丙子年（1756年）编撰《催福通书》，风行200多年。在马宽裕的带动下，再加上刊刻通书能带来高额利润，当地书坊趋之若鹜，马屋便成了通书的生产地和集散地。

择吉术形成于汉代且流派众多。据《史记·日者列传》和《汉书·方术列传》载，汉代的择吉术有五行、堪舆、建除、丛辰、历家、天人、太一、风角、奇门、七政、禄命等二十余种。据清初相宅名家黄时鸣统计，清朝有通书380家之多。[7] 我国南方择吉术主要有三大流派，即广东兴宁的《罗家通书》，闽南同安的《洪潮和通书》和江西的《杨氏通书》。其中广东兴宁《罗家通书》对客家地区影响最大。《罗家通书》的创始人罗庆辉（1670—1752），出生于广东省兴宁县福兴镇锦华村西兴围。是书最初是非正式出版物，以"宗睦堂"号地下出版。随着其影响的不断扩大，最终获

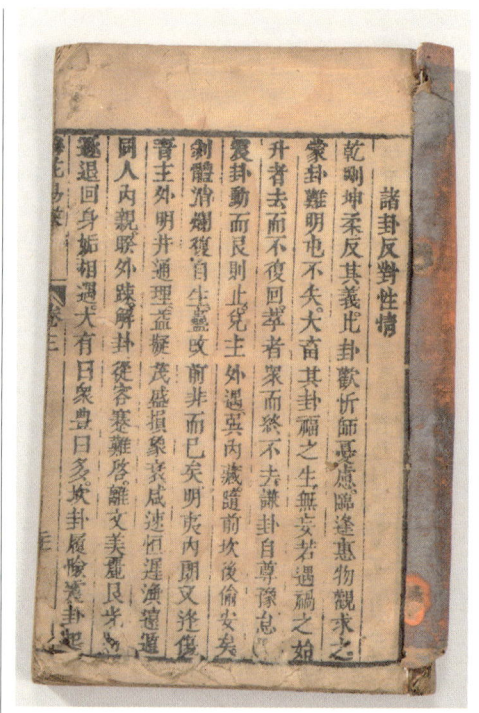

《梅花易数》

得朝廷恩准公开发行，销量日增，收入渐丰。不久，罗庆辉在兴城金带街设立总行，发行量进一步得到扩大。1752年罗庆辉病逝后，他的六个儿子继承父业，把编纂、出版《罗家通书》的事业延续下来。他们划房分庭执事，以"集福"、"天堂"、"崇道"、"万兴"、"上四"五个堂号出书，代代相传。

《罗家通书》的内容，包括"头由、山课、嫁娶、月辰、二十八宿吉凶图"等，还绘有二十多种动物图像，文字精炼，通俗易懂，形象生动。此书推算日月蚀、月份大小、二十四个节气较为准确，对气候及气流流向也有一定的表述，对二十四个节气的温差变化将给农作物生长带来的影响，以及对农事安排都有明确的预示。全书以历法为依托，渗进很多有关择吉避凶的内容，既是客家地区民众明察四时的依据，又是他们趋吉避凶举事行动的圭臬，反映了当时有关天文历法的科学水平。

四堡书坊刊刻的民间通书除《罗家通书》外，还有其他的择日读物，多达十几种版本，诸如《催福通书》、《永宁通书》、《永吉通书》、《协记通书》、《玉匣记通书》、《万宝楼》、《敖头通书》、《灵棋经》、《董公择日》、《选择求真》。《玉匣记通书》，相传为东晋道士许真人（许逊）所著，它托诸葛孔明、鬼谷子、张天师、李淳风、周公、袁天罡等先贤之名，阐发各类占卜之术，是集各门各派观点于一炉的重要择日著作。马宽裕《催福通书》是择日学的一大派系，他提出"发福由其地脉，催福出于良辰"观点影响颇远。这些通书刻本直接反映了中国传统文化中的择吉观念，反映了民众趋利避害的心理需求，是研究民俗文化的十分难得的资料。

与此同时，四堡书坊还刊刻许多通书以外的术数类读物，如堪舆、命理、相术、卜筮、占梦等。这些读物的名目有：《巫卜》、《星相》、《堪舆》、《百中经》、《文王八卦》、《梅花易数》、《运五大全》、《地理大全》、《地理原真》、《铅弹子》、《龙穴扼要山洋指迷》、《注释百川》、《地理五诀》、《入地眼》、《大卜易》、《天断易》、《断天机》、《通天晓》、《人事面知》、《命神峰》、《鲁班经》、《卜巫正宗》、《选术员》、《由诹吉》、《神相全集》、《麻衣相法》、《柳庄相法》，等等。

善书是指儒、道、佛三教经典以外的，由抑恶扬善通俗故事敷衍而成的劝善书籍，它是儒、道、佛产生与传播的必然产物，具有鲜明的宗教色彩。书坊刊刻的善书已知的有：《太上感应篇》、《玉历钞传警世》、《敬信录》、《远色篇》、《文昌帝君阴骘文》、《关圣帝君觉世真经》等。汀郡九经堂嘉庆二十五年（1820年）重刊的《玉历钞传警世》，一文一图，有图30余幅，它具备了连环画的某些特征，可把它看成我国连环画的雏形。乾隆戊申年（1788年）写刻本《敬信录》，光绪庚辰（1880年）写刻本《远色篇》，字体工整娟秀，刻印一丝不苟，是善书刻本中的佳品。

（一）套红本《协纪辨方书》

《协纪辨方书》三十六卷，巾箱本，套红，竹纸，红丹纸封面，无堂号、牌记和刻

印时间。扉页钤黄林福记章和随形章各一枚。

《协纪辨方书》是我国古代择吉典籍的集大成之作品，也是迄今为止择日学的最权威版本。卷首为乾隆六年（1741年）十二月望日御制序，乾隆六年十二月十八日奉旨开载，诸臣载名。卷次为：卷一至二为《本原》，介绍河图、洛书、八卦、天干地支、五行、纳音、纳佳等有关选择术的基本原理。卷三至八为《义例》，介绍各种神煞的起例即运行规律。卷九为《立成》，即将《义例》所叙各神煞的运行规律列成表格。卷十为《宜忌》，分别注明各神煞所值日宜做的事和忌做的事。卷十一为《用事》，以行事为线索，分别叙述某事宜于哪些神煞值日做，某事不宜于哪些神煞值日做。卷十二至十三为《公规》，叙述节气、昼夜日刻、天象、各种祭典。卷十四至十九为《年表》，按六十甲子依次叙述神煞的转换。卷二十至三十一为《月表》，以月为单位，分别列出十二个月中每月每日的吉神与凶神以及相应的行事宜忌。卷三十二为《日表》，以日为单位，分别叙述六十甲子日的时辰定局以及贵登天门时定局和四大吉时定局。卷三十三至三十四为《利用》，论述有关选择应遵循的一些主要原则，如怎样克制凶煞等。卷三十五为《附录》。卷三十六为《辨讹》。

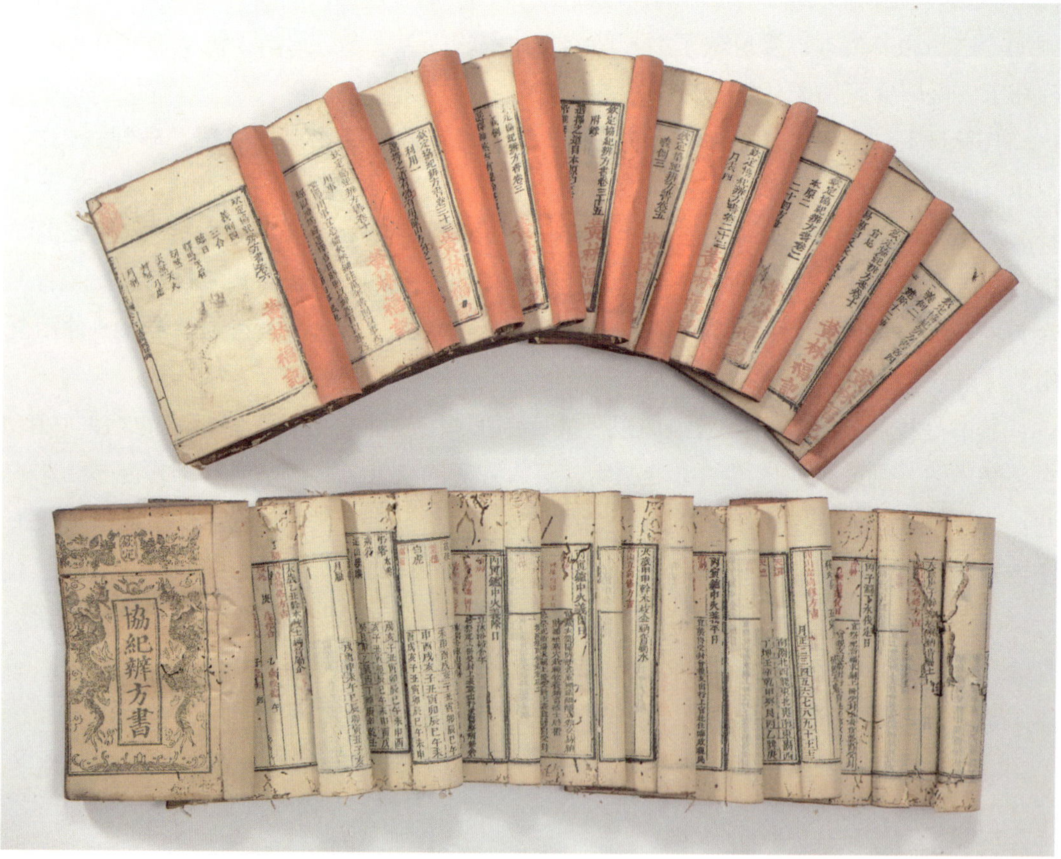

套红本《协纪辨方书》

择吉，雅称选择、涓吉、诹吉，俗称看日子、选日子。它是一种方术（方技），形成于汉代，至今已有2000多年的历史。古人选择黄道吉日，决定哪天可以祭祀天地、临政亲民、选将拜帅、安抚边境、出师远征，或哪天可以上册进表、婚丧嫁娶、开山破土、立券交易，甚至哪天可以竖柱上梁、修衣缝裳、剃头理发等，都要选择日子。选择的目的是为了近福远祸、趋利避害。"趋利避害"的择吉活动既是人类生存的正常心理取向，也是汉民族"天人合一"哲学观和价值观的反映。

针对民间通书的"讹袭谬见"，清乾隆四年（1739年），乾隆帝令庄亲王允禄、和亲王弘昼、右侍郎何国宗等官员率钦天监属员三四十人，对选择通书进行一次全面的考订，三年之后完工，乾隆亲制序文并将书定名为《协纪辨方书》，意为敬天之纪，敬地之方。序言说："夫协纪辨方者，敬天之纪、敬地之方也。"又称："举大事、动大众，协乎五纪，辨乎五方，以顺天地之性。"此书旨高意远、内容宏博，是择日学理论型的通书，它从阴阳五行、风水、星相、命理等诸方面去考察、研究，并归纳整理出一套选择日辰的办法，成为选择黄道吉日的规范。

《协纪辨方书》武英殿初版梓行后，各省、州和书坊覆刻盛行一时。笔者收藏的《协纪辨方书》是武英殿版的翻刻本，而翻刻者应是四堡某书坊。它虽无堂号和牌记，但从其版式、行款、纸张、墨色、字体、装潢等特征看，它与其他四堡刻本如同一辙。该书末有一行昔时收藏者的留言："光绪十八年壬辰岁四月十二日置"。按常理，购书时间与图书发行时间相去不远，据此可推断该书成书时间大约于光绪初年。

（二）马宽裕《催福通书》

《催福通书》五卷，马宽裕（字良容）撰，远安堂梓行。

《催福通书》是择吉术著作，它从乾隆年间初版迄今流传200多年，影响深远。此书卷首罗家蕴美章氏序一篇，卷一《会纂天文妙诀选择须知》，卷二《历法源流妙语义》，卷三《二十四山作用催福纪凶活法》，卷四《天机催福》。

清代通书分理论型和实用型两大类，理论型通书如《象吉》、《宪书》、《鳌头》、《崇正辩谬》、《选择求真》等，而实用型通书如闽南《洪潮和通书》、广东《罗家通书》。无论理论型通书还是实用型通书，基本是以《协纪辨方书》为标准的，均系《协纪辨方书》的一些支脉而已。

《催福通书》属于理论型的通书，它的直接来源也是《协纪辨方书》，但与其他通书比较有其自身的特点：其一，强调"催福出于良辰"，从催福的角度阐发择吉术之精义，即书名"催福通书"，也可能出于"发福由其地脉，催福出于良辰"之名句。马宽裕为此专为书名下了一个注脚，说："选择极难，吉凶之先见者也，非明于易卦者究竟不能窥其堂奥。子自幼业易颇究其理而泄之。趋其吉者以发明，避其凶者而不录，所谓言吉不言凶之意也。殆俾四民日用而造福者乎。"按马宽裕的解释，催福者，即"言吉

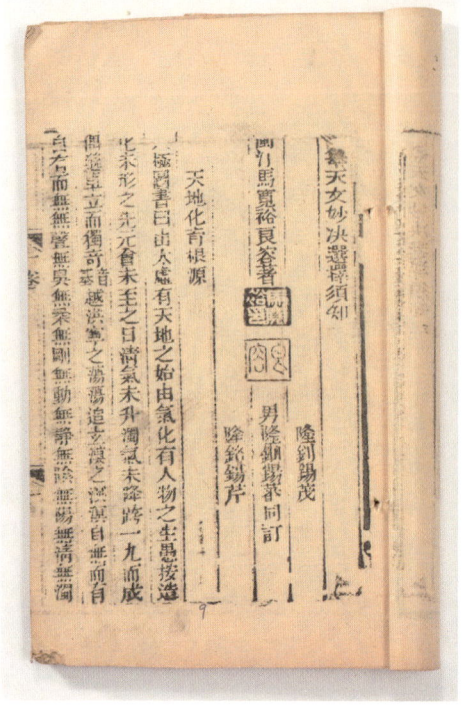

远安堂《四民催福通书》

不言凶之意也"。其二，着重从理论上探究择吉的本源，"穷其源而溯其流"。该书理论性极强，如卷一《天文妙诀选择须知》，对天文知识阐发得淋漓尽致，从天地化育根源到二十八宿玄机赋，从木星天机歌到北斗七星名，从风论到霾论，"天文妙化玄机，日月星辰行度"无所不论。清人罗家蕴在该书序言中如是评价该通书："明季暨国朝则重用公历，但以测乎分至。问及每日所宜，而吉凶神煞不著焉。若《象吉》、《鳌头》诸通书，无虑数十家，神煞著矣，而本源详略不备焉。今彰其源而逆其流，分其条而晰其缕，不特精选者便于翻阅，即素不习此者，一览此书，吉凶了如指掌。"罗家蕴将《催福通书》与《象吉》、《鳌头》诸通书作了一番比较，认为《象吉》、《鳌头》通书对神煞等阐述相当详细，而对其本源未加以深究，而《催福通书》则避免了这方面的不足。

关于此书的作者，前些时候在市面上流行的新版《催福通书》，署名为"清钦天监副大史马裕良容"。还有一些学者也采用了"马裕良容著"的说法，例如陈进国博士论文《民间通书的流行与风水术的民俗化》，说"康乾年间汀州籍钦天监副大史桂亭马裕良容先生，博览群书，尤精选择，其术屡试屡验"云云。[8]笔者细究其官职和姓名，觉得有些疑问，一是"钦天监副大史"是何官职？二是"马裕良容"又是谁？何地人？笔者最近从孔夫子旧书网拍得清代《催福通书》一卷。此书卷首标注"闽汀马宽裕良容著，男隆钿锡蕃、隆钊锡茂、隆铭锡芹同订"。"闽汀"即福建长汀，"马宽裕"

即姓名,"良容"是字。马宽裕先生的另一著作《古文精言》注明的"桂亭马宽裕良容纂辑"[9],也与旧版《催福通书》的署名相吻合。新版《催福通书》与陈进国博士论文所云"马裕良容著",其间明显漏了一个"宽"字,致使以讹传讹。以上所见,可肯定地说,该书的真实作者不是所谓"马裕良容",正确的是康乾时期四堡马屋人马宽裕。至于马氏名字前面的官衔所谓"清钦天监副大史",笔者认为是一种假托或是混淆,因为查遍清代所有官职的词典,都未见"副大史"的称谓。辞海有"太史"条,没有"副大史"的称谓。[10]这一称谓有可能现代人为显示其作品的权威性,假托某某官职而抬高版本的价值。

有人称,马宽裕是清代咸丰年间人,这一说法也是没有根据的。该书的序言是一位名叫罗家蕴的人写的,作于乾隆丙子岁(1756年),而马宽裕的另一本书《古文精言》童孙韬序言作于乾隆癸亥年(1743年)。由此推断出马宽裕出生于乾隆丙子岁之前而不可能之后。

(三)廖瀛海《子平四言集腋》

《子平四言集腋》六卷,廖瀛海撰,咸丰三年(1853年)求可堂重锲,笑月楼藏版。廖瀛海(生卒年不详),字冀亨,福建省永定县人,清康熙二十九年(1690年)举人,官江苏吴县知县,著有《子平四言集腋》、《天官五星》(万卷楼本)。

廖瀛海《子平四言集腋》是一部影响较大的术数类名著。廖氏时任吴县知县留有政声,《清史稿》说:"适逢旱灾,自贷银两易米赈饥,士人感其诚,相率助赈。吴县钱粮繁重,冀亨力除弊端,减少中间盘剥,百姓得惠。以忤总督葛礼罢官。及卒,苏人祀之百花书院。"[11]作者精五星、通命理,有感于子平歌诀浩繁,难以记诵。特摘录各家精华,编纂四言歌诀,分为十四类。遇语意艰深者,即抄录原注以明之,以利后人学习。集腋者,比喻积少成多,"以皆辑前人成说如制裘"(序言)。

子平八字,始于唐朝士大夫李虚中。李氏著有《李虚中命书》,又名《鬼谷子遗文书》,该书收录于《永乐大典》与《四库全书》中。到了宋代,徐子平在李虚中的基础上进一步充实完善,使八字

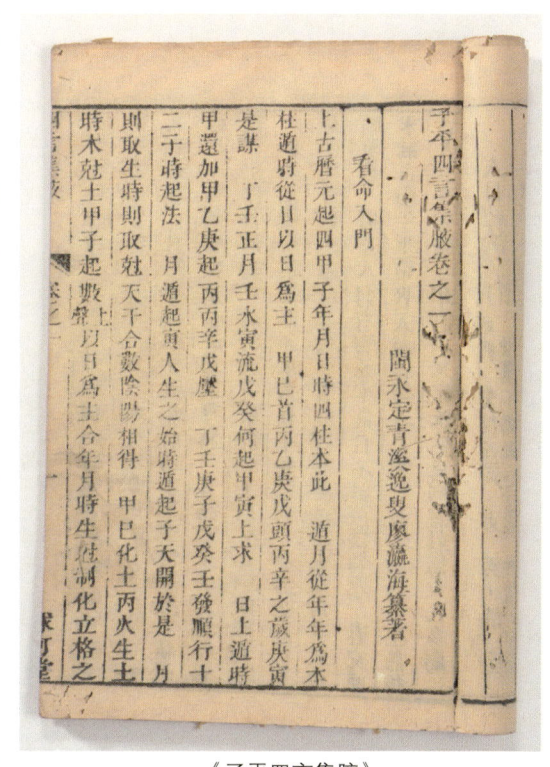

《子平四言集腋》

预测学进入了鼎盛时期，后人把八字预测学又称为"子平术"。廖瀛海在《子平四言集腋》序言中论述了子平术的兴起，他说："星家之言以起周之格珞琭鬼谷，汉之董马管严，晋之郭璞，唐之袁李，一行皆以星学传世。惟虚中受李泌之传，上仿历元，取年月日时排列四柱，珞琭以年，虚中以日谈人之祸福，罔不奇中，此八字所由名也。"他又说："后有东海居易徐子平者，得虚中之术而损益之，专主五行，不用纳音。而僧人道洪徐大升辈，习衍其传。遂以八字为子平，至今千有余年。"这段文字说明了子平术的缘起和发展历程，大意是说，自周朝到唐代的预测学以阴阳五行的星学一枝独秀，到了唐代，李虚中创立了四柱学，即以人出生年月日时四干支推算一生的命运。宋代的徐子平对四柱加以总结完善，人们将四柱之学称为"子平术"。

千百年来有很多人对子平术加以诠释发挥，代有著述各有发明。比较著名的有：如宋朝徐升的《渊海子平》、明代张楠的《神峰通考》、清代任铁樵的《滴天髓》、沈孝瞻的《子平真诠》等。廖瀛海《子平四言集腋》对子平术的贡献，就在于综合各个流派的命理精髓，条理井然，裁剪适当，集子平法之大成。且把浩繁的子平术分门别类写成四言歌诀，化繁为简，深入浅出。其中有些成为八字预测的名言警句，如"五行衰者，大运宜盛；五行盛者，行运宜衰。衰复行衰，屯蹇沉滞；盛复行盛，击作生殃"，此句精辟地揭示了五行与命运的关联而广为流传。

（四）善书刻本四种

《玉历钞传警世》 不分卷，汀郡九经堂藏版，图30幅，嘉庆二十五年（1820年）重刊。"玉历"一词，在道教经籍中的原意是指与死籍相对之生籍、仙籍之意。此书与其他善书最大的不同，在于它以冥府十王作为纠察人心的单位，以死后处罚作为生前为恶的报偿。它托言神祇颁授给一位道士而传至人间，主要内容是向一般大众讲述哪些行为是不道德的该罚入地狱，如何才能避开地狱罪报，如何才能弥补已经犯下的罪过。书中描写十八层地狱之种种，及恶人在地狱受刑罚之状况，并附有十殿地狱图，观之令人毛骨悚然，其目的都是在引人警惕、教

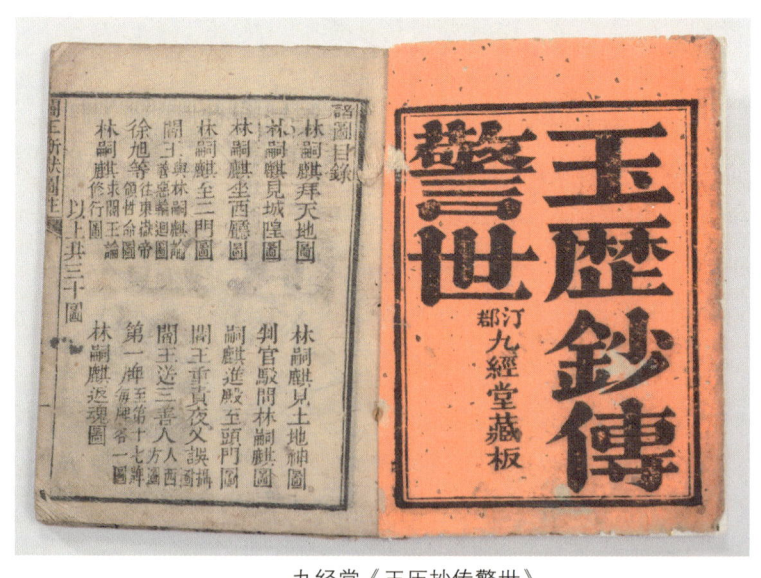

九经堂《玉历抄传警世》

化人心、劝人向善。

冠名"玉历"的善书有两种，一是《玉历宝钞》，二是《玉历钞传警世》，均未署作者姓名，两种的内容大致相同。根据日本吉田义丰的考证，《玉历宝钞》成书于明朝末年。而《玉历钞传警世》版本众多，皆刊于嘉道年之后，由此推断，此书应是《玉历宝钞》的覆刻本。

《玉历钞传警世》的印行比较特别，它由善男信女自费印刷赠送，卷末载："敬列诸善信姓氏：连邑信绅罗庭升因父病印送百本，福建杭邑信善士温瑶章、温瑶光敬印 300 本……"，云云。

《太上感应篇》 不分卷。它是一本杂抄性质的书籍，其主要的文字内容以东晋时葛洪的《抱朴子》为蓝本，参杂一些先秦诸子和儒家的文句，以通俗文字加以整理贯串而成。

《太上感应篇》共计 1200 余字，开头以"祸福无门，惟人自召，善恶之报，如影随形"大字提示，共分明义、鉴察、积善、善报、作恶、恶报、指微、悔过、力行十段，后附太极真人的训诫。此书谓："凡人有过，大则夺纪，小则夺算，其过大小，有数百事，欲求长生者先须避之"，列举如"忠孝友悌、正己化人、矜孤恤寡、敬老怀幼"等二十余条善行，以及如"恚怒师傅、抵触父兄、违逆上命、强取强求"等一百余条恶行，作为趋善避恶的准绳，并称："欲求天仙者，当立一千二百善；欲求地仙者

九经堂《玉历抄传警世》

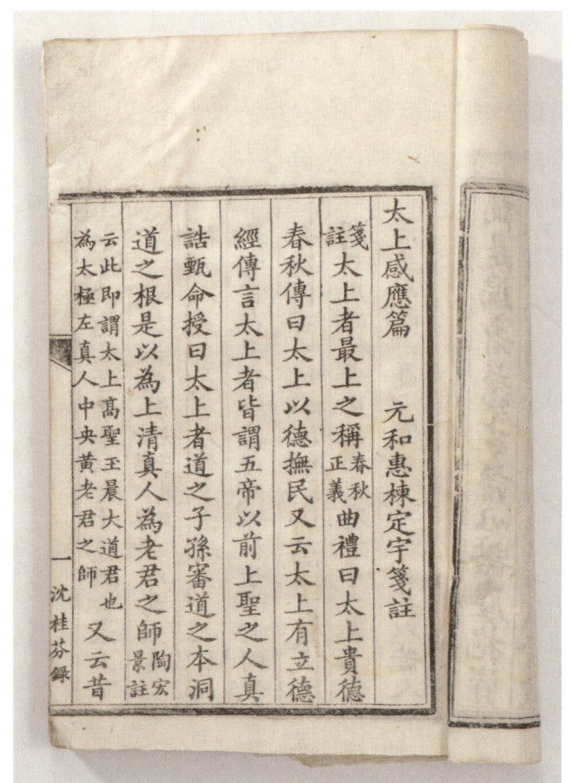

《太上感应篇》

当立三百善。一日行三善,三年天必降之福;一日做三恶,三年天必降之祸。"

该书将道教方术与戒律融汇于道德修养之中。《太上感应篇》在劝善书中流通量最大,它对遵守社会公德,强化人的道德修养,净化社会风气,调整家庭关系,爱护大自然,弘扬中华传统美德,有其积极的一面。但传扬天人相感、因果报应则是它的消极因素。

《文昌帝君阴骘文》 不分卷。在劝善书中的地位仅次于《太上感应篇》,它属于道教科戒仪范中的劝诫书,其中一些内容与《太上感应篇》有所雷同,但不同的是它借文昌帝君降笔教化凡间的士大夫阶

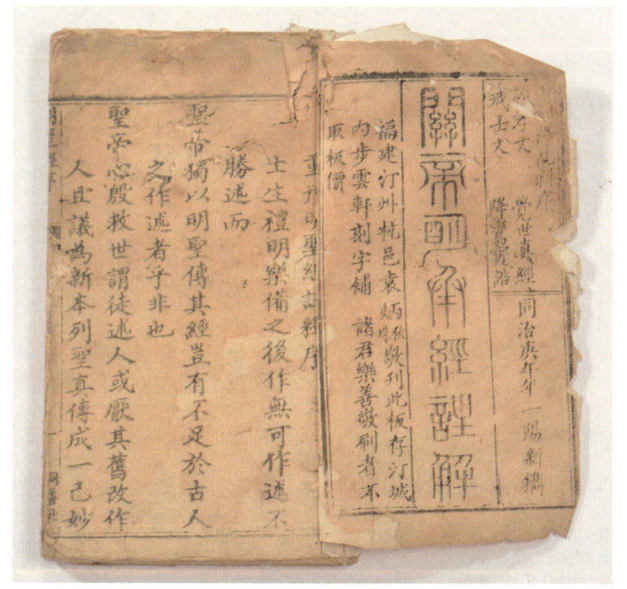

汀城步云轩《明圣经》

层,因为文昌帝君职掌天下禄籍,司文人之命。《阴骘文》的篇幅较为短小,仅约540余字。该书一开始就说,"帝君曰:吾一十七世为士大夫身,未尝虐民酷吏。"这两句是沿用文昌帝君的自述,接着列举忠主、孝亲、敬老、信老、怜孤恤寡、敬老怜贫、不谋人财产、不淫人妻女、不持富豪而欺贫困、不倚权势而辱善良,奉为立身处世的十项准则,称:"依此行事,近则善报个人,远则福佑儿孙。"

《阴骘文》与《太上感应篇》相比较,主要是它排除了空洞的理论说教,结合历史上的真人真事,进行教化规劝。如:"于公治狱,大兴驷马之门"、"窦氏济人,高折五枝之桂"、"救蚁中状元之选"、"埋蛇享宰相之荣"等,这些词句述说的窦禹钧、范纯仁、郭元振、程一德等皆是被载入史册的人物。《阴骘文》认为,凡人不见得通过轰轰烈烈的场面来表现自己,只要心地善良,从一点一滴的善事做起,便可以得到报应。当然这种报应是上天的答复、善良的结果,近一点报在自身,远一点报在儿孙身上,只是时间早迟的问题。《阴骘文》对挽救道德危机,缓和社会对立情绪,维护正常的纲常秩序,有着深刻的影响。

《关圣帝君觉世真经》 不分卷。是关帝降笔的训示之语,全文约640余字,撰作要旨是使世人醒悟,俾知改过迁善。

与《阴骘文》相比,《觉世经》儒教的色彩比较强烈,《阴骘文》的佛教色彩比较浓厚。《觉世经》开首两句"帝君曰:人生在世,贵尽忠、孝、节、义之事",强调忠、孝、节、义为立身之本。

此书可细分为六个层次:第一层由"帝君曰"至"礼神明"句,是全篇纲领,劝

人要为善去恶，忠、孝、节义乃人道大纲；第二层由"孝祖先"至"教子孙"句，说明伦常之道是为善之先务；第三层由"时行方便"至"吉星照临"句，指陈众善之事，望人奉行以召福报；第四层由"若存恶心"至"远报子孙"句，详言为恶致祸之事，明其报之不爽；第五层由"神明鉴察"至"作恶祸临"句，承上二章福善祸淫之说，回应首章神明握鉴察之柄之意，以警人悔悟；第六层由"我作斯语"至"众善奉行，毋怠厥志"句，著墨福善之事，勉人奉此篇而行。

《觉世经》是关帝善书之中流通最广的一部，对经文既有文字注证，也有绘图解说。

四堡书坊善书刻本远远不止以上所列的刻本，民间应还有一些其它刻本，有待今后进一步挖掘。

（五）《敬信录》

《敬信录》不分卷，清周鼎臣辑，乾隆戊申年（1788年）闽杭第七次重刻，版存汀城府学前周云轩老书林刻坊内。

《敬信录》属于道教的布道读物。它将所谓的"三圣经"——《太上感应篇》、《文昌

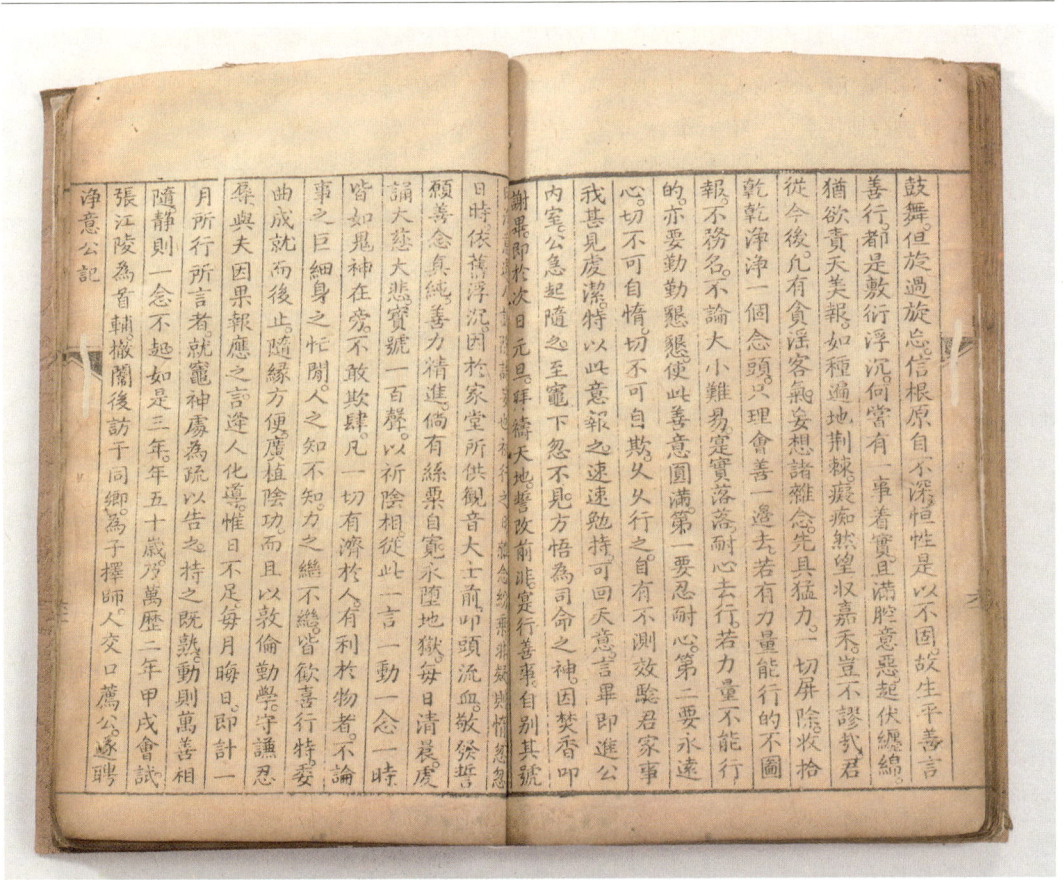

汀城周云轩《敬信录》

帝君阴骘文》、《关圣帝君觉世真经》合为一书，在此基础上，还录有《文昌帝君本原真经》、《劝孝文》、《救世文》、《救劫宝章》、《焦窗十则》、《劝敬字纸文》、《文昌圣愿十戒》、《东岳回生宝训》、《斗帝劝世文》、《玄天上帝金科玉律》等经典。此外，还收有感应篇灵验、阴骘文灵验、损子堕胎异报等案例。书中

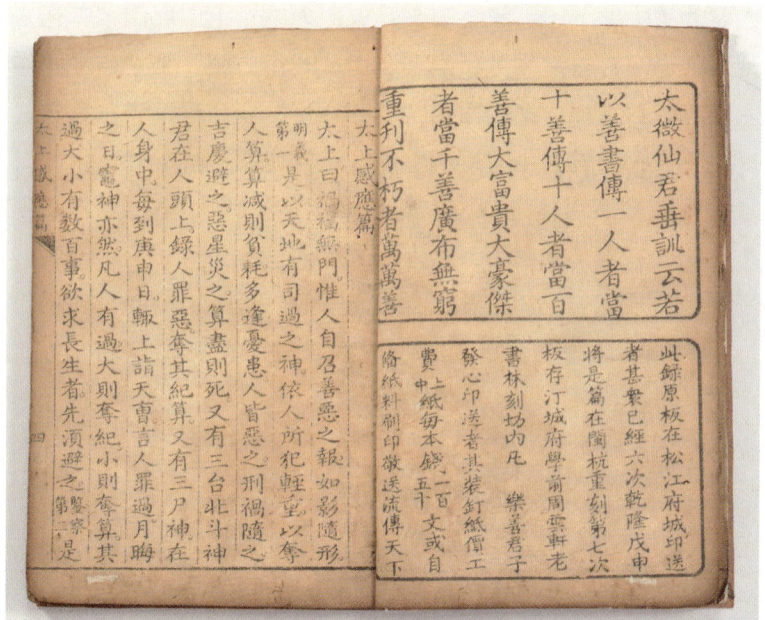

汀城周云轩《敬信录》

收录的序言较多，有：乾隆己丑年（1769年）尹继善序，乾隆三十四年岁（1769年）许宝善序，乾隆十四年（1749年）许云鹏初刻敬信录原序，乾隆十六年（1751年）许云鹏重锲敬信录原序，户部主事许宝善三刻敬信录原序。

  道教是我国土生土长的宗教，它的信奉宗旨与佛教有着质的不同，道教以道为最高天神与原则，道生万物，万事都得合乎道义。在实践中追求长生不老，进而发展出多种修行实践。道教主张，人不必生前去当苦行僧，待死后亡灵得到超度，而是平素清心寡欲，修真养性，持之以恒，便可证道成仙，进入理想之国。而证道成仙的途径是多渠道的，通过内丹（气功），外丹（炼丹）等炼养之术，抑或出家修道，皈依全真，遵守道教科戒仪范等，皆能达到最高境界。倘若普通凡人难以做到这些苛求，只要视劝善书为朝暮必诵之功课，即便足不出户，也照样能够消灾解厄，超凡脱俗，得道飞升。如《功过格》提出了"积善"与"积不善"的若干项善恶标准，要能够做到"一切善事信心奉行"，便可以"加福增寿，添子益孙"（见《关圣帝君觉世真经》）。只要日诵经卷一遍，靠着一点一滴的日积月累，久而久之，仍然可以"福禄弥坚"（见《太上感应篇》）。

  此书还列举了许多案例，感应篇、阴骘文灵验有福亲、诞子、登第、增寿、免难、愈病等项，如"塘何裔云，为诸生时，日诵感应篇。其父兰，未之知也。一日父梦老叟谓之曰：汝子奉行感应篇甚力，今科中式矣。后至子馆，果见是书。因思前梦不爽，及发榜果中，后两科又登进士。"（见《感应篇·登第灵验》）"山阴俞允，在京抱病，昏迷不醒人事。其亲俞伯益，祝允病瘥，刊施宝训。允夜梦帝君端坐，一官执籍禀云：'俞允病危求救，如何发落？'帝许增寿一纪。醒即病减，数日而愈。"（见《阴骘文·增寿灵

验》）

善书刻本与其他刻本比较，有两个明显的特征，一是刻印的方式和质量不同。善书刻本一般由善男信女捐资，委托书坊刊刻，由于刊刻者资金比较充足，往往聘请名工刻印，再加上不赶时间，因而其刻印和纸张的质量比一般刻本好。《敬信录》，其刻工、纸张和油墨俱佳，此书卷首一开始即用大字标明："乐善君子发心印送者，其装订纸价工费，上纸每本钱100文，中纸每本50文，或自备纸料刷印，敬送流转天下。"而一般刻本则由书坊坊主自己出资，根据市场的需求，选择一些热门的版本刊印出售。为了资金的周转，一些坊主急功近利，赶时间，抓进度，不讲究纸张油墨者有之，刻工粗制滥造者亦有之，因而往往留下历史上不少学者批评坊刻本刊刻不精的诟病或笑柄。二是发行的方式不同。善书是以"送"的方式流传的，其目的是"广布天下"。《敬信录》有一段很有鼓动性的文字，说"太微仙君垂训云，若以善书传一人者当十善，传十人者当百善，传大富贵大豪杰者当千善，广布无穷，重刊不朽者万万善"。把刊印赠送善书和行善结合起来，并大力宣扬刊印赠送善书带来善报的事例，这些鼓励性的言论，使一些善男信女捐资刊刻善书乐此不疲。而一般刻本则是以赢利为目的、以"售"的方式流传的，赚钱赢利是书坊主们刊刻书籍的永恒法则。

（六）《远色篇》

《远色篇》，又名《家庭宝筏》，三卷，汉阳别樵居士撰，竹纸，写刻体，光绪庚辰（1880年）春重刊，无堂号。

《远色篇》分上、中、下三卷，上卷为经籍垂训、整饬伦常等七章；中卷戒谈闺阃、考验功过等六章；下卷人物故事分不淫门、转移门、宣淫门、女鉴门等四门。卷前有清雍正五年（1727年）状元彭启丰序言一篇。

《远色篇》以"淫为万恶之首"为主线，糅合佛家"因果报应"和道教"积善销恶"的观念，提出了戒淫远色的主张。彭启丰在序言中说："天堂地狱，判于一心。清浊之分，升沉之本……试读斯

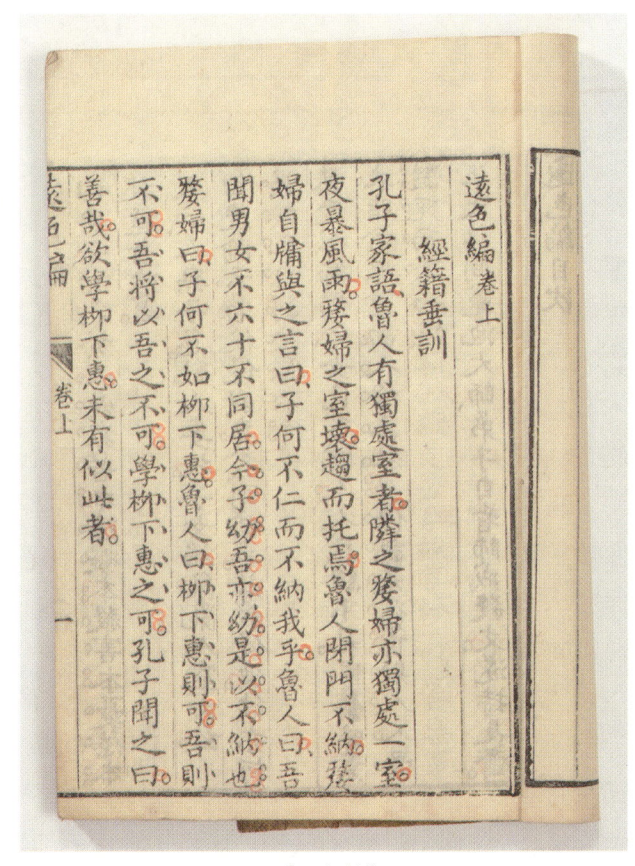

《远色篇》

《远色篇》

编，其言甚苦。具陈祸福，广设是非。道人木铎，如是而已。我劝世人，见者闻者。荡尔邪思，开尔觉路。杜众恶门，植菩提果。"编者首先引用《尚书》"不迩声色"及孔子"戒之在色，未有迩而能戒者"的格言，认为"男女居室，人之大伦。人不能无色，特不可近而好之耳。近则好之，好则必浓，浓则必伤身毙命。"是书广征博引，多视角多侧面地规劝人们远色戒淫，其中不乏有价值的观点和妙趣横生的事例。

  编者认为，男女之间密切接触是色淫的必要条件，"淫字，篆书云，近而相狎之意。使狂童淫女一处南海，一处北海，岂能成淫。惟其密迩，故成私也。"因此，男女间应保持一定的距离，"色之远者固要远，近者尤要远"。编者还认为嫖妓有悖人伦，伤身破财，"嫖字，字书有二体，一从闑，言入门便败也；一从嫖，取女票勾人之义。"编者从"淫"与"嫖"两字的字形中取其义而劝人从善，确实费了一番苦心。

  《远色篇》作出"好色者必死"的论断，"墙屋之倾也，不倾于风雨，而倾于基溃。国家之亡也，不亡于外患，而亡于内乱。人身之死也，不死于感冒，而死于脏伤。"编者认为，养生保命是辨证的永恒不变的理，"未能养生，安知保命。既知保命，即能养生。此不易之理也。"而欲保命，必须远色戒淫。远色是养生之道，因为，"色犹刃也，蹈之则伤；色犹鸩也，饮之则毙"。就是说，"色"像锋利的刀，你碰了它就会受伤；"色"又像毒药，你喝了它就会被毒死。

道教《太上感应篇》有句名言，"祸福无门，惟人自召。善恶之报，如影随形"。《远色篇》体现了因果报应的思想，主张禁淫书，反对溺女婴，认为刻印淫书和溺婴的人必遭天谴。在"禁绝淫书"一节说道："不顾廉耻，乱用心思，撰此淫书，坏男女之人心，败天下之风俗，是自居首恶。此种罪孽，与十恶五逆定加百倍，死无人身，永沉地狱。"编者引用《溺女歌》曰："劝君莫溺女，溺女伤天性，男女皆吾儿，贫富有定分……孽冤相报几时休，转世投胎定夭札。"这些观点在当时具有积极进步的意义。

《远色篇》围绕远色戒淫主题，列举了数十个历史人物故事，归为"四门"："不淫门"是说少年男子不为女色所诱，最终登科及第；"宣淫门"是说奸夫淫妇迷恋声色，落得身败名裂下场；"女鉴门"是说贞女烈妇拒奸守节，受到乡党褒扬；"转移门"是说改恶从善也有好报，知错能改，善莫大焉。这些故事范例，有的情节离奇，有的触目惊心，对于好色者无疑能起警示作用。

由于历史的局限，《远色篇》某些观点落后过时，甚至带有浓厚的封建色彩，如认为"女子长得美貌多情，是大不幸事"，很明显是封建的偏见。但从整体来看，全书基本观点是正确的，长期以来对规范伦理教化人心起过不可低估的作用。

注释

[1]（清）永瑢、纪昀主编：《四库全书总目提要》，海南出版社1999年版，第535页。

[2]（宋）王安石：《周官新义》卷四，清嘉庆刻本。

[3]梁波、李苑：《辰州符——神奇还是神化》，作家出版社2007年版，第2页。

[4]李零：《中国方术考》（修订本），东方出版社2001年版，第330~331页。

[5]施蛰存：《雨的滋味》（辑五），江苏文艺出版社2011年版，第305页。

[6]《台湾宗教研究通讯》2002年第4期，第195、230页。

[7]钟义明：《择日生死门》，竹山佛心翠影书斋1994年版，第2页。

[8]《台湾宗教研究通讯》2002年第4期，第195、230页。

[9]（清）马宽裕纂辑：《增批详注古文精言合编》，上海萃英书局，中华民国八年刊印。

[10]《辞海》"太史"条，上海辞书出版社1980年缩印本，第636页。

[11]《清史稿》列传卷二六三，上海古籍出版社、上海书店1986年影印版，第1479页。

第十章

套印、活字印刷与版画

一、套红、袖珍本

雕版印刷是我国传统的印刷术。它分为单色和彩色，单色雕版印刷是用一块印版一种颜色印刷书籍的工艺技术，通常使用黑色油墨印刷，这种工艺历史最长、应用最多、范围最广。彩色雕版印刷是用雕版印刷多种颜色印刷品的工艺技术，习惯上有双色套印、多色套印、彩色印刷。随着四堡刻书业的成熟和发展，书坊主们为追求印刷品的美观，对雕版印刷工艺和材料进行了一些有益的尝试。这个尝试主要表现在两个方面：一是套红印刷。用黑、红两种颜色套印的书籍，称为套红本。已发现的四堡书坊套红本有：《协纪辨方书》、《朱批详注管稿》、《诹吉便览》和《周礼贯珠》。二是袖珍本雕版印刷。在一小块木板上雕刻文字，用黑色油墨在 64 开以上的纸上刷印的书籍，称为袖珍本。四堡书坊袖珍本有：《试帖连珠诗集》、《增广文料大纯合编》、《四书味根录》。

四堡书坊的套红、袖珍本雕版印刷，说明其印刷工艺和材料的改进与提高，也体现了四堡书坊主们孜孜不倦的开拓与创新精神。

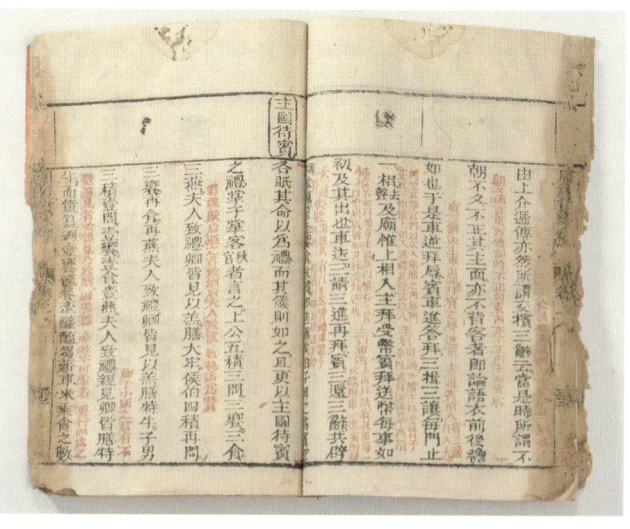

六宜堂套红本《周礼贯珠释义》

（一）套红本

套印本是指用两种或两种以上颜色印刷的书籍。雕版印刷一般都是白纸黑字的单色印刷。套印术常见的有两色套印，个别的有三色、四色和五色套印。版本学家毛春翔先生对套印的做法作了具体描述："套印本者，一书之印刷，不止一次。第一次刷黑的，第二次即套红的，是为两色套印。黑的是正文，红的是圈点或批语，同样板，要刻两块。若三色、四色、五色，同样板就要刻三块、四块、或五块。"[1]套印本的优点，既可以使版本更加美观，增强书本的鉴赏性，又可以突出书本的重点、难点，利于读者诵读。我国最早的套印本是元朝顺帝至元六年（1340年）无闻和尚印的《金刚经》，经文用红色，注文用黑色。而明代的凌、闵两家则把套印技法推到极致，他们的印本是套印本的杰出代表作，也是藏书家们追逐的目标。

四堡刻本绝大多数是白纸黑字的单色印本，但也有少量的套印本。笔者收藏的《协纪辨方书》、《周礼贯珠》和《诹吉便览》，全部采用的是朱墨双色套印。此外，笔者还见过一册朱墨双色套印的《朱批详注管稿》，现存于四堡雕版印刷展览馆。前面说过，《协纪辨方书》是清乾隆年间御制术数类著作，笔者收藏的这套书大致翻刻于清光绪年间，卷数多达三十六卷。虽没有书坊堂号，但根据其版本特征，可基本肯定是四堡刻本。这套大部头的著作，套红几乎遍布全书。此书的"天头"部分干支纪年全部用套红，书中的一些吉语，如吉神、大安、金匮、小喜、天德、青龙、

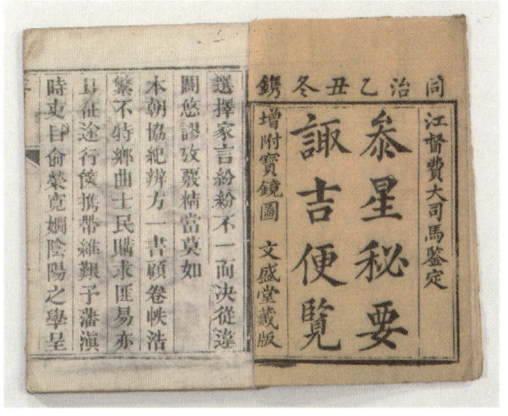

文盛堂套红本《诹吉便览》

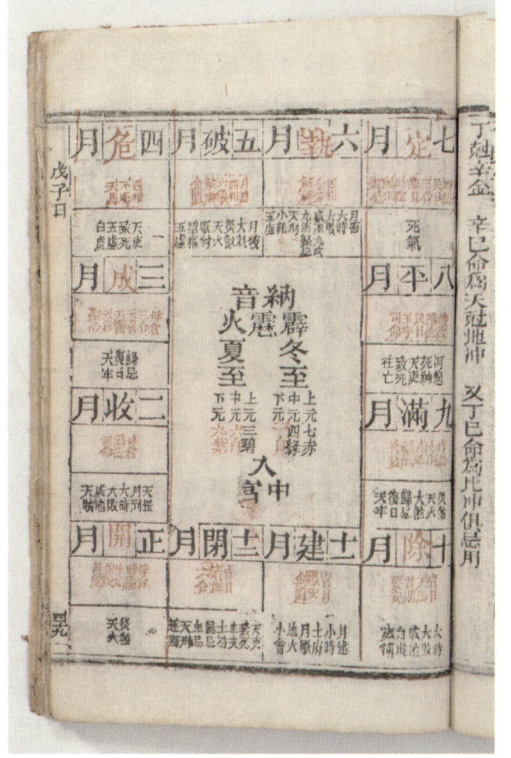

文盛堂套红本《诹吉便览》

名堂也用朱色标出，而一些凶煞，如凶神、小耗、六害、坐煞、鬼煞则用黑墨印刷。

按印刷技术要求，套印工艺比单色印刷要复杂、严格得多。它最基本的要求是套印准确，当印刷品第一次印完后，第二次、第三次加印时版框必须对齐，严密吻合，才能使全书字体不致出现错位、重叠等现象。同时，印刷前的分次上色亦要均匀仔细，才不致字体颜色或浓或淡而影响美观。在实际印刷过程中，影响套印的因素很多，而且错综复杂，比如拼版是否准确，装版是否合理，纸张的抗水性等。《协纪辨方书》的版式更为复杂，它有许多内容涉及年表、河洛图、八卦次序方位、天干、地支，这些复杂的图表对书籍的套印增加了许多难度。很明显，套印这种卷数多且不规则的书，又比一般套印书籍要求更高。看来此书的刻印者比较好的解决了这些方面的问题，统观全书，套印基本准确，错位、重叠、遗漏、歪斜者较少，且颜色调配得当，虽有个别字迹较为模糊，但仍不失为书坊同类刻本中的好版本。由于套印工艺要求高，费工费时，民间书坊一般是不敢问津的。四堡书坊尚能刻印此书，表明其有一定的经济实力和较强的技术力量。

由于套印技术要求高，加上费工费料，套印本售价比普通读物要高的多。一部套印本古籍，价格往往高出同时期一般古籍的几倍。有人统计过，2003年中国书店春季书刊资料拍卖会上，一部《古香斋新刻袖珍御选古文渊鉴》清康熙内府刊五色套印巾箱本以1.5万元成交。在秋季拍卖会上，明凌氏刊朱墨套印本《李于鳞唐诗广选》以1.2万元成交；清康熙时用红、蓝、绿、黄、黑等多色套印的《西湖佳话古今遗迹》插图仅存10多页，成交价竟达到3.2万元。笔者曾在厦门商报社工作时分管过广告事项，熟知套红广告要比黑白广告版面费加收30%。这套《协纪辨方书》书尾还有前收藏者的另一留言："时在光绪壬辰岁购银八钱八分"。有人推算过币值按照购买力价计算，光绪年间1两白银相当于现在的人民币280～300元左右，"八钱八分"约等于现在的250元，可见在当时价格不菲，比一般书籍要高出许多。

（二）袖珍本

袖珍本通常是指开本很小的图书。由于这种图书体积小，携带方便，可放在衣袖之中，所以称为袖珍本。袖珍本名词直接来源于巾箱本，巾箱是古人放置头巾或其他零碎杂物的小箱箧，巾箱本因其书体积较小，可放在巾箱中随身携带而得其名。据葛洪《西京杂记》序言说，葛洪家失火，书籍烧尽，只有《西京杂记》藏于巾箱中得以幸免。宋代书商常印巾箱本。袖珍本名词可能与清乾隆有关，清代内府刻书集中在武英殿进行，历年雕印经、史所用版片极多，这当中有不少裁截下来的小块木料，"高宗以校镌经、史，卷帙浩繁，梨枣解材，不令遗弃。仿古人巾箱之式，刻袖珍版书。"乾隆三十年（1765年）武英殿用零材短板刻成的小版框小开本的《古香斋十种》，称为袖珍本。直到今天，对小开本书仍常以袖珍名之。[2]

由于袖珍本、巾箱本的开本没有明确的界定，历史上很多人把二者混为一谈，认为袖珍本就是巾箱本。毛春翔在《古书版本常谈》说："书之本子很小的，叫巾箱本，今人叫袖珍本。"[3]姚伯岳在《中国图书版本学》称："所谓袖珍本，是形容书的版式极小，可藏于怀袖中，与巾箱本是一个意思，是一种事物的两种名称。"[4]笔者对此不以为然，认为袖珍本与巾箱本二者是有区别的，理由有二：其一，取其词义，二者的体积不同。袖珍本的特征是可藏于怀袖中携带，而巾箱本是藏之于放置头巾等物的小箱箧，可随身携带，这说明前者比后者体积更小。其二，从武英殿刻袖珍本是"仿古人巾箱之式"看，二者也有明显区别。袖珍本的出现，是清乾隆帝觉得武英殿刻书用板裁下来的小块木料弃之可惜，下令"仿古人巾箱之式，刻袖珍版书。"武英殿刻书历来有大开本的书，也有小开本的书，小开本的书就是巾箱本，如康熙字典等。武英殿书板裁下来的边角料，应是小料，它们都不符合制作巾箱本或大开本的规格，这些边角小料只好制作更小规格袖珍本的印版了。假若袖珍本与巾箱本规格相同，乾隆帝可直接诏令刻巾箱本，就无所谓去仿巾箱本的版式另外刻袖珍版本了。此外，清朝以前的线装书的规格，通行本开本一般是在 16 开至 32 开间，巾箱本在 32 至 64 开间。据此，笔者认为，袖珍本不同于巾箱本，它是一种开本极小的书，是指可藏之于衣袖的微型书，一般指 64 开以上的小册子。

至于袖珍本的用途，多数人认为它是科场的夹带，也就是说，它是古代考试的作弊之物。笔者经手或看过不少袖珍本，认为袖珍本的用途不是单一的，而是多方面的。它最基本的用途是便于读者旅途携带阅读，其次才是科场的夹带。因为古代科考是有严格的制度，进考场时均要经过严密的搜检，按照《大清律例》，作弊者戴枷三个月示众，杖一百，最后还要发往边疆充军的惩罚。当然冒险者亦有之，但毕竟是极少数，因而对作弊书的需求量也就极为有限。况且，南宋以后科考围绕四书命题，而四书释本卷帙繁多，即是袖珍本体积小也不易藏匿。当然，有些袖珍本如试策之类的也用于科场作弊，但它不是袖珍本的基本用途。袖珍本还有一种用途可作为审美欣赏用书。这种版本小巧可爱，刻印也十分精美，有的人称之为"迷人的小书"，把它当做一种艺术品来鉴赏。这种情况古代有之，近现代亦有之，如民国期间商务印书馆大量印行的寸半本《英汉小字典》，前几年陕西人民出版社出版的象火柴盒大小的"诗、词、赋、曲"，这种袖珍本既可作为工具书来使用，也可当作艺术品来欣赏。

随着岁月的流逝，古代袖珍本存世稀少，人相争宝之。据报端载，南京贡院将袖珍本视为镇馆之宝。西安穆斯林世家祖传的具有近千年历史的袖珍本《古兰经》，价格极其昂贵。近年来一些拍卖公司的袖珍本拍品，其价格之高望而生畏。

四堡刻本不少为巾箱本，其间也有一些开本极小的袖珍本。笔者所知，四堡雕版印刷展览馆藏有一册袖珍本。笔者经数年不懈努力，收藏四堡刻本袖珍本三种，即《试帖连珠诗集》、《增广文料大纯合编》、《四书味根录》。这些袖珍本版式独特，纸白、字

小、密度大，且字字清晰，版面高、宽都不超过10厘米。它反映了四堡刻本的多样性，也体现了四堡书坊的雕版印刷水平，对于四堡书坊刻书史乃至中国雕版印刷史的研究，都有一定的价值。

1.《试帖连珠诗集》

《试帖连珠诗集》三十二卷，存目录、卷二、卷三，白纸，光绪辛巳年（1881年）桐月开雕，无版刻堂号，高8.3厘米，宽8.8厘米。编者杨崧圃，浙江省嘉善县人，生平事迹不详。

试帖诗是科举考试应试之诗体，也称赋得体诗，以题前常冠以"赋得"二字得名。起源于唐代，多为五言六韵或八韵排律，由"帖经"、"试帖"影响而产生。到宋神宗熙宁时，一度停止。明及清初不试诗赋。清乾隆时又恢复试诗，先是在乡试与会试中试诗，后逐步在岁考、科考、贡生考、复试朝考中都要试诗。各级试诗种类繁多，格式限制比前代更严，出题用经、史、子、集语，或用前人诗句及成语。清光绪三十二年（1906年），随着科举制的废除，试帖诗也就成为历史的陈迹。

《试帖连珠诗集》是为科举应试考生提供的试帖诗读物，全书收各类试帖诗七千余首，分天文、时令、地理、帝治、德性、文学、文具、武事、武具、礼制、音乐、农桑、技艺等三十二部。学者梁柯在序言说："崧圃杨君，嘉善人也。广州徒会余舟次，出所辑试帖约七千首，嘱余名篇。余见其别类分门，加以检题编韵，泄前人未泄之奇篇。刊本雅兼之美，藏诸行箧，何假汗牛，令检阅者无不如意。所谓牟尼在手，一一穿成也，曰以连珠，是为并叙。"

此书残卷分为二册装订，目录辟为一册，卷二、卷三合为一册，册208页，页20行，行22字，计440字，全册达8万多字。观其书，开本小巧玲珑，皮红纸白，蝇头小字，字口清晰，正如梁柯所云"刊本雅兼之美"，煞是可爱。

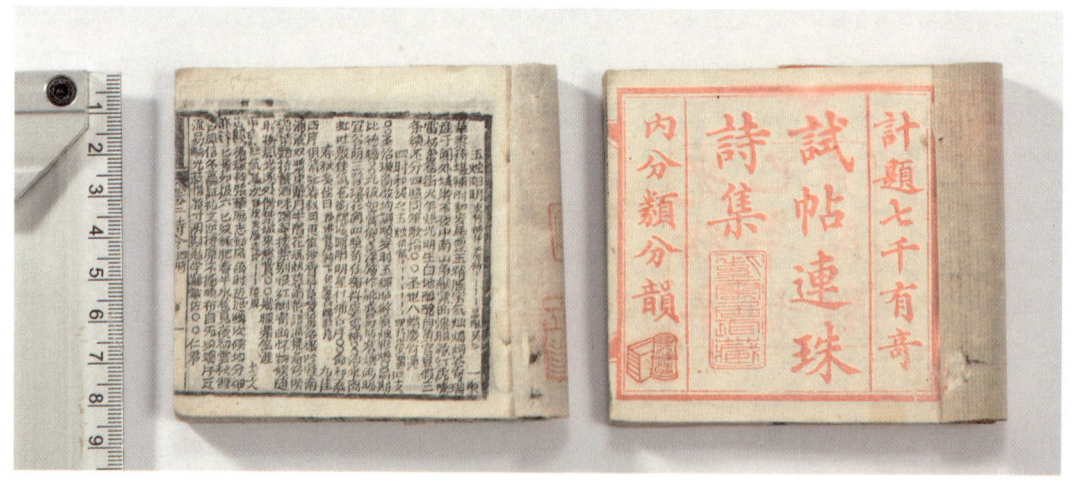

袖珍本《试帖连珠诗集》

初版本刊于道光戊申年（1848年）。据该版本的种种特征，是书系四堡书坊的翻刻本无疑。

2.《增广文料大纯合编》(简称《文料合编》)

《文料合编》不分卷，原两册，存一册，开本高10厘米，宽7.5厘米，栏内字数多达224字。编者姓名不详。

《文料合编》是为读者增加词汇量，扩大知识面而编写的读物，它近似于现代词典，所不同是以四言句形式解释词条。全书分门别类，揭示事物的种种特征和属性，分官职、丧制、伦纪、人品、人事、技能、器具、珍宝、衣服、饮食、草木、虫鱼等部别，每部别中又列诸条目，如"人事部"，有言语、多言、慎言、言行、败行、善处事、不善处事、谋事、决断、不决、追思、忧戚、恐惧、好恶、众好、众恶、处世、恭

袖珍本《文料大纯合编》

敬、过失、无过、改过、不改过、声名、虚誉、逸毁、度量、舒泰、骄傲、奢俭、廉洁、操守等。其中"廉洁"词条："苦节清操，孤高恬退，淡泊明志，廉静寡欲，非义不取，非道必严，廉洁耿介，寡欲清心，摒嗜绝欲，崇俭去奢，洁清不苟，狷介不贪，临财不苟，见财不苟，一介不取，万钟不顾。"它将有关廉洁的词条归为一类，便于读者检索阅读。

是书内容似乎间杂了一些客家方言俗语，如，"小人"词条："宵小细人，佥壬匪僻，行险侥幸，好行小慧，喜任机智，奸宄不宵，邪僻无良，纵欲败度，任意妄为，色厉内荏，貌是心非。"书中称"小人"为"细人"，与客话相同，客话的"细人"，是指没有长大的小孩或品行不端的小人。因此，是书有可能是客家人编写或参编的。

根据《文料合编》的内容，可断定它不是科考夹带书。它之所以刊刻成体积极小的袖珍本，应是便于读者旅途携带可随时翻阅。

3.《四书味根录》

《四书味根录》三十七卷，存十八卷，开本高9.8厘米，宽8.8厘米，栏内624字。编者金澄，字秋潭，生平事迹不详。

《四书味根录》辑录明清学者关于四书的著述而成，与《四书备旨》、《四书合讲》等同为清代解读四书的著名读物。是书考订精详，诠释集众家之言，编者的见解有独到

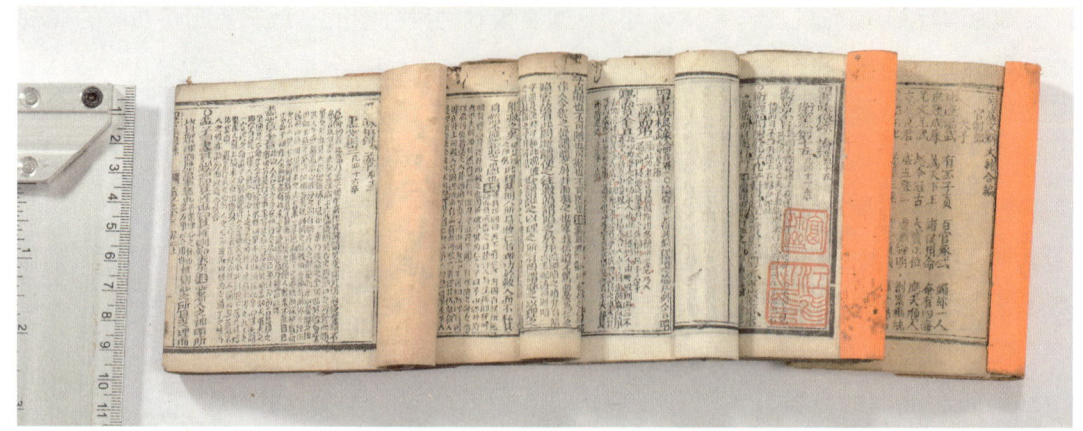

袖珍本《四书味根录》

之处，如四教章译注云，"夫子之教多术矣，然大要不外四端"，认为，文是穷理，行是履事，忠是实其心而立乎内，信是实其事而见乎外。学子应"文、行、忠、信"四端并进。"夫有文行，而忠信不失之愚；有忠信，而文行不流于伪，博我约我者此。刚克柔克者此也。人第循循于四教之中，而一贯自此闻矣。"由于该书有自己的特色，它于清代成为科举读物的畅销书。

是书刻印精工，字小如麻，而且字字规整，毫厘毕现，近似微雕。其中《论语》卷首一册240页，一页624字，每平方厘米占字16个，全册约16万字。这一密度在古籍善本中极为少见。

二、活字本

活字印刷术是我国古代的四大发明之一。随着雕版印刷的成熟和发展，人们发明了一种比雕版印刷更为先进的印刷技术，即活字印刷。从雕版印刷到活字印刷，是人类印刷史上的一次革命。雕版印刷首先要制成一块块大小一致的平滑木板，再由书匠用毛笔抄写书稿在薄薄的稿纸上，将抄好的稿纸有字的一面和木板相贴，刻工用刻刀把版面没有字迹的部分削去，就成了字体凸出的阳文印版。印刷时，用圆柱形平底刷蘸墨汁，均匀刷于版面上，再小心把纸覆盖在版面上，用刷子轻轻刷纸，纸上便印出文字。唐宋以来，雕版印刷对文化的传播起了重大作用，但也明显存在缺点，即刻版上的文字由于是固定的，同一副印版只印一部书，直至印版不能使用，它不可将文字分拆下来另印它书。而刻工在版面上锲刻费时费工，一部小书往往要花费几个月的时间，大部头的书则需几年甚至十几年的时间。在印刷过程中发现错别字，修改亦相当困难，常需整块版重新雕刻。活字印刷是指用木、铜、铁、铅、锡、磁、泥等其中的一种材料上刻（或铸）成反字，一印一字，然后排版印刷图书，这种图书称为活字本。活字印刷避免了雕版印刷的不足，即活字版印完后，可以拆版，活字可重复使用；它只要事先准备好足够的单个活字，就可随时拼版，大大地加快了制版时间；活字比雕版占有的空间小，容易存储和保管。以上可见，活字印刷较之雕版印刷更具优势。但由于活字印刷技术尚未完全掌握，特别是排版固定、捡字诸多环节的技术仍不稳定，活字印刷在我国实际上并未全面普及开来，千百年来雕版印刷仍为我国印刷书籍的主流。

四堡书坊在清末民初已使用木活字印刷，其印本有《龙足乡邹氏族谱》、《范阳邹氏族谱》（五修）、《长汀四堡马氏族谱》以及清流《魏氏族谱》。至于铜活字印刷，虽迄今未发现铜活字印本，但已发现铜活字印模600余枚，四堡书坊很可能使用过铜活字印刷。

（一）毕昇"发明泥活字"与"发明活字"是两个不同的概念

北宋中期，毕昇首先发明了泥活字。据沈括《梦溪笔谈》记载，宋仁宗庆历年间（1041—1048），平民出身的毕昇用胶泥制字，一个字为一个印，用火烧硬，使之成为陶质。排版时先预备一块铁板，铁板上放松香、蜡、纸灰等的混合物，铁板四周围着一个铁框，在铁框内摆满要印的字印，摆满就是一版。然后用火烘烤，将混合物熔化，与活字块结为一体，趁热用平板在活字上压一下，使字面平整，便可进行印刷。使用这种方法，书本的印数少则几百本，多则上千本。为了提高效率常用两块铁板，一块印刷，一块排字。印完一块，另一块又排好了，这样交替使用，效率很高。常用的字如"之"、"也"等字，每字制成20多个字，以备一版内有重复时使用。没有准备的生僻字，则临时刻出，用草木火马上烧成。从印版上拆下来的字，都放入同一字的小木格内，外面贴上按韵分类的标签，以备检索。至于文献记载毕昇之所以用泥活字而不用木活字印书，是因为木活字性能不如泥活字稳定，"不以木为之者，文理有疏密，沾水则高下不平，兼与药相粘，不可取。"（《梦溪笔谈》）以上是毕昇发明泥活字的大致过程。

由于北宋科学家沈括《梦溪笔谈》有毕昇发明泥活字印书的明确记载，一般认为，我国活字印刷最早产生于北宋庆历年间，活字印刷是毕昇发明的。"毕昇发明活字印刷术"，妇孺皆知，口口相传，著名学者张秀民说："世界上第一个发明活字印刷术的是我国宋朝的平民毕昇，时间是在北宋仁宗庆历年间，他比欧洲最先用活字印《圣经》的谷腾堡要早四百年。"[5]其他学者也有同说。

笔者对此存有疑问，认为，毕昇"发明泥活字"，不等于发明活字印刷术。活字印书最早的应是木活字，不可能是泥活字或其他的活字。很可能在毕昇发明泥活字之前就有木活字印书。按照毕昇发明泥活字印书就是发明了活字印刷术的逻辑，木活字必然在泥活字之后才出现，这样一来，就得出先有泥活字后有木活字的结论。然而，这个结论是明显悖于常理的，它违背了事物发展的规律。这是因为，按照辩证唯物主义哲学的观点，任何事物的发展都是从低级到高级、从简单到复杂的过程。也就是说，它不可能是倒置的，即先繁后简、先难后易、先高级后低级。木活字与泥活字二者相比较，无论是材料的选择，还是制版、印刷，前者简单、容易，后者复杂、困难。就活字的制版来

说，泥活字的制作是相当艰难的，它需要高品质的泥土和配方，烧制也要有很高的技术要求。由于它制作的高难度，历史上多少先哲望而却步。直至今日，人们按古人的配方复制，虽已制成但仍然不够理想。而木活字的制作则相对简单容易，正因为如此，历史上木活字印刷比泥活字印刷普及得多。就活字的印刷来说，最为困难的是着墨和固定，泥活字也比木活字复杂。以雕版印刷为例，雕版有木版、铜版、磁版等，我国先人最早采用的是比较简单的木版，并得到普遍使用，至于铜版、磁版印刷则是木版普遍使用后出现的伴生物，它在历史上少之又少，其实物即是当今的印刷博物院也难得一见尊容。同理，活字印刷术从时间顺序上也应先有木活字，后有泥活字、铜活字、锡活字。

当然，笔者并不否认毕昇发明泥活字印书的可靠性，沈括《梦溪笔谈》有关毕昇发明泥活字的论述，它是我国活字印刷的最早的文献记录，是可信的。但仅凭《梦溪笔谈》的记载，就认为毕昇发明泥活字就是发明活字印刷术，似证据不足，无法令人信服。准确地说，毕昇发明的仅仅是泥活字印刷术。由于木活字印书早期的实物不存，史料没有这方面的记述，笔者无法提供实物或史料证明，以上看法仅凭逻辑和常识推断，而实物证明还有待于地下文物的出土和史料的进一步发现。

（二）木活字印刷

元代科学家王祯（1271—1368）在《农书》中有"造活字印书法"的详细说明，这是历史上第一次对木活字印书法的明确记载。王祯还对木活字印书亲自实践，于元大德二年（1298年）自制木活字3万多个，试印自己纂修的《大德旌德县志》并获得成功。按他的活字印书法，先用纸写字样贴在木板上，照样刻好字后，锯成单字，再用刀修齐，统一大小高低。然后排字作行，行间隔以竹片，排满一版框，用小竹片等填平塞紧后涂墨铺纸，以棕刷顺界行直刷。同时，他还制造转轮排字架，推动转轮，以字就人，便于取字还字。王祯的贡献在于他第一次对木活字印书做了具体的描述，但他还不是木活字印书的发明者。20世纪90年代，宁夏贺兰山出土了西夏文佛经《吉祥遍至口和本续》，甘肃武威则出土了西夏文佛经《维摩诘所说经》木活字印刷品，西夏王朝与宋朝（960—1279）在历史上几乎同时存在，木活字印刷术可基本肯定在宋代已经存在了。这一发现已经很接近笔者的木活字印刷有可能早于毕昇发明泥活字的推论。

明代之后，木活字印刷逐渐发展起来。明代的木活字本较多，不论是藩府还是民间的书院、私人均曾用木活字版印书，比较有名的如：正德五年（1510年）黄希武《古文会编》，嘉靖十六年（1536年）钱番编《续古文会编》，嘉靖二十一年（1541年）苏辙《栾城集》等。清代木活字印书无论官刻私刻相当盛行，著名的有：清乾隆间枣木活字排印《武英殿聚珍版丛书》134种。到了清末，木活字排版印书越来越多，据李致中先生预测，"如果不是西方铅排印刷技术传入中土，则木活字大有取代雕版印书之势"[6]。

四堡书坊在清代多数采用雕版印刷，但也有少数书坊采用木活字印书。据谢水顺、李珽《福建古代刻书》载："光绪二十三年（1897年），连城童积斌等人因其祖先童能灵《冠豸山堂全集》刻版毁于兵燹，遂'合族谋再付梓，劝捐集资'，用木活字重新印行。""长汀还有一家专门用木活字替人印书的'东壁轩活印书局'。这家书局系长汀书坊聚文堂所设……所见该书局摆印的书籍有：黄崇惺《滴水岩记略》一卷（光绪二年，1876年），黎士弘《託素斋文集》六卷，《託素斋诗集》四卷、《仁恕堂笔记》一卷（光绪二十五年，1899年），其中《託素斋文集》卷一末行印有"闽汀东壁轩活印书局翻刷"[7]。谢、李二先生虽然没有点明《冠豸山堂全集》、《託素斋文集》等出之于四堡书坊，但他们已经说到长汀的"东壁轩活印书局"系长汀书坊聚文堂所设。笔者认为，"聚文堂"有可能就是四堡的书坊，"东壁轩活印书局"应是"聚文堂"的分支。其理由是，在清朝，长汀乃至闽西的刻书业几乎为四堡书坊所垄断，已经形成了包括闽西、粤东、赣南等地的刻书网络，在这些地区皆有四堡书坊的派出机构。据此，四堡书坊聚文堂在长汀县城设立"东壁轩活印书局"也就不奇怪了，应属情理之中的事。

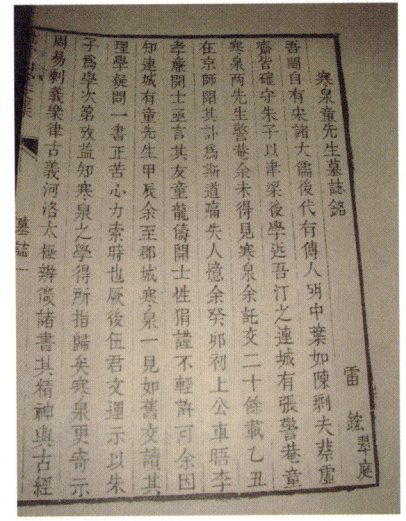

《冠豸山堂全集》

木活字实物

四堡书坊究竟有否活字印刷，长期以来存在两种不同的意见，一种认为四堡书坊有活字印书，一种认为四堡书坊活字印书没有实物证据，没有任何迹象表明它曾有过活字印书。笔者完全赞同第一种观点。为此，近几年试图从现有的四堡书坊遗存的诗文书画、蒙学、科举等刻本中寻找蛛丝马迹，结果一无所获。有幸的是，前两年从连城县四堡乡一带的农户中发现了木活字实物，并分两次购进木活字12大盘、2小盘，合计7000余字。这些木活字为宋体字，长2厘米，有多次使用过的墨迹。大盘长30厘米，宽16.6厘米，高2.5厘米，每隔2

至 3 行有木片或竹片分隔。小盘长 12 厘米，宽 10 厘米，高 2.5 厘米，每行用竹片分隔。这些印刷实物可以作为四堡书坊活字印刷的重要证据。为这一问题，笔者还面询过对四堡书坊有过研究的厦门大学刘永华教授，此君曾多次深入四堡乡实地调查，科研成果甚丰。他对四堡书坊木活字印书是肯定的，说在四堡考察过程中亲眼看过木活字，并征得老乡同意抓了一把木活字留作纪念，云云。

证明四堡书坊有活字印刷除了现存的木活字实物外，最有说服力的是四堡书坊用活字刷印的族谱。笔者分别于 2008 年冬、2012 年夏前往福建上杭县族谱馆，查阅有关四堡邹、马二姓的世袭情况及刻书资料，发现该馆收藏邹、马二姓的族谱共有三套，即《龙足乡邹氏族谱》，三十八卷，敦本堂刻本，宣统三年（1911 年）辛亥重修。《范阳邹氏族谱》（五修），三十八卷，敦本堂刻本，民国三十六年（1947 年）。《长汀四堡马氏族谱》十四卷，马炳南等撰修，敦本堂，民国二年（1912 年）。值得注意的是，《马氏族谱》扉页上载："乾隆二十九年岁在甲申仲秋月绘于龙雾之敦本堂，折桂马逢乐。"据此，可认定敦本堂是四堡的书坊。从版本的刻印特点观察，这三套族谱

《邹氏族谱》木活字印本

《魏氏族谱》木活字印本

木活字实物

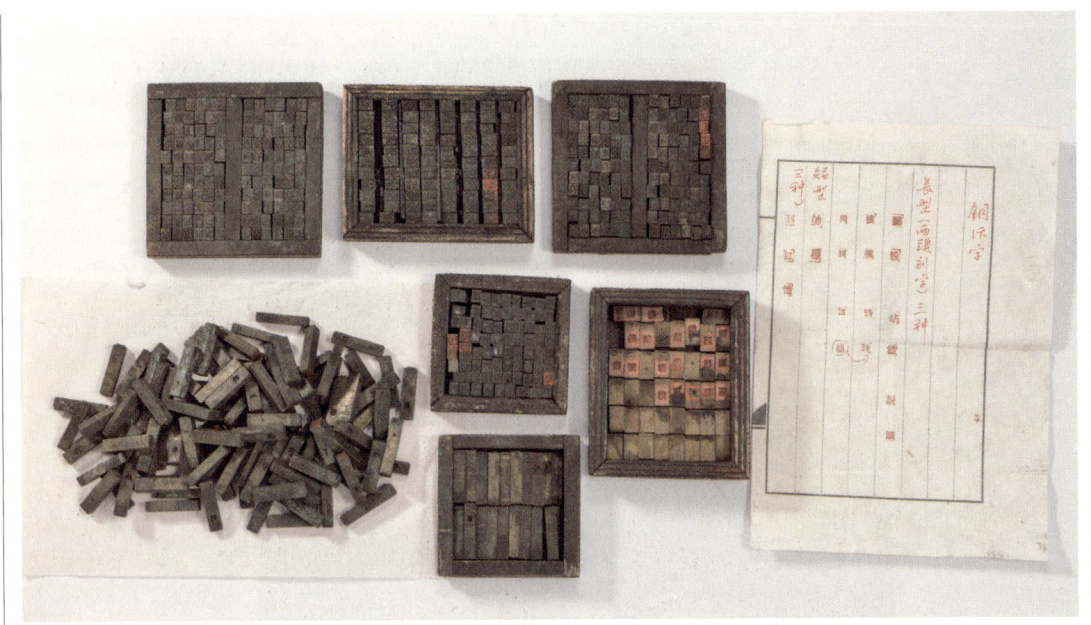

铜活字实物

都是活字摆印,它是清末至民国年间四堡邹、马二姓后人据乾隆敦本堂刻本重修的。另外,笔者还收藏了一套清流县人的木活字印本《魏氏族谱》,此书只印7套,它在扉页上署洪宪元年丙辰(1916年)新锲,三友堂梓行。洪宪元年是袁世凯复辟称帝的年号,只存在83天,洪宪年号木活字印本应有很高的收藏价值。清流县与连城县毗邻,据此书的形制特征,它很可能出自于四堡书坊。总之,四堡书坊木活字印刷,可以从现存的邹、马二姓和魏氏族谱中得到进一步的印证。

(三)铜活字印刷

我国铜活字印刷品,现存最早的是明弘治、正德年间无锡华氏和安氏两家排印的书。明弘治年间华燧会通馆以铜活字排印了《宋诸臣奏议》、《锦绣万花谷》、《容斋随笔》和《古今合璧事类备要》。安国桂坡馆印行的书籍有《吴中水利通志》、《颜鲁公文集》等。清朝铜活字印刷比较盛行,清雍正年间,内府以铜活字排印了一万卷《古今图书集成》。铜活字本相对于木活字本存世较少,因此更为世人所重。

四堡书坊有否铜活字印书,现无印本存世,也未见这方面的记录。但笔者近几年从四堡乡的几家农户中发现及购进了一批铜活字实物。这些铜活字与四堡书坊有没有关联?假如没有关联它怎么会出现在四堡乡一带区域?这些问题是很值得思考的。

笔者的这批铜活字是分四次从不同的农户中购进的。它共有628枚,字体为宋体,分2种型号5种规格,即:长方型(两头锲字)153枚,其中:大号107枚,长3.5至3.8厘米;中号44枚,长3.3厘米;小号2枚,长3.4厘米。短方型(一头锲字,长1.8厘米)468枚,其中大号132枚,小号336枚。这些铜活字有几个特点,一是规格多。

铜活字实物

据谢水顺、李珽先生《福建古代刻书》载，清代福建铜活字印书只有两套，其最著者，当首推林春祺。他于道光五年至二十六年（1825—1886）以私人之力兴工镌刻铜字，前后费时21年，耗资20多万两银子，刻成楷体铜字大小各20多万个。此外，福州还有一套铜活字，它的主人林文仪。他用这套铜活字排印了谢金銮《二勿斋文集》。[8] 而新发现的铜活字有五种不同的规格，字体皆为宋体，有别于林春祺、林文仪的铜活字。二是身长一寸，两头锲字。铜活字一般长2厘米，一头锲字。而新发现的铜活字有的长达一寸之多，两头锲刻文字。这种形态的铜活字极为罕见，它如何检索、排印？令人费解。三是铜活字的半成品，可解开铜活字是铸还是雕的历史谜团。铜活字是铸还是雕？长期以来由于缺乏实物依据而争论不休。张秀民先生认为，铜活字"因无明确记载，又无实物流传，是铸是刻，仍难肯定"。[9] 美籍华人李存训博士说："宋、元时代的版片和印刷工具都已无存，甚至明清时代的活字也很少见，尤其是铜活字更是消失殆尽。因此研究明代的铜活字的来源是华氏自制或传自他方，至今难以解答。至于清代印刷的《古今图书集成》这样一部大书所用的铜字是雕是铸，也没有实物检验。"[10] 笔者认为，铜器由于它固有的坚硬特性，适合于铸造而难以雕刻。铜活字肯定是由铜（包括青铜和黄铜）铸造的，而不是雕刻的。据文献记载，东邻朝鲜曾在四五百年间二十几次制造铜活字，全部使用铸造方法。新发现的铜活字有5枚为半成品，其中2枚不成字形，1枚漫漶不清，1枚浇灌不全，1枚"间"字底部缺一角。这些半成品的铜活字明显留下了铸造的痕迹，可为铜活字是铸造而不是雕刻的观点提供实物证据。

铜活字二头锲字

铜活字半成品

三、版画艺术

　　版画艺术是雕版印刷的一个重要方面，千百年来随着雕版印刷技术的发展逐渐成为文化艺术的一个重要门类。版画是在各种不同材料的版面上通过手工制版印刷而成的一种绘画，可有限制地复印出多份不影响其艺术价值的原作。版画艺术包括书籍的插图（有说明作用的图解，特别是技术性的医药、地理等类书籍的插图，以及连环画式的插图和佛经引首扉画等）、年画及其他节令风俗画等。版画可分为复制版画和创作版画，复制版画是指刻工根据画家的画稿刻印的版画，这种版画的特点是绘、刻、印三者分离的。创作版画是版画家自己绘稿、自己制版、自己印刷的版画，它的特点是绘、刻、印三者相结合，由版画家一人完成的。在我国，18世纪之前的版画都是复制版画，尔后才开始有创作版画。我国现存最早的复制版画，有款刻年月的，是作于公元868年的咸通本《金刚般若波罗密经》卷首图。

（一）插图版画

插图版画是版画艺术的主体部分。清人徐康在其所著《前尘梦影录》中说："古人以图、书并称，凡有书必有图。《汉书·艺文志》论语家，有《孔子徒人图法》二卷，盖孔子弟子的画像。武梁祠石刻七十二弟子像，大抵皆其遗法。而兵书略所载各家兵法，均附有图。《隋书·经籍志》礼类，有《周礼图》十四卷……是古书无不绘图。"[11]书籍的插图是对文字的形象说明，它能给读者以清晰的形象概念，加深人们对文字的理解。唐、五代时期的插图版画，作品大多古朴俊秀，奏刀有神，内容题材以宗教经卷为主。宋元时期，插图版画有了进一步的发展，宋代佛教版画形式多样，有的上图下文，有的左图右文，有的内图外文，有的不规则插入，甚至还出现连续插图的形式。元朝在插图版画上，也有不少杰作。现存的如插图丰富的《事林广记》，上图下文的《虞氏平话五种》，卷帙较多的《全相成斋孝经直解》，铺陈考究的《博古图》，精巧别致的《绘像搜神前后集》，以及《竹谱详录》等，其绘画与雕印均极精湛。明清之际，在东南几省，形成了以金陵、徽州、苏州、杭州和建安等地为主的出版中心，与此相应，形成了建安、金陵、徽州等版画的不同流派。大量的戏曲、小说都附有版画插图，有些书籍插图达数十幅，甚至上百幅，如《水浒传》、《西游记》、《西厢记》、《琵琶记》、

《邹氏族谱》版画

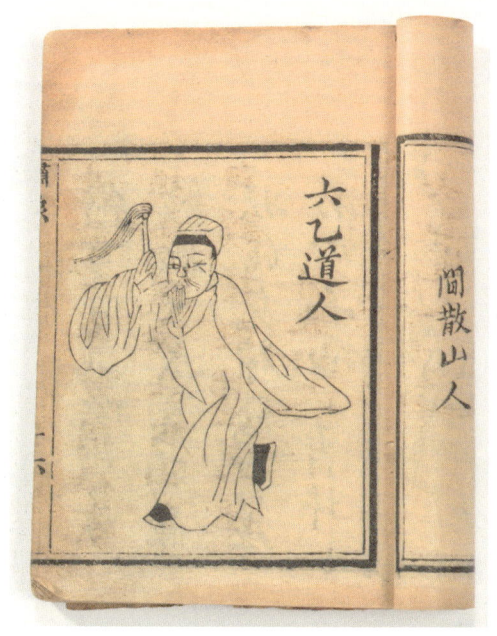

《安邦定国志》版画

《安邦定国志》等，这些都表明当时的读者对戏曲、小说的喜爱，致使各地书坊竞相刊刻此类书籍。

四堡书坊在清代刊刻大量的书籍，其中也有不少插图版画。据笔者多年搜集，发现有堂号的插图本达十余种，它们是：敦本堂《邹氏族谱》、《马氏族谱》图4幅，务本堂《保赤指南车》图172幅，连云阁《绘图本草纲目》附图1160幅，文澜阁《增补药性赋》图4幅，九思堂《红楼梦》图24幅，《玉历抄传警世》图58幅，慎德堂《龙图公案》人物图3幅，自厚堂《西厢记》(《六才子书》) 图2幅，崇文堂《幼学故事琼林》图20多幅，爱日堂《绘图万宝全书》图150多幅，大德堂《酬世锦囊》丧图14幅，松竹山房《安邦志》图16幅，素位山房《鹿洲初集》人物图1幅，寄傲山房《书画同珍》人物、花鸟图10多幅。无堂号插图本有7种，它们是：《医宗金鉴》人物图35幅，《晚笑堂画谱》人物图120幅，《龙图公案》图10幅，《千家诗》图66幅，《新增改梦致富全书》人物图40幅，《祝由科秘旨救世灵书》符咒图100多幅。

笔者认为，四堡书坊刊刻的插图版本，其中不乏绘刻精工的上乘之作，其艺术特点是：

首先，版式的多样性。作为书籍插图的版画，其表现内容是伴随着时代的发展而变化的。它最初出现于佛教经典，之后在日用、科技、农书、军事等实用性书籍中使用，最终在文学作品的戏曲、小说中普遍广泛使用。四堡书坊的插图版画多数纂图互注，主要集中在小说、戏剧、医书、术数等几个门类。这些插图版画的版式呈现多样性，如《千家诗》是"上图下文式"，《致富全书》属"左图右文式"，《红楼梦》、《安邦定国全志》是"单双面式"，《保赤指南车》、《医宗金鉴》为"穿插式"，《玉历抄传警世》为"连环画式"，等等，不一而足。插图版式上的多样性，丰富了版画的艺术表现，增强了版画的感染力。

其次，构图的简洁性。四堡版画源于生活，画面

《鹿洲全集》人物版画

版画《关将军》

版画《福禄寿三星》

中的一山一树一水，表现手法概括洗练，生动放达。在人物塑造上，具有朴实、稚拙、明快的特色。《保赤指南车》插图是原创性的版画，数量多，其构图随形而绘，丰实饱满，形象简洁生动，刀法明快拙朴简练，富有一定的审美情趣。《绘图本草纲目》虽是翻刻本，图画数量达千余幅，其草药图形生动逼真，线条粗犷简练，挺拔疏落，遒劲健美，质朴稚拙。《晚笑堂画谱》、《书画同珍》的人物画，画稿皆出于大画家之手，画风雍雅细丽，它较好地处理了黑白关系，布局疏密有致，线条流畅，人物眉目传神，惟妙惟肖。

最后，内容的民俗性。四堡插图版画有的反映了民俗的习惯和风情，如大德堂《酬世锦囊》刊载的"丧礼"之袭含哭位之图、灵座灵床之图，按古代礼制，男女有别，亲疏分明，孝子、孝孙所属位置各得其所。汀郡九思堂《玉历抄传警世》其内容宣扬善恶报应、生死轮回的观点，人、鬼、神构图别致，背景有门牌、楹联、栏杆、假山，城隍庙庄严肃穆，阎王殿阴森恐怖。而门神、观音、童趣、灶君神位等版画的构图，它直接取之于民间生活题材，形态栩栩如生，生活气息相当浓厚。

四堡版画就其风格，应属建安版画系列，它沿袭和保留了建安版画某些特征。福建北部的建阳，明代以前刻书驰名中外，被誉为"图书之府"。宋、元、明三朝数百年间主要以刊印通俗书籍为主，所雕印的图书被称为"建本"。因古代建阳隶属于建安郡，其插图版画也被称为"建安版画"。建安版画的一个重要特征是：纂图互注，上图下文，以图辅文，以文释图，图文并茂。画面景物单纯、明快，人物形象真实生动。可能是连城四堡乡与建阳地区近邻的缘故，或许还有其他的原因，四堡版画的版式、风格都明显受到建安版画的影响，在现存的四堡插图本中可寻觅到建安版画的影子。

应当指出，四堡版画也有一些粗俗之作，其构图呆板，线条划一，毫无生动之处，不忍卒读。正如戴不凡在《小说闻见录》批评清代的一些小说插图，"人不成形，马类乎狗，意趣全无。"[12] 四堡书坊刻书时间持续 300 多年，书坊数量达 100 多家，不可避免地出现个别坊主为追求速度，不顾质量粗制滥造，这种现象在其他地区也屡见不鲜。

总的说来，版画艺术包括插图版画、民俗版画，是四堡刻本中值得一书的一大门类。四堡插图版画以数量大、种类多、涉猎领域宽阔见长。其构图简约、明快和古拙是它的主要特色。多种迹象表明，它受建安版画流派的影响至深。多数版画刻工尚可，有的应属于上品，虽称不上精美绝伦，盖世瑰宝，但从民间艺术的角度看，其山水、花草、人物的描绘有它自己的特点，可鉴可赏。

1.《保赤指南车》

《保赤指南车》十卷，务本堂刊本，插图 172 幅。此书的插图，全部是人物图或人的肢体局部图，主要集中在小儿科、外科、杂科等。它与其他医书一样，这种插图是一种示意图，配以文字说明，有助于人们深入了解疾病的部位、形状和特点，依据病情对症下药根除病患。图画线条纤细简约，运笔圆转，寥寥数笔构划出各类人物的生动姿态。人物及病症构图比例恰当，形态各异。可见其刻工削繁就简，刀法娴熟。它虽是医书插图，讲究实用性，但从线条艺术的角度看，它也有一定的欣赏性。此书插图数量多，品位高，在同类医书刻本中少见。

2.《绘图本草纲目》

《绘图本草纲目》五十二卷，连云阁刊本，附图1160幅。此书的插图是药物形态图，它通过名称和图形的二者结合，使人读起来有一个很直观的感觉，准确地知道中药药材的形状，进而了解药物的特性和功用。这种名与物的结合，对医学来说极为重要。插图版画所起到的就是一个视觉作用，以图为主，辅以必要文字说明，可避免认识上的偏差。笔者见过《本草纲目》初刻本，其版画手法高超，图形逼真，应是版画中的上品。连云阁本是清朝中后期的翻刻本，它的图案属于临摹制作。观此书插图，可知刻工极力追求图案的真实，精雕细刻，一笔一划毫不含糊，刀工娴熟，线条流畅，比例也恰到好处，虽与初版本有差距，仍可视为版画的精工之作。由于刻工未留姓名，此插图不知出自于何人之手。

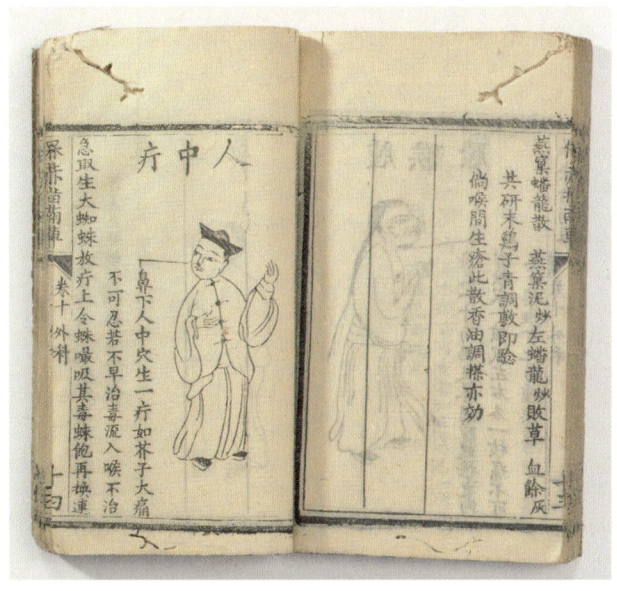

《保赤指南车》版画

《绘图本草纲目》版画

3.《医宗金鉴》

《医宗金鉴》存外科二卷,有图40余幅。此书的初刻本为清乾隆年间的武英殿刻本,其插图原稿皆出之于名画家之手,加之名工刻印,故插图版画相当精美。四堡书坊翻刻的《医宗金鉴》,其插图纯属民间工匠临摹之作。但从艺术的角度说,临摹本身也是一种再创作,好的临摹也有价值,更何况此版画已年代久远。前文说过,笔者见过的四

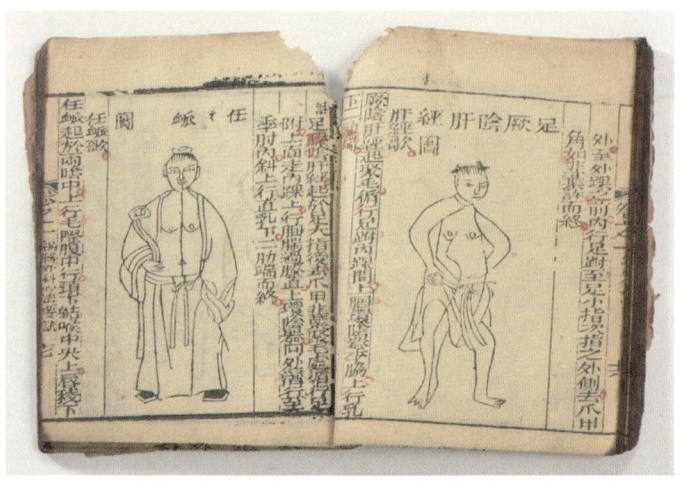

《医宗金鉴》版画

堡刻本《医宗金鉴》有三种刻本,四堡展览馆馆藏的是大开本,其插图行笔流畅,线条纤细,比例大小合适,似更接近于原作。笔者收藏的是小开本,刀法略显迟涩,刀工不够细腻,有的图形失真甚为严重,但人物姿态基本成形,尚能阅读。

4.《千家诗》

《千家诗》上、下二卷,图66幅。此书的版式、风格与建安版画有相似之处,版式上图下文,风格古拙质朴。扉页整纸为一幅朱熹的人物像,以粉红纸为底色突出其显要。朱夫子长须飘拂,面容慈祥庄重,端坐于背靠椅上,注目观看经卷,而书童手持画卷肃立其右。这幅版画,人物构图较为繁复,且占据整个画面空间,虽没有背景附加衬托,但造型线条流畅,形神兼备。正文部分上截为图画,下截为《千家诗》原文和注解,图画依诗意而绘制。如赵嘏《闻笛》诗:"谁家吹笛画楼中,断续声随断续风。响遏行云横碧落,清和冷月到帘栊。兴来三弄有桓子,赋就一篇怀马融。曲罢不知人在否,余音嘹亮尚飘空。"绘刻者以诗的笛声

《千家诗》版画

为主题，在风和月明的夜晚，一人在画楼中吹笛，那神情如此专注，几乎达到忘我的境地。窗外，一人驻足倾听，深深被那悠扬的笛声所陶醉，陷入无限的怀古思绪中。是画构图简单，但寓意深刻，活生生地表现了一股闻笛怀古之悠情。

5.《西厢记》

《西厢记》七卷，云林别墅梓行，图 1 幅。戏曲版画是中国古代版画的主要内容之一。它以戏曲故事情节、人物为主要表现题材，通过巧妙的构思和情境性的构图来衬托主题。此书仅配鸳鸯图一幅，陈应隆摹。接着有一篇鸳鸯图说，有词曰："春风户外花萧，二缘窗绣屏阿母娇。白玉郎君施恩力，尊前心醉双翠翘。西窗月冷蒙花雾，落霞零乱摇墙树。此夜灵犀已暗迟，寄恨人何处。"此书鸳鸯图是翻刻本，图画是临摹画的再临摹，图形有些走样。它虽线条不太流畅，有笨拙之感，但在密布的文字中间，插入一幅人物图像，却有生动之处。

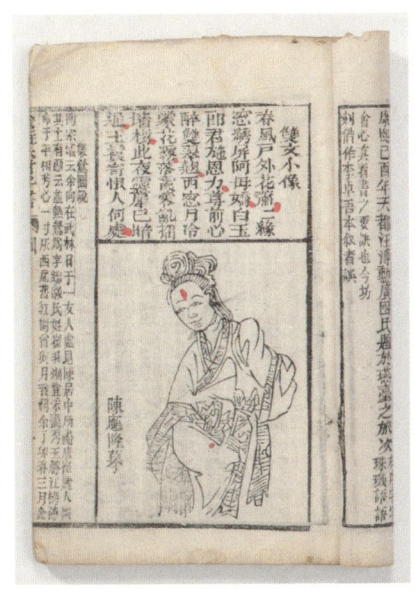

《西厢记》版画

6.《书画同珍》

《书画同珍》存一卷，有人物、花鸟图等。此书是邹圣脉编撰的书画集，刊行于乾隆壬戌年（1742年）。据序言称，邹氏为刊刻此书专程前往杭州聘请名工，故此书版画甚为精致。王右军像版画，刻画的是王右军书法创作的片断。他端坐案几前，身穿长袍，全神贯注挥毫书写，"尽得风流王右军"形象活脱脱地展现出来。王右军即王羲之，东晋书法家，官至右军将军，会稽内史，史称王右军，后世尊为书圣。邹氏本人的画像版画，画像绘制者为名画家郑心水。《中国美术家人名辞典》

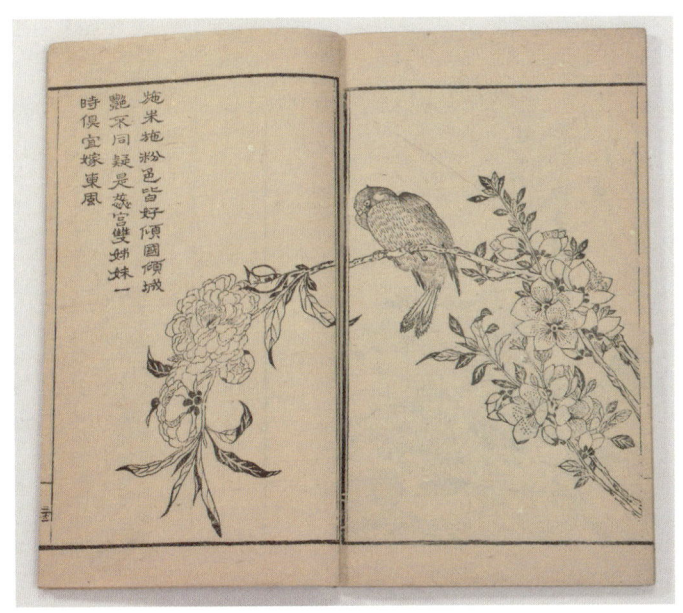

《书画同珍》和刻本版画

载:"郑心水,清,福建长汀人,上官周弟子。"[13] 邹氏画像绘刻精美,灵动传神,栩栩如生。他侧坐于躺椅上,天庭饱满,面容清瘦有神,身穿长衫,腰系软缎飘带,抱膝凝思。年过半百,鹤发童颜,长髯飘洒胸前。此画题跋云,"岸状道貌,服敦古处,落落乎有大儒之风味"。

7.《龙图公案》

《龙图公案》五卷存卷一,图10幅。《龙图公案》是中国第一部短篇公案小说集。它讲述包公一百个断案故事,歌颂包公办案的神奇与公正。第十一回黄菜叶故事讲的是,西京河南府有一个家道殷实的师家,弟兄两个,老大官受之妻刘都赛是个美丽佳人,有一天观灯会迷路走失,被王爷拐骗至王府奸宿。官受应王府聘请织造新衣,偶尔发现夫人就在王府,夫妻二人相拥而泣,结果被王爷活活打死,并被灭门。管家及刘氏五岁小孩因故走脱,连夜前往扬州报于老二马都。王爷害怕老二告御状,指示监官孙文仪除去二郎,孙文仪借故将其打死。包拯经庭审弄清了真相,设计将王爷调入开封府,将赵王、孙文仪押赴法场处斩。此插图描绘的是其间的一个片断,织造匠师二郎被孙文仪害死后,王爷密令四名牌军,将死尸放在篮底,上面用黄菜叶盖之,扛去丢在河里。版画画面生动,在一个门楼前面,三人神色慌张,东张西望,匆匆而过,二个牌军扛着一个竹篮,竹

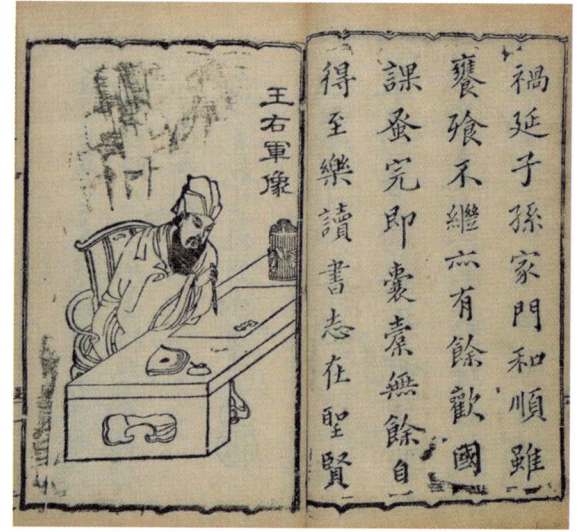

《书画同珍》版画

《龙图公案》版画

篮上面覆盖着黄菜叶，竹杠弯曲，看似沉重。一个身材高大的牌军随后押送，竹篮的黄菜叶好像过于沉重，押送者伸手相扶。这一场面令人生疑，被另一公人窥见。此画笔墨不多，一个碎尸灭迹的恐怖场景活脱生生地摆在眼前，使人过目难忘。

8.《酬世锦囊》

《酬世锦囊》二函，大德堂刊本。此书是一部清代民俗日用读物。《家礼集成》二集附丧图14页，有袭含哭位之图、灵座灵床之图、小殓图、大殓图、裁哀图、裁衽图。"祭礼"有正寝时祭之图、每位设馔旧图、两位并设馔图、祭器之图等。这些丧图严格按古代礼制，男女有别，亲疏分明，器品种类繁多，按序排列。如灵座灵床之图，列出灵柩、案桌、灵床、旌以及孝子、孝孙等各自的位置，并说明：按首卷袭含哭位图，于尸前置椸及桌椅，上设魂帛旁立铭旌，不合家礼，盖家礼魂帛铭旌之设在于既饭含之后，及陈袭衣图有二冒，皆非家礼本意，今立为图正之。祭器图列有玉爵、鼎爵、登、豆等各种祭器达19种之多，这些祭器如今少见。丧礼图今天看来似乎有点繁文缛节，但在封建时代这些礼仪是家家必须遵守的，通过丧礼图，人们可了解和掌握各种丧制及礼仪。

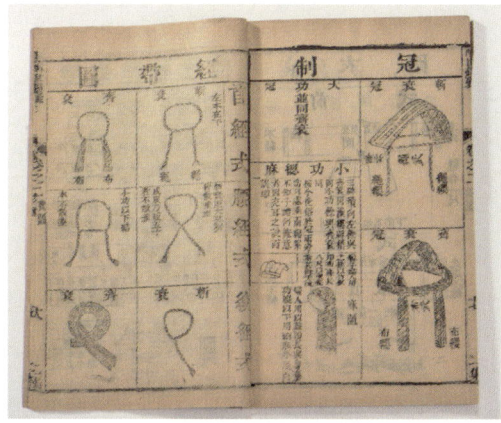

《酬世锦囊》版画

9.《催福通书》

《催福通书》五卷存卷一，远安堂刻本，图15幅。此书卷一内容介绍天文的基本知识，名曰"天文妙化玄机，日月星辰行度"。"无极之图、太极之图、天地人图"三幅用来说明天地化育之根源。"天圆地方二十八宿之图"是双联式版画，外侧为圆形，表示

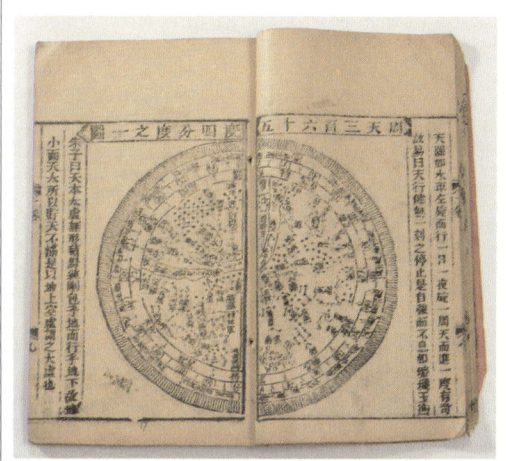

《催福通书》版画

"天",内侧为方形,表示"地","地"的主体部分是中国地图,天圆地方图的四角分别标有诗句,即"天圆如凉伞,地方如棋盘。地倾东南水,地高西北山。"这是我国古代对"天"与"地"的朴素认识,如今读来觉得好笑。"周天三百六十五度四分度之一图",也是一幅双联式的版画,整个图案为圆形,内外四圈,外圈标刻度,内圈布满名称不同的各种星辰,它实际上讲的是地球围绕太阳的公转,地球绕太阳公转一圈为365天6小时。"天圆如水车左转而行,一日一夜旋一周天而进一度有奇。"此书图案明晰,比喻形象,有助于人们对天文知识的理解。

10.《新增改梦致富全书》(简称《致富全书》)

《致富全书》不分卷,有人物图40幅。此书是清末民初民间博彩读物,它以解梦方式,用图画表示并配以少量文字猜测下注的吉凶。舍去其内容,就版画艺术来说,有它的可取之处。此书上半页为花神及人物文字介绍,如第一图,中间观音像一幅,左旁注:"观音会,号慈悲,鲤鱼精,观音兰";右旁注:"解合海,同必得天申"。按古本云,牵安士、合同、音会与安、青云、士两相同。下半页为梦解,如梦大脚妇女、妇人生须、手持花瓶、迎神赛会、妇人抱子、手持杨柳等,出音会者必出坤山、日山、青云、汉云。花神版画是古代历史人物的异化,将历史上的三十六个人物画成释道图像,冠予花会神名。图案有男有女,古装衣饰,人物形态各异,它出自于民间画工之手,民俗味甚浓,观之另有一番情趣。

11.《玉历抄传警世》

《玉历抄传警世》不分卷,汀郡九思堂刻本,图58幅。此书是民间广泛流行的道教读本,其内容宣扬善恶报应、生死轮回的观点。说的是湖广孝感县有一善民林嗣麒,平

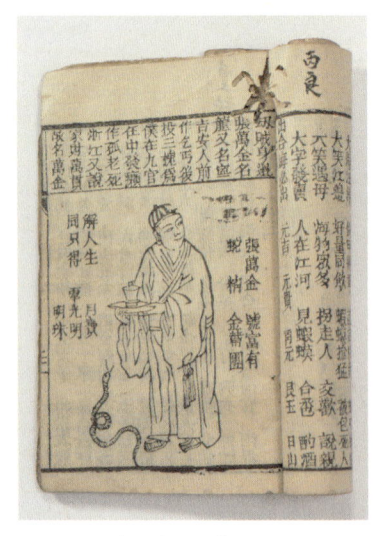

《致富全书》版画

《玉历抄传》版画

生忠厚朴实，有一天，忽然被小鬼以屠牛罪押去见土地公、城隍爷，旋见阎王，判官发现其阳寿未终而误押，判为重生回阳。在阴曹地府的几天，他亲眼目睹了阎王、判官对善士、恶犯共计752人的览批，其中善士3人批为"当托生莲花上品者"，其他恶犯分为17牌分别定罪，或下地狱、或下油锅、或永远不得轮回。从唯物主义的观点看，此故事当然纯属虚构，内容荒诞，但其劝人为善、多做好事，不做坏事的观点也有合理之处。如第三幅图"林嗣麒见城隍神图"，厅堂上方悬挂"三无私"横幅，正中端坐着城隍爷，左侧站立土地公，右侧为师爷，林善士在一小鬼的押护下跪在大厅中央，另一小鬼手握"屠牛恶犯"的牌子。此图为双连版式，描绘的是林善氏见城隍爷的情节，人、鬼、神俱全，有门牌、楹联、栏杆、假山等，把城隍庙装点得庄严肃穆，尤其两个小鬼面目狰狞恐怖。

长久以来，学术界对中国最早的连环画源于何时，一直存在着争论。有人认为，刊刻于清咸丰十一年（1861年）的蒙学读物《二十四孝传赞》，是目前已发现的最早的连环画。笔者认为，《玉历抄传警世》比咸丰本早41年，应是我国最早的连环画。连环画，也称小人书，它的特点是开本小，故事情节用图画连续表现，配以少量的文字说明。《玉历抄传警世》基本符合这一特征，它开本纵15.5厘米，横12厘米，刊刻于嘉庆二十五年（1820年），以50多幅图画，配以少许文字，连续叙述因果报应的道教故事。

12.《绘图万宝全书》

《绘图万宝全书》是一本百科全书式的读物，图画200余幅。在"牛马门"中，配有15幅牛、马的病征图，其中的揭鞍虱、翻田吐草、败雪凝蹄等症，刻画逼真。"小儿关煞诀法"有四季关煞、四柱关煞、鬼门关煞、撞命关、直难关、金鸡落井关、下情关、百日关等30幅图，这些术数类的图案带有民俗风味。"书画门"除文字说明外，配图25幅，读之可观书画笔墨之大概。有趣的是，此书对外国的风土人情也用图画表现，"外夷土产人民图"100余幅，其中女人

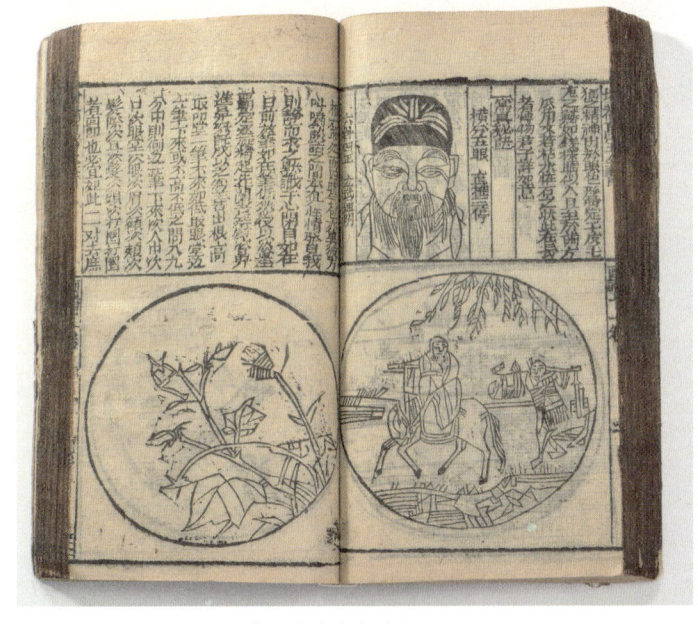

《万宝全书》版画

套印版

国、一臂国、马孙国、哈密国、人食勿期国、小人国、五溪蛮、近佛国、长人国、不死国、穿胸国等，人物和土产图文并茂，有些不为世人所知，若按图索骥，可知该国风土人情。

（二）民俗版画

四堡书坊刻印的版画除了书籍插图、画谱外，还包括门神、观音像、灶君图等民俗版画。随着印刷业的发展，四堡当地的一些工匠利用成熟的雕版印刷技术，创作或翻刻了与民间生活息息相关的民俗版画。这些版画表达了民众的思想情感和美好生活的向往，有的驱邪纳祥、祈福禳灾，有的欢乐喜庆、装饰美化环境，有的则用来当作商品的商标广告。当然，刻印书籍始终是四堡书坊的主业，制作民俗版画则是书坊的副产品，它随四堡刻书业的兴起而兴起，随刻书业的衰落而衰落。

由于年代久远，四堡书坊刻印的民俗版画消耗殆尽。笔者这几年从连城、长汀一带购进了十多块版片实物。这些版片实物不但民俗风格相当鲜明，而且还具有多样性的特点，材质上有木质、金属质地，种类上有门神、观音、灶君神位、商标。

1. 关圣帝君门神

门神是民众喜闻乐见的民间艺术形式，汉代民间已有门户画神荼、郁垒神像的习惯。《山海经》云："沧海之中，有度朔之山，上有大桃木，其屈蟠三千里，其枝间东北曰鬼门，万鬼所出入也，上有二神人，一曰神荼、一曰郁垒，主阅领百鬼。害恶之鬼执以苇索以食虎。于是皇帝乃作礼，以时驱之，立大桃人，门户画神荼、郁垒与虎，悬苇索，以御凶魅。"[14]这个神荼、郁垒与虎当时虽然没有称之为门神，实际上已经具有门神的含义了。"门神"二字最早出现于唐朝，相传，唐太宗李世民生病时，梦里常听到鬼哭狼嚎之声，以致彻夜不眠。这时，大将秦叔宝、尉迟恭二人自告奋勇，全身披挂站立宫门两侧，结

门神关公像印版

果宫中果然平安无事。李世民认为两位大将太辛苦了，心中过意不去，遂命画工将他两人的威武形象绘之在宫门上，称之为"门神"。后来，人们又将门神的形式丰富化，除了神荼、郁垒、秦叔宝、尉迟恭外，相继将福寿天宫、赵公明、燃灯道人、关公、赵云、岳飞等奉为看护家园的守护神。

关圣帝君门神画版，樟木，高48厘米，宽25厘米，正反面刻有图案。关羽，字云长，三国时蜀汉大将军。由于他集忠、勇、仁、义于一身，对国以忠，作战以勇，处世以仁，待人以义，几乎汇集了中华民族的美德，被后人尊为关圣帝君，俗称关帝。佛、道二教也将关羽罗为本门神祇。佛教以其为护法伽蓝，道教则以其为雷首山泽中之老龙转世，尊为真君。明清以后，关羽俨然成为人神之首，与文圣孔子齐肩而成为"武圣"，民间还有将他奉为门神、财神。关公画版门神像，正、反两面构成一对。人物威武庄严，身披盔甲，手持青龙偃月刀，背插三面"福"字小旗，头部悬挂一个"兴"字。整幅画面构图饱满，气韵生动，其威武的人物形象似有以御鬼魅侵临之意，"福、兴"二字象征纳福呈祥。

2. 观音像

文殊、观音、普贤、地藏是大乘佛教的四大菩萨，分别代表智、悲、行、愿。观音菩萨，又称观世音菩萨，是四大菩萨之一，相貌端庄慈祥，经常手持

观音像印版

净瓶杨柳，具有无量的智慧和神通，大慈大悲，普救人间灾难。在人们遇到灾难时，只要念其名号，便前往救度，所以称观世音。在佛教中，观世音是西方极乐世界教主阿弥陀佛座下的上首菩萨，同大势至菩萨一起，是阿弥陀佛身边的胁侍菩萨，并称"西方三圣"。

观音像画版，一块，樟木，高 38.5 厘米，宽 43 厘米。观音居中，祥光环照，半跏趺坐于莲花上，高梳发髻，面容安详，右手扶膝，左手似作法点化状。左侧有三位童子，上方为善财，手持宝瓶。善财旁，仙鸟口中衔手珠一串，展翅飞翔。龙女居右，双手紧抱金童，背后衬以竹子。观音与左善财、右龙女及净瓶、仙鸟等一同出现，为明清时期观音像的常见题材。但此画版之构图有些特别，左侧同时出现三位童子，右侧龙女手抱金童，这种技法比较少见。

3. 灶君神位图

祭灶，是我国民间一项流传极广的习俗。旧时，差不多家家灶间都设有"灶王爷"神位。人们称这尊神为"司命菩萨"或"灶君司命"。传说他是玉皇大帝封的"九天东厨司命灶王府君"，负责管理各家的灶火，被作为一家的保护神而受到崇拜。灶王龛大都设在灶房的北面或东面，中间供上灶王爷的神像。没有灶王龛的人家，也有将神像或神位图直接贴在墙上的。客家地区至今流传送灶和接灶的习俗，腊月廿四日（或廿三日）为送灶日，即送"灶君"上天。晚饭后，把灶台、几案、锅碗瓢盆洗涤干净，在"灶君"神位前供上桔

灶君印版

饼、甘蔗、冬瓜糖、柿饼等诸般素品，然后焚香烛，将原来贴在灶后墙上的"灶君"像揭下烧去，最后放鞭炮，送灶完成。至正月十三日或十四日，又贴上新的"灶君"像，如法供奉，叫"接灶"。

灶君神位图画版，一块，樟木，高 28 厘米，宽 21 厘米。正中大字"司命灶君神位"，左右小字分别为"招财童子，进宝郎君"。上方书写"神光普照"四个大字。左右一付对联："香烟篆就平安字，烛蕊结成富贵花"。观灶君神位图，仿佛有一种神秘感，冥冥之中，灶君护佑家人平安富贵。

4.商标

民间常以福、禄、寿三星作为合家多福、长寿不老、禄位高升的幸福象征。《史记·封禅书索隐》:"寿星即南极老人星也。祠之以祈福寿。""福星,古称木星为岁星,所在有福,故又称'福星'。"禄星,《论语》说,"人有命、有禄,命者富贵贫贱也,禄者盛衰兴废也"。福、禄、寿三星广泛用于画稿、建筑、家具等处的装饰上,而作为生日祝贺礼品应用最广。

商标画版,一块,木质,高12.5厘米,宽13.5厘米。画面为福禄寿三星图,左边标注:"英才人,顶上名烟";右边标注:"和东朱瑞英号制"。由此看出这是民间销售烟丝的烟标。烟标版画具有广告的作用,其作法是,先将版画拓在一张白纸上,用有版画图案的白纸打包切好的烟丝。画版用回字纹做边饰,福、禄、寿三星构图流畅,颇具神韵,在民间版画中应属不错的作品。

(三)锡版

我国古籍雕版印刷具有千年以上历史,雕版材料相当丰富,既有硬木如梓、梨、枣,又有金属如铜、锡、铅,但木版印刷始终居于古籍印刷的主要地位,普通古籍大多是用木版印行的,如古籍上常"梓而行之"、"付之梨枣"指的就是这个意思。而金属版印刷由于锲刻难度高和不易着墨等技术缘故,一直尚未普遍推行,金属版所印书籍少之又少。近年来,笔者在连城乡下意外地发现清朝古籍印刷的稀有材料——锡版。现存的锡版共有7块,其中6块文字,1块图画,它用两块相同比例的厚木板和薄锡片接合而成,各自独立成文。锡版通体乌黑透亮,四周粗线栏格,雕工精细,颜体书

商标印版

锡版《兖州刺史讷公赞》

写，字大如钱。虽未注明雕刻时间，但从其形体及包浆看，可初步判断为清代之物。

1. 兖州刺史诩公赞

高 21.5 厘米，宽 15.5 厘米，厚 2 厘米。分六行刻字，雕刻的文字为："兖州刺史诩公赞。天降哲人，秉义持节；二仲是交，三径孔适；敝徒安居，浮云尘迹；景仰高风，谦载无斁 。虞诩撰。"锡版上的文字，是一个名叫虞诩的赞颂兖州刺史诩公的四言诗句。正文的大意是，诩公是一个天生的哲人，一生不畏权势始终保持高尚的气节。在奸臣当道时愤然辞官回乡，于院中开辟三径，唯与求仲、羊仲、孔适来往。其高风亮节名垂千史。而虞诩、诩公何许人也？诩公即蒋诩，字元卿，西汉杜陵（近属陕西长安县）人，官兖州刺史，以廉洁正直出名。嵇康《高士传》曰："王莽为宰衡，诩奏事到灞上。称病不进，归杜陵。荆棘塞门，舍中三径，终身不出。时人谚曰：'楚国二龚，不如杜陵蒋翁'。"古诗词中用"三径"喻隐士之典故源于此。虞诩，字升卿，陈国武平（今河南柘城县）人，东汉名将。安帝时任武都太守，后官至尚书仆射。蒋诩任武都太守时，曾谋划了一个著名的战役，以增灶智谋进兵，破羌人起义。蔡东藩将此故事编入《后汉演义》三十八回，回目为："勇梁懂三战著功，智虞诩一行平贼"。

2. 伯龄公赞

高 21.5 厘米，宽 15.5 厘米，厚 2 厘米。云："煌煌世胄，锡国期思。行成道范，学同王师。彬彬雅态，莘莘天资。克明峻德，千载若兹。"西周初期，周公姬旦的第三个儿子叫伯龄，被封在蒋，建立蒋国。蒋国是周朝的一个小国，后来被楚国所灭，伯龄的后代子孙就以原国名命姓，称蒋姓。《元和姓纂》中记载："周公第三子伯龄封蒋，子孙氏焉，国在汝南期思县。"期思县因期思公复遂而得名，治所即今河南淮滨县城东南的期思集。

锡版《伯龄公赞》

3. 御赐忠灵呆公赞

高 20.5 厘米，宽 15 厘米，厚 2 厘米。云："生为忠臣，殁为正神。褒崇庙貌，保邦卫民。千载英气，有像斯成。宋绍定三年二月初七日。"据《御赐忠灵呆公赞》所署

锡版《御赐忠灵昊公赞》

锡版《童趣图》

的纪年推断,它应是南宋绍定三年(1230年)理宗赵昀所作。昊公,字升之,姓俞,约生于唐大观年间(约1107年),俞昊应考中举,步入仕途,官至枢密院交章,荐授朝议大夫。晚年辞官回乡,以"日月光天德"为号。

4. 童趣图

高15厘米,宽11厘米,厚2厘米。童趣图以有限的版面,勾勒一群天真烂漫的儿童在大自然中尽情戏耍的图画,人物多达二十余人,分为三个部分:左上角为四个顽皮的男童在玩爆仗,地面上竖立一个大鞭炮,胆大的男孩以蹲跪姿势凑近点火燃放,胆小的躲在一边观看,一男孩手持木棍神气十足地站在一旁指挥。右上角为六个女孩在玩跳绳的游戏,二人分别牵着绳子的一端,一人在绳子中间弹跳,四个女童注目观望。人物周围有小鸡、小鸭、小狗等。版画的下半部分由一组男女儿童组成,有的在作画,有的在唱歌,有的在阅读,四周摆放着各种玩具。童趣图画面生动,疏密有致,天真活泼的童趣呼之欲出。

至于锡版印刷,元代王祯在其所著《农书》中记载:"近世又有铸锡作字,以铁条贯之作内,嵌于盔内,界行印书。"明太祖洪武十六年(1383年),江苏句容县杨馒头,与银匠合谋伪造明钞,用锡版刷印伪钞,其印品文理分明。杨馒头因此获罪被斩。笔者从网上仅搜索到山东图书馆藏一册锡版印本《周易集解》,清光绪十一年冯氏辨斋刊。以上说明锡版或锡活字印刷古已有之,但世存实物已非常罕见了。

四堡乡历史上不但以雕版刻书闻名于世，而且锡工艺也相当有名。几乎与雕版印刷同时，四堡人打造的锡壶及其他锡制品畅销闽粤赣地区。四堡艺人还四出打锡谋生，有的移居别县，武平等客家县市至今还流传着四堡艺人留下的"捡秋（收拾完毕）黄鳝头（焊把头）唔（不）打锡—归四堡"等俗语。四堡发达的锡工艺技术，为古籍锡版的制作创造了条件。四堡锡版的发现，为四堡书坊乃至中国印刷史的研究提供了珍贵的实物资料。

注释

［1］毛春翔：《古籍版本常谈》，上海古籍出版社2002年版，第93页。

［2］李致忠：《古籍版本知识》，北京图书馆出版社2001年版，第393页。

［3］毛春翔：《古书版本常谈》，上海古籍出版社2002年版，第86页。

［4］姚伯岳：《中国图书版本学》，北京大学出版社2004年版，第318页。

［5］张秀民：《中国印刷史》（下），浙江古籍出版社2006年版，第530页。

［6］李致中：《古籍版本知识》，北京图书馆出版社2001年版，第28页。

［7］谢水顺、李珽：《福建古代刻书》，福建人民出版社1997年版，第510页。

［8］谢水顺、李珽：《福建古代刻书》，福建人民出版社1997年版，第503～505页。

［9］张秀民：《中国印刷史》，浙江古籍出版社2006年版，第571～572页。

［10］张秀民：《中国印刷史》，浙江古籍出版社2006年版，第2页。

［11］（清）徐康：《前尘梦影录》，中国美术学院出版社2000年版，第87页。

［12］戴不凡：《小说闻见录》，浙江人民出版社1980年版，第187页。

［13］《中国美术家人名辞典》，上海人民美术出版社2004年版，第1383页。

［14］崔锦：《俗艺集》，天津杨柳青画社1993年版，第84页。

第十一章 书林掇英[1]

邹学圣

邹学圣（1523—1598），字宗道，号清泉。幼聪慧明敏，二十岁，举乡试，后以举监入太学。明嘉靖二十六年（1547年）授户部广积库大使，三十年（1551年）外放扬州，继调苏州，后迁杭州仓大使。在任期间，忧心国事，廉洁为民，积极筹粮，漕运北上，解民饥困，充实军饷，反击异族入侵。《邹氏族谱》称："学圣，号清泉，任杭州税课仓大使。官虽卑而廉名甚著"。

相传，邹氏于明万历初年创建四堡书坊。万历八年（1580年），父邹雄（碧涧）老迈多疾，累促学圣致仕归里。时朝廷欲迁其湖广任职，然学圣深感官场污浊，政局严峻，而老父又过八旬高龄，遂致仕归里。然妻邵妙正，苏州人氏，犹依恋苏杭繁华故地，更恐稚子返归闽西山地学业难成，踟蹰不返。学圣洞悉夫人深忧，而令家人集苏杭灯艺、图书及部分古籍雕版装运启行，博得夫人欣然同返。回乡后，创办书坊雕版印刷书籍，课读儿孙，从而开启四堡古籍印刷之先河。

邹氏创办四堡书坊之说，学界存有争议，其确凿史料有待于进一步发掘。

邹葆初

邹葆初（1619—1673），字孟纯，四堡书坊创始人，坊号崇德堂。壮年在广东兴宁县一带做贸易生意，赚了一些钱，娶妻育子。尔后见当地经书比较畅销，获利更多，便在居住地兴宁县开设书肆，刊刻经书出售。到康熙二年（1663年）搬回故里四堡乡，置宅买田，抚养诸侄，仍以刻书为业，靠卖书为生计。《范阳邹氏族谱》称："闽汀四堡书坊，实公所开创也，洵足称江湖杰士，梓里伟人。""起家东粤，归于闽汀。丰功伟绩，全在刊经。公刻书以来，多人学步。通里文明，实公宣布。"

邹氏是目前仅见有文字记录的四堡书坊开创者。其创办书坊的时间、地点、过程和意义，皆有较为明确的记载。他的崇德堂书坊延续八世，长达150年，知见的崇德堂

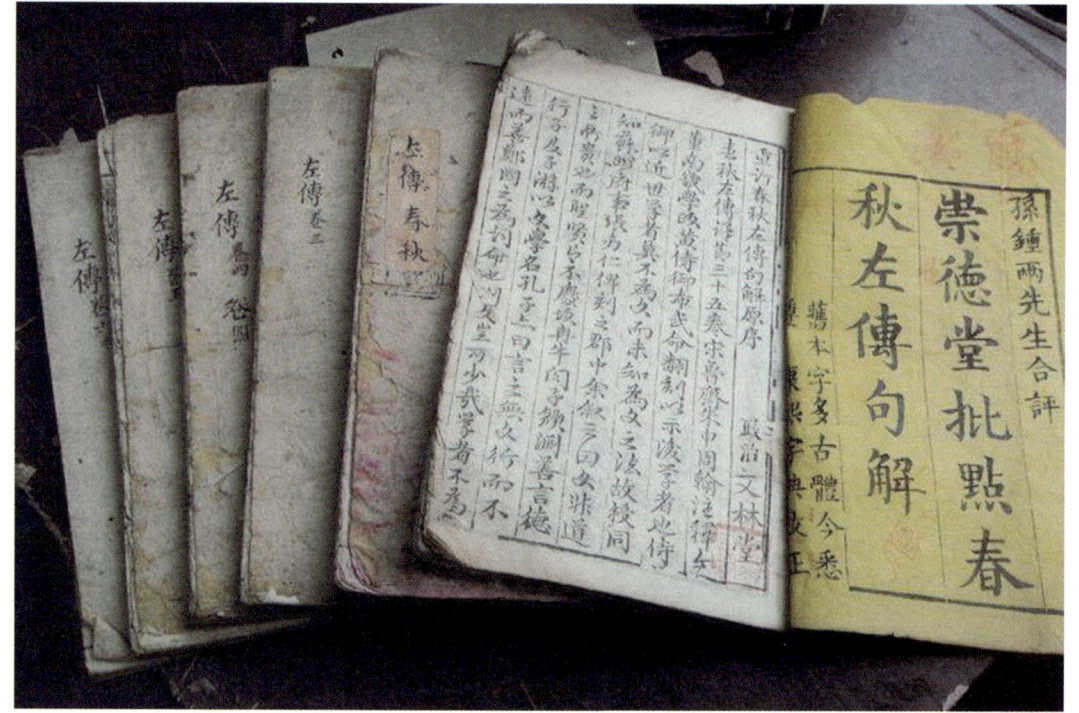

邹葆初崇德堂

刻本有：《书经补注附考备旨》、《春秋左传句解》、《元亨疗牛集》。

邹圣脉家族

邹圣脉（1691—1763），字宜彦，号梧冈，善诗文、书法，坊号寄傲山房。辑有《幼学故事琼林》（增补）、《五经备旨》、《鉴史琼林》、《寄傲山房诗集》、《书画同珍》、《人家日用》，参订《三国演义》（毛评本）、校注《西厢记》。其中，邹氏依据程允升《幼学须知》原文，细加考订，厘清讹误，并在此基础上新增360联，并易名为《幼学故事琼林》，于乾隆二十五年（1760年）成书刊行，使之成为风靡我国200多年的蒙学读物名著。

寄傲山房创办于雍正年间，至同治年仍刻印戏剧《燕子笺》等，刻书持续时间百年以上。

邹氏家族其他主要成员如下：

祖父：邹兆熊（1626—1673），邹氏早年从事贸

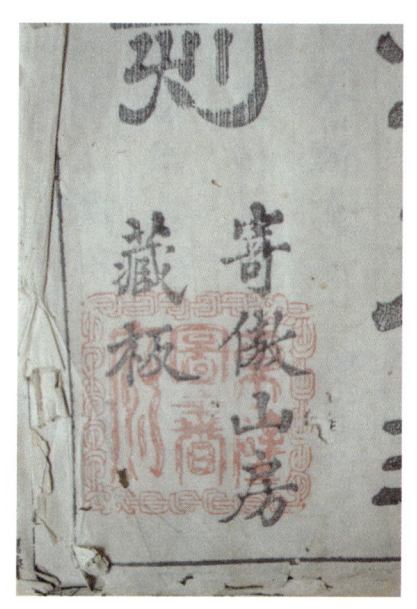

邹圣脉寄傲山房

易，居无定所，游遍四方。一度渡海到澳门贸易，获利无数，后被奸商欺骗蚀本。但他毫不退缩，重振旗鼓，继续重操旧业，奔走于江苏、广东、江西浒湾之间，所获利润颇多。浒湾是当时有名的刻书基地，据此可推测，他后期从事的贸易是书籍流通。

父亲：邹抚南（1650—1738），字仁声，坊号梅囿堂。他是邹氏下祠有记录的最早刻书者，"镌经史、秦汉诸书，广而布之"。因其宅后有山，名梧桐冈，创建书屋一所，依山命名"梧冈书屋"，藏书万卷。对嗣子延名师以授业，希望后辈勤习经史，专精举业，以显扬于世。知见刻本有《正字通》。

次子：邹可庭（1715—1803），名廷猷，字征鲲，号涉园，监生出身，坊号云林别墅。辑有《酬世锦囊》、《诗联藻镜》。编辑出版其父邹圣脉遗著《五经备旨》、《寄傲山房诗集》、《鉴史琼林》。

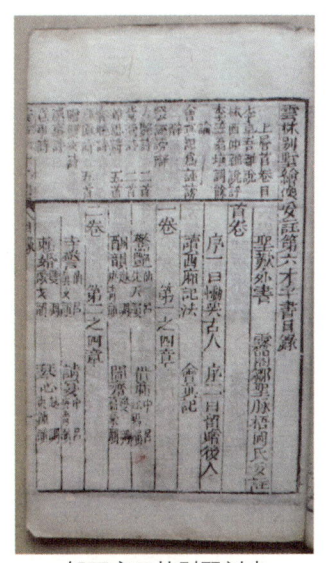
邹可庭云林别墅刻本

孙子：邹景扬（生卒年不详），字克襄，武举人，坊号大德堂，邹可庭之子。据《连城县志》载，邹氏于乾隆年间曾任平和县守备。辑有《采辑新联》、《酬世锦囊全集》。

姻亲：谢梅林（生卒年不详），字砚佣，福建三明市清流县人（原属汀州府），邹可庭之岳父。谢氏为邹圣脉家族刻书做了不少工作，邹圣脉及其子孙三代出版的书籍，大多署有"清溪谢梅林砚佣氏参订"字样。邹圣脉过世后，他与邹可庭编辑出版邹圣脉遗著《五经备旨》、《寄傲山房诗文集》、《鉴史琼林》等。

邹廷忠

邹廷忠（生卒年不详），初名廷禄，字汝达，一字寿长，坊号同志堂。

邹氏是当地比较有影响的落第文人，约活跃于雍乾年间，后人誉称为"雍进士"。[2]他的家族书香延绵，其子邹彬为乡秀士（秀才），孙邹新榜为国学生。《邹氏族谱》描述其行状云：以"古人为法，不雕不琢，自葆吾真。言动不涉轻浮，服食悉从简朴。微贱劳苦，可身受而不辞；富贵功名，直目视而无睹。与人不争权势，待物自惬性情。"邹氏乐善好施，是乡间有名的善士，"遇斗骂则排解维殷，值讼狱则挽回益力。济亲朋之匮乏，囊中全倾；赈道路之饥寒，金犹可散"。

邹氏在乾隆年间自编自印书籍多种，编撰书籍有：《时令诗林尤雅》、《四书补注备旨题窍汇参》、《酬世精华》、《联柬合璧》、《吐玉新联》等。这些书籍至今在民间依稀可见，说明其发行甚广。同时，他还刊刻过其他书籍销售，知见的同志堂刻本有《小仓山

房诗集》、《监本四书正文》等。

邹氏编辑的《时令诗林尤雅》颇有特色。他以月为序，从唐诗及清代前期名家诗歌中，选录时令月咏诗歌数百首编辑成书，供文人雅士赏读玩味，以及科举应试之士创作试帖诗借鉴之用。此外，他对民间应酬的书启礼仪也有一定研究，所辑《酬世精华》等印行颇为广泛。

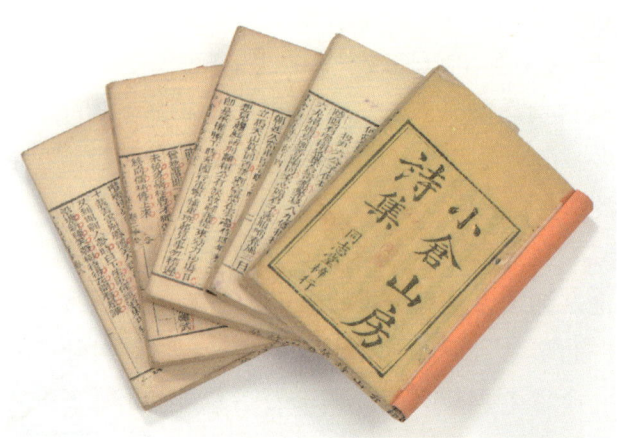

邹廷忠同志堂刻本

邹尚忠家族

邹尚忠（1691—1760），字洪夏，坊号碧清堂。其子孙相继开设书坊，刻印、经销书籍前后达200年之久。知见的碧清堂刻本有：《详注初学指掌》、《四书章句集注》。

清朝末年，邹尚忠玄孙（第五代孙）邹殿赓、殿梁兄弟，于广东省灵山县开设书肆，经他们及其后人的苦心经营，刻书规模不断扩大。除灵山书肆外，还在广西南宁、广东潮州、福建汀州等地开设书坊。清末走向衰落的四堡刻书业，由于邹氏兄弟书坊的崛起，曾兴旺一时。

邹殿赓父子：邹殿赓（1828—1865），坊号文海楼。早年在广东灵山县开设书坊，英年早逝，育子二人：长子邹建池（？—1898），字新城。其父殿赓去世后，书坊一度衰落，经过他一番辗转经营，逐渐恢复原来的规模，并有所拓展。"设肆于灵，又添于南宁，又于潮于汀于横，开张书肆五处，以一身经略其间，各皆就绪，大获赀财。于灵邑，建祠制产。"《邹氏族谱》对他经营数处书坊描述云，南宁灵山、广东潮州等地的书坊，落落散布，有的距故乡长汀数百里，有的数千里，他在年终时频繁奔走其间，处理各种事务。对这些书坊，"总持大纲，而揽其城。有所调度，遵之辄如意。所用人皆乐为尽力，无敢售其欺者，故其业益恢廓。"次子邹建芳（1850—1915），字新桥。"年方弱冠，即远出经商。

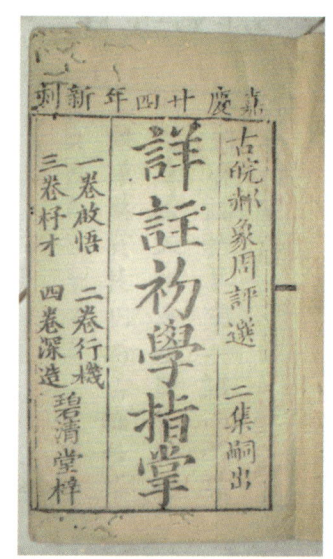

邹尚忠碧清堂刻本

邹建芳南宁文海楼刻本

凡繁盛都市，扉不有其足迹，迨历邑垣，认为有发展之余地，乃投资。开设文海楼书局，经济运筹，所亿屡中，由是囊箧丰积，利源即大开于邑市，田庐复广置于家乡。善人是福，公之谓欤。""令嗣烜鉴字镜湖，令孙式煌号焯寰，均能继志述事，且更发扬而光大之。一则伙设民兴商店，一则专营文海楼，商业兴隆，陶朱日富。"知见的文海楼刻本有：《铁纲珊瑚全集》。

邹殿梁父子：邹殿梁（1835—1889），讳联梓，号金镛，坊号文香阁。《邹氏族谱》称："寝馈五车，经营两粤。孝慈友善，卓然杰出。"曾"远游于粤之灵山，张设书肆，细囊绮匣。"其后人亦参与书坊经营，颇有成就，"令嗣兄弟，相继列成钧。一堂之间，后先辉映"。知见的文香阁刻本有：《诗韵集成》。

《邹氏族谱》对邹尚忠后人的书坊经营评价甚高，"吾乡在乾嘉时，书业甚盛，致富者累累相望。至咸同以后，乃不振，间有起家者，多以节啬积赢而致，然亦不及前人也。独新城规模稍大，不屑屑锱铢计较。壮年而后，营谋悉如志，其家方兴。"

邹秉均

邹秉均（1718—1796），字永生，号鸣盛，四堡乡早期华侨工商巨子。七岁入塾，十二岁辍学为本乡印书坊折页叠书。十七岁，随伯父外出四处售书。三十岁，前往印尼咬留巴（今雅加达），从事丝绸、茶叶、瓷器贸易，因其善交往，守信用，所获赢利无数。清乾隆二十三年（1758年），从海外归来，又在福建崇安开设"金春"字号，收购加工武夷岩茶出口贸易，"持筹握算，如愿以偿。不数载，黄金白镪累至巨万。名噪三江、两湖暨闽、粤诸省。"

邹氏作为四堡乡一代巨富，乐善好施，热心文化教育等公益事业。他对四堡书业的兴起与发展，做了许多有益的工作。随着清代中期四堡印书业的兴盛，原雾阁南桥街圩市已不能适应市场发展的需求。他率先倡议，一方面整合南桥街圩市的资源，辟为各家书坊、各大商号的商品集散地，使之成为远近闻名的图书交易市场；一方面另辟新圩建于村口天后宫前，并为首捐地、捐款，筹建固定商棚等，以利逢五、九集市为外地行商提供交流贸易场所。四堡旧圩的整合和新圩的开辟，为四堡书业的繁荣奠定了坚实的基础。同时，他投资创建"致远书屋"，设馆延师，免收学费，为本乡培养更多的人才。

邹子仁家族

邹子仁家族是清嘉道年间四堡地区的大家族，其家口殷繁，五代同堂，大小人口达七十余人。世代以刻书为业，刻书规模宏大。"家道饶裕，构华厦数百椽，置良田百千顷。名闻八邑，富甲一方"。

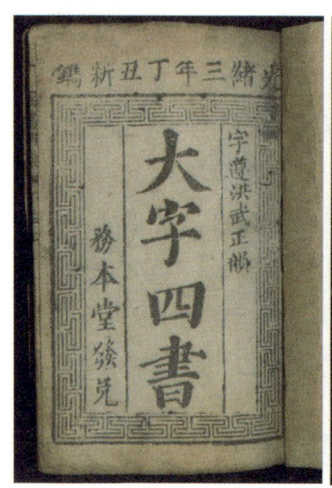
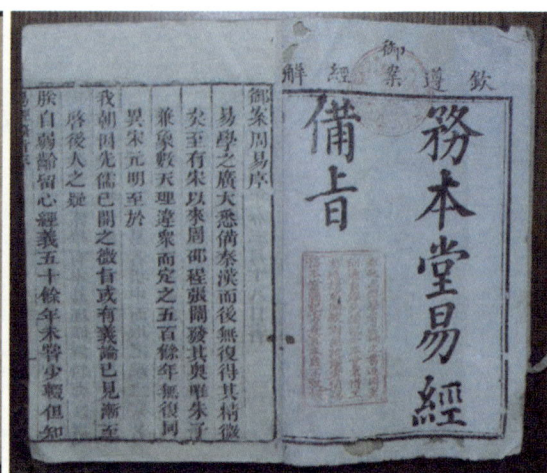

邹子仁务本堂刻本

邹子仁（1755—1827），字孔爱，号静庵，坊号务本堂。邹氏天姿颖悟，勤于讲习，下笔沛然成文。年十五，随父龙川公客于江夏，经营生业，备极勤劳，且精于会计。年十八，龙川公卒，遂操持家政，以印刻书籍为务。公筹划数年，家业始裕。年四十一，尝于屋畔，增构室庐，复构书坊一所。尔后不惜重价，构建广厦。乾隆三十八年（1773年）财产分关，将书版分给6个儿子，共分断书版87种，每种逾百片，共约万片，每户可得千余片。

1809年，由邹子仁主持，会同兄弟子麟、子肇兴建子仁屋。子仁屋规模宏敞，栋宇轩昂。其住宅和书坊合二为一，由天宝堂、务本堂、翰宝楼组成。占地十亩，九厅十八井，有140多间房。上、中、下厅是公共活动场所，侧厅和第一披厢房为住宅和生活区；第二披厢房及大门前侧房为印书坊；后院为仓库和杂物房。子仁屋是四堡乡现存规模最大的古书坊之一，列为国家第五批重点文物保护单位。

邹子仁家族其他主要成员有：

父亲：邹龙川（1723—1771），字时端，坊号翰文楼。"生而岐嶷，卓荦不凡。幼读书，一目数行，悉能遍诵。通于制艺，尤长诗赋。"十三岁，他跟

子仁屋远景

龙凤呈祥

随父亲在江西一带从事贸易生意。过了几年,其父将家庭事务交与他管理,并将樟树的沿街书店交给他经营。此公业余爱好书法,尤其喜爱钟繇的楷书和刘德升行草,经常临池摹写,乘兴挥毫。书体遒劲、苍老,字字铁画银钩,笔笔龙飞凤舞。

哥哥:邹子麟(1745—1793),字孔青,坊号天宝楼。早年在江西、广西一带经营书肆。刻书情况不详。

弟弟:邹子肇(1771—1835),字孔昌,号启园,坊号翰宝楼。处世醇谨,不尚浮华。早年曾与长兄作客于广西。长兄没后数年,又于云南及江右之赣州樟树镇吴城等处行商。

邹子肇翰宝楼刻本

二子:邹丕康(生卒年不详),字元晋,号宁轩。"以勤俭持己,以和平接物,内精刚而外浑厚。"自幼随其叔父辈,往广西、南宁等地书坊,经营会计。曾协助静庵公构建子仁屋,分理工匠管理事务。

三子:邹丕融(生卒年不详),字元明,入国学,为人刚方,持己端正。从小随诸父兄贸易外省,"持抽握算,经纪老成。"

侄儿:邹丕彬(生卒年不详),字元景,号涉山。邹子肇之子,年十八,以食指浩繁,遂弃举业,而远服贾。嘉庆己巳春(1809年),与从堂叔玮轩公同往马冈镌板,"陡遇强盗,身受刃伤无数,盗疑死,舍去,遂得逃归"。

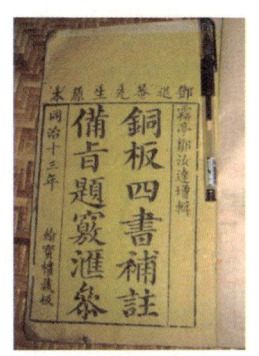

邹子肇翰宝楼刻本

邹子仁家族诸书坊印刷书籍多达百余种,销往江西、广东、江苏、广西、云南、浙江和越南等地。知见的务本堂刻本有:《保赤指南车》、《大字四书》、《易经备旨》。翰宝楼刻本有《选择求真》、《十四层启蒙捷诀》、《注释张百川先生塾课》、《四书补注备旨题窍汇参》。

邹翼顺家族

邹翼顺（1832—1919），字允哲，号致中，坊号素位堂。出身于农商世家。少年时期家境清贫，除农耕外，长期贩书奔波四方，以补生计。后六个儿子长大成人，参与父业，遂改推销书籍为自行刻版印书，坐贾批发，分别在福州、南平、潮州、漳州等地设店经营，家资渐丰。

三儿邹作就（1859—1909），坊号素位山房。他于19世纪末由行商进而坐贾漳州，另立素位山房书局，主营科举应试、幼儿读物和农用书籍印刷。兼营笔墨文具，自制八宝印泥，成为漳州图书文具行业中最著名的两大书局之一。

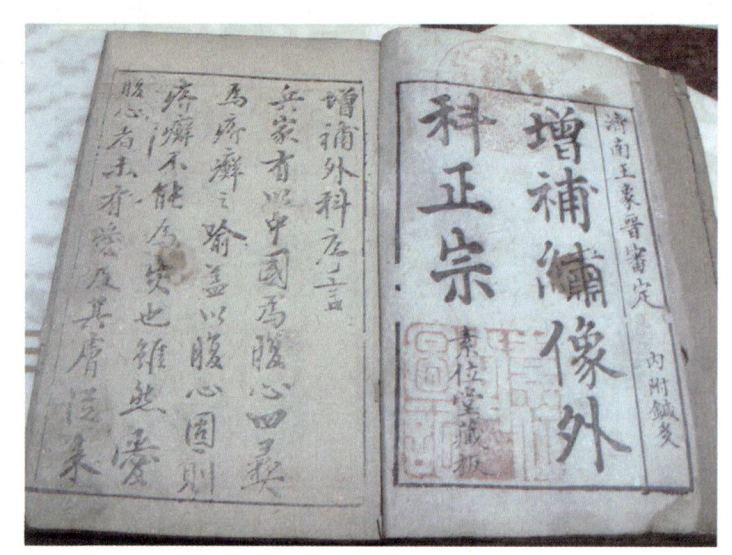

邹翼顺素位堂刻本

1920年，邹作就兴建素位山房豪宅一座，门楣上书"云峰拱秀"四字。厅堂门、梁、窗等装饰许多人物故事、动物与花草图案，雕工细致，图案生动优美。

素位堂及由它衍生的素位山房书局之刻本，印刷质量较高，可与名书坊刻本相媲美。它经营七十余载，至1951年关闭，是四堡书坊坚持最久的书坊之一，刻印书籍达上百种，经史子集皆备，其中素位

素位堂建筑

山房代印的《鹿洲全集》，是所有四堡刻本中难得一见的善本，其卷帙浩繁，多为写刻体，字字工整，版心署有刻工姓名。小说《画图缘》又名《花天荷传》，四卷十六回，大开本，刻印精良。

知见的素位堂刻本有：《画图缘》、《增补绣像外科正宗》、《监本诗经》、《诗经精华》、《高东溪先生遗集》、《酬世合璧》。素位山房刻本有：《鹿洲全集》、《易经精华》、《监本书经》、《增补汇音》（闽南语音韵著作）。

马驯

马驯（1421—1496），字德良。童年入塾读书，聪敏过人。十一岁即入府学，明正统九年（1444年）举乡试，次年中进士。累官户部郎中、布政使、都察院右都御史，巡抚湖广，封政议大夫。生平著述甚丰，有《上边防策》、《上兵部止兵揭帖》、《奏请减赋诸疏》等；写有《鄞江八景诗》；作《谕俗》四章，以示子侄。

马驯从政三十五载，功绩卓著，多次得到赏赐与嘉奖。三十八岁任户部郎中，奉命督运粮草，悉心筹划，省运输费三分之一。后任四川左参政，恰逢四川民变，他核查出已征未用粮数百万斛，以供军饷。五十二岁时任右布政使。成化十二年（1476年）任左布政使。松潘（今四川松潘县）边境骚乱，掌管边防军事官员主张派大军镇压。马驯极力反对，主张以德怀抚，上揭帖给大司马，提出只有防护得法，抚谕有方，才是万全之计。但建议未被采纳，结果兵兴无功，众赞马驯远见卓识。十七年（1481年），马驯又提升为都察院右都御史，巡抚湖广。恰逢关中（今陕西渭河流域）受灾，大批饥民流亡湖广，他立即赈济和平粜，多方安抚，无数饥民得救。湖南、湖北受灾，马驯亲往各地视察，按灾情轻重减免田赋，百姓得以度荒。不久，他因年老体倦，坚请辞职返乡。明成化二十三年（1487年），六十七岁的马驯回到长汀，在城郊十里铺张家陂盖房数间，名曰"皆山堂"。

相传，马驯告老还乡时，将汉口雕版印刷术首次引入四堡乡，尔后逐渐传开。马驯首次引入雕版印刷术之说，仅限于民间传说，至今尚无史料证明。

马维翰

马维翰（1639—1700），字翊腾，号原斋，坊号万竹楼，创办于康熙年间。马氏是有记载的四堡马屋刻书最早者。《马氏族谱》云，马氏幼年就读于私塾，长大后见家境维艰，父母劳心劳力，心里感到悲痛，毅然决然放弃举业，为父母分忧，挑起家庭的重担。他外出售书，奔走于广东、江西之间，达十四五年之久，颇有赢利。适时其弟英年早逝，遗留孤儿又患残疾，其父异常悲伤，家庭开支入不敷出，家境跌入低谷。他见刻

印书籍利润较高，从而放弃售书旧业，创办书坊从事刻书业，"募匠刻厥梨枣，募印书籍，以为诸贾贩其利且倍蓰于远贾"。

万竹楼创于清代早期，其后代持续经营，前后达200多年。

马氏三兄弟

清康乾年间，四堡刻书业进入了鼎盛时期。马屋的马良容、马良奇、马良信兄弟三人，是这一时期刻书行业的佼佼者。他们不但活跃于全乡刻书、售书的行列，而且在编著、校勘书籍方面也有所成就。马良容（宽裕）著述成就最高；马良奇（大猷）精于校勘，所刻善本最多；马良信则精堪舆择日。

马良容（1670—1754），名宽裕，通文史，精术数，坊号文汇楼，创办于康乾年间。辑有《古文精言详注合编》十六卷、《新刻书经备旨善本辑要》六卷、《增补监略》不分卷、《催福通书》四卷、《炉传斗首秘旨要诀》(撰注) 四卷。

江西信丰县奚诗先生在《马良容先生七十加一寿文》对其行状略有描述：称他"养之有素，言论温厚和平"，"自幼孝友嗜学，居家善为人排难解纷，乡党奉为典型。周甲之后，雅意著书，嘉惠后学，洵有功天下，可以传之后世。"由此可知，马良容颇有素养，是位饱读经书的好学之人。他的著述活动是在六十岁后才开始的，可谓大器晚成者矣。

马良容《古文精言》是一部洋洋大观的古代散文选本。所选之文大多千古名篇，繁简适中，合诸选之美，成一家之言，堪称善本。马氏对择日、堪舆等亦有研究，他的择日学著作《催福通书》，观点新颖，自圆其说。他提出"发福由其地脉，催福出于良辰"的观点，被学界广泛接受，从而成为择日学的一大派系。奚诗先生《寄赠马良容先生》赞曰：

> 别来今廿载，学富傲王侯。
> 斗首传三晋，精言遍九州。
> 白眉名不愧，绛帐业同优。
> 难弟频相晤，思君日几秋。

此诗对马良容的著述评价甚高，诗中的"斗首"指马氏的著作《炉传斗首秘旨要诀》，"精言"指古文选本《古文精言详注合编》。

马良奇（生卒年不详），名大猷，号启兆。编有《书经备旨辑要》六卷。马氏是一位熟读经史但屡考不取的落第士子，"虽夙通经史，凡圣经贤传，诸子百家，靡不博恰无遗。而制艺其余绪也，以此射策巍科，取携宜若操券者，乃竟屡试不售"。放弃功名回归乡里，并未因之消沉而丢失学问，"毋焚砚瘗文，束诗书于高阁"，仍以恬然的心态继续研习。晚年于村南苦株墩建筑书室，"醉经怡史阐义蕴，以开来学，一时英俊多出其门"。手著书颇多，仅存《诗》、《书》二经辑要。时人评曰："仕宦而列要津，声施烂如而惠泽易竭；儒生而逸乡里，勋名少逊而教泽无穷。"

据赖晋《良奇马先生六十寿序》载，马良奇不但勤于著述，而且还精于校雠，经他校勘过的刻本与名家刻本无异。赖氏在己巳年（1749年）寓居江西瑞金半野园时，经常从侨寓瑞金的长汀人马敏玉处购买书籍。敏玉所藏善本颇多，书籍刻印精致，讹误甚少，以为是名家梓人匠氏所为。经打听，这些书籍均出自于他的父亲良奇之手。其父笃志励学，除书籍外无它嗜好。对四书五经及

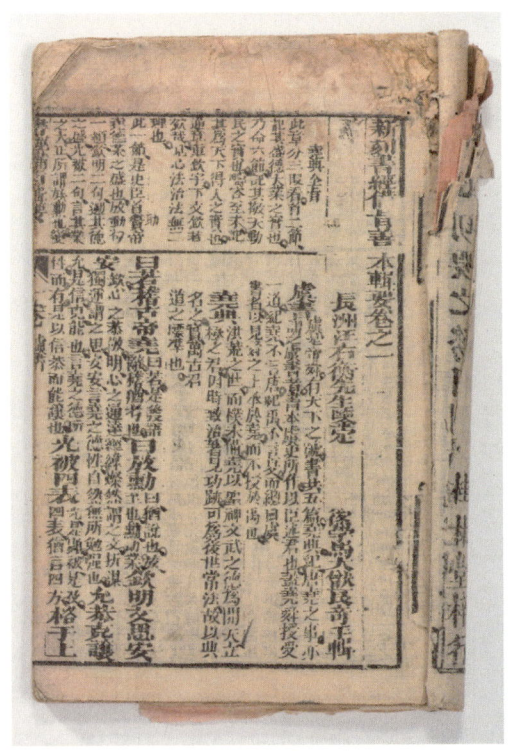

崇兴堂《书经辑要》

诸书手订差讹，刊以行世。赖晋认为，古人爱好读书、喜爱书籍远胜于今人。苏东坡曾经说过，过去的老先生，凡得到好书都亲手抄写并校对，而现在参加科举考试的后生，有书不读，束之高阁，整天不做正事。苏东坡的话说的对啊！从苏东坡到现在数百年间，不爱书的流弊越来越严重。马良奇先生刻印书籍，穷年累月孤灯埋首，勤于校订，"矻矻校阅，精审俾无遗误，后人可不谓古人之用心钦"。赖晋（约1731—1786）字锡蕃，号昼人，清代文学家。乾隆十三年（1748年）进士，累官安东（今江苏涟水）知县，镇洋（今江苏太仓）知县，永宁（今贵州关岭）、滨州（今山东滨县）知州。著有《昼亭初稿》四卷、《昼亭诗集》十二卷、《在官纪事》十卷、《十六国小乐府》一卷等。

马良信（生卒年不详），精堪舆择日，壮游四方，著诗集《遨游草》。户部员外郎杨廷为《马良信遨游草序》说，诗古文词诸体略备，"披览讽咏，率能直为胸情，空诸依傍，欹崎磊落，奔放押渫慷慨淋漓之中。寓高旷恬恬之致，真不负一番遨游矣。"惜此书佚失。

马定邦家族

马定邦家族在康乾时期遐迩闻名，截其五代之内，马氏直系亲属和叔伯兄弟多达数十之众，而且名流辈出，代表性的人物有：马权亨（利群）、马权文（周群）、马定邦

（怡庵）等。他们世代以刻书为业，富甲一方，于清康熙年间兴建中田屋。该屋构造奇特，砖瓦结构，门楣上方书"中田"二字，取该屋主田产达百余亩之意。按古时说法，百亩为"中田"。

马定邦（1672—1743），字则桢，号怡庵，坊号文萃堂，创办于康熙中期。十二岁，家中在东升寨刻四书集成版，他与仆人负责后勤，供给数十刻匠饭餐。十三岁，在丰饶寺刻四书备旨版，全靠他出力供馔刻匠。十六岁时，父亲经商于外，将家庭事务交给他管理，只给他"小纸两箍"做资本，以刻印书籍养家糊口。三十六岁，刻印《四书注大全》（指《四书大全集注》）版，其书甚为畅销，所得收入足以应付家庭日用开支。他以小资本起家，将刻书业越做越大。鼎盛时，竟聘请数十位雕工雕刻书版，除支付雕工工资外，仅每天伙食费用就花费甚浩。

马定邦从小在刻书坊间行走，耳闻目染，加之悟性甚高，练就了一套精筹划、善管理的本事，以致家资富裕，"以翁之富而言，室美轮奂，田连阡陌"。他经营书坊得到弟弟们的得力襄助，其中，三弟定策协助定邦主持家政，主要负责财务管理，"一钱尺帛，不敢少私；内外区画，井井有条"。四弟定略负责外出经销，"盖是时公家开书坊剞劂，于外舟车往来，岁间至再，始所谓服劳以事其父兄"。定略英年早逝，临终之前，

中田屋建筑

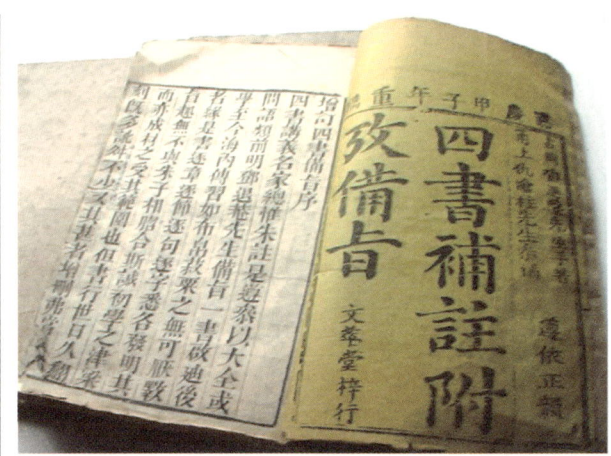

马定邦文萃堂刻本

还将匣子中收藏的五十金,叫妻子取出交给兄长,说:"夫以二十余年贸易出入,弥留之际,犹不忍私妻子以欺其兄"。这二则资料,一方面说明他的弟弟诚实质朴,受过良好的家庭教育;另一方面,也反映他善于管理,内外划分职责分明。

马定邦被乡人誉为"盖乡族中之有德有才之人也"。《长汀县志·义行传》称:"马定邦,耆宾,好善乐施。康熙四十五年汀城大水,人多沦没,定邦沿途掩瘗,费几数百金。雍正丙午岁饥,减价平粜,兼设粥以济乡曲,人咸德之。"在他六十一岁时,全乡一致推举他为"大宾"[3],参加乡饮酒礼,汀州府孙太守授以"羲皇上人"[4]匾额以表彰之。

连城童当岩为其画像,歌曰:

> 小成赤脚逐奔驴,终日百里不见疲。
> 南峰伯祖顾而笑,吾家千里信无疑。
> 剞劂数十雕梨枣,朝夕供亿费浩繁。
> 独力应接无空缺,年方舞象植鹭翾。
> 乃翁牵车羊城曲,付与楮君但两束。
> 俾为治生养八口,八口无饥囊锞足。
> 会计佐父成素封,兄友厥弟弟亦恭。
> 田田舍舍冠折桂,致庆父母乐融融。

此诗以纵向写人叙事,基本概括了马宽裕一生的行状,记录了一个刻书大家族的发迹史。

马定邦家族的主要成员有:

父亲：马权亨（1650—1710），字利群，坊号经纶堂，创办于康熙年间。育子五人：长子定邦，次子定国，三子定策，四子定略，五子定韬。十三岁，他的父亲家衍公去世，而两弟乐群、周群（权文）年幼，他忍饥耐寒，凡砍柴、放牧、农事、小贩等杂活无不为之，以赡养全家，不敢有半点偷懒，一家老少四五口人才不至于挨饿受冻。尔后开坊刻印《四书集注》版，颇有盈利。兄弟长大后分居，他作为长子，公平公正，将诸物产一一皆次第处分，并以传家书版全部划分给三弟。而他则另辟蹊径，重新购置书版，仍以雕版印刷为生计，续刻《四书》、《诗经注》、《幼学》、《增广》等。

二叔：马乐群，权亨二弟，刻书事迹不详。

三叔：马权文（1662—1748），字周群，权亨三弟，坊号本立堂，创办于乾隆年间。刻书事迹另列。

长子：马龙（生卒年不详），字斯见，别号文田，乡贡士。[5]"先生以郡博恩乙丑贡，懒于仕进，徜徉山水。"据称，马氏对其父定邦极尽孝道，定邦足疾严重，他到宁化县城请医生，昼夜行走三百余里，侍奉左右，衣不解带弥月。时任福建学政纪晓岚听其子恩贡生海亭讲述他的故事后，大为感动，在他七十岁寿辰时，亲笔题写《孝友图》十帧诗文相赠。

次子：马斯瞻（生卒年不详），字葵轩。其父怡庵公以家务甚繁，难以料理，把部分家政交给他管理。他体谅父亲的一片苦心，"遂搁儒业，每岁载携书籍往粤，冬则载币旋乡，扩冲家产数倍于前"。

侄儿：马烈（1709—1752），定策子，字斯扬，坊号务本堂（与邹氏务本堂重名），创于乾隆年间。"家世刻书，价独不取盈，以古文咸乐趋之。慷慨之名，远噪江、广间。"乾隆三十八年（1773年）分家时，将87种书版分给3个儿子。

侄儿：马玉峰（生卒年不详），坊号同文堂，创办于雍正年间。"家世业书坊，凡古今图书子史无所不具"，"尤素爱文士，手置坊本甚

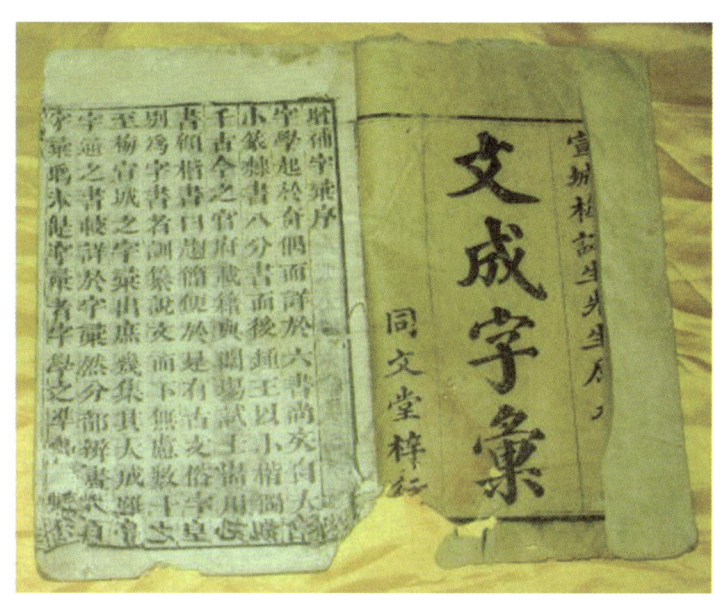

马玉峰同文堂刻本

伙。族间弟子有以书为言者，即应所求无吝色"。知见的刻本有《大观续编》。其子马履恭（1729—1771），字安夫，坊号鹤山堂，创办于乾隆年间。其父玉峰公"每岁出贾粤

东,一切家政及书坊俱安夫是问"。

马定邦家族刻印的书籍远销闽、粤、赣、浙、桂诸省。知见的马定邦文萃堂刻本有:《四书集注》、《四书备旨》、《诗经》、《宋诗百一抄》、《注解幼学琼林》、《增广贤文》;马权亨经纶堂刻本有:《四书集注》、《诗经注》、《幼学》、《增广贤文》;马烈务本堂刻本有:《五经捷》、《幼学备旨》;马玉峰同文堂刻本有《文成字汇》。

马权文父子

马权文(1662—1743),字周群,号守拙,权亨幼弟,坊号本立堂,创办于康熙年间。

早年与兄长利群(权亨)、乐群共同经营家族书坊,"凡田间书肆,辄踊跃分任伯仲之任","治家人生产业,日则负来从两兄于南亩,夜则孺帷侍纺绩"。与兄弟分灶后,利用分家所得的一些雕版,创办新的书坊堂号,继续从事刻书业。经过一番努力,生产不断发展,生活逐渐富裕,"乃从稼穑起家,兼建坊,广集开雕氏","开坊摹梓,集书版充栋,致赀信饶,若素封者然"。

为人憨直,内行修饬,行止有度,是非分明,且有德行,济人之急,解人之纷,深得乡人敬仰。"至姜桂之性老而弥坚,里中无老幼皆敬悼。尝自题于柱曰:但宜稳步徐徐去,莫向危途仆仆行。"邹圣脉对其德行评价说:"惟我太翁,门高阀阅,望重乡评,数传积德。讵愿人知,屡世行仁,只求自尽。校雠经史,有功先圣实多;广布缥缃,嘉惠来学不少。故龙文之室、学士咸仰其名,折桂之乡文人尽志其里。""高风迈俗,卓而名

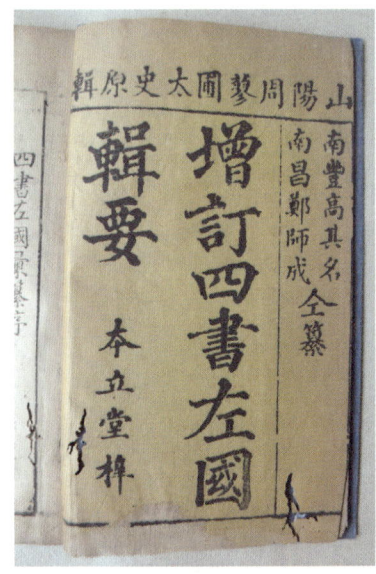
马权文本立堂刻本

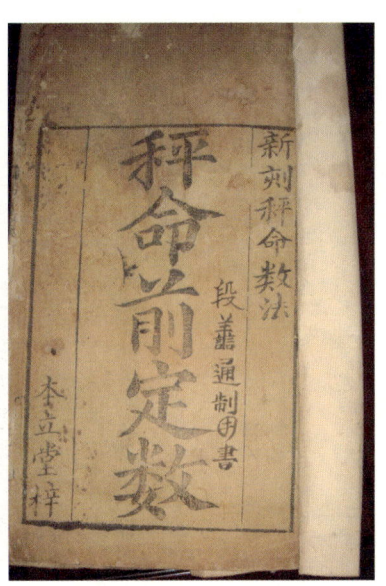
马权文本立堂刻本

流。豪气凌云，蔚为人望。"康熙年间，乡人推举他为乡饮宾，参加乡饮酒礼。

马权文之子马澹庵，是马氏书坊经营的后起之秀，其"刚直之气、中正之行、忠恕之心，并行不悖"，人皆赞为乡间人杰。他早年协助父亲料理家政，在江西、广东一带销售书籍。中年后，子承父业，独立地承担书坊的生产和管理，书坊规模越做越大，"本立堂"号成为屈指可数的大书坊。马氏有德行，善举颇多，如甲子岁，连年饥馑，米价高涨，贫困者民不聊生，他日出粟数十石减价卖出，百里之内的市价得以平抑。他见邹氏族谱四十多年未修，恐其失传，牵头召集族人理其世系，搜其遗文，申其劝诫，使之得以出版。邹圣脉先生《寿澹庵公六十加一诗》对马澹庵行状予以褒扬：

折桂多豪杰，如翁实罕俦。
虚公能服物，严正不随流。
真意待人笃，才情应务优。
承先善继述，裕后克贻谋。
家塾开闳肆，书香绍乐丘。

诗中"闳肆"指规模宏大的书坊，"绍乐丘"，意谓光宗耀祖。知见的本立堂刻本有《三国演义》、《康熙字典》、《诗学含英》、《四书左国辑要》、《称命前定数》等。

马松存家族

马松存（1770—1848），坊号在兹堂，创办于乾隆年间。

1839年，马松存析产，将107种书版分给6个儿子经营。其中，长房云周（在兹

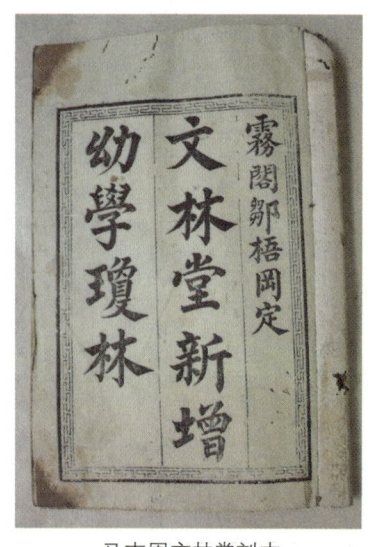

马吉周文林堂刻本

在兹堂建筑

堂）17种；二房澜周（念兹堂）19种；三房盛周（文兹堂）16种；四房吉周（文林堂）18种；五房彩周（欧盟书屋）22种；六房栋周（南冈书屋）15种。在107种书板中，除科举应试、医书和其他生活日用书籍外，还有不少通俗文学作品，如，《争春园》、《东西两汉》(传奇）、《画图缘》、《大东周列国》、《青萍剑》、《八才子》、《风流悟》、《双凤奇缘》、《列仙传》、《红楼梦》等。

马松存家族刻书，知见的在兹堂刻本有：《五经揭要》、《三礼约编》。文林堂刻本有：《四书白文》、《新增幼学故事琼林》。

马源锡家族

马源锡（1786—1864），字卫爵，号天成，印刷世家出生。坊号林兰堂，创办于清嘉庆十一年（1860年），他在上祖雕版印刷产业的基础上，继续从事印刷行业并加以扩大经营。有记载，老字号林兰堂出版的各种书籍50多种，一度曾雇请江西浒湾雕印工多达40余人，印刷书籍销往江南各省及东南亚诸国。

马氏家族是远近闻名的大家族，富甲一方，人丁兴旺。林兰堂持续经营近百年，并在广东汕头、潮州、大埔，福建上杭、永定、长汀等地设立分号。其家族主要成员有：

新林兰堂建筑

长子：马从时（生卒年不详），在广东汕头开办闽汀马林兰书局；长孙马伯咸（从时长子），在广东大埔开办闽汀马林兰书局；曾孙马益江（伯咸子），玄孙马传图、马传范、马传远，先后在长汀、永定、上杭开办大光书局、马林兰书局。马传范在上杭开办马林兰仪记书局，直至 1956 公私合营才停业，合并为上杭县新华书店。

次子：马从沿（生卒年不详），在本地开办新林兰堂。孙子马伯准（从沿长子）在广东潮州和本省汀州开办马林兰准记书局。

林兰堂屋起始于清康熙年间，由马源锡的曾祖父马兆宜、曾叔父马兆广兄弟合建，经历代修缮扩建，形成现今规模。它座落在马屋村岗背岭的花溪河畔，坐西朝东，占地 5600 多平方米。刻书、居住合一，计有房间 166 间，厅 9 个，天井 16 个，有九厅十六井之称。2000 年被列为福建省重

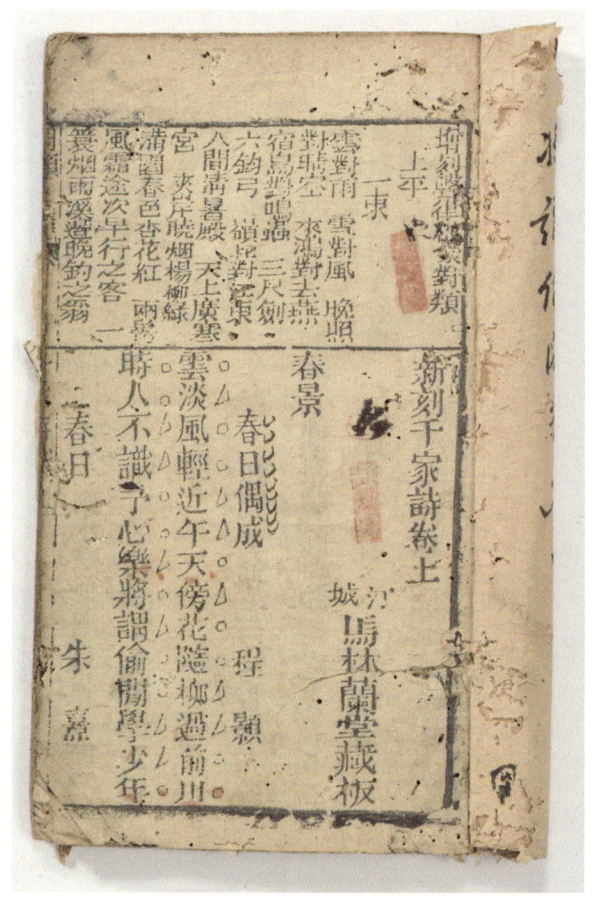

马源锡林兰堂刻本

点文物保护单位，2001 年同其他四堡古书坊一起被国务院列为全国重点文物保护单位。

新林兰堂由马源锡的次子马从沿建造，始建于 1840 年。砖木结构，刻书、居住混合，面积 2000 平方米，堂内建有前、中、后三厅及左右厢房，门额"东皋拥翠"四个行草大字，厅堂梁上雕刻各种禽兽花鸟，工艺精细，是四堡目前保存最完好的古书坊。

马氏家族刻印的书籍有《西游记》、《金瓶梅》、《梁山伯与祝英台》、《千家诗》、《文天祥集》、《星要诀》、《百年经》等。知见的林兰堂刻本有：《幼学琼林》、《诗韵含英》；上杭马林兰堂刻本有《一年使用杂字》；汀城马林兰堂刻本有《新刻千家诗》。

注释

[1] 本章人物事迹，皆出自于四堡乡《范阳邹氏族谱》、《马氏族谱》及其他资料。凡与刻书有关而事迹突出者，一并载入。所列家族书坊，不按人物辈分而以家族中有代表性的人物冠名。因邹、马族谱记载刻书资料甚少，所选人物可能有遗漏。

[2] 古代民间有"雍进士"的称谓。是指乡间人们公认的学识水平高、未取到功名的人，卒后对他的誉称，多见墓碑的铭文。

[3] 大宾：即乡饮宾，乡饮酒礼的宾介。周制，乡饮酒礼举乡里处士之贤者为"宾"，次为"介"，又次为"众宾"。其后历代相沿，名称不尽相同。明清时又有"宾"（亦称大宾）、"僎宾"、"介宾"、"三宾"、"众宾"等名号，统称"乡饮宾"。此制沿用至清道光二十三年止。

[4] 羲皇上人：羲皇，指伏羲氏以前的人，即太古的人。比喻无忧无虑，生活闲适的人。

[5] 明清科举制度规定，每年由府、州、县选送廪生入京都国子监肄业，称为岁贡。凡遇皇帝登极或其他庆典而颁布恩诏之年，除岁贡外再加选一次，称为恩贡。

第十二章

蒙学大家邹圣脉考论

在韶山毛泽东纪念馆，赫然存放着一本毛泽东少年时代读过的署名"润芝"的线装本《诗经附考备旨》，此书编撰者是清乾隆年间客家籍布衣学者邹圣脉。邹氏是著名的启蒙读物《幼学故事琼林》的作者之一，在清代是位家喻户晓的人物。他一生致力于蒙学和儒学的研究，编撰和出版各类著作达十种约上百万字。同时，他又是我国清代四大刻书基地之一——四堡乡的雕版印刷家。他增补的《幼学故事琼林》和纂辑的《五经备旨》曾风靡全国长达三百余年。然而，民国以后，邹圣脉的名字渐渐地沉寂下来，几乎被历史所湮灭。《清史稿》、地方志对其生平事迹均未见记载。中国书店编印影响较大的《中国大书典》虽收入《幼学故事琼林》一书，但称增补者邹圣脉"撰者生平不详"。而学术界对邹圣脉著作的研究更是一片空白。当今的普通百姓不知邹圣脉是著作等身的著名经学家、书法家，不知他是启蒙读物《幼学故事琼林》的作者之一，更不知他撰写了另一同样有名的著作《五经备旨》。

笔者认为，凡在历史上对传统文化做出贡献的人是不该忘却的。邹圣脉究竟是何方人士？生前有哪些著作问世？国史、方志对这位巨儒为何无片言只语？他对启蒙读物《幼学故事琼林》有哪些贡献？他编撰的《五经备旨》到底是什么书，此书有哪些影响和学术价值？笔者数年广搜博引，发现了许多鲜为人知的关于邹圣脉的史实，从而对邹圣脉其人其事形成了较为完整、清晰的印象。本文本着尊重客观历史的态度，试图对邹圣脉的生平、著作、影响作一番介绍，对其主要著作的内容和学术价值进行评价，还他一个公正的应有的学术地位。

一、布衣出身 一代硕儒

邹圣脉，字宜彦，号梧冈，生于康熙三十年（1691年），卒于乾隆二十八年（1763年）。他出生于我国清代四大雕版印刷基地之一——闽西连城县四堡乡雾阁村（原属长汀县）的农民家庭。据《邹氏族谱》载，邹圣脉一族耕读传家，雕版印刷子承父业而数代相传。其祖周桢、父仁声，是"镌经史、秦汉诸书，广而布之"的雕版印书业者；其子邹可庭著有《酬世锦囊》；其孙邹景扬编有《采辑新联》。邹圣脉自幼聪慧，六岁入家塾,十三岁读经史,"年甫六龄,其尊人一堂公即为援例南雍,以便专精举业";成年后,曾数次参加科举考试,而每每落第,"奈值数奇,屡踬场屋"[1],最终被迫放弃功名仕禄,终身过着亦农亦商、晴耕雨读的平民生活。

在科举落第沉重打击之下,邹圣脉并未一蹶不振,而是更加奋发起来。他清醒地认识到读经能立德、学史可明智、习诗能养性,以惊人的毅力克服重重困难,致力于常人一身难以负重的体力和脑力两个方面的劳动,一面务农耕作以持家计,"歠粥寝苦仅能骨立,而牛眠马鬣必躬必亲";一面读经研史以长学识,"独其青灯课读,继晷焚膏"。他在一首自咏诗中写道:"督耕蚤起锄春绿,课读迟眠灯夜红",反映了一个落第书生在劳作之余仍对学业的孜孜追求。

邹圣脉肖像

邹圣脉故居

正因为邹圣脉的执着、坚毅和睿智,使他成为满腹经纶、多才多艺的一代硕儒。他精经史、熟诗词、善书法、通地理,一生著述甚丰,尤其在经学、蒙学研究方面表现出很高的造诣。在治经方面,继承汉学新文学派"微言大义"和宋学讲求义理的方法,力求从广博深奥的《五经》中提取要旨,以达到纲举目张的目的;在蒙学方面,他纂辑的蒙学读物,根据学童的特点,注重知识性、通俗性,且语言洗练,情节生动有趣;在书法艺术方面,他的书法源自钟(繇)王(羲之),自成一体,笔法潇洒清丽,圆润中显遒劲,尽得钟、王神韵。余一轼赞其书法:"临池仿帖,醉后挥毫,鹅笼蕉叶,钗股漏痕,不可名状。索文求书者,日不暇给,人珍拱璧。而先生曾不少靳。"

邹圣脉是一个很有思想和个性的人。清人入关后推行残酷的专制统治,在思想、文化上大兴文字狱。邹氏对清朝的黑暗统治和文化政策,表现了极大的反感和不满。这

邹圣脉隶书

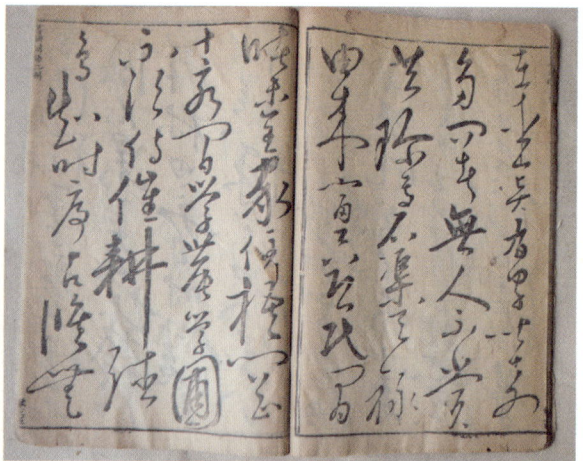
邹圣脉行草

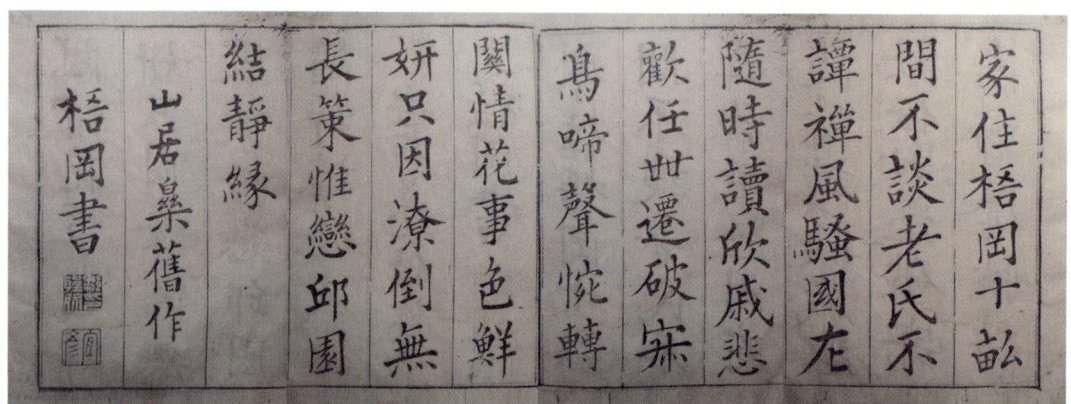
邹圣脉真书

种厌恶不满情绪的流露，可以从其存世文稿的字里行间偶尔窥见。例如，他在《爱日堂跋》中写道："予寒士也，当此衰年，混处炎凉世界中，性固不趋热，而体常畏寒，顾安得燠馆春台，安置此身，以娱余年哉。"史称康熙、雍正、乾隆三朝为"康乾盛世"，而身历此三朝的邹氏却斥之为"衰年"，是不得已"混处"的"炎凉世界"，希望能换个好环境"燠馆春台"而"以娱余年"，这在当时的确有点"大逆不道"了。他还认为，科举制度的弊端是埋没人才，在《七十辞寿亲知兼示儿》一诗中说："事宜不合非今日，一任人前笑老痴"，并深深地发出"一抔土是归身处，埋没英雄古今同"的长叹。他面对清廷严酷的文字狱，在多数情况下警觉地采取了自我保护的办法，诗文写得委婉、曲折和含蓄，有时写得比较直露便随手弃之。据余一轼《梧冈邹老先生传文》记载，邹氏曾撰写了不少诗、文、词、赋，文稿大多不留，随写随弃，"倚马万言不暇脱稿，存者皆散珠碎玉，不过得什一于千百"。

他行年五十，抛去家累，潜心著述，自筑别墅一幢，命名为"寄傲山房"，将自己余生寄情于山水和诗文之间。他在《自题寄傲山房跋》中说："庄子曰，'吾生也若浮.'

浮则身如萍寄，踪迹无定。其或达而在朝，则寄于朝；穷而在野，则寄于野。予也年已衰迈，徒具一副傲骨，在朝无具，在野招尤。常作入山想，寄我浮生。""惟有兹山，辟同世外，石嶙嶙以峭立，水汩汩而泛流。其傲气殆与予类，以傲寄傲。"他所谓的"寄傲"，在笔者看来，这是对社会黑暗势力的挑战和对世俗攀荣附贵颓风的嘲笑，也是对自己真才实学的一种宣示。步入老年的邹氏笔耕更勤了，他的大多数著作是在这一阶段完成的。他以寄傲山房为基地，一边从事述作，一边从事古籍版刻，自编自印，并将自己的全部著作冠以"寄傲山房塾课"刊行，"寄傲山房塾课"成为辨别邹家刻本的重要标识。

综观邹圣脉的一生，其境况可用他自己所说的"欣戚悲欢"四字概括。他在晚年写道："家住梧冈十亩间，不谈老氏不谭禅。风骚国左随时读，欣戚悲欢任冊迁。破寂鸟啼声惋转，关情花事色鲜妍。只因潦倒无长策，唯恋邱园结静缘。"[2]这首诗可以帮助我们解读邹圣脉曲折的一生。悲戚者，是他像《聊斋志异》作者蒲松龄一样，郁闷、落寞、潦倒和贫穷伴随终身；欣欢者，是他虽没有留下惊天动地的传奇故事，但给人们留下了上百万计文字的著作。他的名字最终从山旮旯里走出州府、走向全国，从而实现了布衣学者到一代硕儒的跨越。

二、博古通今　勤于著述

邹圣脉一生究竟有多少著作行世，由于事隔200多年，很难统计一个精确的数字。据笔者迄今发现和收藏情况看，他个人文集和参加编写的著作达四大类十种之多，估计字数不低于100万字。儒学类有五经备旨系列《易经备旨》、《春秋备旨》、《礼记备旨》、《书经备旨》、《诗经备旨》；蒙学类有《幼学故事琼林》（增补）、《日用杂字》、《鉴史琼林》、《鉴略》（增补）；文学艺术类有《书画同珍》、《寄傲山房诗文集》、《三国演义》（参订）、《西厢记》（校注）；小学类有《正字通》（增补）。现将主要作品简介如下：

（1）《幼学故事琼林》（增补）四卷，著名蒙学著作，西昌程允升原本、雾阁邹圣脉梧冈氏增补。原名《幼学须知》，又称《成语考》，一般认为是明朝程允升原著，也有人认为原作者是明朝邱浚。邹圣脉在原本的基础上增补三百六十联，并对全书加以注释，易名为《幼学故事琼林》。其内容分为三十三类，涉及天文地理、婚姻家庭、生老病死、人情世故、衣食住行、制作技艺、鸟兽花木、神话传说等。增补本于乾隆二十五年（1760年）初版。

（2）《五经备旨》三十七卷，经学系列著作。雾阁邹圣脉梧冈氏纂辑，男廷献可庭氏、姻亲谢梅林砚佣氏编次。《五经备旨》中的《书经备旨》、《诗经备旨》、《春秋备旨》和《礼记备旨》等四种，据乾隆钦定汇纂的版本诠释即"钦奉御案经解"，而《易经备旨》则选用朱熹本义重加校订。诸经正文之前均附邹圣脉自序一篇。《易经备旨》于清雍正十三年（1735年）率先出版，其他诸经备旨于乾隆年间依次出版发行。1763年邹圣脉辞世后，其他邹可庭、姻亲谢梅林结集定名为《五经备旨》出版。

（3）《书画同珍》四卷，书画作品集。雾阁邹圣脉梧冈氏纂辑，寄傲山房藏版。是书收录邹圣脉本人书法、抱经书塾家藏《千字文石刻》、《文昌帝君阴骘文》篆刻、梧冈山房家藏《百韵草诀歌》等，集古人墨迹、时下名书于一书。清乾隆壬戌年（1742年）初版。

（4）《寄傲山房诗文集》四卷，雾阁邹圣脉梧冈氏手著，邹可庭、谢梅林参订。卷前有清乾隆四十八年（1783年）举人马履丰、姻亲谢梅林、女婿马衡序言各一篇，世侄余一轼撰《邹梧冈传文》一篇，邹梧冈《寄傲山房自跋》一篇。是书收录邹圣脉各个时期五律、七律及诸体诗293首，其内容有游记、观景、咏物、唱和、抒怀、感时等。

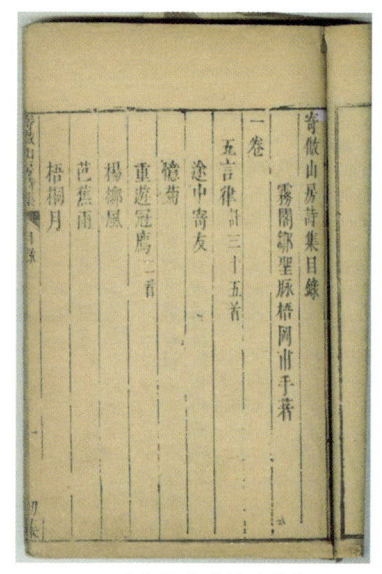

《寄傲山房诗文集》

（5）《人家日用》不分卷，客家杂字。雾阁邹圣脉梧冈氏编撰。全文用客家方言编写，共计1706字，作者以四言韵句的形式，叙述了客家人家生活日用名物，有食物、用品、服饰、农活、农具、州县、节日、接物、文房等，从柴米油盐、蔬菜茶果等生活资料，到犁耙牛轭、镢头粪箕等生产资料，客家人家的基本生产、生活用品，无不包纳其中。

（6）《鉴史琼林》十四卷，家塾启蒙读物。雾阁邹圣脉梧冈氏纂辑，清溪谢梅林砚佣氏、男邹可庭涉园氏全校订。卷前有叶中贤序一篇，云林别墅藏版，清乾隆丙申年（1776年）初版。是书以五言诗体式记叙二十一史，上自皇古，下达元明，千秋事迹一帙编成，词简而赅，注明而确。如《秦纪》写道："焚书复坑儒，孔墓遭挖掘。城筑万

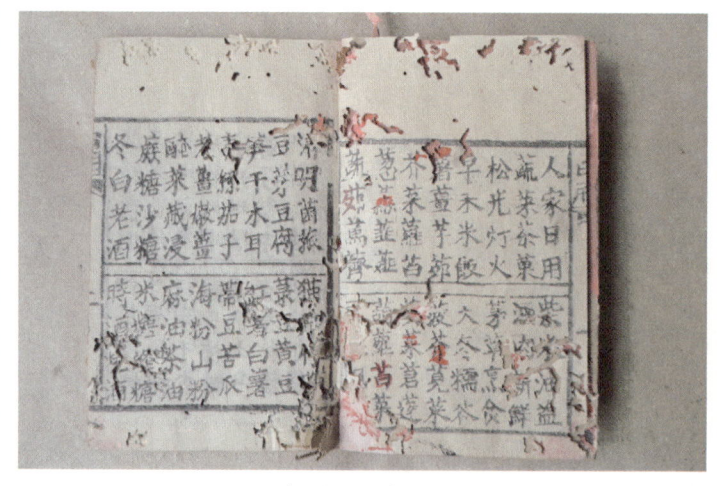

《人家日用》

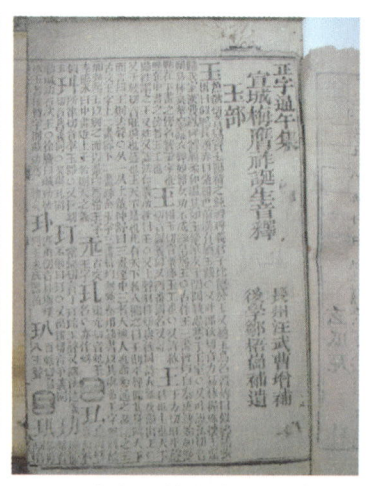

邹梧冈补遗《正字通》

里长，预备防胡贼。西造阿房宫，巍峨天可接。后经项羽焚，烟火连三月。"[3]寥寥数十字高度刻画了秦朝几个重大历史事件，用笔精炼传神。

（7）《鉴略》五卷，明李廷机编撰，梧冈邹圣脉原订，昭陵窥管楼重校。卷前有邹梧冈乾隆戊辰年（1748年）序言一篇。《鉴略》流传已久，而"坊本措辞尚嫌鄙俚不伦"，邹氏对其详加校订润色。由于《鉴略》的作者是明人李廷机，原作者对当朝明代纪略部分不便叙述而暂留空缺，邹氏补齐了《鉴略》缺失的明纪部分，"增其所未备，如明史缺略者补之以殿篇"，使二十一史之大纲小目可见大概。

（8）《正字通》十二卷，宣城梅膺祚诞生音译，长州汪武曹增补，后学邹梧冈补遗。仅见《正字通》四堡刻本残本一册。

（9）《三国演义》（参订）五十一卷，金圣叹外书，茂苑毛宗岗序始氏评，龙雾邹梧冈参订，无堂号及刻印时间。是书为近年发现的《三国演义》毛宗岗评本的新版本，其内容与一般的毛评本基本相同，每回前有总评，正文有双行小字夹批。而与一般毛评本最为不同的地方，是该书的分卷不同，它分为五十一卷而不是六十卷。

（10）《云林别墅绣像妥注六才子书》（《西厢记》），七卷，圣叹外书，雾阁邹圣脉梧冈氏妥注，清同治癸丑（1873年）新锲，图一幅。邹氏注本以李卓吾本为蓝本，并参考四种以上版本加予注释，"妥而注之，附以音义，去其谬误。可解者解之，或从而两存之，不可解者存以俟之"。是书所录资料相当丰富，有金圣叹的随文评点、恸哭古人、留赠后人和《读西厢法》八十一则。此外，还录有《李卓吾杂说》、《林西仲杂说》、《李笠翁填词余论》、《会真记为诬谤辩》，咏西厢诗一百零一首，咏鸳鸯诗词歌赋二十五首，《西厢》制艺文十八篇等。

以上罗列的邹圣脉的主要作品，足以说明其一生学富五车并勤于述作，从而成为著名学者。既然邹圣脉在清朝民间有如此盛名，为什么民国早期出版的《清史稿》未入人物志，甚至连其生平事迹至今无人知晓？笔者认为，主要原因有四个方面：一是邹圣脉出身贫寒，既无官位，又无金钱。身无官声之人即使是博学鸿儒，也很难进入清朝遗老们编写的《清史稿》的。"官本位"在中国延续了几千年，深深烙上了封建等级制观念的清朝遗老们以"官"为标准，只认官声而不认文名。这种现象在封建制度下司空见惯，鼎鼎有名的《红楼梦》作者曹雪芹、《聊斋志异》作者蒲松龄等都未收入《清史稿》的人物传略。这不仅是邹圣脉的悲哀，也是我国文人的悲哀。二是民国以来对经学的认识存在严重的片面性和武断性，经学几乎成为绝学。"五四"以来，经学被当做封建统治阶级的意识形态，被简单地称为"经学教条"和"封建糟粕"。在这种情势下，所有的经学著作倍受冷落，邹圣脉的《五经备旨》也理所当然地逃不了这场厄运。三是邹圣脉的著作大多数是通俗类的作品，由于历史的偏见，这类书籍难以登上学术思想界的所谓"大雅之堂"。四是邹圣脉长期居住于偏僻的小山村，交通不畅，信息不灵。如在他的著作中常见的"雾阁邹圣脉梧冈氏纂"字样，"雾阁"指的是他居住村落的地名，

而不是指人名号、书斋名或别的什么。这一点许多人都不知道,相传乾隆皇帝在位时曾读过《幼学故事琼林》(增补),认为此书写得很好,派人四处查寻邹圣脉,终因书中只署"雾阁"地址不详而不了了之。

三、传世作品 影响深远

在邹圣脉所有著作中,影响最大的是《幼学故事琼林》(增补)、《五经备旨》和《书画同珍》,前两部著作在清代民间可谓是家喻户晓、万口传诵,而《书画同珍》是一部十分难得的艺术作品,其影响长远。其他书籍由于种种局限,只在区域性范围有所影响。如,《人家日用》叙述的是客家人的生产生活,只在客家人的活动区域流传。《寄傲山房诗集》之所以流传不广,可能与作者的卑微出身有一定的关联。《鉴史琼林》一书,作者编写此书的初衷是为了使私塾学童熟识历史,作为史学类的启蒙读物,该书也编得相当精确,但由于涵盖了 2000 多年的政治、经济和文化等许多方面,如此绵长的历史、如此丰富的内容使作者不得不用较长的篇幅来叙述,这样一来就影响了此书的适用性和普及性,这是该书得不到广泛传播的真正原因。

(一)经学著作《五经备旨》

"五经"是中国传统社会历史最悠久、地位最崇高、影响最深远的文化典籍,"经也者,恒久之至道,不刊之鸿教也"[4],此语即足以说明这点。经学又是一门异常深奥难度很大的学问,素有"皓首穷经"之说,陷入其中便难以自拔。通经必先通训诂,须具备天文、音韵、礼制、古今地名、历史沿革、数学、博物学等专门知识,否则不免滞

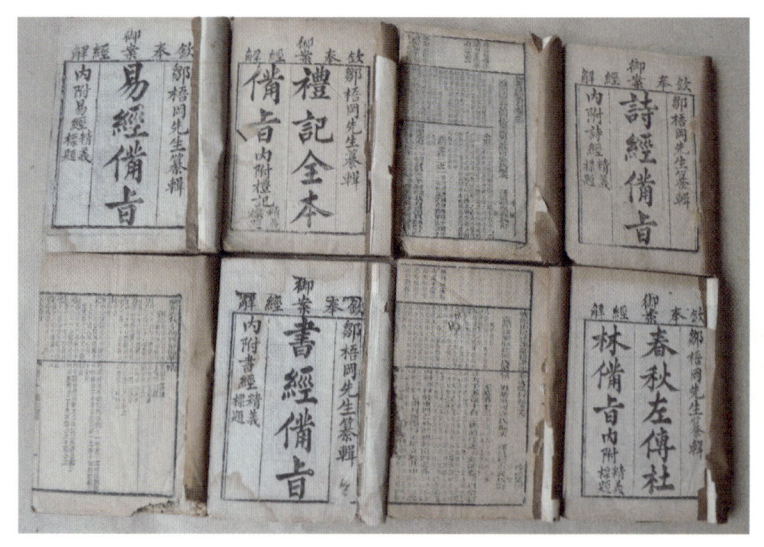

《五经备旨》

碍穿凿。因此，许多学者往往望而生畏，不敢去碰它。而邹圣脉在少年时期就开始研读《易经》，他在《易经备旨》序言中说道："弱冠之年，与余兄肄业于乘风书屋，诵读之余相与研磨经旨。余兄专治《毛诗》，余则服膺《周易》。"他编纂的《五经备旨》，洋洋数十万言，从第一部著作雍正乙卯年（1735年）《易经备旨》初版至乾隆癸未年（1763年）《诗经备旨》完成，历经31年之久。以一人绵薄之力数十年完成广博深奥的五经诠释，非普通人所能为，也可见其学识之渊博，功力之深厚。

《五经备旨》有别于其他《五经》读本，它的最大特点是从诸经的主旨入手，独观其大略，即章有章旨，节有节旨。所谓主旨，就是指中心意思。邹圣脉认为，钦定汇纂《四书五经》篇帙浩瀚，难以披阅，习学者不无望洋之叹，而有旨欲得一约而能赅详。他在《易经备旨》序言中谈到，"经旨之不明，皆由于解之弗得其详也……"易"之义广矣大矣，诚何敢以管窥天，以蠡测海。第经之要旨，不博取之则崎而不全，不约取之则泛而无归，不兼综而共贯之则又扞格而难洽也。"他在《诗经备旨》序言中又说："探出诗人当日之旨，用以句有释讲有序，参之以题解，务使学者开卷朗彻一目了然。"在邹圣脉看来，经学读本要尽可能地做到"博"和"约"。但更要明其要旨，"兼综"才能"共贯之"。这说明了把握主旨的极端重要性。据此，他将全书分为两个部分，全旨节旨列于其上，正文晰讲载之于下。正文部分除原典外，选用当时最权威的注解本，如《易经》用朱熹本义，《诗经》用毛诗，《春秋》用杜林读本，《礼记》选用陈澔集说。而备旨部分按原典章节注明大意，寻源溯流，条分缕析，疏其义理。这样一来，该书"集诸书为一书，使读者捐弃故技，更爱要道，快然于心目之间"。按邹圣脉所说，经书的主旨就是通经的要道。

邹圣脉抓住要旨解经，已突破了烦琐的章句之学的局限，这种治经的新方法，有助于人们提纲挈领，深化对典籍的理解，以达到通经的目的。班固说："古之学者耕且养，三年而通一艺，存其大体，玩经文而已，是故用日少而蓄德多，三十而五经立也。"[5]就是说对一般人来说，治经不是为了注经，而是为了实践，不需要遍览传注之书，只要把握经文的"大体"即主旨就可以了。清代思想家黄宗羲也提出了类似的治学方法，他认为对学术思想的研究，要抓住思想家的宗旨。"大凡学有宗旨，是其人之得力处，亦是学者入门处"。"学者不能得其人宗旨，即读其书亦由张骞初至大夏，不能得月氏要领也。"[6]班固的"存其大体"和黄宗羲的"宗旨要领"之说，有异曲同工之妙，前者是从实践的角度，后者是从治学的角度强调抓住要旨的重要性。邹圣脉的治经方法与他们的观点是完全一致的。《五经备旨》为初学者读经治经起到了入门向导的作用。

《五经备旨》是邹圣脉为私塾教育而编纂的一套读本。私塾是清代教育的基本形式，私塾教育除识字课读外以读经释经为主要内容。而与私塾教育密切相关的科举考试，有清一朝沿袭明制，以《大学》、《中庸》、《论语》、《孟子》四书及《易》、《书》、《诗》、《春秋》、《礼记》五经命题试士，即八股文考试。邹圣脉在《诗经备旨》序言中

说道:"制科之学四子书尚矣,经学亦我圣朝之所重。"上文说过,经学博大精深,光读原著是很难理解的,这就从客观上要求一批通俗易懂的诠释经学的著作作为基本读本。在历史上此类读本不胜枚举,但诠释真正能把握要旨、深入浅出有生命力的却不多。有趣的是,邹圣脉这位清代的落第书生,却一辈子为私塾学童撰写五经教材。或许是他国学功力深厚使然,或许是他有科举落第的前车之鉴,他编纂的《五经备旨》以其独到的见解、精确的诠释赢得了广大读者的认同,无论家塾还是书院均广为采用。现代许多名人如叶圣陶、张元济、唐弢等,在其记述往事的文章中都有明确的记载。在韶山毛泽东纪念馆,至今赫然存放着的毛泽东少年时代读过的一石印线装本,就是清乾隆二十八年(1763年)雾阁邹梧冈编辑的《诗经备旨》(全名为《经元堂诗经附考备旨》),其封面上毛泽东用毛笔书写了"润芝"二字。由此可见,《五经备旨》一书在清朝民间的流传是相当广泛的。

(二)蒙学读本《幼学故事琼林》

《幼学故事琼林》,也称《幼学琼林》,或简称《幼学》,是我国继《三字经》之后具有广泛影响的启蒙读物。是书与其他的启蒙读物不同,它内容极其丰富,尤以广收名物典故见长。旧时人们常见的名物典故,几乎都能于中见到,而且集历史性、知识性、趣味性于一体。如地名的典故,"浙江乃武林之区,原为越国;江西是豫章故地,又曰吴皋"(地舆)。再如公主驸马的得名由来:"帝女乃公侯主婚,故有公主之称;帝婿非

《幼学故事琼林》刻本数种

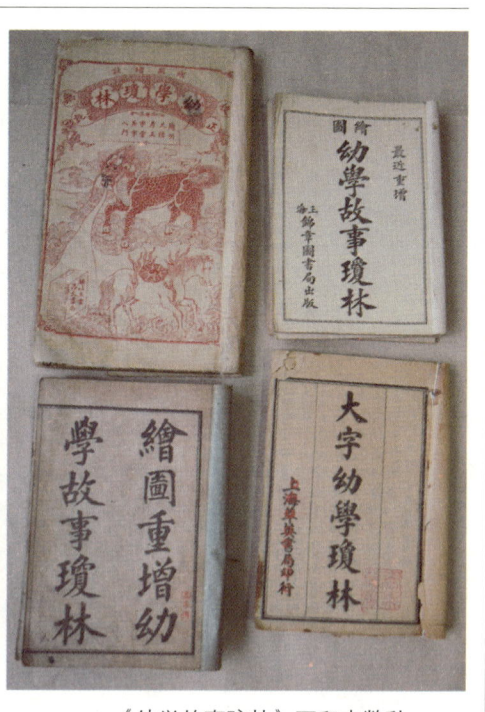

《幼学故事琼林》石印本数种

正驾之车，乃是驸马之职"（外戚）。该书的正文部分就有释文，具有工具书的性质。如"日月五星，谓之七政；天地与人，谓之三才"（天文），"学曰家塾，俸曰束修"（师生）。这种叙述方法，使读者可以直接从正文中掌握名物的含义。它还突破了传统蒙书文句整齐划一作法，采用骈文对偶句式编写，根据文中内容的需要，不拘长短，该长则长，该短则短，文字简练，音调铿锵，读之朗朗上口，便于记忆。故该书被百姓视为至宝，成为清代家塾的通用教材，是"多士馈贫之粮，制科度津之筏"。

邹圣脉对《幼学故事琼林》的贡献，笔者认为，至少有以下几点：（1）将程允升原著《幼学须知》更名为《幼学故事琼林》。更名后的书名与内容更为贴切。"故事琼林"的寓意是十分深刻的。是书"如蓝田之琬琰，元圃之琳琅，能令见者宝之，各欲私为枕秘，颜之曰琼林"[7]。所谓"琼林"，它源于宋代的琼林苑，皇帝在琼林苑设宴款待新科进士，后遂以"琼林"比喻中进士，寓意学童要努力读书，早日金榜题名。所谓"故事"，是指该书每一联句都是一则故事，这种趣味性的故事，对学童能起引人入胜的作用。（2）在《幼学须知》原著的基础上，增补360联，约占全书的三分之一，使之更为充实、完善。程允升的《幼学须知》大致成书于明末，刊行后引起了学人的关注，但该书各类别皆存在不少缺漏。邹圣脉感到，"碎金积玉，原属无多，则摘艳熏香，应增未补，庶几文人足供驱使"，故对原本进行了全面补充，并在各节标明新增文多少联，以与原文相区别。不少增补的联句成为名言警句，如"东家之外更无丘，道德由文章炫出；北斗以南应有杰，事功从学术做来"（师生），后人对对子多有效仿。又如，"太守称为紫马，邑宰地号雷封"（文臣），这两句是用太守别称"紫马"、县官又叫"雷封"的典故。（3）对流行本进行了全面的订正，并重新做了注释。《幼学须知》刊行以来，书坊刻本极多，但谬误也多，往往使初学之人一经习染难以矫正。为此，"汰旧注之支离，易新诠之确，当详所当详而不厌其繁，略所当略而不嫌其简，务归明晰一览了然。"[8] 经过邹圣脉增补注释的《幼学故事琼林》，文笔绝佳，片笺片玉，使人有面目一新之感。此书后来民国期间费有容、叶浦荪和蔡东藩等在程允升、邹圣脉本的基础上又进行了增补，但由于后补本或篇幅过长，或增补不精，远没有程、邹本盛行。

《幼学故事琼林》（增补）是一部迄今为止编得最好的典故类蒙学巨著，有人称之为影响中国历史的百部名著之一。清代以来很多人是通过阅读《幼学故事琼林》（增补）而掌握大量历史故事和许多成语典故的。俗话说，"读了《增广》会说话，读了《幼学》走天下"，其百科全书式的作用可见一斑。

（三）书画合谱《书画同珍》

书画谱是中国书法、绘画的图录或写（画）法图解。我国古代书画谱林林总总，几乎每个朝代都有人编撰书画谱，以供他人或后人临摹观赏。历史上著名的书谱有：唐代孙过庭《书谱》、北宋《宣和书谱》、《淳化阁帖》和乾隆《三希堂帖》。画谱有：《宣

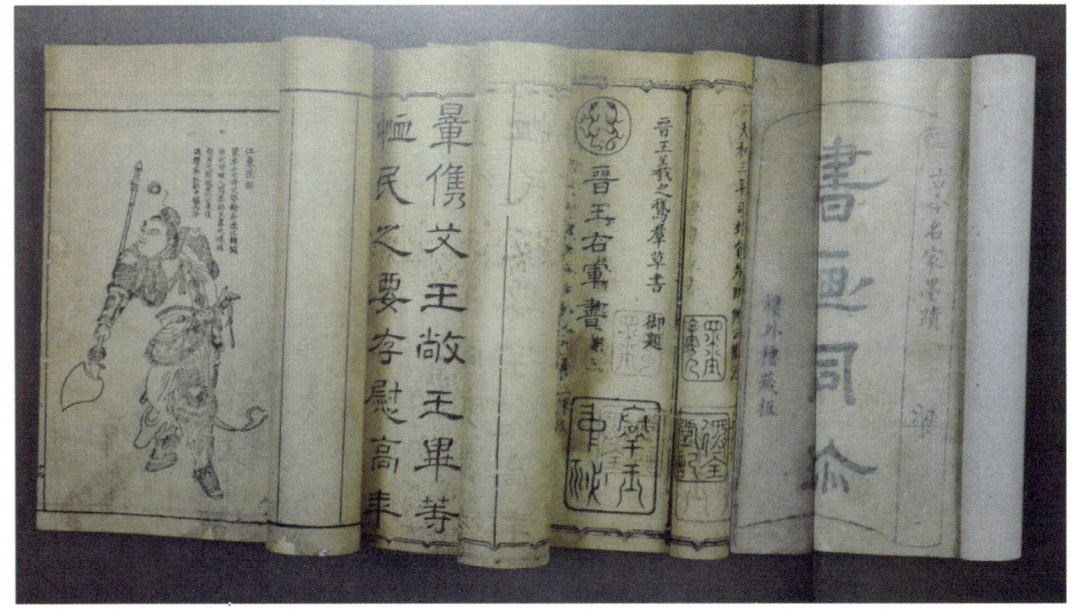

《书画同珍》楼外楼版本

和画谱》、南宋宋伯仁《梅花喜神谱》、《十竹斋笺谱》、《芥子园画谱》。乾隆年间四堡人邹圣脉纂辑的《书画同珍》，是古代书画谱系中的一员，它对传统书画的传承起着一定的作用。

笔者认为，《书画同珍》与其他书画谱比较，有特色，有创意。首先，它是一部综合性的书画合集，冠以《书画同珍》之名，集书法与绘画于一书。古代的书画谱往往只涉及某一类别，或书谱、或画谱，有的甚至更为专业，只涉及类别中的某领域，如，

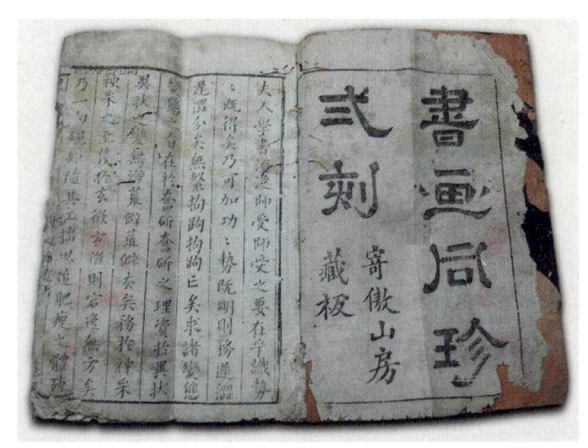

《书画同珍》寄傲山房藏版

南宋宋伯仁《梅花喜神谱》是从花的蓓蕾到凋落的梅花图录，元代李衎《竹谱详录》，主要介绍竹的画法。《书画同珍》却不同，书法与绘画并重，既有图录，也有写（画）法，如书法有王羲之的草诀歌，录有写字要诀，绘画有各种墨竹的图案，配有画墨竹法。其次，它承载了许多名家书画作品。当地古代画家的作品，如汀州郑心水人物画、林村陈亮世书法等皆有收入，尤显珍贵。此书的书法部分以编者本人的作品为主。邹氏是《幼学故事琼林》的作者之一，在清代中后期甚为著名，观是书，从中可全面了解名家的书法艺术。全书还以竹简作边框，这种装饰在古籍版本中罕见。它一改普通书籍的墨线装饰，用竹简形式绘制，颇有新意，平添了几分雅

致。

　　书画谱编纂与刻印非普通人可以为之，它至少需要三个条件，即编纂者的艺术素养；资金实力雄厚；家藏甚丰。上文说过，邹氏通经博学，擅长书法，具有较高的文化艺术素养。他出生于版刻世家，有一定的经济实力和书画旧藏，这些优越的条件促成了这部书画集的出版。

　　清乾隆间楼外楼刻本《书画同珍》，国家图书馆有藏，此书图录收入北京文物精粹大系《古籍善本卷》。[9] 此书楼外楼初刻本出版后，当地书坊曾多次翻刻，并流传到近邻日本国。笔者近年偶尔得一此书的和刻本，该书扉页上有一段小字题记曰："此书也，梧冈邹先生所辑也。乃今与柳枝轩主人谋翻刻以行四方，冀惠顾君子认印记以为信。文林堂主人。"据此可知，初刻本印行后，四堡文林堂书坊翻刻过此书，日本宝历十二年（1762年）日本人坂口四郎兵卫据文林堂本再次翻刻。

四、简短的结论

　　从以上叙述中，我们可以看出，邹圣脉是清朝早中期一位了不起的布衣学者，他依仗自己顽强的毅力和非凡的智慧，在国学、蒙学和书画艺术等方面取得了突出的成就，为承传和光大中华文化尤其是儒家文化做出了卓越贡献。他的成就主要体现在三方面：（1）独创性。历史上注释四书五经以"备旨"命名的，只有明朝邓退庵编纂的《四书补注附考备旨》，而五经"备旨"从未有人编纂过。邹圣脉第一次凭借个人的力量完成了《五经备旨》这一鸿篇巨制，可谓前无古人，后无来者。而书画作品集《书画同珍》也有新意。（2）学术性。邹圣脉对《幼学故事琼林》的增补注释，不是简单地罗列条文、列举史料，而是按照原著的思想脉络，抓住重大的历史题材，分门别类加以提升概括。他对五经的注释，按原典的内容，逐章逐节取其大意明其要旨。这些研究方法仍有借鉴意义。（3）通俗性。邹圣脉一生几乎都在做通俗读物的编写工作。除《幼学故事琼林》（增补）、《五经备旨》外，他还编辑了《鉴史琼林》、《人家日用》等大众化的读物，这些读物对文史知识的普及起到了较好的作用。总之，邹圣脉一生编著的四类十种书籍，尤其是代表作《五经备旨》、《幼学故事琼林》（增补）和《书画同珍》，以著作的独创性和较高的学术思想性，奠定了他一代蒙学大家的学术地位。

　　闽西之所以出现邹圣脉这样的著名蒙学家、书法家绝不是偶然的，它有深刻的社会历史背景。一方面，它植根于博大精深的闽学文化。福建素有"理学名邦"之称，宋代以降，名儒辈出，涌现出朱熹、李侗、杨时、罗从彦、李纲等理学大师，尤其是理学集大成者朱熹长期在闽西北讲学，培养了一大批的著名学者。宋、元、明闽学上千年的积淀是造就培植蒙学家邹圣脉的肥沃土壤。另一方面，它又可以从厚重的客家文化中找到答案。客家作为汉民族的一支重要民系，它千百年来形成了以坚毅、勤劳为核心的客

家精神。作为客家人的邹圣脉，在科举落第的逆境中能够走出来，并终身致力于经学、蒙学的研究和著述，正是刚毅正直、吃苦耐劳的客家精神的体现。

随着社会的进步，而今的人们当然不可能以"出身寒门"的封建门户之见来评价邹圣脉其人，也不可能以邹圣脉所著的是所谓"小学"来否定其书的价值。事实上，邹圣脉的《五经备旨》、《幼学故事琼林》（增补），最初的动因是为私塾教育而编写蒙学读本。随着它影响的逐渐扩大，在实际生活中它远远超出了蒙学的范围，成为百姓普遍使用的大众读本和工具书。清末废除科举制后，《五经备旨》仍一版再版，如著名学者张元济主持的涵芬楼就曾多次刊印此书石印本。而《幼学故事琼林》（增补）从民国至今官版私刻也从未间断过。《书画同珍》以其珍贵史料和版刻精美，收入北京文物精粹大系《古籍善本卷》，充分证明了它的价值所在。人民是文献价值的最终评判者。这些书籍长久不衰，说明它们不会因为社会的发展而失去其固有的价值。在呼唤弘扬传统文化、重振国学的今天，邹圣脉的《五经备旨》、《幼学故事琼林》（增补）和《书画同珍》，对我们了解中华传统文化以及掌握名物典章和成语典故，仍有不可低估的现实意义。但愿人们不仅在今天，而且在今后的时间里，都能够记住邹圣脉这个不该忘却的名字。

注释

［1］（清）邹景扬编：《酬世锦囊全集》之余一轶《梧冈邹老先生传文》，清乾隆刻本。

［2］（清）邹圣脉编撰：《书画同珍》春、夏、秋、冬四集，清乾隆刻本。

［3］注：阿房宫一事系作者据前人说法而写。近年考古发现，阿房宫建筑未完成，亦未被项羽火焚。

［4］（南北朝）刘勰：《文心雕龙》之《宗经第三》，吉林出版集团2010年版，第138页。

［5］（东汉）班固：《汉书·艺文志》卷三〇，上海古籍出版社1986年版，第527页。

［6］（明）黄宗羲：《明儒学案》，发凡，中华书局1985年版，第3页。

［7］（清）邹圣脉：《幼学故事琼林》（增补），序言，清文林堂刻本。

［8］（清）邹圣脉：《幼学故事琼林》（增补），序言，清文林堂刻本。

［9］北京文物精粹大系：《古籍善本卷》，北京出版社2002年版，第160页。

附件一：四堡刻本总目录

类别		书目
经史典籍类	经书	老子、庄子、墨子、荀子、管子、韩非子、淮南子、南华经、庄子南华经、道德经、国语、楚辞集、战国策、策纂要、四书、四书监本、四书正文、四书朱注、钦定四书、四书离句、四书章句、四书备旨、四书集注、四书补注、四书经注、四书阐注、四书体注、四书翼注、四书译注、四书题窍、四书阐备、四书审鹄、四书合讲、四书合解、四书引解、四书注解、四书辑考、四书摘要、四书择粹、四书撮言、四书汇参、四书详说、四书味根录、四书心印、四书摭余说、四书聚考、四书类典赋、四书类联、四书释地、四书典考、四书题镜、四书题决、四书题解、四书题考体注、四书备旨题窍、四书串珠、四书典腋、四书典要、四书读、四子书、四书衬、四书古今合解、四书集句、四书百文、四书灵捷解、四书附考备旨、四书白文正义、四书音义辨讹、五经捷、五经备旨、五经体注、五经择粹、五经编义、五经句解、五经揭要、五经旁训、五经正文、五经集字、五经文荟、五经办体、五经摘要、五经题镜、五经旁训题旨、五经文选、七经精义、七经字训、七经典腋、孝经小学备旨、小学集注、小学从圣解、经史辨体全集、经史撷、经史问答、杜林六经、经传联珠、易经、易经正文、周易正义、周易本义、周易集解、易经句解、易经一见能解、易经离句、易经旁训、易经来注、易经了心义补、易经折中、易经监本、易经指掌、易经备旨、御案易经备旨、易经体注、易经精华、易经旁训题旨、毛氏周易精解、书经、书经监本、书经汇参、尚书离句、书经离句、书经正文、书经旁训题旨、书经备旨汇参、尚书大传、书经翼注、书经备旨辑要、书经体注、书经精华、诗经、诗经监本、诗经离句、诗经正文、诗经备旨辑要、诗经拟题、毛氏诗经备旨、毛氏诗经精解、诗经琳琅、诗经正文、诗经旁训题旨、诗经监本删补、诗经汇参、诗经备旨善本、诗经合讲、诗经精华、诗经衍义、礼记、礼记正文、礼记监本、礼记述注、礼记体注、礼记省度、礼记疏意、礼记汇参、礼记贯解、礼记旁训题旨、御案礼记备旨、全文礼记体注、省文礼记体注、毛氏礼记备旨、周礼贯珠、周礼节要、周礼节训、周官精义、周礼述注、周礼精华、春秋正文、春秋监本、春秋备旨、春秋左传备旨、春秋体注、春秋五传、春秋左传、春秋旁训题旨、春秋谷梁传、左传句解、左传白文、左传统笺、左传杜林、左绣汇参、左传注解、华川左绣、列国左传要诠
	史书	三国志、史记、史记精华、汉书、后汉书、隋书、旧唐书、资治通鉴、续资治通鉴、元史、宋史、东华录、凤洲纲鉴、易知鉴、了凡鉴、神仙鉴、明纪本末、三通序

类别		书目
蒙学科举类	蒙学	三字经、六字经、六字孝经、百家姓、千字文、千字文注解、弟子规、女儿规、徐氏三种、幼学寻源、幼学故事琼林、幼珠玑、幼故事聚锦、幼学故事汇览、幼直解、幼学锦囊、老幼学、幼儿必读、启蒙全镜、启蒙必读、四民十锦、四书义启蒙、三字鉴、鉴略妥注、增补鉴略、历代鉴略、鉴史琼林、增广贤文、大增广、东园杂字、人家日用、四言杂字、一年使用杂字、初开天地杂字
	科举	小题明文解、小题明文贯、小题偶抄初编、小题拾芥初集、小题拾芥二集、小题浚灵、小题指南初集、小题指南二集、小题指南三集、小题薮芥、小题锥颖、小题圆润、小题采风、小题英锐、小题锐锋、小题尖锋、小题利锋、小题课虚、小题秀器、小题文粹、小题文抄、小题时尚、小题别体、懋斋小题、小题正鹄、小题神技、小题灵源、小题秘诀、小题拆字、小题登龙、小品文粹、小别体、注释小题文、注释利试文楷、注释利试、注及锋集、注释春霆、注释八铭、注释英雅初集、注释禹门课艺、注释追琢集、注释分类文、注张晓楼、注青云路、初学文范、初学指掌、初学鹏程、初学入门、初学篇篇锦、初学宝锦、初学正风、初学快心、初学先程、初学绳墨、初学引机、初学玉玲珑、初学文矩、初引礼、墨选大观、墨选观止、墨选精锐、墨选精诣、墨选质言、墨卷酌宜、墨鹄约刊、墨卷衡品、元墨正宗、闱墨文脬、五科墨卷脱颖、考卷约选初集、考卷约选二集、考卷约选三集、考卷英华、考卷斯成、考卷选腴、考卷隽快、考卷脱颖、截搭新编、截搭云锦、截拾斯盛、截搭观止初集、截搭观止二集、文法指南、文法入门、文法金针、文法度针、文章入门、文津指要、英雅二集、英雅三集、时文备法、时文拓胸、时艺九种、三山时文、时文笔谱、映雪斋时文、馆若时文、巧搭观成、巧卷脱颖、巧搭文选、巧对生花、搭题文粹、搭题备法、联章长搭、举业前模、举业新模、举业定程、孙益斋初集、孙益斋二集、东村晚存、东村掇余、集虚斋课、集虚斋全稿、屑琼初集、屑琼二集、天崇百篇、天崇欣赏、高批天崇欣赏、狐白初集、狐白二集、名文秘要、批点名文约编、吟花初集、吟花二集、法门引进初集、法门引进二集、高厚蒙求、增注周礼蒙求、经义快览编、五经义法程、经义准绳、制义脬班、制义贯串、同怀制义、二纶串文、述德堂、二论引端、加批述德斋、由字曲、由诗学、作文意路、懋斋时艺、山西试艺、试策法程、庞沙园稿、鹤和楼稿、乐育堂稿、闻峤文约、陈勾山改本、振西课艺、石龙课艺、百川塾课、碧山堂归正、槐阴堂稿、阙疑斋稿、浦编堂集、铁钢珊瑚全集、望溪课士、俞长城史论、日耕斋初集、司马温公论政事要论、本朝三十名家、花样集锦、袖珍集锦、前八集分编、后八集分编、偶抄五编、批注存真订注、姓氏题文、分类文脬、发蒙针度、芹宫新谱、浚灵秘书、中式花样、津初编、引蒙易晓、采芹捷诀、龙门必初跃、课童金锐景、童子问路、三礼图、三才略、三礼便读、三家俚言、五集字、七名家论、八面锋、十岁能文、十三经不二字、十四层捷诀、百子金丹、作文谱、明文明、东莱博议、课金镜、馆精赋、东元字、西元字、学资典、而难帖、骈言、艺类撷新诗学、地球韵言、史论初阶、史案、珠音注、增广文料大纯、广治评略、新味根、片水吉、清元才、求是全、本求真、火山乎、故灵源、周犊山、传选、味根艺林萃珍、朱子条辨、学文资典、行文语类、进学解、仪礼章句、左国汇纂、国语合解、学庸爽心、学庸图说、孟子点睛、苏批孟子、中庸义疏、乡党图考

类别		书目
通俗文学类	小说	历史演义小说：三国演义、三国演义（五十一卷本）、三国志、三国、三国志异、金批三国、新版三国志、四大奇书、春秋列国、东列国、春秋国、东西汉、东两晋、前七国、隋唐传、隋唐演义、说唐前传、说唐后传、说唐复传、说唐三传、说唐全传、反唐全传、残唐五代、南北两宋、三下南唐、南史五代 英雄传奇：英雄谱、忠烈传、金批五才子（水浒）、五才子、四冠五才子（可能是平山冷燕与水浒合刊）、水浒、荡寇志、后浒传、传奇六种、十种传奇、说岳传、岳公传、精忠传、万花楼、杨家将、十二寡妇征西、锹青征西、说呼传、五虎平西、五虎平、南征东传、征西传、飞龙传、慈云走国、靖逆记、草木春秋 志怪小说：聊斋志、加注聊斋志、批点聊斋志、续聊斋志、白朱聊斋、儒林外史、封神传、封神榜、西游记、西游前传、后西游记、上像西游记、大西游、镜花缘、列仙传、搜神记、平妖传、挑灯新录、虞初志 才子佳人小说（含世情小说）：玉楼春、金瓶梅、肉蒲团、艳史、五美缘、两交婚、红楼梦、足本红楼梦、前红楼、后红楼、复红楼、续红楼、西湖小史、金石缘、好逑传、二才子（好逑传）、双凤奇缘、三才子（玉娇梨）、四才子（平山冷燕）、八才子白圭志、九才子（斩鬼记）、三合剑、女才子、铁花仙史、绣鞋记、锦香亭、驻春园、岭南逸史、二度梅、新版二度梅、雷峰塔、水石缘、回文传（回文锦）、英云梦、情梦拆、蜃楼志、贪欢报（欢喜冤家）、欢喜奇观、五凤吟、怡情集、燕山外史、情史、十二楼、西湖佳话、真君铁橱记 侠义公案小说：龙图案、绣像龙图公案、包公传、大红袍、海瑞案、今奇观、今古奇观纂要、拍案惊奇、绿牡丹、粉妆楼、警富新书、争春园 笔记小说：武功纪盛、夜谭随录、岂有此理、解人颐、子不语（文言文笔记小说）、谐铎、挑灯新录、说铃前后
	戏剧	金批西厢妥注、绘像妥注西厢记、西厢记、六才子（西厢记）、增注六才子书（西厢记）、燕子笺、牡丹亭传、桃花扇、天花七才子（琵琶记）、掇白裘、大龙
	评书	八才子（花笺记）、车公子、卖糖郎、安邦定国、安邦志、梁山泊、孟姜女、九度文公、洪武传、张果老、湘子传、韩祖成仙宝传、明弹词
	其他	笑林广记、博笑珠玑、一夕话、桔中秘、霭楼剩览

类别		书　目
诗文书画类	诗词集	唐诗金针、唐诗合解、唐诗贯珠、唐诗合选、唐诗合选详解、唐诗注疏、唐诗三百首、全唐诗、唐宋诗醇、唐评选、宋诗百一抄、寿注千家诗、图注千家诗、千家诗注解、新刻千家诗、唐别裁、宋别裁、元别裁、明别裁、国朝别裁、李太白集、太白全集、李长吉集、李景词集、李煜词集、李清照词集、昌黎诗、韩昌黎集、杜少陵、东坡集、白氏长庆集、元氏长庆集、余堂集句、鲍参军集、庐升集、王右丞集、孟浩然集、陈子昂集、刘宾客集、陆放翁集、柳永词集、周邦彦词集、辛弃疾词集、彭山诗稿、诧素斋诗集、寄傲山房诗集、槐轩名家诗稿、咏物诗、庚辰集、探丽集、子史诗、正味诗、汇海诗、紫云初集、紫云二集、紫云三集、灵通解、纪晓岚、寄岳云初稿、批寄岳云、寄岳诗、清华诗、吟秋诗、悬鹄诗、醉芸窗、花样诗、青云诗、金针诗、琅嬛诗、九家诗、十家诗、七家诗、加注七家诗、套注七家诗、十法诗、恰中诗、养云诗、指南诗、诗精华、随光诗、寓惠集、仙样诗、景物诗、月令诗、分月诗、序时诗、大观诗、云璇诗、分韵诗腋、帖体诗、四书诗题、六经正范、插花诗、随园诗话、小仓山房诗集、雨村诗话、观海诗赋、时令诗林尤雅、试帖连珠诗集、咀华念七种
	文集	王子安集、高常侍集、盈川集、张曲江集、王昌龄集、岑加丹集、刘随山集、钱仲文集、鹿洲集、留青集、有味全集、华阳集、韦苏卅集、孟冬野集、长江集、淮海集、小山集、山房全集、寒支集、寒支二集、杜集说、广事类赋、广广事类赋、事类补遗、续事类赋、唐人赋、锦标赋、韵兰赋、宛虹赋、刘亮赋、青选赋、正味赋、鸣盛赋、凰芝赋、鸡跖赋、赋指南、少岩赋、赋仙丹、凌云赋、丽则赋、历朝赋、赋钞笺略、文选集成、文选六臣、文选集评、文选集腋、昭明文选、子史精华、古文精言、古文分编、古文析义、唐宋古文、古文发硎、古文释义、古文详解、古文集宜、古文嘴凤、古文节解、古文捡玉、古文评注、古文观止、古文快笔、古今小品、古文辞类、汉魏丛书、骈体文抄、天下要书、小仓山房、一家言、西堂全书、艺名言、读乐趣、近思录孔家语、庄子因、日知录、朱批详注管稿、增广文料大纯、时务新策、学政全书、大会典、福惠书、吏悬镜、资治新书、大清律、名法掌、道光新纂条律、刑驳案、致君术、透胆寒、警天雷、两便刀、法家书、洗冤录
	书画集	芥子园、芥子园书谱、十竹斋、晚笑堂画传、书画同珍、书画同珍二刻、诗联藻镜、书锦秀、丹山帖、分体帖、赠书帖、四体帖初集、四体帖二集、临池指南、黄自元法帖
居家日用类	家礼	家礼大全、家礼大成、家礼集要、家礼释要、家礼方兴、家广类、家礼节训、文公家礼、酬锦囊、酬续编、酬精华、酬探囊、应酬便览、应酬四六新编、应酬合璧、酬世宝要、酬八宝、文家四宝、传家宝、传家初编、家宝全集、应世便书、疑难式帖、秋水轩尺牍、雪鸿轩尺牍、江湖尺牍、饮香尺牍、山房尺牍、嚶求尺牍、指南尺牍、尺牍新裁、分类尺牍、桥梓绣林、贤礼文、贤正文、贤学注、万宝全书、绘图万宝全书、万福全书、巧约选、行语类、广类全、知愧尺、一隅尺、写信必读、宜俗辑要

类别		书　目
居家日用类	楹联	对联大全、对联全集、对联集成、对联雅品、对联不俗、对联英雅、对联山房、对汇海、对采精、对雅集、对丽句、对大观、大观续编、联帖贯珠、联合选、诗联集成、楹联全新、楹联合璧、采辑新联、阁章佳句、类联新编
	字典韵书	康熙字典、道光版康熙字典、校士录、正字通、增补字汇、玉堂字汇、文成字汇、正字通真本、篆字汇、草字汇、辨字摘要、说文解字、说文解字注、诗赋准绳、诗法度钱、诗法入门、诗韵办同、诗韵题解、诗韵集成、诗韵编义、诗韵合璧、诗学含英、诗韵含英、诗学琳琅、诗学汇典、四韵注解、韵府约编、韵府群玉、韵府珠玑、韵对屑玉、增韵诗含英、书合含英、活法大成、圆机活法、声律启蒙、干支集锦、骈字类珠、启蒙对类、巧搭新诗、佩文韵府、广韵、集韵。
	杂用	魏氏族谱、邹氏族谱、马氏族谱、姓氏谱、算统宗、算法撮要、指明算法、官话音、明心镜、通天晓、致富奇书、行厨集、商贾便览、官要则、致君术、不术人、大银经、牛经、牛经大全、马经、元亨疗牛集、牛马全集、曾公大事记
	医书	医金鉴、医汇亟、医法律、医心悟、医说要、医宝镜、医从串录、医方解、医药性、公余医录、医脉诀、医一盘珠、医急救、医学汇编、医学正宗、医学三字经、医学实在易、医学刻、薛氏医案、张氏医通、名医方论、三家医案、本草纲要、本草纲目、绘图本草纲目、本备要、神农本草、本求真、本草从新、本草合编、本合刻、本经读、景岳全书、仲景全书、仲景定沦、张氏类经、冯氏锦囊、妇人良方、妇人科、女科旨、万妇科、竹林女科、保赤指南、幼铁镜、活幼心法、幼指南、幼幼集成、钱氏小儿、小儿推拿、嬰百问、百子全丹、叔和脉诀、叔和图注、王叔和医案、外科鉴、外正宗、全外科、证治准绳、东垣十书、笔花镜、寿保元、万回春、云林神谷、石秘录、嵩崖尊生、吕氏医贯、素灵医论、药性赋、增补药性赋、汤头药性、雷公炮制、伤寒浅注、伤寒论、金匮注、金匮歌括、脉学经考、实在易、济阴纲目、新八阵、八阵贬、集古良方、集验良方、经验方、海上奇方、醒医六书、铜人针灸、针灸大成、针灸大全、采艾偏、种痘新书、痘疹、种痘书、治痘十全、审眼科、银海精、眼外精义、眼篆要、黄帝内经、灵柱素问、药性赋、汤头歌诀、时方歌括、濒潮脉学、辨症疏、验方编、伤科大全、内外科杂症、温病条陈、院金针、归中经、奇方歌、公余四种、晚余三书、长沙方歌括、疯门全书、尚论篇、祝由十三科

类别		书　目
居家日用类	堪舆命理	堪舆、地大成、地理大全、地原真、地条贯、山法全、地扼要、地啖蔗、地易简、地点晴、地录要、地理纲目、入地眼、地五诀、地办正、三元地理、堪舆三昧、一堪舆、穿山透地、龙穴扼要、山洋指迷、搜龙语、水法全书、青天白日、乾坤窍、天玉经、雪心赋、玉函经、红囊经、青囊经、拨沙经、四弹子、铅弹子、琢玉斧、不求人、金锁秘、顶门针、罗经解、新周地学、五详明、阳藏书、阳井明、阳三要、滚盘珠、鬼灵经、宅明鉴、鲁班经、办补义、双剑阁、玉髓经、果老宗、星会海、五集胧、水法全程、放水经、阳宅井明、川山透地、杨救贫集、河洛精义、山指迷、风水书、天一贯、注释百川、六壬大全、订六壬、六壬课选、仪六壬、通类情、神峰辟谬、炉传斗首、奇门五总龟、三元选择、选求真、人子须知、五秘窍、四秘全书、仙婆集、子四言、子渊海、三命通、紫薇数、滴天髓、六示斯、易补遗、巫卜、卜正宗、增卜易、卜易指南、断天机、人相水镜、麻衣相、柳庄相、梅花数、先天数、称命数、星相、文王八卦、运五大全、铅丹子、大卜易、天断易、断天机、通天晚、人事面知、命神峰、选术员、由诹吉、神相编、神相全集、麻衣相法、柳庄相法、神相铁关刀、果老星宗、铁板神数、协纪辨方、协记通书、鳌通书、发通书、象吉通书、陈氏藏书、万年历、万年书、百年经、百中经、王匣记、玉匣记通书广集、玉历钞传警世、切要通书、趣吉通书、催福通书、刘家藏、太上感应篇、敬信录、阴鹭文、觉世真经、远色篇

注：《四堡刻本总目录》是根据四堡乡民邹洪梁收藏的《雕版印刷书名录》抄件（清末）、四堡雕版印刷基地管理站《四堡印刷部分书名录》印本（2004年）、著者收藏的《古今书目》抄件（清代）及富珍斋藏书《四堡刻本目录》等4种资料整理而成，合计1223种，其中：经史类201种、诗文书画类208种、通俗文学类165种、蒙学科举类265种、居家日用类384种。

附件二：思书轩藏四堡刻本目录

堂 号	坊 主	刻 印 书 籍
碧清堂	邹尚忠 1691—1760	《详注初学指掌》四卷存三卷
寄傲山房	邹圣脉 1691—1763	《幼学故事琼林》（增补）四卷、《人家日用》不分卷、《增补鉴略》五卷、《书画同珍》四卷存二卷、《燕子笺》四卷、《诗经体注备旨衍义》存三卷
云林别墅	邹可庭 1715—1803	《诗联藻镜》不分卷、《尺牍新裁》四卷、《新增家礼大成》八卷存五卷、《五经备旨》三十七卷、《鉴史琼林》十四卷存七卷、《西厢记》七卷
大德堂	邹景扬	《采辑新联》二卷、《酬世锦囊全集》四辑十九卷
同志堂	邹廷忠	《时令诗林尤雅》十二卷存九卷、《酬世精华》四卷、《小仓山房诗集》三十一卷、《四书补注附考备旨》十卷
瑞文堂	邹圣耀 1718—1789	《增补指明算法》上下卷
佐圣堂	邹本祖 1721—1786	《集虚斋全稿》不分卷
汀郡应文堂	邹应乾 1746—1819	《洋务通鉴论》不分卷、《时务新策》四卷存二卷、《四书正文音义辨讹》存一卷、《较正监韵四书正文》存二卷、《对联全集》四卷存一卷
务本堂	邹子仁 1755—1827	《保赤指南车》十卷、《龙文鞭影》（上下卷）
锄经园	邹乾栋 1761—1835	《本草经读》四卷存二卷

堂 号	坊 主	刻 印 书 籍
翰宝楼	邹子肇 1771—1835	《选择求真》存六卷
文光堂	邹传伊 1793—1856	《公余医录》三卷、《书经备旨辑要》六卷
素位堂	邹翼顺 1832—1919	《酬世合璧》四卷、《太上感应篇》不分卷、《医宗金鉴外科》十六卷存二卷
素位山房	邹作就 1859—1909	《鹿洲全集》四十三卷
汀城 万卷楼	邹邦彦 1833—1905	《卫济余编》(通天晓)十八卷、《幼学故事汇览》四卷、《新增字学举隅》不分卷
翰香堂	邹邦鼎 1839—1911	《七经精义》二十卷
崇文堂	邹发兰 1846—1874	《酬世精华》四卷、《新增幼学故事琼林》四卷
文汇楼	马宽裕 1670—1754	《古文精言详注合编》十六卷存十三卷、《新刻书经备旨善本辑要》六卷、《增补监略》四卷存二卷、《催福通书》(纂辑)二卷存一卷
本立堂	马周群 1662—1748	《四书左国汇纂》四卷
经纶堂	马权亨 1650—1710	《玉娇梨》四卷二十回、《康熙字典》三十六卷
同文堂	马玉峰	《诗经备旨》八卷、《大观续编》不分卷
文林堂	马玉堂	《新增幼学故事琼林》四卷、《四书白文正体》存一卷
林兰堂	马源锡 1786—1864	《幼学故事琼林》四卷、《诗韵含英》十卷
马林兰 书局	马传范	《一年使用杂字》不分卷
桂林堂	马良奇	《周易备旨一见能解》四卷、《书经补注辑要备旨》六卷
翼经堂	马益保	《经义快睹编》不分卷
裕丰堂	马源用	《增补诗经体注衍义合参》十卷

堂　号	坊　主	刻　印　书　籍
汀郡九思堂		《红楼梦》存四十五回、《目耕斋初集》不分卷、《四子书》不分卷、《字学举隅》不分卷
汀郡九经堂		《玉历钞传警世》不分卷、《三字经训诂》不分卷
闽汀继文堂		《诗韵集成》四卷
汀城文行堂		《四书补注附考备旨》十卷、《较正监韵四书正文》存一卷
闽汀廖壁香楼		《胎产秘书》三卷
长邑归善坛		《空忙惺人传》不分卷
聚文堂		《十四层启蒙捷诀》上下卷、《类联新编》二卷、《四书人物类典串珠》四十卷、《详注幼学汇览》四卷存二卷
连云阁		《绘图本草纲目》五十二卷
文德堂		《古文精言合编》十六卷存十三卷
文澜阁		《增补药性赋》不分卷
敬业堂		《疯门全书》上下卷
崇英堂		《家礼释要》五卷存三卷
经文堂		《家礼广类全集》六卷存二卷
大文堂		《家宝全集》三十二卷存二卷
爱日堂		《绘图万宝全书》二十卷
逢源堂		《监本四书正文》存二卷
大成堂		《四书衬》存二卷
松竹山房		《安邦志》一百六十卷

堂 号	坊 主	刻 印 书 籍
松文楼		《寄岳云斋诗详注》五卷
自厚堂		《芥子园增注六才子书》(西厢记)八卷存七卷
文成堂		《种痘新书》十二卷存三卷
慎德堂		《龙图公案》十卷存一卷
芸经堂		《诗法入门》二卷、《增补鉴略》四卷存二卷
枕松堂		《列国左传要诠》八卷
六宜堂		《周礼贯珠释义》(套红)上下卷、《疏注四书撮言大全》三十七卷存十九卷
达道堂		《时令诗林尤雅》十二卷存九卷
贞元书屋		《铁板神数》二卷
松文楼		《寄岳云斋诗》五卷
文盛堂		《诹吉便览》(套红)不分卷、《幼学故事琼林》四卷
三友堂		《魏氏族谱》四卷
远安堂		《四民催福通书》二卷存一卷
英德堂		《袖珍酬世锦囊全书》十九卷存十四卷
振经楼		《子不语》二十四卷 存十二卷
成文堂		《新增广玉匣记》不分卷
周云轩		《敬信录》不分卷
备注		以上合计：堂号63个，刻书103种

后　记

　　拙著《四堡遗珍》经过十五年的资料收集和整理研究，终于奉献在读者面前了。这本书的撰写似乎不太容易，它花费了我的许多精力与财力。我原在报社工作，繁杂的事务与人际关系疲于应对。到学院工作后，又承担了某些教学与行政事务。应当说，我是在工作之余挤点时间研究写作的。这本书研究的对象是古籍版本，而版本的研究要拥有实物及图文资料等必要条件。四堡书坊刻印的很多是蒙学科举和居家日用读物，历来不受藏家所重视，加之它经数百年的消耗，早已寥若晨星。为搜寻这些刻本，笔者寻寻觅觅，魂牵梦绕，以工薪阶层不多的薪水，购买价格日趋高涨的古籍。这些年来，"凡今之人，惟钱而已"（《钱神论》），人家一门心思结交"孔方兄"，而我则固守清贫做"书虫"，难怪乎，友人说我脑袋一根筋，很不合时宜。我想，人们的生活方式不同，快乐人生有多样选择，当当书虫，沉醉于翰墨之间，也有无穷的乐趣。

　　散见于各章节的《黎士弘〈託素斋诗集〉》、《〈三国演义〉五十一卷本》、《传奇剧本〈燕子笺〉》、《蒙学大家邹圣脉考论》等四篇，是笔者前几年分别在《收藏》、《收藏界》、《龙岩学院学报》发表的文章，它们是本书不可或缺的内容，这次辑成集子将它们一并收入。

　　这本书的出版，得到相关组织与导师、友人的热情帮助和支持。龙岩市、连城县人民政府予以大力资助。著名历史学家、厦门大学历史系教授、博士生导师杨国桢先生，长期关注"汀版"的发掘与研究，应请欣然为之序。我的友人朱家麟、钟爱华、赖李林、黄伟为此书的出版提供了许多便利，对此一并表示感谢。

　　最后要感谢本书的编校人员。他们认真的工作态度，严谨的治学精神，令我敬佩不已。

谢江飞

2013年9月于厦门

图书在版编目(CIP)数据

四堡遗珍/谢江飞著. —厦门:厦门大学出版社,2014.1
ISBN 978-7-5615-4758-8

Ⅰ.①四… Ⅱ.①谢… Ⅲ.①清刻本-研究-连城县 Ⅳ.①G256.22

中国版本图书馆 CIP 数据核字(2013)第 214666 号

厦门大学出版社出版发行

(地址:厦门市软件园二期望海路 39 号　邮编:361008)
http://www.xmupress.com
xmup @ xmupress.com

厦门集大印刷厂印刷

2014 年 1 月第 1 版　2014 年 1 月第 1 次印刷
开本:787×1092　1/16　印张:19.25　插页:2
字数:500 千字　印数:1～3 500 册
定价:128.00 元

本书如有印装质量问题请直接寄承印厂调换